Kai Hermann / Peter Koch

Entscheidung in Mogadischu

Die 50 Tage nach Schleyers Entführung

Dokumente · Bilder · Zeugen

»Wir wissen jetzt, daß dies das Ende ist.
Wir sind alle zu jung zum Sterben, auch die Alten
unter uns sind zu jung dazu. Aber vielleicht
ist es besser zu sterben, als in einer Welt zu leben,
in der Menschenleben so wenig zählen.«

Gaby Dillmann 30 Minuten vor Ablauf des letzten Ultimatums über Bordmikrofon
an den Kontrollturm von Mogadischu

»Die Situation, in der ich mich befinde,
st auch politisch nicht sehr verständlich ... Ich habe
nie um mein Leben gewinselt. Ich habe immer die
Entscheidung der Regierung anerkannt. Was sich aber seit
Tagen abspielt, ist Menschenquälerei ohne Sinn ...«

Aus der Botschaft Hanns Martin Schleyers vom 12. September 1977
an den CDU-Vorsitzenden Helmut Kohl

EIN
STERN-
BUCH

Herausgeber: Henri Nannen
Dokumentation: Gerd Heidemann
Gestaltung und Herstellung: Erwin Ehret, Dietmar Schulze
Druck: Neef GmbH & Co. Wittingen

1. Auflage 1977
ISBN 3-570-05669-4

Inhalt

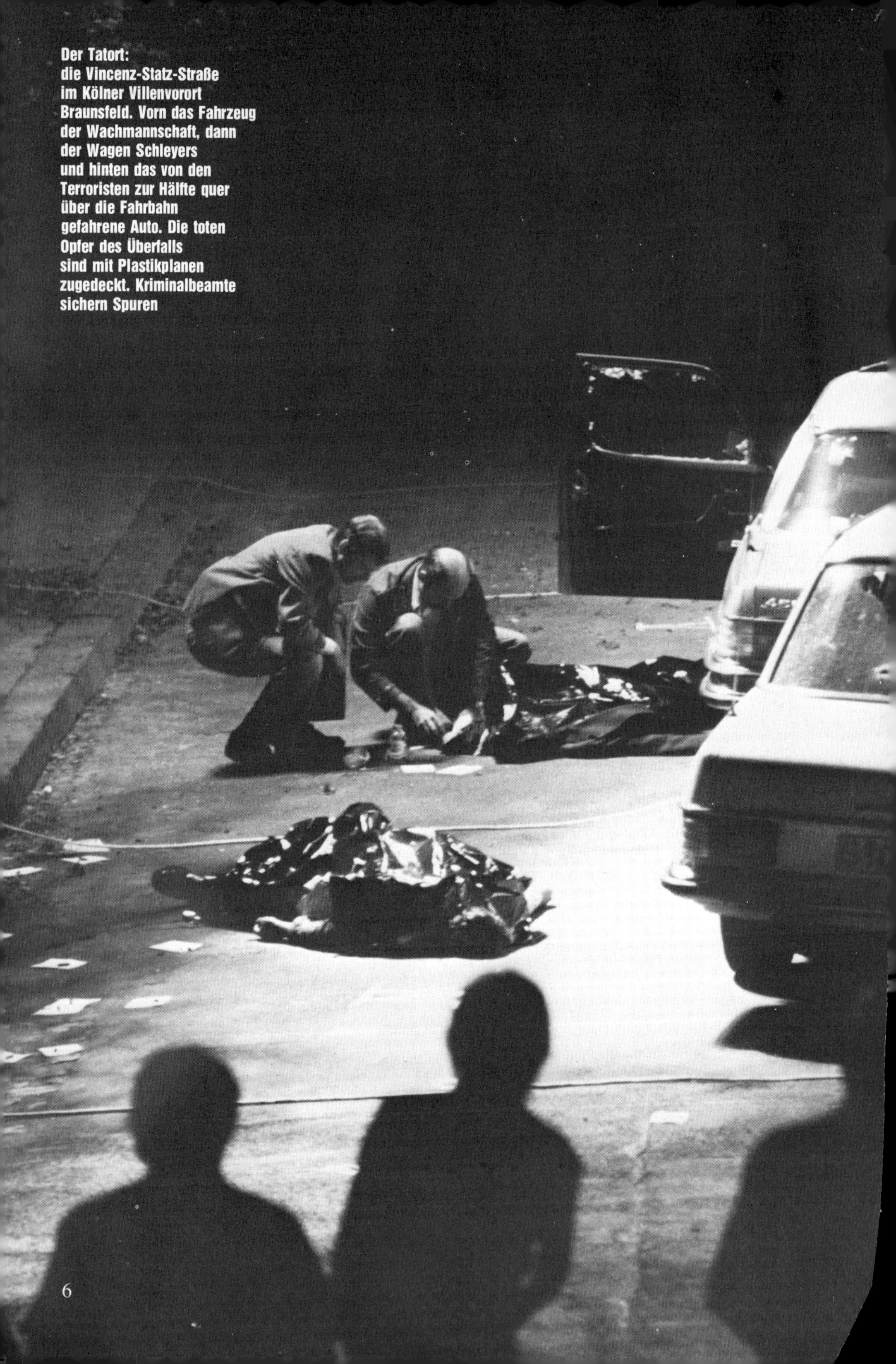

Der Tatort: die Vincenz-Statz-Straße im Kölner Villenvorort Braunsfeld. Vorn das Fahrzeug der Wachmannschaft, dann der Wagen Schleyers und hinten das von den Terroristen zur Hälfte quer über die Fahrbahn gefahrene Auto. Die toten Opfer des Überfalls sind mit Plastikplanen zugedeckt. Kriminalbeamte sichern Spuren

Hanns Martin Schleyer als zärtlicher Großvater mit seinem Enkel Jan-Nikolaus. Alle, die dem Arbeitgeberpräsidenten näherstanden, kannten ihn als einen Mann von robuster Gesundheit und erstaunlicher psychischer Kraft und Ausgeglichenheit. Sie waren sicher, daß er selbst eine 14tägige Gefangenschaft unbeschadet überstehen würde – es sei denn, die Terroristen würden ihn Torturen aussetzen

RAF
6.9.1977
GEFANGENER
DER
R.A.F.

Das Attentat auf Schleyer

Am 6. Juli 1977 betritt ein junger Mann das von der Behörde für Wissenschaft und Kunst betriebene „Weltwirtschaftsinstitut" am Neuen Jungfernstieg 21 in Hamburg. Höflich zückt er seinen Studentenausweis und bittet um Material über die „Herren Ponto und Schleyer", denn: „Ich schreibe eine Doktorarbeit über führende Persönlichkeiten in der Wirtschaft." Die Instituts-Mitarbeiter stellen das Material zusammen, am nächsten Tag kann der junge Mann im Lesesaal im zweiten Stock die Unterlagen studieren.

Am 25. Juli 1977 kauft ein junger Mann in Hürth bei Köln von einem Autohändler einen VW-Bus, Kennzeichen „K–C 3849", Farbe Weiß. In den Kaufvertrag läßt der junge Mann den Namen Peter Borge und die Adresse Köln 1, Luxemburger Str. 121, einsetzen.

Am 27. Juli mietet eine Lisa Ries im sechsten Stock des Kölner Hochhauses Wiener Weg 1b (der Neubau gehört einem arabischen Scheich, der in der Bundesrepublik 60 ähnliche Häuser gesammelt hat) das Ein-Zimmer-Apartment Nr. 2065 und den dazugehörigen Tiefgaragenplatz 127.

Am 30. Juli, also drei Tage später, wird in Köln-Porz dem Elektromeister bei den Kölner Stadtwerken Arno Last sein gerade gekaufter Mercedes vom Typ 300 D, Farbe Gelb, Kennzeichen K–AA 6584 gestohlen. Der Wagen hat eine Anhängerkupplung, Arno Last wollte einen Campinganhänger für die fünfköpfige Familie kaufen. Für die Polizei ist der Diebstahl ein Routinefall, der nicht einmal in die Pressemeldungen übernommen wird.

Ein Zusammenhang zwischen den vier Geschehnissen war zunächst nicht erkennbar. Und doch markieren sie den Beginn eines Dramas, das mehr war als eine menschliche Tragödie. Der Fall Schleyer, der sich hier anbahnte und schließlich zur Kaperung des Lufthansa-Jets mit weiteren 87 Geiseln und dann zu den spektakulären Selbstmorden der Stammheimer Terroristenchefs führte, wurde zur härtesten Herausforderung des Rechtsstaates in der 32jährigen deutschen Nachkriegsgeschichte. Noch ist das ganze Ausmaß der Folgen nicht absehbar. Noch ist ungewiß, ob die Nation diese Herausforderung als Bewährungsprobe für einen wehrhaften, aber liberalen Staat versteht, oder ob von nun an der Rückfall in den autoritären Polizeistaat unaufhaltsam sein wird.

Weiter im Vorspiel: Am 3. August kommt der Hausmeister Friedrich Wilk vom verregneten Ostsee-Urlaub nach Köln zurück und inspiziert sogleich die Tiefgarage des ihm anvertrauten Hauses Wiener Weg 1b. Wilk entdeckt in der Garage ein ihm bisher unbekanntes Fahrzeug: einen gelben Mercedes 300 D, neuestes Fabrikat, mit Anhängerkupplung, Kennzeichen: K–LZ 589. Wilk notiert sich die Wagennummer und blockiert dem Fahrzeug die Ausfahrt.

Am Abend klingeln zwei junge Männer an Wilks Wohnungstür. Sie bitten, ihnen die Ausfahrt aus der Garage freizugeben. Der Hausmeister will wissen, was sie auf dem Abstellplatz überhaupt zu suchen hätten. Einer der beiden, ein junger Mann mit Goldrandbrille, sagt, er sei der Verlobte von Fräulein Ries. Mit Wilks Erlaubnis stellt er fortan den Mercedes auf dem Tiefgaragenplatz Nr. 127 ab.

Schleyer wird als besonders gefährdet eingestuft

Tags darauf lernt Hausmeister Wilk auch Fräulein Ries kennen. Sie hat ihn gebeten, ihr den Schlüssel des Briefkastens zu bringen. Fräulein Ries ist Mitte Zwanzig, sie hat schulterlanges blondes Haar. Bei der Schlüsselübergabe kann Wilk kurz in das Apartment blicken. Fräulein Ries hat sich noch nicht eingerichtet. Außer gelbem Vorhangstoff ist nichts in der Wohnung.

Am 10. August 1977 findet im Kölner Polizeipräsidium eine sogenannte Sicherheitsbesprechung statt. Eine Delegation aus dem Bundesverband der Deutschen Industrie und der Bundesvereinigung der Deutschen Arbeitgeberverbände ist erschienen, an ihrer Spitze die beiden Hauptgeschäftsführer Dr. Theodor Pieper (BDI) und Dr. Fritz-Heinz Himmelreich (BDA). Hauptkommissar Heinz Darius fertigt einen Vermerk an: „Die Besprechung führte zu der Einstufung des Herrn Dr. Hanns Martin Schleyer in die Sicherheitsstufe 1 (persönlicher Schutz durch Beamte aus Baden-Württemberg). Schutzmaßnahme für Arbeitsstätten und dritten Wohnsitz in Köln: bei Anwesenheit: Schutzmaßnahme 5 (dreimal stündlich Anfahrt); bei Abwesenheit: Schutzmaßnahme 6 (einmal stündlich Anfahrt)."

Für Schleyer kommt diese Warnung nicht überraschend. Er ist bereits am 2. August in seinem Ferienhaus in Meersburg, wo er Urlaub machte, von Bundesinnenminister Werner Maihofer angerufen worden. Maihofer teilte mit, daß nach Auffassung seines Ministeriums und des Bundeskriminalamtes Schleyer zu den gefährdetsten Personen gehöre und daß die Behörden des Landes Baden-Württemberg, insbesondere das Landeskriminalamt, und das Bundeskriminalamt unverzüglich die notwendigen Schutzmaßnahmen einleiten würden.

Die Einstufung Schleyers als „besonders gefährdete Person" hatte ihre Gründe. Bei der Festnahme des Terroristen-Anwalts Siegfried Haag am 30. November 1976 hatte man einen ganzen Stapel Papiere mit verschlüsselten Angaben gefunden. Für einen war die Dechiffrierung zu spät gekommen: In den Haag-Papieren war im Zusammenhang mit einem geplanten Attentat von „Margarine" die Rede. Im Bundeskriminalamt hatten der Präsident der Behörde, Dr. Horst Herold, und Generalbundesanwalt Siegfried Buback gemeinsam gerätselt, was mit „Margarine" gemeint sein könne. Erst nachdem Buback in Karlsruhe auf offener Straße ermordet worden war (am 7. April 1977), hatten die Kriminalexperten des Rätsels Lösung: Es gibt eine Margarine der Marke SB – die Initialen von Siegfried Buback.

Bei der zweiten Chiffre wollte man deshalb auf Nummer Sicher gehen. „big money hm ausschecken. diskutieren, wo den typ bunkern. big rausholc", hatte es in den Haag-Papieren noch geheißen. Das Bundeskriminalamt stellte nun eine Liste aller Wirtschaftsbosse zusammen, deren Namen die Initialen HM aufwiesen, vorsorglich wurde auch Hanns Martin Schleyer einbezogen.

In dieser Vorsorge fühlten sich die Ermittlungsbehörden nach dem Mord an dem Vorstandsvorsitzenden der Dresdner Bank, Jürgen Ponto, am 30. Juli 1977 be-

„Schließen Sie, wenn Sie ins Bett gehen, die Tür zum Balkon fest zu"

Terroristenanwalt Klaus Croissant

stätigt. Denn nun konnte der junge Mann, der Anfang Juli im Hamburger Weltwirtschaftsarchiv Unterlagen über Ponto und Schleyer angefordert hatte, von den Institutsangehörigen, denen die Fahnder Fotos aus der Terroristenszene vorlegten, eindeutig als der 27jährige Terrorist Willy Peter Stoll, einst Gehilfe im Büro des Stuttgarter Rechtsanwalts Klaus Croissant, identifiziert werden. Peter Stoll, das ahnte allerdings noch niemand, war schon längst wieder im Mordeinsatz. Er war der höfliche junge Mann mit Goldrandbrille, der sich als „Verlobter von Fräulein Ries" ausgegeben hatte. Und jene Lisa Ries war in Wirklichkeit die Terroristin Friederike Krabbe, 27, ihr Tarnname war eine Anspielung auf den mit Schleyer noch aus der NS-Zeit bekannten Pegulan-Fabrikanten Dr. Fritz Ries.

Am Sonntag, dem 14. August, kommt Hanns Martin Schleyer vom Urlaub aus seinem Ferienhaus in Meersburg am Bodensee nach Stuttgart zurück. Einen Tag später, am 15. August, durchsucht die Stuttgarter Kriminalpolizei die Wohnung der ehemaligen Krankenschwester Gabriele Heim. Sie war bei der Observation der Terroristen-Anwälte Croissant und Newerla aufgefallen. In ihrer Wohnung finden die Durchsucher Video-Bänder mit Szenen vom Sommerfest des Bundeskanzlers am 1. Juli 1977. Eine Reihe prominenter Besucher aus Politik und Wirtschaft sind im Bild festgehalten, dazu kommentiert ein junger Mann mit Sätzen wie: „Den sollten wir uns auch einmal näher ansehen." Die Stimme kann später identifiziert werden. Es ist die Stimme des Münchner Schauspielers Christoph Wakkernagel. Als 16jähriger Gymnasiast hatte er seinen ersten Film gedreht. Der Film hieß „Tätowierung", und Wackernagel hatte darin seine Zieheltern zu erschießen und mit der Schauspielerin Helga Anders Bettgeschichten zu absolvieren.

In den nächsten Tagen lernt Hanns Martin Schleyer kennen, was es bedeutet, zur „Sicherheitsstufe 1" zu gehören. Am Mittwoch, dem 17. August, fliegt er nach Köln zu seinem zweiten Arbeitsplatz am Oberländer Ufer 72, dem Sitz der Bundesvereinigung der Deutschen Arbeitgeberverbände, deren Präsident er ist. Am selben Tage um 17 Uhr hat die „Beratungsstelle zum Schutze gegen Verbrecher" der Kölner Polizei mit Dr. Schleyer einen Termin in Schleyers Kölner Zweitwohnung verabredet. Die Wohnung – drei Zimmer, Küche, Bad – liegt im Kölner

Hausmusik am Ginsterweg 17 in Stuttgart: Hanns Martin Schleyer mit seiner Frau Waltrude, die gut und gern Klavier spielt

Stadtteil Braunsfeld in der zweiten Etage des vierstöckigen Apartmenthauses Raschdorffstraße 10 zur Gartenseite hin. Kriminalhauptmeister Herbert Schulte empfiehlt Schleyer dringend eine Reihe von Sicherungsmaßnahmen:

Einbau eines Weitwinkelspions von 200 Grad;

Einbau eines zweiten Schlosses in die Wohnungstür;

Einrichtung eines Polizeinotrufes mit drei Auslöseknöpfen an der Wohnungstür, am Bett und im Wohnzimmer.

Schulte anschließend in einem Vermerk: „Im persönlichen Gespräch wurde Herrn Schleyer geraten, wenn er ins Bett geht, die Tür zum Balkon hin fest zu verschließen. Zur Belüftung sollte nachts das Schlafzimmerfenster angekippt werden. Der Balkon ist ohne größere Schwierigkeiten zu erklettern. Das Schlafzimmerfenster liegt an einer glatten Hauswand."

Am Nachmittag des nächsten Tages, 18. August, besuchen die Kriminalbeamten Schleyer im Büro. Es geht jetzt um bessere Schutzmaßnahmen seines Arbeitsplatzes im ersten Stock des BDA-Gebäudes. Weil von den Platanen an der Rheinufer-Straße die Räume Schleyers überschaut werden können, werden noch am selben Tag schwere Vorhänge vor den Fenstern angebracht. Eine Besucherschleuse mit einem schußfesten Pförtnerplatz soll eingerichtet werden. Die Polizei empfiehlt weiter eine elektronische Einbruchsicherung für die Nachtzeit. Ein Polizeinotrufanschluß, der von Hand betätigt wird, ist schon vorhanden.

Unter dem Aktenzeichen I (E)-672/6109 wird zugleich von der Kölner Polizei der „Personen- und Objektschutz für Dr. Schleyer" festgelegt. Das Begleitfahrzeug, in dem Schleyers württembergische Leibwächter fahren, erhält für den Funkverkehr den Rufnamen „Uran". Die Beamten werden angewiesen, mit dem Code-Wort „Zweig" und einer hinzuzufügenden Uhrzeit der Kölner Polizeizentrale vorab mitzuteilen, wann Hanns Martin Schleyer sich in seiner Kölner Wohnung aufhalten werde. Zum besseren Verständnis ist dem Vermerk ein Beispiel angefügt: „Zweig 20" bedeute, zum Beispiel, daß Herr Dr. Schleyer sich ab 20 Uhr in seiner Wohnung aufhalten wird; entsprechend erfolgt eine Information bei Verlassen des Apartments. Fortan fehlen auf Klingelschild und Briefkasten die Namensschilder. Nur im Hauseingang übersehen die Sicherheitsbeamten das Schleyer-Schild, das auf der Rückwand des Briefkastens befestigt worden ist. Es hängt dort noch heute.

Als Schleyer zurück in Stuttgart ist, besuchen ihn in seinem Direktionsbüro im Verwaltungshochhaus der Daimler-Benz AG, wo er als Vorstandsmitglied tätig ist, zwei Beamte des Landeskriminalamtes. Sie fertigen eine Sprechprobe auf Tonband an und nehmen Schleyers Fingerabdrücke ab.

Dennoch: Die Möglichkeit einer Entführung ist kein Thema in der Familie Schleyer. Der Mord an Jürgen Ponto, dem Freund der Familie, wird aus dem Bewußtsein verdrängt. Ende August empfängt Schleyer in seinem Kölner BDA-Büro den Berliner CDU-Politiker Peter Lorenz, der am 28. Februar 1975 von Anarchisten der „Bewegung 2. Juni" entführt worden war und erst nach fünf Tagen, als die Bundesregierung der Forderung der Anarchisten nachkam und fünf inhaftierte Terroristen in den Südjemen ausfliegen ließ, wieder freigelassen wurde. Doch selbst bei diesem Gespräch schneidet Schleyer lediglich Sachthemen an, man spricht über verstärkte Investitionen der Wirtschaft in Berlin. Nur am Rande wird das Thema Entführung berührt. Schleyer bemerkt die beiden Sicherheitsbeamten des Präsidenten des Berliner Abgeordnetenhauses und meint beiläufig: „Ja, ja, mir haben sie jetzt auch solche Leute beigegeben." Daheim in Stuttgart vertraut Waltrude Schleyer einmal einer Nachbarin an: „Mein Mann fühlt sich durch den ständigen Polizeischutz in seiner Arbeit regelrecht eingeengt."

Die „Leute", deren ständige Begleitung Schleyer allmählich nervt, sind der 20jährige Polizeimeister Roland Pieler aus dem 5000-Seelen-Nest Hochdorf bei Reichbach, der 24jährige Polizeimeister Helmut Ulmer aus Enzweihingen bei Stuttgart und der 41 Jahre alte Polizeihauptmeister Reinhold Brändle aus Stuttgart-Zuffenhausen.

Roland Pieler ist zwar der Älteste von fünf Geschwistern, aber selbst noch nicht recht erwachsen. Seine Lieblingslektüre sind Micky-Maus-Hefte und Broschüren über Motorräder. In der Garage hat er seine eigene Maschine stehen, eine 500er

Honda, schwarz mit rotem Tankdeckel. Als er mit 16 Jahren die Realschule verließ und in den Fragebogen der Berufsberatung „F.B.I." als Berufswunsch hineinschrieb, da hatte er sich sicher auch ein wenig darüber gefreut, wie er mit diesem Berufswunsch seine brave Familie im weißen Reihenhaus in Hochdorf erschrecken würde. Was ihm auch gelang. Noch heute seufzt die Mutter, dic 42jährige Elisabeth Pieler: „Ich versteh' das immer noch net, weil mein Roland eigentlich kein Gewalttäter oder kei . . ., ich weiß auch net, ich kann das nicht verstehen, wieso der zur Polizei ist."

Roland jedenfalls hat Spaß an seinem Beruf. Während der zweijährigen Ausbildung bei der Bereitschaftspolizei in Göppingen nimmt er privat Judostunden, die ihm die Mutter bezahlt. Zu Hause übt er mit einer Luftpistole Schießen. Roland gilt bei den Kollegen bald als Meisterschütze. Als er von Göppingen aus zum erstenmal zu einem Einsatz abkommandiert wird – er soll für Ordnung beim Faschingsumzug in Stuttgart-Bad Cannstatt sorgen –, freut er sich später: „Die haben mich getragen und haben mir die Mütze weggenommen." In Bad Cannstatt geht Roland Pieler nach der Ausbildung auf Streife, ehe er sich auf eine interne Ausschreibung hin zum Personen- und Objektschutz meldet.

Als er am 23. März dieses Jahres, einen Tag nach seinem 20. Geburtstag, zum Polizeimeister befördert wird, fragt er daheim: „Mama, bischt net stolz auf deinen Polizeimeister?" Doch immer noch kann sich die Mutter damit nicht abfinden:

Wenige Tage vor seiner Entführung: Hanns Martin Schleyer empfängt den Berliner CDU-Politiker Peter Lorenz. Im Februar 1975 war Lorenz von Anarchisten gekidnappt und nach fünf Tagen im Austausch gegen fünf Anarchisten freigelassen worden. Schleyer hingegen wurde nach 42 Tagen Gefangenschaft ermordet

„Wie kann ich stolz sein, wenn du so einen Beruf hast!"

Für die neue Aufgabe wird Roland, wie seine beiden Kollegen Ulmer und Brändle, zu einem 7-Tage-Schnellkurs an der Polizeischule in Freiburg geschickt. Schießen und Selbstverteidigung stehen auf dem Programm.

Der neue Job wird aber doch bald langweiliger als das Streifengehen in Cannstatt. Mal muß Roland die Kinder eines Richters zur Schule bringen, mal die Frau des Generalbundesanwalts Rebmann nach Karlsruhe begleiten. Als die Mutter eines Tages im Fernsehen sieht, wie die Terroristen mit Stalinorgeln die Bundesanwaltschaft in Karlsruhe unter Beschuß nehmen wollten, sagt sie erleichtert zu ihrem Mann, einem Postbeamten: „Mensch, bin ich froh, daß unser Roland nicht den Rebmann fahren muß."

Als Roland schließlich zu Schleyers Schutz abkommandiert wird, macht ihm der Job zunächst wieder mehr Spaß. Er wird einmal abends von Schleyer ins Haus eingeladen, bis ein Uhr nachts hockt er dort und freut sich am nächsten Morgen: „Der Schleyer ist ein Pfundskerle." Zur Mutter sagt er: „Jetzt mache ich einen Benimm-Dich-Kurs, damit ich mit den Herren umgehen kann."

An seinem letzten dienstfreien Sonntag, dem 4. September, fährt Roland mit seinen Eltern und mit seiner 16jährigen Freundin Heike Finke zum Sportplatz nach Waiblingen. Rolands Lieblingsschwester Petra spielt dort in der Reichenbacher Handballmannschaft um die Kreismeisterschaft. Für Sonntagnachmittag um halb vier ist er auf der Wache Cannstatt mit seinen beiden Kameraden Ulmer und Brändle verabredet. Per Dienst-Mercedes wollten sie nach Köln vorausfahren. Ihr Schützling Schleyer wird am Montag mit dem Flugzeug nachkommen.

Roland gibt der Mutter noch auf, ihm Geld von der Bank zu holen, damit er eine Woche später zum Urlaub nach Irland fliegen kann. Beim Abschied wiederholt er, was er schon einmal eine Woche vorher, vor der ersten Reise nach Köln, gesagt hat: „Hoffentlich passiert nichts."

Polizeimeister Helmut Ulmer, ein Brocken von 1,89 Meter und 192 Pfund, hat Autoelektriker gelernt. Er holte später die mittlere Reife in Ludwigsburg nach und entschied sich dann für den Beruf eines Polizeibeamten. Der 24jährige Ulmer, der in dem kleinen Ort Enzweihingen bei seinen Eltern wohnt, betreibt als Hobby Kleintierzucht. Er ist Schriftführer im Kleintierzüchter-Verein. Am Sonntag, dem 4. September, beschäftigt er sich bis kurz vor seiner Abreise mit seinen Kaninchen. Nach dem Mittagessen, beim Kaffeeklatsch, erzählt er den Eltern noch von seinem Beruf: daß er bei Autofahrten immer die Pistole im Schoß liegen habe, die Maschinenpistole vor sich auf dem Boden.

Polizeihauptmeister Reinhold Brändle ist vor anderthalb Jahren von seiner Frau Inge geschieden worden. Den gemeinsamen Sohn, den zwölfjährigen Oliver, hat er an diesem Wochenende zu sich geholt, wie immer, wenn er dienstfrei hat. Der 41jährige, seit 1956 Polizist und in den letzten elf Jahren bei der Motorradstaffel, hat beim Freiberger „Sport- und Kulturverein" das Training der Schüler-Fußballmannschaft übernommen. Sohn Oliver steht im Tor. Als er den Jungen bei seiner Mutter wieder abliefert, verspricht er Oliver, ihm etwas mitzubringen. Seiner ehemaligen Frau erzählt er, daß er mit Schleyer zunächst nach Köln und dann nach Schweden müsse. Er sagt auch noch, die neue Arbeit mache ihm Spaß, weil er auf diese Weise etwas herumkomme.

Am Montag, dem 5. September, steht Hanns Martin Schleyer frühmorgens um fünf auf, allein. Das Haus am Ginsterweg 17 in Stuttgart ist anders, als man sich gemeinhin den Sitz eines Wirtschaftsführers vorstellt. Es ist ein schlichtes zweistöckiges Einfamilienhaus, oben sind drei Schlafräume, unten Wohnzimmer, Eßzimmer und Küche. Hanns Martin Schleyer frühstückt an diesem Morgen nicht, die anderen schlafen noch. Niemand aus der Familie hat den Hausherrn beim Weggehen gesehen, niemand hat ihm Auf Wiedersehen gesagt, als um sechs Uhr der Daimler-Benz-Werksfahrer Erich Meyer mit dem 450er Dienstwagen vorfährt. Es geht zum Flughafen.

Im zweistrahligen Daimler-Firmenjet vom Typ „Falcon" startet Schleyer um 6.30 Uhr nach Köln. Dort holt ihn eine Stunde später sein Kölner Fahrer Heinz Marcisz ab. Seit der Ermordung des Generalbundesanwalts Buback wird der 41jährige von seiner Frau gedrängt, sich eine andere Arbeit zu suchen. Es sei zu gefährlich, einen so bedeutenden Mann zu fahren. Seine stereotype Antwort: „Ob ich nun de Trepp runterfall un jeh kapott, oder die knalle mich ab, un ich jeh kapott – is doch ejal." Zudem: Marcisz hängt an seinem Chef, dem Frau Marcisz die Kölner Wohnung in Ordnung hält.

Marcisz fährt Hanns Martin Schleyer an diesem Morgen direkt zur BDA-Zentrale am Oberländer Ufer. Der Tagesablauf für Hanns Martin Schleyer ist im Terminkalender auf die Minute festgelegt. Nach einer Tasse Kaffee erst die Post, dann das „Morgengebet", die montägliche Lagebesprechung mit den Fachreferenten. Nach dem Mittagessen um 14 Uhr eine Präsidiumssitzung des Arbeitgeberverbandes mit den Unternehmern von Gesamtmetall. Es geht um die Vorbereitung der nächsten Tarifrunde. Am Abend will Schleyer noch nach Düsseldorf, um sich eine Rede der Allensbacher Demoskopin Professor Elisabeth Noelle-Neumann anzuhören, am nächsten Morgen zum Vortrag vor schwedischen Unternehmern nach Stockholm.

Zu Hause in Stuttgart sitzen um neun Uhr an diesem Morgen der jüngste Sohn Jörg, ein schlaksiger 23jähriger, und die Mutter beim Frühstück. Jörg studiert in München Politologie und jüngere Geschichte. Er will Journalist werden. Sein Hauptinteresse gilt der Innenpolitik. Für mehrere Monate war er schon als Hospitant beim konservativen „Rheinischen Merkur" in Köln. Jörg tat sich mit der Linie des Blattes schwer. Er selbst war zwar früher Mitglied der CDU und der Jungen Union, jetzt aber ist er aus der Partei ausgetreten, als Protest gegen die Bildungs- und Hochschulpolitik der Union. Vorübergehend hospitierte er bei Jungsozialisten und Jungdemokraten.

Jörg Schleyer begleitet an diesem Montag die Mutter im Wagen (Mercedes 350 SLC) zum Einkaufen in die Stadt. Mittags treffen sie in der Fußgängerzone des Stuttgarter Zentrums Bekannte und gehen mit ihnen zum Kaffeetrinken. Um zwei Uhr kommen Sohn und Mutter wieder nach Hause. Waltrude Schleyer räumt auf, gießt Blumen, bespricht sich mit dem Hausmädchen. Das Hausmädchen wird sie sechs Tage später verlassen, aus Angst.

Am Nachmittag gegen 16 Uhr sitzt Jörg mit der Mutter wieder zusammen an der Kaffeetafel. Dieser Nachmittagskaffee ist eine feste Einrichtung im Hause Schleyer. Dann telefoniert Jörg lange Zeit, er kümmert sich um die Immatrikulation an der Universität München.

Hanns Martin Schleyer und seine Familie: Ehefrau Waltrude, Sohn Dirk, Schwiegertochter Mareike mit ihrem Söhnchen Jan-Nikolaus, die Söhne Jörg und Hanns Eberhard. Das Foto entstand 1974

An diesem selben Montag beginnt in der Polizei-Führungsakademie Hiltrup bei Münster eine Tagung höherer Polizeiführer aus dem gesamten Bundesgebiet. Hinter verschlossenen Türen soll hier vier Tage lang über das Thema Terrorismus beraten werden. Für Dienstag ist Bundeskanzler Helmut Schmidt als Redner angesagt.

Das Bundeskriminalamt hat für diese Tagung eine Statistik zusammengestellt, sie zählt die Einbruchsdiebstähle aus der Zeit vom 1. Januar bis zum 30. Juni 1977 auf. Danach erbeuteten die Täter:

338 Bundespersonalausweis-Vordrucke;
255 bereits mit Personalien versehene Bundespersonalausweise;
226 Reisepaß-Vordrucke;
456 Führerschein-Vordrucke;
34 Dienstsiegel;
312 amtliche Stempel;
3 Paß-Schreibmaschinen;
2040 Faustfeuerwaffen;
1463 Langwaffen (Gewehre);
197 Kriegswaffen (Maschinenpistolen);
6 Kilogramm Sprengstoff;
55 Granaten vom Durchmesser 2 cm;
15 Handgranaten.

Bei 80 weiteren Diebstählen wurden 1260 Funkgeräte entwendet, darunter befanden sich 20 Geräte derselben Bauart, wie sie von deutschen Sicherheitsbehörden benutzt werden. Unter anderem wurde auch ein sogenannter Inventer gestohlen, ein Ver- und Entschlüsselungsgerät für Funksprüche.

An diesem selben Montag inspiziert in Köln der Hausmeister Friedrich Wilk gegen 11 Uhr vormittags wieder einmal die Tiefgarage des Hauses Wiener Weg 1b. Auf dem Garagenplatz Nr. 127 steht noch immer der Mercedes Diesel, er ist schon seit Tagen nicht mehr rausgefahren worden. Daneben aber ist jetzt ein neues Fahrzeug geparkt, ein weißer VW-Bus, die Seiten- und das Rückfenster verhängt mit gelbem Vorhangstoff. Im Innern des Busses erkennt Wilk dennoch einen blauen Kinderwagen. Offensichtlich gehört der VW-Bus einem jungen Ehepaar im Hochhaus. Der Hausmeister notiert sich die Nummer, um einmal bei den Mietern nachzuforschen, wer da wieder falsch parkt.

Um 17.10 Uhr an diesem Montag, dem 5. September 1977, nimmt der Kölner Polizeikommissar Kretschmer auf Kanal 454 einen kurzen, verschlüsselten Funkspruch des Schleyer-Begleitfahrzeugs „Uran" entgegen: „Zweig 17.30". Kretschmer weiß den Code gemäß Dienstanweisung zu entschlüsseln. Gemeint ist, daß der Arbeitgeberpräsident um 17.30 Uhr in seiner Kölner Wohnung Raschdorffstraße 10 eintreffen werde. Der Polizist informiert telefonisch sofort den Wachhabenden der Dienstschicht beim Schutzbereich IV, in dessen Zuständigkeit Schleyers Wohnsitz fällt. Der wachhabende Polizeihauptmeister Krüger braucht keine besonderen Vorkehrungen zu treffen. Routinemäßig ist der Funkstreifenwagen „Arnold 14/14" bereits wieder einmal auf dem Weg zur Raschdorffstraße.

Große Schlachten werden im voraus sorgfältig geplant. Große Unglücksfälle werden im nachhinein detailgetreu rekonstruiert. Beides dient demselben Zweck: jene Zwangsläufigkeiten einzukreisen, die man gemeinhin Schicksal nennt und die doch oft nichts anderes sind als eine Kette von Fehlern und Versäumnissen. Und so ist denn auch das Tagebuch der Entführung Hanns Martin Schleyers über weite Strecken ein Tagebuch von Fehlern und Versäumnissen. Hätten nicht die Waffengeschäfte und Paßämter besser geschützt werden können? Waren Schleyers Bewacher mit ihrem einwöchigen Schnellkurs ausreichend auf ihren schweren Dienst vorbereitet? Durften zu Schleyers Bewachung 20jährige abgestellt werden, halbe Kinder noch, die Micky-Maus-Hefte lesen? Hätten der Wagen Schleyers und das Begleitfahrzeug nicht gepanzert sein müssen angesichts des bekannten hohen Gefährdungsgrades von Schleyer? War es sinnvoll, nur ein Begleitfahrzeug, in dem alle drei Polizisten saßen, hinter Schleyers Mercedes herfahren zu lassen? Hätte die Polizei nicht schon längst die Bevölkerung, insbesondere Hausmeister von Hochhäusern, um Aufmerksamkeit bitten sollen für den Fall, daß von jungen Leuten angemietete Wohnungen offensichtlich leerstehen blieben? Fragen über Fragen. Für fünf Familien zumindest wurden sie zu spät gestellt. Die fehlenden Antworten wurden ihnen an diesem Montag, dem 5. September 1977, zum Schicksal.

5. September 1977, 17.28 Uhr:

Das Fahrzeug von Hanns Martin Schleyer und der ihm folgende Wagen mit den Stuttgarter Polizeibeamten Brändle, Ulmer und Pieler biegen in die Vincenz-Statz-Straße ein, eine von Bäumen gesäumte Einbahnstraße im Köln-Braunsfelder Villenviertel. Von der linken Fahrbahnseite her fährt plötzlich ein gelber Mercedes quer vor die Kolonne, halb auf den Bürgersteig der rechten Straßenseite. Zugleich rollt von links ein blauer Kinderwagen auf die Fahrbahn. Wegen des Kinderwagens kann Schleyers Fahrer Heinz Marcisz dem querstehenden Mercedes nicht ausweichen. Er bremst scharf. Das Begleitfahrzeug mit den Polizeibeamten kann nicht mehr rechtzeitig stoppen, es fährt auf Schleyers Wagen auf.

Im selben Moment schon eröffnen fünf im Halbkreis um die Fahrzeuge stehende junge Leute aus Maschinenpistolen und Schnellfeuergewehren das Feuer. Sie durchsieben in Kopfhöhe Windschutzscheibe, Heckfenster und Seitenfenster des Begleitwagens mit den drei Polizisten. Schleyer, der im Fond des ersten Mercedes sitzt, wird von den Gangstern aus dem Wagen gezerrt und in einen am linken Straßenrand stehenden weißen VW-Bus gezogen. Heinz Marcisz, der Fahrer, stößt die linke Tür auf, um seinem Chef zu helfen. Die Gangster, die den Fahrer zuerst verschont hatten, schießen ihn nieder. Eine Kugel zerreißt eine Hauptarterie, Marcisz verblutet. Der Bus fährt los.

Einziger Augenzeuge des Überfalls ist der 10jährige Andreas G., Sohn eines in der Vincenz-Statz-Straße wohnenden Rechtsanwalts. „Kommt, schnell, die drehen hier einen Film", ruft er Nachbarn zu, die erschreckt die Fenster öffnen.

Fünf Minuten später, um 17.33 Uhr, erreicht die Einsatzleitstelle der Polizei ein Anruf aus der Vincenz-Statz-Straße: „Hier schießen Leute mit Maschinenpistolen. Mehrere Tote und Verletzte." Sofort werden die Funkstreifenwagen „A14/14", der sowieso schon auf dem Weg zur nahegelegenen Raschdorffstraße ist und „A13/14" zum Tatort dirigiert.

Ein privater BMW-Fahrer hat die Verfolgung des flüchtenden VW-Busses aufgenommen. Ein paar Straßenzüge weiter steht plötzlich ein belgischer Armeelastwagen quer auf der Fahrbahn. Der ahnungslose Soldat will seinen Lkw wenden. Den VW-Bus hat er noch durchgelassen, dem BMW-Fahrer schneidet er nun die Verfolgung ab. Der BMW-Fahrer sieht den Streifenwagen „A13/14", stoppt ihn und ruft den Polizisten zu: „Der Wagen, den ihr sucht, ist in Richtung Autobahn gefahren." Die Funkstreife fährt daraufhin die Route zur nächstgelegenen Autobahnabfahrt. Zu keinem Zeitpunkt hat der verfolgende Polizeiwagen den flüchtenden VW-Bus in Sichtweite.

Schutzpolizeidirektor Hans Krausz, selbst nur unzureichend informiert und wohl auch zu aufgeregt, um präzise formulieren zu können, setzt eine Blitzmeldung ab. Darin heißt es fälschlich: „Das flüchtende Fahrzeug wurde von ‚Arnold 13/14' bis zur Bundesautobahnabfahrt Hürth verfolgt und geriet dort außer Kontrolle. Ringfahndung wurde sofort eingeleitet." Polizeidirektor Krausz gibt der Schnelligkeit den Vorrang vor der Präzision, weil er mit dieser Fahndungsmeldung noch in die 19-Uhr-Nachrichten kommen will. In dieser Meldung formuliert Krausz auch, Dr. Schleyer sei in einem hellen „VW-Bully" abtransportiert worden. Unwillkürlich hat Krausz Polizeijargon geschrieben. Die Öffentlichkeit

Fahrer Heinz Marcisz

Polizist Reinhold Brändle

Polizist Roland Pieler

Polizist Helmut Ulmer

Wenige Stunden nach dem Überfall: Schleyers Fahrer und der dreiköpfige Begleitschutz liegen, mit über 100 Schüssen ermordet, in ihrem Blut. Polizei leuchtet den Tatort aus

Dieser blaue Kinderwagen wurde von den Kidnappern auf die Fahrbahn gerollt. Schleyer-Fahrer Marcisz bremste – wie es jeder getan hätte. Der blutige Überfall begann

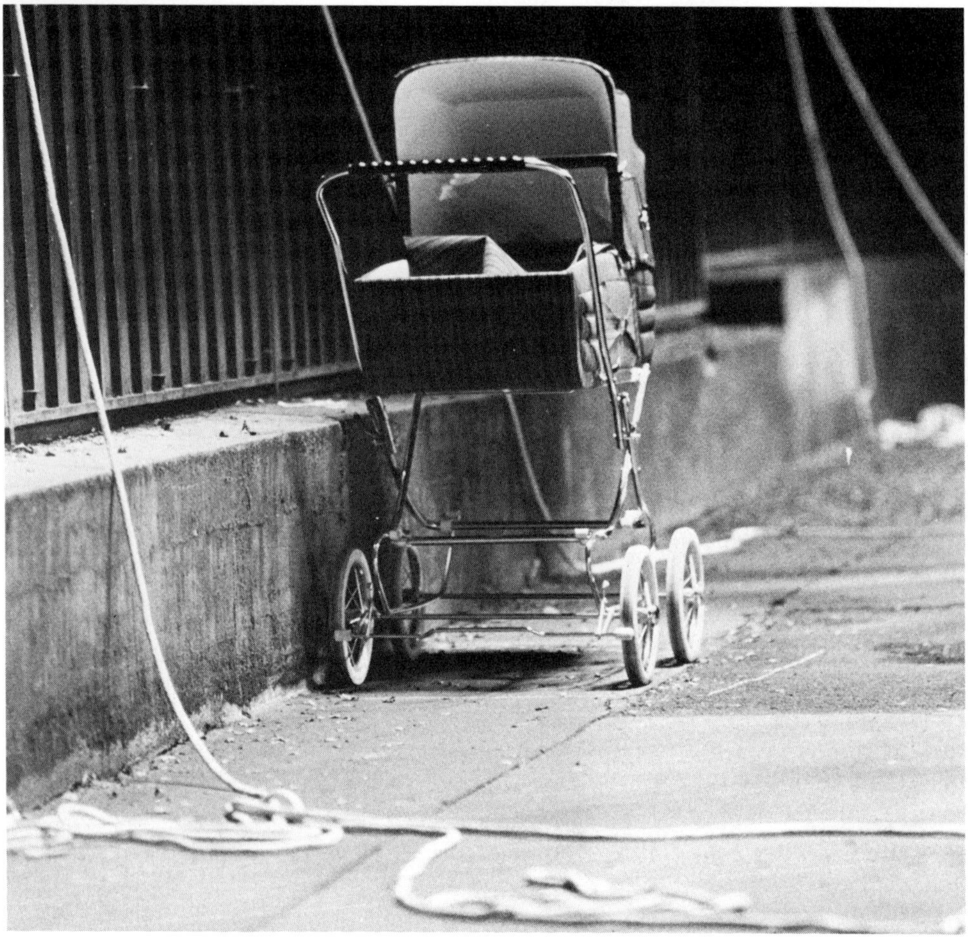

aber, die diese Nachricht hört, weiß über Stunden nicht, daß mit „Bully" ein Bus gemeint ist. Sie glaubt lange Zeit an eine Art Strandwagen oder Jeep.

Im weißen Reihenhaus in der Albert-Schweitzer-Straße 5 in Hochdorf bei Reichenbach schaltet die Mutter des Polizisten Roland Pieler kurz nach 19 Uhr das Radio an. Aus den bereits angelaufenen Meldungen hört sie noch: „Überfall auf Hanns Martin Schleyer". Sie schaltet das Radio gleich wieder aus und sagt zu ihrem Mann: „Gucken wir mal ins Fernsehen." Im selben Moment geht das Telefon. Die Großmutter aus Bad Cannstatt ruft an: „Habt ihr das gehört? Da ist der Roland dabei!" Die Pielers rufen im Polizeirevier an, um sich Gewißheit zu verschaffen. Niemand weiß dort etwas.

Dann wählt Frau Pieler die Nummer von Rolands Freundin Heike. Dort, bei den Finkes in Reichenbach, wird gefeiert. Vater Hans Finke ist an diesem 5. September 48 Jahre alt geworden. Als das Telefon schrillt, glaubt die 16jährige Heike, daß sich ihr Freund Roland endlich bei ihr melde, wie er es immer tut, wenn er unterwegs ist. „Gott sei Dank", sagt sie, „jetzt ist der Roland dran, jetzt kann er was erleben! Mich hier so lange warten zu lassen."

Doch es ist nicht Roland, es ist Frau Pieler. Sie weint, schluchzt und sagt: „Heike, ich glaube, mit unserem Roland ist was passiert." Heike fängt an zu schreien, ihre Mutter kommt zum Telefon, ergreift den Hörer und sagt zu Frau Pieler: „Mein Mann hat grad' heute Geburtstag, da wird doch wohl nichts passiert sein."

Um 20 Uhr schaut sich die Familie Finke gemeinsam die Abendnachrichten an. Als Bilder vom Tatort übermittelt werden, glaubt Tochter Heike, ihren Roland zu erkennen. Sie sieht am Rande der Szene einen Mann stehen, in einer grauen Hose und mit schwarzer Jacke, den gleichen Kleidungsstücken, die Roland bei seinem Abschied aus Stuttgart getragen hat.

Die Finkes rufen Frau Pieler an, um sie zu beruhigen: „Die Heike hat den Roland im Fernsehen gesehen." Was Heike nicht weiß: Roland hat sich kurz vor der Abreise einen graublauen Anzug mit feinen Streifen gekauft. Den hat er mitgenommen und in Köln zum Dienst angezogen.

Frau Pieler erhält wenig später Gewißheit, daß ihr Sohn tot ist. Zwei Polizisten aus Esslingen überbringen die Nachricht. Ein Notarztwagen wird gerufen. Der Arzt gibt der Mutter des Erschossenen eine Tablette und eine Spritze.

Der Notarztwagen fährt dann gleich weiter zu den Finkes. Die wissen inzwischen durch einen weiteren Anruf von Frau Pieler, daß der Roland tatsächlich nicht mehr lebt. Für Heikes Vater ist die Nachricht solch ein Schock, daß er für zwei Tage ins Krankenhaus muß. Der Arzt beruhigt die Finkes, sie brauchten sich keine Sorgen um den Zustand des Mannes zu machen. Erst die Geburtstagsfeier und dann die Todesnachricht, das sei für ihn zuviel gewesen, „das müssen Sie sich so vorstellen, wie wenn Feuer und Wasser zusammenkommen".

Ein Streifenfahrzeug des Polizeireviers Vaihingen fährt gegen 21 Uhr vor dem einstöckigen Neubau der Familie Ulmer in der Sudetenstraße 11 in Enzweihingen vor. Der Revierleiter, Polizeihauptkommissar Gustav Bast, und Polizeioberkommissar Ernst Unfried überbringen Eugen Ulmer die Nachricht vom Tode seines einzigen Sohnes. Der 50jährige sagt nur: „Jetzt lebe ich auch nicht mehr lange."

Die Mutter des 10jährigen Oliver Brändle hört die Nachricht vom Überfall auf Schleyer im Fernsehen. Sie setzt sich daraufhin in ihr Auto und fährt ein paar Straßenzüge weiter zu Brändles Mutter und Schwester. Dort hat die Polizei ebenfalls gerade die Todesnachricht gebracht.

Die Schleyers in Stuttgart erreicht um 17.50 Uhr an diesem Montag eine erste

Meldung, daß etwas nicht in Ordnung sei. Die „Bild"-Zeitung, Redaktion Kettwig, ruft an und will von Jörg Schleyer wissen: „Haben Sie etwas davon gehört, ob in Stuttgart oder in Köln ein Bombenattentat auf Ihren Vater verübt worden ist?"

Für Jörg ist der Anruf zunächst ohne Bedeutung, die Sache klingt ihm zu unglaubwürdig. Sicherheitshalber aber geht er vor das Haus zu den beiden Polizisten, die dort in einem VW-Einsatzwagen Wache haben. Die wissen auch nichts, nehmen aber Funkkontakt mit der Einsatzzentrale in Stuttgart auf. Von dort gibt es keine Bestätigung. Jörg Schleyer hält es deshalb nicht für nötig, seine Mutter zu informieren, die oben im Haus aufräumt.

Fünf Minuten später, um 17.55 Uhr, will das US-Magazin „Time" aus Bonn am Telefon von Jörg wissen: „Ist auf Ihren Vater ein Attentat verübt worden?" Um 18.05 Uhr schließlich wieder ein Anruf der „Bild"-Zeitung aus Kettwig. Diesmal ist es keine Frage mehr, sondern eine Mitteilung: „In Köln ist auf Ihren Vater ein Attentat verübt worden, es hat vier Tote gegeben. Ob Ihr Vater unter den Toten ist, wissen wir noch nicht."

Durch das ständige Klingeln des Telefons ist die Mutter aufmerksam geworden, sie kommt nach unten. Jörg sagt ihr, was er soeben gehört hat. Sie erwidert nichts, sie setzt sich auf einen Sessel und starrt schweigend vor sich hin.

Von nun an schrillt das Telefon in immer kürzeren Abständen. Jörg beantwortet jeden Anruf. Seine Mutter will dazwischen immer nur wissen: „Was ist denn, sag doch, ist er tot, oder was ist passiert?"

Um 18.30 Uhr umstellen 20 Mann Bereitschaftspolizei und Kriminalpolizei das Haus. Jetzt versucht Jörg, seinen Vater beim BDA in Köln zu erreichen. Er bekommt aber nur den Pförtner ans Telefon. Der sagt ihm, sein Vater habe um 17 Uhr das Haus verlassen, mehr wisse er auch nicht.

Um 19 Uhr, während in der Heute-Sendung das ZDF das Attentat bestätigt wird, installiert die Kripo im Hause Schleyer eine Fangschaltung fürs Telefon. Vielleicht werden Erpresser anrufen.

Eine halbe Stunde später treffen Jörgs 32jähriger Bruder Hanns Eberhard, Rechtsanwalt in Stuttgart, und der Vorstandsvorsitzende von Daimler-Benz, Professor Joachim Zahn, im Haus ein. Gegen 21 Uhr kommt schließlich auch der 28jährige Arndt Schleyer, Rechtsreferendar in Heidelberg. Nun fehlt nur noch einer der Brüder, der 25jährige Medizinstudent Dirk. Er macht gemeinsam mit seiner Freundin Urlaub auf der griechischen Insel Ägina. Über die deutsche Botschaft in Athen und über das griechische Fernsehen versucht die Familie, mit ihm Kontakt zu bekommen. Das gelingt erst drei Tage später. Dirk kommt dann per Schiff und Flugzeug nach Stuttgart. Sein Auto, mit dem er nach Griechenland gefahren war, wird vom ADAC zurückgeholt.

In jener Unglücksnacht melden sich weder das Bundeskriminalamt noch der Bundesjustizminister oder der Bundeskanzler bei den Schleyers. Gegen 23 Uhr ruft lediglich Wirtschaftsminister Friderichs an. Er spricht mit Waltrude Schleyer. Um 4 Uhr morgens geht die Familie zu

Bett. Am nächsten Morgen gegen 10 Uhr kommt endlich ein BKA-Mann, um den Schleyers den Vorgang des Attentats zu schildern. Er weiß auch nicht mehr, als Radio und Fernsehen gemeldet haben.

In der Kölner Vincenz-Statz-Straße hat die Polizei am Montagabend für ihre drei Stuttgarter Kollegen und den Fahrer Marcisz nichts mehr tun können. Ihre Körper sind durchlöchert. Ein Rettungshubschrauber, der über der Unfallstelle kreist, und Krankenwagen, die unter Blaulicht und Sirenengeheul herangebraust waren, müssen unverrichteter Dinge wieder abdrehen. Die Toten werden mit Plastikplanen zugedeckt, in denen sich das Licht spiegelt, das zwei mächtige Lichtgiraffen ausstrahlen, die den Tatort beleuchten.

Kurz nach 19 Uhr stoppt ein Autokonvoi mit Blaulicht. Bundesjustizminister Hans-Jochen Vogel und Staatsminister Hans-Jürgen Wischnewski steigen aus. Der quergestellte Mercedes der Terroristen ist inzwischen identifiziert worden. Es ist jener 300er Diesel, der am 30. Juli in Köln-Porz gestohlen wurde. Sein originales Kennzeichen K–AA 6584 ist gegen ein gefälschtes Schild mit der Nummer K–LZ 589 ausgetauscht worden. Auf diese Nummer ist rechtmäßig ein Mercedes gleichen Typs auf den Namen Jacob Bulich in Porz-Liebur, Hageler Weg 7, zugelassen. Das Kennzeichen des VW-Busses kann ebenfalls durch Zeugenaussagen ermittelt werden: K–C 3849.

Als der Hausmeister von dieser Nummer hört, erinnert er sich an den fremden VW-Bus mit dem blauen Kinderwagen in der Tiefgarage des Hauses Wiener Weg 1b. Dessen Kennzeichen hatte er sich auf einem Zettel notiert, den er in der Brusttasche bei sich trägt. Die Nummern stimmen überein.

Gegen 20.30 Uhr erscheinen die Beamten im Haus am Wiener Weg. Tatsächlich steht der weiße VW-Bus wieder auf seinem Abstellplatz in der Tiefgarage. Die Kriminalisten wissen nicht, ob der Wagen vermint ist. Ein Feuerwerker wird hinzugezogen. Über einen Seilzug öffnet er, selbst hinter einem Mauervorsprung versteckt, die Wagentür.

Im Innern des Tatfahrzeugs wird eine erste Nachricht gefunden, ein Brief der Terroristen an die Bundesregierung. Der Brief ist eigentlich die Fotokopie eines Briefes. Die Terroristen arbeiten mit Fotokopien, weil es dann schwieriger ist, das Papier und die Schrift zu untersuchen. In dem Schreiben wird die Bundesregierung aufgefordert, alle öffentlichen Fahndungsmaßnahmen zu unterlassen – „oder wir erschießen schleyer sofort, ohne dass es zu verhandlungen über seine freilassung kommt".

Auf der zweiten Seite dieses Briefes setzen sich die Terroristen damit auseinander, daß ihnen in der Vergangenheit die Schau gestohlen wurde. Wörtlich heißt es dort:

„zu der organisation ‚roter morgen', die nach dem ende des vorstandssprechers der dresdner bank und nach bubacks tod durch anrufe bei dpa die verantwortung übernommen haben soll und die sich – ein besonders dreckiges bnd-manöver – nach der flucht kapplers in rom mit der behauptung meldete, er sei entführt worden, um ihn gegen politische gefangene in der brd

Ein per Funk fernzusteuernder Mini-Panzer mit 7 Scheinwerfern, Videokamera und Schnellfeuergewehr – importiert aus dem Terrorland Nordirland. Mit diesem Gerät sprengte die Polizei am Tattag die konspirative Wohnung der Terroristin Friederike Krabbe in Köln auf

auszutauschen, ist festzustellen: sie existiert im zusammenhang der illegal kämpfenden sozialrevolutionären truppen in westeuropa nicht. sie ist eine erfindung des staatsschutzes, die authentische erklärungen der kommandos der raf neutralisieren soll. daß der gesamte medienapparat sie hier – im gegensatz zu frankreich und italien – ernst nimmt und den unsinn, den sie verbreitet, hochspielt, obwohl sie nach der diktion und den fakts völlig unglaubwürdig ist, ist ein beweis für die nachrichtendienstliche durchstrukturierung der berichterstattung in der brd. die kommandoerklärungen der raf sind auch für journalisten einfach verifizierbar."

Dann folgt eine Lücke auf der linken Seite des Briefbogens und darunter der Hinweis, daß einem gleichen Brief an das Bonner dpa-Büro „der schlüssel der wohnung in der blumenstraße" beiliege. Gemeint ist jene Wohnung in der Blumenstraße Nr. 9 in Karlsruhe, wo RAF-Terroristen am 25. August 1977 ein Schußgerät, ähnlich einer Stalinorgel, mit Zielrichtung auf das gegenüberliegende Bundesverfassungsgericht installiert hatten. Unterschrieben ist das Ganze mit „kommando siegfried hausner raf".

Das Bundeskriminalamt entschließt sich, den Inhalt dieses Briefes nicht an die Öffentlichkeit zu geben.

Am Tattag wird gegen Mitternacht die Tür des Kölner Apartments der Lisa Ries alias Friederike Krabbe aufgesprengt. Ein von Polizisten per Funk ferngesteuerter Minipanzer mit Scheinwerfer, Videokamera und Schnellfeuergewehr – Import aus dem Terrorland Nordirland – sprengt die Wohnungstür auf und prüft die Räume. Das Apartment ist leer, zurückgeblieben sind lediglich eine Luftmatratze, ein Funksprechgerät, ein Stuhl und ein Nachttischlämpchen.

In der Vincenz-Statz-Straße in Köln-Braunsfeld suchen derweil die Fahnder noch immer Quadratzentimeter für Quadratzentimeter nach Spuren ab. In dem blauen Kinderwagen, der eine messingfarbene metallene Verbindungslasche mit der Aufschrift „Topline" trägt, finden sie ein Babyspielzeug, eine orangefarbene Vogelfigur mit einem weißen Beißring. Sie sammeln zwei Paar Rallye-Handschuhe auf, das eine Paar hell-dunkelbraun, das andere olivfarben. Zurückgelassen haben die Terroristen außerdem einen Tennisschläger, Fabrikat „Wilson, Jimmi Connors Baseline", mit einer weiß-blauen Kunststoff-Schutzhülle und eine Kunstledertasche, die den schwarzen Aufdruck trägt „Adidas, made in Jugoslavja".

Auf Grund der gefundenen Munition können die Fahnder die Bewaffnung der Terroristen rekonstruieren: Sie verfügen über einen Colt vom Kaliber 11,6 mm, vermutlich bei dem Frankfurter Waffengeschäft Fischlein gestohlen; cin Schweizer Schnellfeuergewehr vom Kaliber 5,6 mm (dieselbe Waffe, mit der Siegfried Buback niedergeschossen worden war und die der Terrorist Sonnenberg bei seiner Festnahme in Singen bei sich trug; diese Waffe wurde dann auch beim Mord an Jürgen Ponto verwendet); ferner Maschinenpistolen des Kalibers 9 mm und schließlich noch Schrotgewehre.

Zwei der Polizeibeamten hatten noch Zeit gefunden, zurückzuschießen. Der Polizist Ulmer verfeuerte acht Schuß aus seiner Maschinenpistole, der Meisterschütze Pieler kann aus seiner Pistole drei Schüsse abgeben. Keine der Kugeln trifft die Angreifer.

Bis drei Uhr morgens dauern die Fahndungsarbeiten. Dann erst können die zerschossenen Wagen von Schleyer und seinen Polizeibegleitern sowie der Mercedes der Attentäter in drei Möbelwagen geschoben werden, die sie zum Bundeskriminalamt nach Wiesbaden transportieren. Einmal wird die Arbeit der Ermittler unterbrochen. Anni Marcisz, die Frau des Schleyer-Chauffeurs, ist am Tatort eingetroffen. Ein Polizist führt sie zu der Leiche ihres Mannes. Dort bricht die herzkranke Frau, die sich schon vor einem halben Jahr einen Schrittmacher einsetzen lassen wollte, zusammen.

In Bonn ist Bundeskanzler Helmut Schmidt nach den ersten Agenturmeldungen von seinem Presse-Staatssekretär Klaus Bölling informiert worden. Sofort gibt Schmidt den Auftrag, ihm eine Fernsehansprache zu entwerfen. Schon in der ersten Nacht des Terroraktes übernimmt Helmut Schmidt die Rolle des Oberfahnders der Nation, die er sieben Wochen lang nicht mehr abgeben wird.

Um 21.20 Uhr betritt der Kanzler das Bonner Studio des ARD-Fernsehens. In dem Text, den ihm Bölling und der Kanzleramtsstaatssekretär Schüler ausgearbeitet haben, fügt Schmidt eigenhändig noch eine Passage ein, mit der er die Terroristen direkt ansprechen will: „Während ich hier spreche, hören sicherlich irgendwo auch die schuldigen Täter zu. Sie mögen in diesem Augenblick ein triumphierendes Machtgefühl empfinden, aber sie sollen sich nicht täuschen. Der Terrorismus hat auf die Dauer keine Chance, denn gegen den Terrorismus steht nicht nur der Wille staatlicher Organe, gegen den Terrorismus steht der Wille des ganzen Volkes."

Indes: Für die nächsten sechs Wochen bestimmt nicht der Kanzler, es bestimmen die Terroristen die politische Wirklichkeit der Bundesrepublik.

Zehn Stunden nach dem Überfall auf Hanns Martin Schleyer und dessen Begleiter ist der Tatort Vincenz-Statz-Straße ein Fall für die Stadtreinigung. Über ihre Funkleitstelle fordert die Polizei beim Bereitschaftsdienst des Straßenbauamtes der Stadt Köln eine „Sonderreinigung" an. Es ist Dienstag, der 6. September, frühmorgens 4 Uhr.

Die Leichen der drei Leibwächter und

Im Morgengrauen
nach dem Überfall.
Die Kripo hat den Tatort freigegeben,
Straßenreiniger beseitigen
sorgfältig die letzten
Spuren

des Fahrers sind eingesargt. Den Polizisten Reinhold Brändle trafen 20 Geschosse, zwei waren sofort tödlich. Helmut Ulmer starb an drei Kopfschüssen. Der erst 20jährige Roland Pieler war von acht Kugeln durchbohrt worden, drei trafen ihn in den Rücken, zwei der Schüsse waren tödlich. Schleyers Fahrer Heinz Marcisz war von zwei Schüssen in die Hüfte getroffen worden. Eine Kugel hatte eine Hauptarterie zerrissen, so daß er verblutet war. Ein zweites Geschoß steckte in der Muskulatur, es hat keine größeren Verletzungen hervorgerufen.

101 Patronenhülsen haben die Ermittler in Plastiksäcke gesammelt: neben 7.65er Pistolenmunition Jagdmunition vom Typ „Brenneke", die statt einer üblichen Schrotladung einen Bleikopf hat, der in den Körper des getroffenen Menschen große Löcher reißt; außerdem Hochrasanz-Geschosse vom Kaliber 5,6 Millimeter, die durch ihre hohe Schockwirkung beim Aufprall absolut tödlich sind. Diese Munition ist zum erstenmal von den Amerikanern im Vietnam-Krieg verwendet worden. Insgesamt wurden, wie die Einschüsse am Tatort zeigen, mehr als 300 Schüsse abgegeben, aber viele Patronenhülsen blieben in der Dunkelheit unauffindbar, oder sie wurden von den Waffen nicht ausgeworfen – so die aus den Revolvern.

Der Bereitschaftsdienst im Kölner Straßenbauamt ist rund um die Uhr besetzt. Die beiden Stadtarbeiter Ferdinand Neumann und Emil Stassek machen sich mit ihrem orangefarbenen Reinigungswagen auf den Weg. Der Wagen verfügt über Druckluftanschluß, Kasten für Sägemehl, Rollsplitt, Behälter für tote Hunde und sonstige Kadaver. Im fahlen Licht des neuen Tages beginnen die beiden Männer ihre Arbeit. Sie überstreuen die Straße mit einem Lösungsmittel, Fabrikat „Öldri", das laut Werbung „Öl und Schmiere aufsaugt". Schweigend kehren Neumann und Stassek die Reste des Verbrechens zusammen: das zersplitterte Glas der demolierten Autos, verbogene Chromleisten. Mit scharfem Wasserstrahl spülen sie die breiten Blutlachen weg, mit ihren Besen schrubben sie über die gelben Kreidestriche, mit der die Lage der Leichen, der Standort der Wagen und die Fundstellen von Patronenhülsen gekennzeichnet worden waren.

Als die Morgensonne durch das Laub der Rotdornbäume in der Villenvorortstraße bricht, haben die beiden Arbeiter die Spuren des Verbrechens beseitigt. Getilgt werden können sie nicht.

Fortan ist die Bundesrepublik ein anderer Staat. Fortan kann sich in Westdeutschland niemand mehr darüber aufregen, daß in die Fahndung nach den Terroristen nicht nur die dazu von Amts wegen berufene Kriminalpolizei und der Verfassungsschutz eingespannt werden, sondern auch der Bundesnachrichtendienst (BND), dessen Aktionsfeld der Gesetzgeber ausdrücklich auf das Ausland eingegrenzt hat, sowie der Militärische Abschirmdienst (MAD), der legal nur im engen Bereich der Streitkräfte Abwehraufgaben wahrnehmen darf.

Als selbstverständlich akzeptiert werden Straßensperren, die die Polizei errichtet, um Tausenden von Autofahrern nicht nur den Führerschein und den Personalausweis abzuverlangen, sondern auch, um die Fahrzeuge mit einer Genauigkeit durchsuchen zu können, wie es bislang nur am Übergang zur DDR üblich war. Und als über den Verkehrsfunk in Bayern mitgeteilt wird, daß Autofahrer an bestimmten Autobahnabschnitten Fahrzeug- und Personenkontrollen zu erwarten hätten und deshalb mit Staus rechnen müßten, wird diese Durchsage dem Bayernfunk als grobe Panne bei der Terroristenfahndung angelastet.

Als bei einem „Sicherheitsgespräch" zwischen Politikern und Ermittlern im Bungalow des Bundeskanzlers Münchens Polizeipräsident Manfred Schreiber darauf hinweist, daß es für Generaldurchsuchungen von Autos „derzeit keinerlei Rechtsgrundlage" gibt, erntet er nur Schulterzucken. Dann sei es eben dringend nötig, so der Bundeskanzler unter allgemeiner Zustimmung, ein derartiges Kontroll- und Untersuchungsrecht im Gesetz zu verankern.

Im Blitzverfahren verabschieden Regierung und Opposition gemeinsam ein Gesetz, das es erlaubt, jeden Kontakt zwischen inhaftierten Terroristen und ihren Anwälten zu unterbrechen und die Häftlinge total zu isolieren – das „Kontaktsperre-Gesetz".

Der Zweck heiligt die Mittel, und diesen Zweck umreißt Bundeskanzler Schmidt mit drei Maximen:

„1. Schleyer lebend zu befreien;

2. die Täter zu ergreifen und vor Gericht zu stellen;

3. die Fähigkeit des Staates zu sichern, seine Bürger gegen Gefahren zu schützen und das Vertrauen der Bürger in diese Schutzfunktion des Staats zu wahren."

Der „übergesetzliche Notstand" ist fortan die Legitimation für gerechtfertigte und ungerechtfertigte Eingriffe in von der Verfassung garantierte bürgerliche Freiheiten. Wer Kritik übt, gilt zumindest als wirklichkeitsfremd.

Tatsächlich hat der Fall Schleyer eine andere Dimension als die bisherigen Verbrechen. Die Entführung des Berliner CDU-Politikers Peter Lorenz im Februar 1975 hatte noch „spielerische Züge" (so ein Hamburger Verfassungsschützer), auch wenn sie mit der Freipressung von fünf Terroristen endete. Der Fahrer von Lorenz wurde nicht erschossen, sondern mit einem Besenstiel verjagt.

Und daß die Kidnapper von 1975 ihre Drohungen just über einen Gastwirt weitergaben, der ebenfalls Peter Lorenz hieß, wies auf ihre Herkunft: Die „Bewegung 2. Juni", eine heute nicht mehr existente Terror-Organisation, war aus der Berliner Happening-„Kommune 1" entstanden. Es seien „eigentlich ganz nette junge Leute" gewesen, „fehlgeleitete Idealisten", sagte denn auch Peter Lorenz nach seiner Freilassung und erinnerte sich, daß sie ihm sogar seine bei dem Überfall zerrissene lange Unterhose genäht hatten.

Selbst die Morde an Generalbundesanwalt Siegfried Buback und an dem Bankier Jürgen Ponto nahmen sich aus der Sicht des Staates nicht so folgenschwer aus. Diese Verbrechen, so grausam sie waren, rührten nicht an die Grundlagen staatlicher Autorität.

Jetzt aber, nach der Entführung des Arbeitgeber-Präsidenten Hanns Martin

Schleyer, sieht sich der Staat gezwungen, seine Darstellung in Inhalt und Form an den Forderungen einer Handvoll schießwütiger Polit-Gangster zu orientieren. Der Regierungschef einer der größten Industrienationen der Erde muß sich dazu erniedrigen lassen, eine Mafia jugendlicher Killer, die sich schon längst nicht mehr um eine Scheinlegitimation durch eine Unterstützung der „Arbeiterklasse" für ihre „Revolution" bemüht, als gleichberechtigten Verhandlungspartner zu akzeptieren. Er verkehrt mit ihnen über einen offiziellen Vermittler, als handele es sich bei ihnen um eine ebenbürtige Macht, die mit der Bundesrepublik Deutschland im Kriegszustand steht und mühsam zu einem Waffenstillstand gebracht werden muß.

Der Mann, dem nach dem Kölner Attentat in erster Linie die Aufgabe zufällt, den Staat aus seiner schmählichen Rolle des Erpreßten zu befreien, wandert am Nachmittag des 5. September 1977 durch die Benediktenwand in den Tegernseer Alpen. Der Chef des Bundeskriminalamtes, Horst Herold, ist zu Besuch bei seinem Freund, dem pensionierten Leiter des Bundesamtes für Verfassungsschutz, Günther Nollau, der sich in Lenggries sein Ruhestands-Domizil gemietet hat. Nach der ausgedehnten Wanderung haben sich beide gerade zum Plausch niedergesetzt – Nollau mit einem Viertele Veltliner, Herold muß Rücksicht auf seine im Zweiten Weltkrieg lädierte Gesundheit nehmen und trinkt nur Kaffee –, da schrillt das Telefon. Der BKA-Chef erhält die Nachricht vom Attentat. Der Staatssekretär im Bundesinnenministerium Siegfried Fröhlich überträgt Herold die Kompetenz für die Ermittlungen im Fall Schleyer. Fortan ist Horst Herold für Wochen nonstop im Dienst – nur selten findet Herold ein paar Stunden Schlafpause im Grenzschutzquartier Hangelar bei Bonn.

Mit dem Wagen fährt Herold nach Wiesbaden, von dort fliegt er mit einem nachtflugfähigen Hubschrauber nach Bonn. Eigentlich hat Herold in den nächsten Wochen einen immer wieder verschobenen Urlaub machen wollen und eine Schiffsreise gebucht. Sie muß zum drittenmal storniert werden. Allein die Stornogebühren betragen inzwischen 4 500 Mark.

Der 54jährige gebürtige Thüringer Herold hat, als er 1971 die Leitung des Bundeskriminalamtes übernahm, sich einen Namen gemacht, indem er die 2 500-Mann-Behörde umbastelte: Waren bisher die Polizeibeamten auf kiloschwere Fahndungsbücher angewiesen, so wurden jetzt alle kriminalpolizeilichen Erkenntnisse in ein Elektronengehirn in Wiesbaden eingespeist. Die Daten dieses „Gehirns" können in Sekundenschnelle von Terminals an Grenzstationen, in anderen Polizeibehörden oder sogar in speziell ausgerüsteten Streifenwagen abgerufen werden.

„Mister Computer", wie der rundliche Jurist mit der Pistole am Gürtel seines Zivilanzugs seither genannt wird, ist nach Schleyers Entführung aufs Abwarten angewiesen. Er braucht Daten, die er seiner elektronischen Kartei in Wiesbaden einfüttern kann. Diese Daten aber können ihm nur die Entführer selbst liefern. Auf dieser Einsicht basiert das Grundkonzept von Herolds Verhaltenstaktik, das er sich noch in der Nacht nach der Entführung vom Bundeskanzler absegnen läßt: die Entführer hinhalten, Antworten verzögern, auf Zeitgewinn arbeiten. Vielleicht können so Erkenntnisse gesammelt werden, die schließlich mosaikartig ein Bild der Täter und im günstigsten Fall auch einen Hinweis auf ihr Versteck ergeben werden.

Erste Konsequenz dieser Taktik: Der von den Terroristen in dem Entführungs-VW-Bus hinterlassene Brief mit der Aufforderung, jede Fahndung zu unterlassen, wird vor der Öffentlichkeit verschwiegen.

Das Konzept scheint aufzugehen.

Dienstag, 6. September, 15 Uhr: Im Pfarrhaus neben der evangelischen Bergkirche in der Wiesbadener Lehrstraße 8 klingelt das Telefon. Die Tochter des Dekans, die 12jährige Bettina Neuschäfer, geht an den Apparat. Ihr Vater ist in der Kirche, um einen Gottesdienst vorzubereiten. Auf ihr „Hallo" meldet sich niemand. An einem Klicken merkt Bettina, daß der Anrufer wieder eingehängt hat. Wenig später entdeckt das Mädchen im Briefkasten an der Innenseite der Haustür ein weißes Kuvert. Sie nimmt den Umschlag – er hat nicht das übliche Format, sondern DIN-C4-Größe – und legt ihn dem Vater auf den Schreibtisch.

Der Dekan kommt kurz darauf aus der Kirche ins Haus zurück und findet den Brief. Er öffnet das nicht beschriftete Kuvert. Darin steckt ein zweiter Umschlag, ebenfalls weiß. Er hat die maschinengeschriebene Aufschrift „an die bundesregierung". Das Schreiben trägt als Briefkopf das Zeichen der RAF, „so eine Zeichnung mit dem Stern und der Maschinenpistole" (Neuschäfer). Außerdem steckt in dem Kuvert ein Polaroid-Farbfoto des entführten Hanns Martin Schleyer: Er sitzt unter dem RAF-Emblem, ist mit einer dunkelroten Trainingsjacke mit blauem Kragen und blauem Bündchen am Ärmel bekleidet und hält in der Hand ein Schild „6.9.1977 Gefangener der RAF." Und schließlich liegt noch ein kurzes Handschreiben von Schleyer im Umschlag.

Während Dekan Neuschäfer auch diesen Brief liest, klingelt das Telefon. Ohne jede Anrede-Floskel ist eine Frauenstimme in akzentfreiem Hochdeutsch zu hören: „In Ihrem Briefkasten befindet sich ein Brief an die Bundesregierung. Leiten Sie ihn weiter." Dann legt die Frau auf, sie läßt Neuschäfer keine Zeit für Fragen. Jetzt informiert der Dekan die Polizei und das Bundeskriminalamt, das nach wenigen Minuten den Fund abholen läßt. Im Polizeiwagen wird das Kuvert unverzüglich nach Bonn gefahren, zum Einsatzstab des BKA-Chefs Herold.

Der Wortlaut des Schreibens, das vom amtlichen Bonn als „erster Bekennerbrief" eingestuft wird:

„am montag, dem 05.09.77 hat das kommando siegfried hausner den Präsidenten des arbeitgeberverbandes und des bundesverbandes der deutschen industrie hanns martin schleyer gefangengenommen. zu den bedingungen seiner freilassung wiederholen wir nochmal unsere erste mitteilung an die bundesregierung, die seit gestern von den sicherheitsstäben, wie wir

das inzwischen kennen, unterschlagen wird.

das ist die sofortige einstellung aller fahndungsmaßnahmen – oder schleyer wird sofort erschossen.

sobald die fahndung gestoppt wird, läuft schleyers freilassung unter folgenden bedingungen:

1. die gefangenen aus der raf
andreas baader
gudrun ensslin
jan carl raspe
verena becker
werner hoppe
karl heinz dellwo
hanna krabbe
bernd rösner
ingrid schubert
irmgard möller
werden im austausch gegen schleyer freigelassen und reisen aus in ein land ihrer wahl. günter sonnenberg, der seit seiner festnahme wegen seiner schußverletzung haftunfähig ist, wird sofort freigelassen. sein haftbefehl wird aufgehoben. günter wird zusammen mit den 10 gefangenen, mit denen er sofort zusammengebracht wird und sprechen kann, ausreisen.

2. die gefangenen sind bis mittwoch, 8 uhr früh auf dem flughafen frankfurt zusammenzubringen. sie haben bis zu ihrem abflug um 12 uhr mittags jederzeit uneingeschränkt die möglichkeit, miteinander zu sprechen. um 10 uhr vormittags wird einer der gefangenen das kommando in direktübertragung durch das deutsche fernsehen über den korrekten ablauf ihres abflugs informieren.

3. in der funktion öffentlicher kontrolle und garantie für das leben der gefangenen

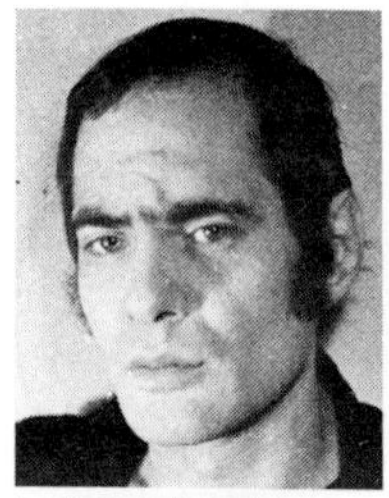
Andreas Baader

Gudrun Ensslin

Jan Carl Raspe

Karl Heinz Dellwo

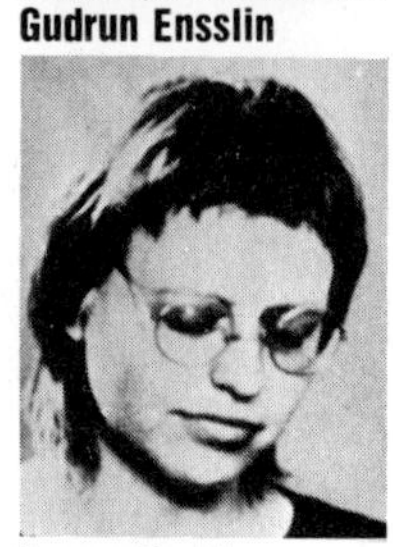
Hanna Krabbe

Bernd Rösner

während des transports bis zur landung und aufnahme sollen die gefangenen – wie wir vorschlagen würden – von payot, dem generalsekretär der internationalen föderation für menschenrechte bei der uno, und pfarrer niemöller begleitet werden. wir bitten sie, sich in dieser funktion dafür einzusetzen, daß die gefangenen dort, wo sie hinwollen, lebend ankommen.

natürlich sind wir auch mit einem alternativvorschlag der gefangenen einverstanden.

4. jedem der gefangenen werden 100 000 dm mitgegeben.

5. die erklärung, die durch schleyers foto und seinen brief als authentisch identifizierbar ist, wird heute abend um 20.00 uhr in der tagesschau veröffentlicht und zwar ungekürzt und unverfälscht.

6. den konkreten ablauf von schleyers freilassung legen wir fest sowie wir die be-

Sie sollten im Austausch gegen Hanns Martin Schleyer freigepreßt werden. Elf in vier verschiedenen Bundesländern einsitzende Terroristen, denen insgesamt 56 Morde und Mordversuche, 10 Raubüberfälle und eine große Zahl weiterer Verbrechen zur Last gelegt werden

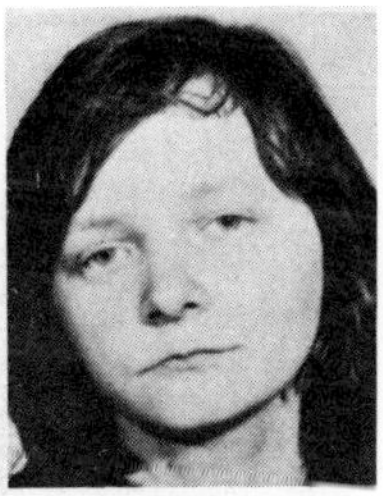
Verena Becker

Werner Hoppe

Ingrid Schubert

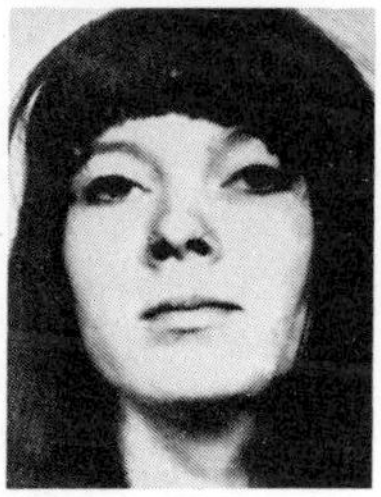
Irmgard Möller

Günter Sonnenberg

stätigung der freigelassenen gefangenen haben, daß sie nicht ausgeliefert werden, und die erklärung der bundesregierung vorliegt, daß sie keine auslieferung betreiben wird.

wir gehen davon aus, daß schmidt, nachdem er in stockholm demonstriert hat, wie schnell er seine entscheidungen fällt, sich bemühen wird, sein verhältnis zu diesem fetten magnaten der nationalen wirtschaftscreme ebenso schnell zu klären.
am 6.9.77
KOMMANDO SIEGFRIED HAUSNER
„RAF"

Der beigefügte handgeschriebene Brief Schleyers ist knapp:

„Mir wird erklärt, daß die Fortführung der Fahndung mein Leben gefährde. Das gleiche gelte, wenn die Forderungen nicht erfüllt und die Ultimaten nicht eingehalten würden.

Mir geht es soweit gut, ich bin unverletzt und glaube, daß ich freigelassen werde, wenn die Forderungen erfüllt werden.

Das ist jedoch nicht meine Entscheidung."

Beide Schreiben sind Fotokopien, um die Untersuchung zu erschweren. Nur Schleyers Unterschrift ist im Original.

Das politisch Interessanteste an dem RAF-Brief ist der letzte Halbsatz. Der Hinweis auf den „fetten Magnaten der nationalen Wirtschaftscreme", der in der Erwartung der Entführer von dem sozialdemokratischen Kanzler Helmut Schmidt schnellstmöglich ausgelöst werden würde, enthüllt die primitive Betrachtungsweise der selbsternannten Sozialrevolutionäre.

Nach ihrem Kalkül soll sich zeigen, daß der wahre Herrscher in der Bundesrepublik der Arbeitgeberboß Hanns Martin Schleyer ist: der Mann mit den Schmissen im Gesicht, die er sich auf dem Paukboden des Corps Suevia in Heidelberg holte, der Mann, der als Arbeitgeberführer 1963 einen Streik in der Metallindustrie mit der Massenaussperrung von 400 000 Arbeitern gekontert hatte und jetzt gegen das neue Bonner Mitbestimmungsgesetz vors Bundesverfassungsgericht gezogen ist.

Auch über die innere Struktur der RAF gibt der Brief des Kommandos Siegfried Hausner Aufschluß. Unter den Namen, die freigepreßt werden sollen, fehlt der des 32jährigen Rechtsanwalts Siegfried Gottlieb Haag, der Ende November letzten Jahres zusammen mit seinem Helfer Roland Mayer festgenommen wurde und seitdem in Bochum einsitzt. Haag, den bei

Der große Krisenstab ist eine große Koalition der Not geworden

der Nachricht von Schleyers Entführung viele noch für den geistigen Kopf des Unternehmens gehalten haben, soll offensichtlich einen Denkzettel bekommen. Vielleicht, weil er sich bei seiner Festnahme nicht mit der Waffe in der Hand wehrte; vielleicht auch, weil er den Fahndern einen ganzen Stapel konspirativer Papiere mit den Decknamen von Bandenmitgliedern, der verschlüsselten Beschreibung von Quartieren und der chiffrierten Aufzählung geplanter Aktionen vom Buback-Mord bis zur Schleyer-Entführung in die Hände fallen ließ.

Alles in allem fühlen sich die BKA-Fahnder durch den aus Wiesbaden eingelieferten Brief in ihrem vorläufigen Konzept bestätigt:

auf Zeitgewinn und Verzögerung hinarbeiten;

auf die Forderungen nicht sofort, sondern nur partiell und schrittweise eingehen.

Aber diese Hinhaltetaktik muß vorerst noch vom großen Krisenstab, der noch an diesem Dienstag um 23.33 Uhr zusammentreten soll, gebilligt werden.

Der große Krisenstab – das ist ein Gremium, das in keinem Artikel des Grundgesetzes oder Paragraphen irgendeines

Während der große Krisenstab
nahezu permanent tagt, ist Bonn
zu einer einzigen Festung geworden.
Überall Grenzschutz-Leute,
den Finger am Abzug, Panzerspähwagen,
die Regierungsgebäude hinter 60 000 Meter
Stacheldraht verschanzt

Bundesgesetzes oder einer Geschäftsordnung vorgesehen ist. Und dennoch, seit der Entführung des Berliner CDU-Politikers Lorenz im Februar 1975 und seit dem Anschlag auf die deutsche Botschaft in Stockholm zwei Monate später ist der große Krisenstab eine feste Institution in Bonn geworden. Ihm gehören die wichtigsten Minister des Bundeskabinetts an, die Vorsitzenden der vier im Bundestag vertretenen Parteien, die drei Fraktionsvorsitzenden und je nach Bedarf einige Länder-Ministerpräsidenten.

So wie sich in England eine Verfassungswirklichkeit heranbildete, ohne daß je ein Stück Papier mit Grundgesetz-Artikeln geschrieben wurde, so entstanden die Kompetenzen des großen Krisenstabes ohne jegliche schriftliche Fixierung, diktiert allein vom Gebot der Stunde. Er ist eine große Koalition der Not geworden, er entzieht Entscheidungen über Leben und Tod einem möglichen Gezänk der Parteien.

Noch ehe die Sitzung des großen Krisenstabes um 23.33 Uhr beginnt, versichert sich Bundeskanzler Helmut Schmidt bei Oppositionsführer Helmut Kohl, daß dieser grundsätzlich einverstanden ist mit der harten Linie. Kurz nach 19 Uhr, Helmut Kohl sitzt in seinem Bundeshausbüro F 203 zusammen mit dem parlamentarischen Geschäftsführer Philip Jenninger (CDU), seinem Büroleiter Horst Teltschik, Fraktionspressesprecher Eduard Ackermann und Chefsekretärin Juliane Weber, wird plötzlich die Tür aufgerissen. Der SPD-Kanzler stürmt, ohne einen Moment anzuhalten, in die Mitte des Büros: „Herr Kohl, ich muß Sie mal unter vier Augen sprechen." Noch ehe Kohl irgend etwas antwortet, springen seine Gesprächspartner auf und verlassen den Raum. Das Vier-Augen-Gespräch zwischen Schmidt und Kohl dauert zehn Minuten. Der Kanzler informiert den Oppositionsführer über den bei Dekan Neuschäfer eingetroffenen Brief. Schmidt und Kohl werden sich im Prinzip über das weitere Vorgehen einig: zunächst alles auf Zeitgewinn setzen, ein Austausch soll um jeden Preis vermieden werden.

Schon vor der Sitzung des großen Krisenstabs gibt der Koalitions-Abgeordnete Peter Corterier (SPD) der britischen Rundfunkgesellschaft BBC ein Interview. Auf die Frage: „Glauben Sie, daß Herr Schmidt sich einem Erpressungsversuch der Terroristen beugen wird?" antwortet Corterier: „Es wird für ihn eine sehr schwere Entscheidung sein. Ich bin wie die meisten von uns der Meinung, daß er sich auf keinerlei Erpressung einlassen kann." BBC: „Selbst wenn das bedeutet, daß Herr Schleyer definitiv getötet wird?" Corterier: „Ja, ich glaube, ein Nachgeben ist unmöglich."

Als um 23 Uhr die Auffahrt der Prominenten-Autos zur Krisensitzung beginnt, erhalten viele einen ersten Eindruck von der „Festung Bonn", die sich in den nächsten Tagen hinter 60 000 Meter Stacheldraht verschanzen wird, vor deren Ministerien gepanzerte Spähwagen auffahren werden und die für ihre Spitzenpolitiker Meisterschützen des Grenzschutzes, Finger am Abzug, anfordern wird. Die Ministerin für Entwicklungshilfe Marie Schlei fährt an diesem Dienstagabend am Gitter des Kanzleramtes vor. Die Sicherheitsleute im Begleitwagen zeigen als Legitimation ihre rote Polizeikelle. Die Grenzschützer an der Eingangsschleuse der Regierungszentrale sind davon nicht beeindruckt. Der alte Trott ist vorbei. Sie stoppen die Wagen: „Das sehen wir nicht als Ausweis an!" Die Ministerin und ihre Begleiter müssen ihre Legitimationskarten präsentieren.

Die Sitzung des großen Krisenstabs dauert bis nachts um eins. An ihr nimmt auch der Vorstandsvorsitzende der Daimler-Benz AG, Joachim Zahn, teil. Zahn erklärt die Bereitschaft seines Unternehmens, jede geforderte Lösegeldsumme zu zahlen. Für die Mercedes-Leute ist es nun schon das zweite Kidnapping eines ihrer Führungsmitglieder. 1975 haben in Argentinien die „Montoneros" – die im Gegensatz zu den deutschen Revolutionskillern in der Bevölkerung eine Basis, in den dort herrschenden gesellschaftspolitischen Zuständen eine Rechtfertigung ihres Untergrundkrieges haben – den Produktionsleiter von Mercedes-Benz de Argentina, Heinrich Metz, entführt. Durch Zufall war Hans-Jürgen Wischnewski, der jetzige Kanzleramtsminister und an diesem Abend im großen Krisenstab Tischnachbar von Zahn, damals Augenzeuge geworden, wie die Unterhändler von Mercedes-Benz mit schweren Koffern in der Hand durch die Lobby des Sheraton-Hotels von Buenos Aires geeilt waren, um das Lösegeld zu übergeben. Später erst erfuhr Wischnewski, was in den Koffern steckte: 7,5 Millionen Dollar, fast 20 Millionen Mark.

Helmut Schmidt paßt die große Runde nicht, er versucht gar nicht erst, seinen Ärger zu verhehlen. Ihm wird, sagt er, „viel zuviel gequasselt". Als der Düsseldorfer Innenminister Burkhard Hirsch (FDP) wieder einmal zu einer Rede voller Wenn und Aber ansetzt, fährt ihm der Kanzler über den Mund: „Jetzt sind Sie endlich mal still!"

Auch der Präsident des Bundesamtes für Verfassungsschutz, Richard Meier, wird vom Bundeskanzler angeraunzt. Der Regierungschef ist ungehalten, daß die Jahr für Jahr mit immer höheren Etats ausgestatteten Staatsschützer (allein seit 1975 stieg der Haushalt des Verfassungsschutzamtes von 75 auf 90 Millionen Mark) nur kümmerliche Erkenntnisse über die neue Terroristengeneration haben.

Der Krisenstab billigt schließlich das Konzept, auf Zeitgewinn zu arbeiten und es auf keinen Fall zu einem Nachrichtenaustausch übers Fernsehen kommen zu lassen. Eine „Nachrichtensperre" wird vereinbart. Seine Gesprächspartner entläßt der Kanzler nach Mitternacht übellaunig: „Einen Krisenstab in dieser Größenordnung lasse ich nie mehr zusammentreten."

Schmidts schlechte Laune ist auch eine unmittelbare Folge der Erkenntnis, daß einen Tag nach der Entführung der Staat noch immer hilflos vor den von den Polit-Gangstern geschaffenen Tatsachen steht. Die Gegenreaktion erschöpft sich in hilflosen Gesten. Der CDU-Vorsitzende Helmut Kohl sagt ein Moselfest „im Garten und in den Gewölben des ehemaligen Klosters Machern" ab. Die Hamburger Landesvertretung lädt die Gäste für ihr „Hummelfest" wieder aus, genauso hält es die Berliner Vertretung mit ihrem für den nächsten Mittwoch, den 7. September, geplanten „Laubenpieperfest".

Der Fall Schleyer ist zum Politikum geworden, für Fröhlichkeit ist da kein Platz, ja nicht einmal für private Anteilnahme. Auch am zweiten Tag nach der Entführung findet der Bundeskanzler keine Zeit, im Haus der Schleyers am Stuttgarter Ginsterweg 17 anzurufen und ein paar tröstende Worte zu sprechen. Noch eine ganze Woche wird die Familie auf die private Fürsorge Helmut Schmidts warten müssen.

Mit ihrem Leid allein gelassen, durchleben die Schleyers ständig wechselnde Phasen psychischer Reaktionen: Auf ohnmächtige Wut folgt Verzweiflung, auf hektische Aktivität mit „Bild"-Zeitungs-Interviews der Mutter und einer Verfassungsklage des ältesten Sohns Hanns Eberhard folgt Passivität bis hin zum Fatalismus. In den ersten Tagen nach der Entführung wachen Frau und Kinder bis in die frühen Morgenstunden und hoffen auf ein Lebenszeichen. Die Söhne machen mit der Mutter Spiele, Mensch-ärgere-dich-nicht, Skat und Doppelkopf, das Lieblingsspiel von Hanns Martin Schleyer.

Am dritten Tag bekommt der Fall sein

Das Katz- und Maus-Spiel beginnt

Aktenzeichen. Der Generalbundesanwalt Kurt Rebmann wird leicht verspätet aktiv. Am Mittwoch, dem 7. September, teilt der oberste Strafverfolger der Republik per Telex dem Bundeskriminalamt, den Landeskriminalämtern, den Innenministerien in Bonn und Düsseldorf und der Staatsanwaltschaft Köln mit, wie fortan der Fall Schleyer zu rubrizieren sei: AZ 1 BJs 93/77 – „Gegen Unbekannt wegen Mordes und Geiselnahme".

Ganz so unbekannt sind den Fahndern die Gesuchten nicht. Der Mord an Siegfried Buback und Erich Ponto, der Aufbau einer Stalinorgel vis-à-vis der Bundesanwaltschaft in Karlsruhe haben Spuren hinterlassen, die Rückschlüsse auf die Entführer von Hanns Martin Schleyer erlauben.

Der harte Kern der „Roten Armee Fraktion" (RAF) umfaßt etwa 30 bis 40 Terroristen, die völlig abgeschottet im Untergrund leben, nur hochkonspirativ miteinander verkehren und bei der Ausführung ihrer Taten, wie zuletzt das Beispiel Schleyer zeigt, zu einer bislang nicht gekannten Brutalität entschlossen sind. Selbst zu ihren Helfershelfern, die ihnen Wohnungen anmieten, Autos besorgen, Waffentransporte erledigen oder Personalpapiere überlassen, halten sie keinen direkten Kontakt: Die Kommunikation wird nur über Mittelsmänner oder allenfalls per Telefon abgewickelt.

„Erstes Prinzip" (Banden-Jargon) der RAF: Neue Mitglieder werden in den harten Kern erst nach monatelanger Überprüfung aufgenommen. Voraussetzung ist, daß der Neuling sich bereits bei Aktionen bewährt hat – etwa bei einer Hausbesetzung wie in der Hamburger Ekhofstraße oder beim kompromißlosen Mitmachen in einem der „Folterkomitees" gegen die sogenannte Isolierhaft der einsitzenden RAF-Mitglieder.

Die Ekhofstraße war denn auch so etwas wie eine Tauglichkeitsprüfung für den RAF-Nachwuchs. Aus der Gruppe der Hausbesetzer kommen: der Terrorist Günter Sonnenberg, wegen Beteiligung am Buback-Mord gesucht und am 3. Mai 1977 durch den Tip einer alten Dame in Singen am Hohentwiel nach heftigem Feuergefecht gestellt; der am 30. November 1976 in Begleitung des Bandenhäuptlings Siegfried Haag verhaftete Roland Mayer; der am Überfall auf die Stockholmer Botschaft im Mai 1975 beteiligte Lutz Taufer; der in Frankreich verhaftete, an Deutschland ausgelieferte und in Frankfurt einsitzende Detlev Schulz; und schließlich einige, deren Beteiligung an der blutigen Schleyer-Entführung sich erst allmählich herausstellen sollte: Knut Folkerts und Adelheid Schulz, beide schon gesucht wegen ihrer Beteiligung am Buback-Mord, sowie Christian Klar, dem bis zu diesem Zeitpunkt schon die Morde an Buback, am Bankier Ponto und ein Mordversuch an einem Schweizer Zollbeamten vorgeworfen werden.

Aus den „Folterkomitees", dem politischen Aktionsarm der RAF, rekrutieren sich die am Ponto-Mord beteiligte Susanne Albrecht, die an der Vorbereitung des Buback-Mordes beteiligte Angelika Speitel, der wegen Mitgliedschaft in einer terroristischen Vereinigung festgenommene Croissant-Mitarbeiter Ralf Baptist Friedrich.

Die Strapazen von 38 Tagen Gefangenschaft sind Schleyer deutlich anzusehen. Das Videoband mit diesen Aufnahmen – insgesamt haben die Terroristen drei Bänder übermittelt – entstand einen Tag nach der Entführung des Lufthansa-Jets „Landshut" durch eine arabische Gruppe

Die einzige Chance des Bundeskriminalamtes (BKA) im Kampf mit diesem hochintelligenten, durchtrainierten und perfekt organisierten Gegner liegt in dem vom großen Krisenstab abgesegneten Konzept: Zeit und damit weitere Einsichten zu gewinnen. Ein sieben Wochen währendes Katz- und Maus-Spiel beginnt. Die Entführer spielen mit.

Am 7. September, zwei Tage nach dem Kölner Attentat, hinterlegen sie in Mainz weitere Sendungen an die Bundesregierung. Wieder sind es Kirchenmänner, die sie sich als Zwischenträger aussuchen, wieder wird nach dem Muster der am Vortage erfolgten Briefablieferung bei Dekan Neuschäfer in Wiesbaden gearbeitet: Erst ein Telefonanruf, bei dem der Anrufer sich nicht meldet und der offensichtlich nur dem Zweck dient, festzustellen, ob der ausgewählte Kontaktmann auch zu Hause ist. Dann das heimliche Hinterlegen der Nachricht im Briefkasten, anschließend wieder ein Anruf mit der Mitteilung, daß die „Rote Armee Fraktion" eine Botschaft an die Bundesregierung im Briefkasten deponiert habe. Und jedesmal ist es eine Frauenstimme, die im Kommuniqué-Deutsch ohne Anrede und Abrede die Mitteilung durchgibt.

So geschieht es um 18.02 Uhr an diesem Tag mit Pfarrer Friedrich Schuster von der Mainzer Christuskirche, bei dem die Entführer ein erstes Videoband mit Filmaufnahmen von ihrem Gefangenen Hanns Martin Schleyer, sowie zwei Handschreiben des Entführten und einen maschinengeschriebenen RAF-Brief im hölzernen Zeitungskasten hinterlegen.

Die Parole ist: Zeit gewinnen. Den Entführern wird Aktivität vorgetäuscht. Bürokratisch genau werden die Terroristen, die freigepreßt werden sollen, nach ihren Wünschen befragt. Hier der von Andreas Baader ausgefüllte Fragebogen

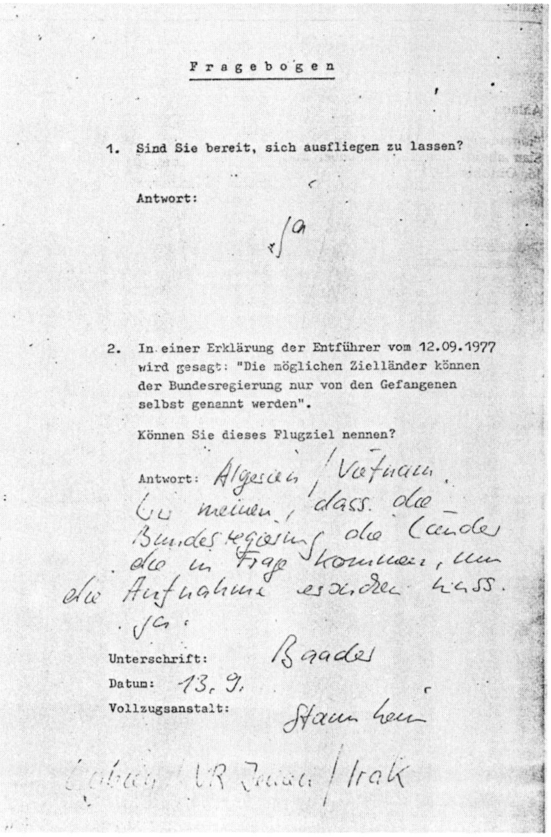

Fragebogen

1. Sind Sie bereit, sich ausfliegen zu lassen?

Antwort: Ja

2. In einer Erklärung der Entführer vom 12.09.1977 wird gesagt: "Die möglichen Zielländer können der Bundesregierung nur von den Gefangenen selbst genannt werden".

Können Sie dieses Flugziel nennen?

Antwort: Algerien, Vietnam. Wir meinen, dass die Bundesregierung die Länder, die in Frage kommen, um die Aufnahme ersuchen muss. Ja.

Unterschrift: Baader

Datum: 13.9.

Vollzugsanstalt: Stammheim

Libyen / VR Jemen / Irak

In ihrem Brief beschuldigen die Entführer die Bundesregierung, Verzögerungstaktik zu betreiben, um eine „militaerische loesung durchzuziehen" – soll heißen: Fahndung mit dem Ziel der Festnahme. Sie verlangen außerdem, das beigefügte Videoband über Fernsehen auszustrahlen.

Auf diesem Band, das bisher noch immer unter Verschluß gehalten wird, sind drei Szenen zu sehen. Zuerst spricht Schleyer Grüße an seine Familie („Mir geht es den Umständen entsprechend gut"), dann verliest er – im Unterschied zur ersten Szene jetzt mit Brille – einen Artikel aus den „Stuttgarter Nachrichten". Szene drei: Schleyer wendet sich an die Bundesregierung und erklärt, er glaube an die Zusagen der Entführer, ihn freizulassen, wenn die Regierung auf deren Forderungen eingehe.

Pfarrer Schuster gibt die Funde umgehend der Kriminalpolizei weiter.

Nach demselben Schema erhält an diesem 7. September gegen 21 Uhr auch der Mainzer Weihbischof Wolfgang Rolly Terroristenpost. Der Weihbischof ist im Telefonbuch nur als „Stud.-Rat" eingetragen. Die Terroristen müssen also Rollys wahre Funktion kennen, als sie ihm in der winkligen Mainzer Altstadt ein Tonband in den Briefkasten legen. Auf diesem Tonband sind Fragen beantwortet, die am Vormittag entsprechend der Konzeption des BKA, ein Lebenszeichen Schleyers zu erfragen und somit Zeit zu gewinnen, über den Rundfunk gesendet worden sind. Fragen aus dem Privatbereich Schleyers: „Wie lautet der Kosename von Edgar Obrecht? Wie heißt die Euler-Enkelin heute und wo lebt sie?"

Das nächste Schreiben der Entführer erhält die „Frankfurter Rundschau", es ist ein in Mannheim aufgegebener Eilbotenbrief. Die Poststelle der Zeitung muß zwei Mark Nachnahme zahlen, weil der Brief nicht ausreichend frankiert ist. Der FR-Redakteur Karl-Heinz Krumm – in seiner Zeitung für Terrorismus zuständig – ruft sofort das BKA in Bonn-Bad Godesberg an, wo die Einsatzleitung für die Fahndung installiert ist. Dreimal kommt er nicht dazu, seine Mitteilung loszuwerden, weil die Telefonzentrale des BKA immer dann, wenn Krumm sich meldet, blitzschnell den Spruch herunterleiert, für Kontakte mit der Presse sei die Pressestelle der BKA-Zentrale in Wiesbaden zuständig. Schließlich erreicht Krumm dennoch den Leiter der TE-Abteilung, Boeden. Die Zeit drängt: In dem Schreiben ist ein neues, auf Freitag, den 9. September, mittags, befristetes Ultimatum für den Ausflug der Gefangenen gestellt.

Immerhin kann BKA-Chef Herold in einer ersten Zwischenbilanz zwei wesentliche Erfolge vermerken:

Bisher ist es, abgesehen von wenigen Nachrichten, gelungen, den Propaganda-Effekt der Entführer klein zu halten: Weder Videoband noch Polaroidfotos mit den erniedrigenden Aufnahmen von Schleyer wurden, wie verlangt, im Fernsehen gezeigt.

Bis Ende der ersten Woche des Falles Schleyer sind vier Ultimaten verstrichen, ohne daß die Bundesregierung auf die wesentlichen Forderungen der RAF eingegangen ist und Vorbereitungen zum Austausch der inhaftierten Terroristen getroffen hat.

Einzige Konzession: Das BKA veröffentlicht am Donnerstag, 8. September, einen kleinen Auszug aus dem ersten Bekennerbrief der RAF an Dekan Neuschäfer mit der Liste der Namen jener Terroristen, die freigepreßt werden sollen. Außerdem hat das BKA bis dahin auf eine öffentliche Fahndung verzichtet.

Dieser Verzicht liegt ganz im Interesse der Fahnder. Denn die Täter sollen nicht durch Steckbriefaktionen oder spektakuläre Kontrollen nervös werden und sich zu übereilten, für Schleyer lebensgefährlichen Reaktionen hinreißen lassen. „Täter psychisch stabilisieren" lautet die Konzeption der BKA-Fahnder. Bundeskriminalamt und Regierung wollen die Täter dazu bringen, nicht weiterhin zu versuchen, Fernsehen oder Rundfunkanstalten als Relaisstation für den Austausch von Nachrichten zu benutzen.

Nicht nur politische Gründe sprechen dagegen, den RAF-Gangstern durch Einschaltung der öffentlichen Medien ständig neue Propaganda-Möglichkeiten zu verschaffen. Auch kriminalistische Erwägungen spielen eine Rolle. Würde die Drehscheibe gegenseitigen Nachrichten-Austauschs aus Rundfunk und Fernsehen hinausverlagert werden, etwa auf dritte Personen, die als Vermittler auftreten könnten, würden die Fahnder eine Reihe Vorteile gewinnen. In einem Gespräch mit Bundeskanzler Helmut Schmidt zählt BKA-Chef Herold die Vorteile auf:

„Erstens: Geheimhaltung des Kontakts, um die Öffentlichkeit herauszuhalten;

Zweitens: Erschwerung der Kommunikation für den Gegner. Für uns ist es doch leicht, einem Vermittler Nachrichten zu überbringen. Für die Entführer aber ist es wesentlich schwerer;

Drittens: Damit wachsen die Chancen, den Gegner zu erkennen;

Viertens: Wir gewinnen noch mehr Zeit als bisher, um den Verwahrort von Schleyer zu finden."

Einen Ansatzpunkt zur Verwirklichung dieser Strategie bot der bei Dekan Neuschäfer hinterlegte Brief der Entführer. In diesem Brief wurde zum ersten Male der Genfer Rechtsanwalt Denis Payot erwähnt, wenn auch fälschlich als „Generalsekretär der Internationalen Föderation für Menschenrecht bei der Uno". BKA-Chef Herold und Bundeskanzler Helmut Schmidt erkennen die Chance, hier einen Mann als Kontaktperson vorzuschlagen, der offensichtlich das Vertrauen der Entführer genießt.

Wer ist dieser Denis Payot, den die Bundesregierung auf diese Weise ins Spiel bringen möchte? Eines ist der 35jährige dunkelblonde Krauskopf gewiß nicht: ein Staranwalt mit einem allseits anerkannten juristischen Ruf. Und er ist auch nicht, wie die Entführer annehmen, Uno-Offizieller, sondern lediglich Präsident der „Schweizerischen Liga für Menschenrechte".

Der Mann, dessen Kanzlei im Genfer Uhrmacherviertel am Boulevard-Georges-Favon liegt, krebst am Rande des „Existenzminimums" (ein hoher BKA-Beamter).

. Daran ändert auch nichts, daß Payot sich in den nächsten Wochen als ein vielbegehrter Jurist darstellt, dem amerikanische und deutsche Zeitungen – darunter „Spiegel" und STERN – schon Angebote in Millionenhöhe für die Überlassung seiner Dossiers gemacht hätten (was schlicht erfunden ist). Und selbstgefällig läßt er auch Gerüchte kursieren, das Honorar der Bundesregierung liege bei mindestens 500 000 Mark. Tatsächlich bekommt er von der Regierung nach Ablauf der sieben dramatischen Wochen ein eher bescheidenes Entgelt: zunächst einen Abschlag in Höhe von 10 000 Schweizer Franken, dann noch einmal 50 000 Franken und schließlich eine letzte Rate von 120 000 Franken. Spesen sind da inklusive.

Wenn es stimmt, was Payot in den Wochen seiner Vermittler-Aktionen erzählt hat, dann muß er von diesem Geld einen fast zwei Dutzend Köpfe umfassenden Mitarbeiter-Stab entlohnen, der rund um die Uhr in seiner Kanzlei Telefondienst versehen hat. Ganz so gewaltig allerdings wird der von Payot betriebene Aufwand wohl nicht gewesen sein. Denn zu Beginn fragte Payot bescheiden beim Bundeskriminalamt an, ob er sich denn einen automatischen Telefonanrufbeantworter auf Kosten des BKA installieren lassen dürfe; dies sei ja wohl notwendig, falls die Entführer zur Nachtzeit anriefen.

Nach Abschluß des Schleyer-Dramas wird ein hoher Fahndungsbeamter zwar sagen, „Payot hat uns immer korrekt bedient", doch bei ersten Entscheidungen, dem Genfer Juristen die Mittlerrolle zu übertragen, bestanden bei der Bundesregierung große Vorbehalte. Wohl nicht ganz zu Unrecht. Payot, der als Präsident der „Schweizerischen Liga für Menschenrechte" einseitig für palästinensische Interessen im Nahen Osten focht und auf Betreiben der Eltern von Gudrun Ensslin eine an die Menschenrechts-Kommission der Uno gerichtete Protestschrift gegen die Haftbedingungen der RAF-Häftlinge mit unterschrieb, hat zumindest stets dichte Nachbarschaft zur deutschen Terroristen-Szene gehabt. Bei seiner Einschaltung liegen dem Bundeskriminalamt dafür eindeutige Hinweise vor. Payot hat in Grenoble ein Landhaus. Über den Tele-

Der Genfer Anwalt Denis Payot,
Vermittler zwischen Bundeskriminalamt
und den Schleyer-Entführern.
Bonn gibt ihm den Auftrag
nur mit großen Vorbehalten

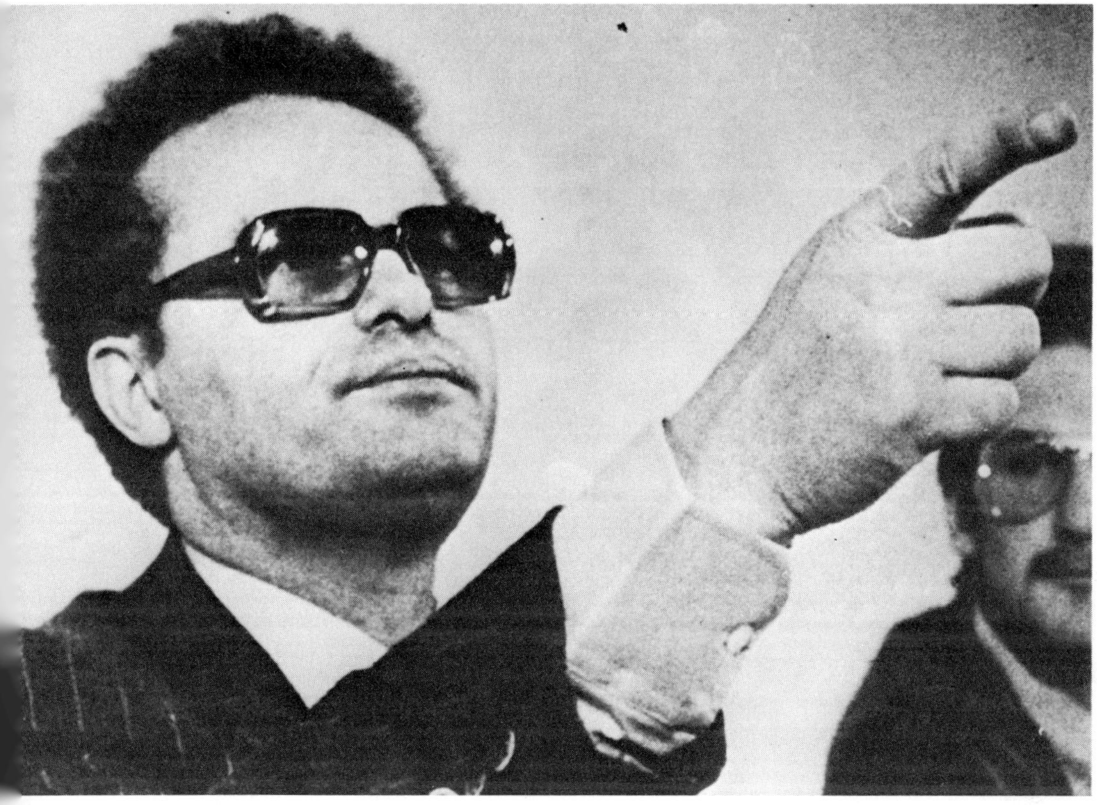

fonanschluß dieses Hauses sind Gespräche des am 30. November 1976 verhafteten Terroristen-Chefs Haag gelaufen – darunter Gespräche mit Payot. In diesem Landhaus scheint auch der Terroristen-Anwalt Croissant Payots Gast gewesen zu sein, während Interpol nach ihm fahndete.

Die Zweideutigkeiten bleiben auch während der Vermittlerrolle Payots bestehen, Payot wird seine Mission mit der Behauptung beginnen, „eine Telefonabhörung mit allen technischen Finessen zur Feststellung der anrufenden Terroristen" sei sicher. Einmal chartert Payot ein Flugzeug. Das Flugziel bleibt unbekannt, aber bei den deutschen Fahndern tauchen Vermutungen auf, daß er nach Algerien flog – und zwar unmittelbar, nachdem Kanzleramtsminister Wischnewski am 14. September in Algerien Scheinverhandlungen über die Aufnahme der Terroristen geführt hat. Ein andermal erhält das BKA Kenntnis von einem Telefonkontakt zwischen Payot und den Entführern, bei dem der Anwalt sich über die Hinhaltetaktik der Bundesregierung mokiert und die offizielle Bonner Version als falsch darstellt, daß kein Land die einsitzenden RAF-Mitglieder nach deren Freipressung aufnehmen wolle.

Während der Vermittlerwochen läßt Payot über seinen engsten Berater, den Rechtsanwalt-Kollegen Philippe Preti, eine zweideutige Warnung verbreiten: „Wenn die Deutschen das Problem mit Gewalt lösen wollen, werden wir wichtige Informationen durchsickern lassen. Die deutschen Behörden wüßten dann nicht mehr, was sie tun sollten." Was hat Preti damit gemeint?

Gegenüber dem STERN erklärt Preti einmal, die Terroristen hätten Schleyer in den ersten Tagen unter Drogen gesetzt und ihn dann über führende Personen aus Politik und Wirtschaft in der Bundesrepublik „auspacken" lassen. Seine Aussagen hätten sie in einem 80 Seiten umfassenden Dossier über den Bonner Staat zusammengefaßt. Preti wörtlich: „Wenn dieses Dossier in der Öffentlichkeit bekannt wird, muß die Regierung Schmidt zurücktreten."

Am 9. September ruft der Chef des Bundeskriminalamtes, Horst Herold, zum ersten Male bei Payot an und bittet ihn um Übernahme des Mandats als Kontaktperson. Payot nutzt diese Offerte zunächst einmal zu einer Selbstdarstellung: Er gibt eine Pressekonferenz, auf der er öffentlich erklärt, er werde das Mandat akzeptieren.

Jetzt beginnt ein Nervenkrieg, dessen Dramatik selbst aus dem knappen Behörden-Deutsch der Eintragungen im geheimgehaltenen Ablaufkalender der BKA-Einsatzzentrale zu spüren ist. Dort heißt es: „10.09; 08 Uhr: Abwarten bis Täter sich bei Payot melden. Vorher keine Aktivitäten mehr."

„10.09; 11.05 Uhr: Vermutlich RAF ruft WDR (Westdeutschen Rundfunk) an und besteht auf Erfüllung der bekannten Forderungen. Will Payot Code-Wort zukommen lassen, das dieser nach Ankunft der befreiten Gefangenen im Ausland im Rundfunk bekanntgeben soll."

„10.09; 19.45 Uhr: Anruf in englischer Sprache bei Payot: ‚Da die Forderung nicht erfüllt wurde, wird Schleyer heute Abend erschossen.' "

Inzwischen ruft das Kommando Hausner auch das Außenbüro der Deutschen Presse-Agentur (dpa) in Köln an. Der Anruf wird mitgeschnitten. Das RAF-Kommando fordert bei diesem Anruf, daß bis 19 Uhr das Videoband mit Schleyer im ZDF abgespielt werden müsse. Danach sei man zu Verhandlungen über das Büro Payot in Genf bereit. dpa informiert sofort das Bundeskriminalamt. Dort kommt es zu einer adhoc-Konferenz in der Einsatzzentrale. Beschluß: Die harte Linie wird beibehalten. Eintragungen im geheimen BKA-Tagebuch: „Es werden nur noch die Kontakte ernst genommen, die bei Payot eingehen." Und nach einer Rücksprache Herolds mit Bundeskanzler Schmidt: „Nachrichten werden nur akzeptiert, wenn sie über Payot laufen."

10. September, 23.15 Uhr: „Anruf bei Tochter von Herrn Niemöller in Berlin. Sie möge ihrem Vater ausrichten, er solle sich für Montag abflugbereit halten (12.09.)."

Am selben Abend um 23.25 Uhr ruft

Passanten haben am Tatort in Köln Bilder der vier ermordeten Begleiter Schleyers an den Baum genagelt, frische Blumen und einen Kranz mit Schleife dazugestellt

bei Payot eine Frau an, die sich als RAF-Angehörige zu erkennen gibt. Ihre Forderung: Bis zum nächsten Tag, Sonntag, dem 11. September, 18 Uhr, soll einer der elf inhaftierten RAF-Mitglieder, deren Freilassung verlangt wird, im deutschen Fernsehen auftreten und mitteilen, daß ihr Abflug vorbereitet sei.

An diesem 10. September werden in Stuttgart die bei dem Anschlag ermordeten Polizisten beerdigt. Unter den Trauergästen ist auch die 16jährige Heike Finke, die Freundin des erschossenen Polizisten Roland Pieler, der im März seinen 20. Geburtstag gefeiert hat. Heike hat ihren Roland noch einmal im Leichenhaus in Feuerbach sehen können. Seither hat sie einen kleinen Trost: „Mein Roland sieht nicht so schlimm wie die anderen aus. Im Gesicht war nur die rechte Wange ein bißchen aufgeschürft, aber sonst sieht man nichts."

An diesem 10. September nageln Kölner Bürger in der Vincenz-Statz-Straße eine auf Pappkarton gezogene Bilderreihe der drei Polizisten und des Schleyer-Fahrers Marcisz an einem Baum, sie stellen frische Blumen dazu, legen einen Lorbeerkranz hin und zünden Kerzen an. Auf das Schild schreiben sie: „Den Opfern eines hinterhältigen Mordes." Die Mahnstelle ist bald das Ziel vieler auswärtiger Köln-Besucher.

An diesem 10. September ziehen in das Hochhaus Wiener Weg 1b in Köln junge Leute aus Holland ein. Es ist jenes Haus, in dem die Terroristin Friederike Krabbe unter dem Namen „Lisa Ries" ein Apartment gemietet hatte, um den Überfall zu planen; und wo ihre Helfer in der Tiefgarage den VW-Bus abgestellt hatten, mit dem die Entführung durchgeführt wurde. Die jungen Holländer haben auch einen VW-Bus. Sie stellen ihn ebenfalls in der Tiefgarage ab. Als sie am nächsten Morgen ihr Auto rausholen wollen, sind die Windschutzscheiben des Busses eingeschlagen und alle vier Reifen zerschnitten.

Der Präsident des Bundeskriminalamtes Horst Herold führte alle Ermittlungen im Fall Schleyer. Der 54jährige Organisationsfachmann schloß sein BKA kurz mit den Landeskriminalämtern und auch mit dem Bundesverfassungsschutz, dem Bundesnachrichtendienst und dem Militärischen Abschirmdienst

Das Entführungsdrama hat in einem bisher noch nie erlebten Ausmaß die Nerven der Bundesbürger gereizt, alle warten auf einen Fahndungserfolg. In einer Umfrage billigen 60 Prozent der Bevölkerung den harten Kurs der Regierung. 1975 dagegen, bei der Entführung des CDU-Politikers Lorenz, hatten sich 64 Prozent der Befragten für ein Nachgeben ausgesprochen, für ein Freilassen von Terroristen, um das Leben von Lorenz zu retten.

An diesem 10. September klingeln zwei junge Männer an der Wohnungstür des Rechtsanwalts Florian G. in der Kölner Vincenz-Statz-Straße. Das Haus liegt rund 50 Meter entfernt von der Stelle, an der die Begleiter von Schleyer niedergemetzelt wurden und Schleyer selbst entführt wurde. Der 10jährige Sohn des Rechtsanwalts ist der einzige Augenzeuge des Überfalls, er kann seither sämtliche Wagentypen des Überfalls herunterrasseln, und die Namen der meisten Terroristen kennt er auswendig. Die Mutter von Andreas, die 39jährige Jutta G., öffnet die Tür. Die beiden jungen Männer fragen nach dem Kind. Die Frau will wissen: „Sind Sie von der Polizei?" – „Nein." – „Also von der Presse?" – „So was Ähnliches."

Die Frau will jetzt den Ausweis der beiden mysteriösen Besucher sehen. Daraufhin der eine zu seinem Begleiter: „Komm, wir gehen lieber." Sie steigen auf ein schweres Motorrad, das sie am Straßenrand abgestellt haben, und brausen davon. Die Familie setzt sich sofort mit der in Köln gebildeten Sonderkommission zur Verfolgung des Falls Schleyer in Verbindung. Die Frau ist sicher, daß es sich zumindest bei einem der jungen Burschen um einen der gesuchten Terroristen handelt. Sie erleidet einen Nervenzusammenbruch. Der stellvertretende Leiter der Sonderkommission, Kriminaloberrat Karl-Heinz Pöhler, entscheidet auf der Stelle, daß das Kind aus der Stadt zu bringen sei, „auch wenn wir bis heute noch nicht genau wissen, ob es sich bei einem der Besucher tatsächlich um einen Terroristen handelt. Das hätte uns noch gefehlt, daß die Terroristen das Kind als Geisel nehmen. Dann hätten wir hier einpacken können".

Der „Gesamtlagebericht Terrorismus" des Bundeskriminalamts (BKA) nennt das Vorgehen der Schleyer-Entführer

„einmalig". Neu ist, daß eine terroristische Vereinigung ihre Planung fortführt, obwohl inzwischen ihre führenden Kräfte festgenommen und bei den Festgenommenen Papiere gefunden worden sind, die den Kriminalisten „Einblicke in die abstrakte Planung" ermöglichen.

Die Entführer Hanns Martin Schleyers, das steht fest, sind nicht nur skrupelloser, sie sind auch besser organisiert, und sie sind insbesondere besser getarnt als die Terroristen-Gruppen vor ihnen. BKA-Chef Horst Herold in einem Lagevortrag im großen Krisenstab: „Die haben perfekte Ausweise und haben eine perfekte Legende. Die haben das Abiturzeugnis und Studienbescheinigung, Personalausweis und Kraftfahrzeugpapiere, und alles ist vollkommen rund." Diese Papiere werden ihnen von „der Szene" überlassen, von Helfershelfern, die ihnen äußerlich ähneln und die meist im Dunstkreis der Hausbesetzer, der Aktionen „Rote Hilfe" und „Folterkomitee" agieren.

Vorbei sind die Zeiten, da sich die untergetauchten RAF-Mitglieder Blanko-Ausweise klauten und dort Phantasienamen einsetzten. Denn der einmal geklaute oder als verloren gemeldete Ausweis ist im BKA-Zentralcomputer eingespeichert, er würde bei einer Kontrolle, etwa an einem Grenzübergang, wo per Terminal seine Daten in das Wiesbadener Elektronenhirn eingespeist werden, sofort auffallen.

Lange vor dem Attentat auf Schleyer erbeuteten die BKA-Leute Papiere, die, wenn auch nur verschlüsselt, Einblicke in die Planung und Organisation der Terroristen zuließen.

Unter den verschlüsselten Dokumenten, die der untergetauchte Anwalt Haag bei seiner Festnahme mit sich führte, war ein genauer Arbeitseinsatzplan. Der Plan ähnelt im Aufriß dem Stundenplan eines Schulkindes. Er verteilte für den Monat November an elf Terroristen-Kollegen die Arbeit. Da mußte zum Beispiel am 20. November 1976 der „Michael", den die Fahnder als den Haag-Begleiter Roland Mayer identifizieren konnten, „Auto K." – ein Auto kaufen. „Bodo", „Ede" und „Hans" hatten freie Tage. Wer damit gemeint war, ist bisher nur zum Teil entschlüsselt. Als „Ede" firmierte Haag. „Tim" war an diesem 20. November im „Klotz". Klotz ist die Umschreibung für Hochhaus. Welches Hochhaus damit gemeint war, ist bis heute ebenfalls unbekannt geblieben. „Inge" hatte die Aufgabe: „Geht mit M."

„Olga" schließlich sollte am nächsten Tag folgende Arbeiten verrichten: „Pappen raus, Depot checken." In diesem Punkt ist die Entschlüsselung teilweise gelungen. Pappen sind Falschpapiere, die Arbeitsanweisung sollte also bedeuten, daß „Olga" diese Falschpapiere aus einem Depot oder Bunker holen soll. Am 21. November hatte „Ede" die Aufgabe „Pappen basteln" – im Klartext: Falsifikate herstellen. Haag selbst („Ede") hatte am Freitag, dem 26. November, also wenige Tage vor seiner Festnahme, die Aufgabe „Treff; Egon, Michael, Hans in dem Klotz".

In den bei Michael Stürmer (verhaftet im Mai 1977) gefundenen Notizen taucht der Name Oetker auf, versehen mit einem „M". Die Fahnder glauben, daraus einen

Ein Stundenplan der Terroristen

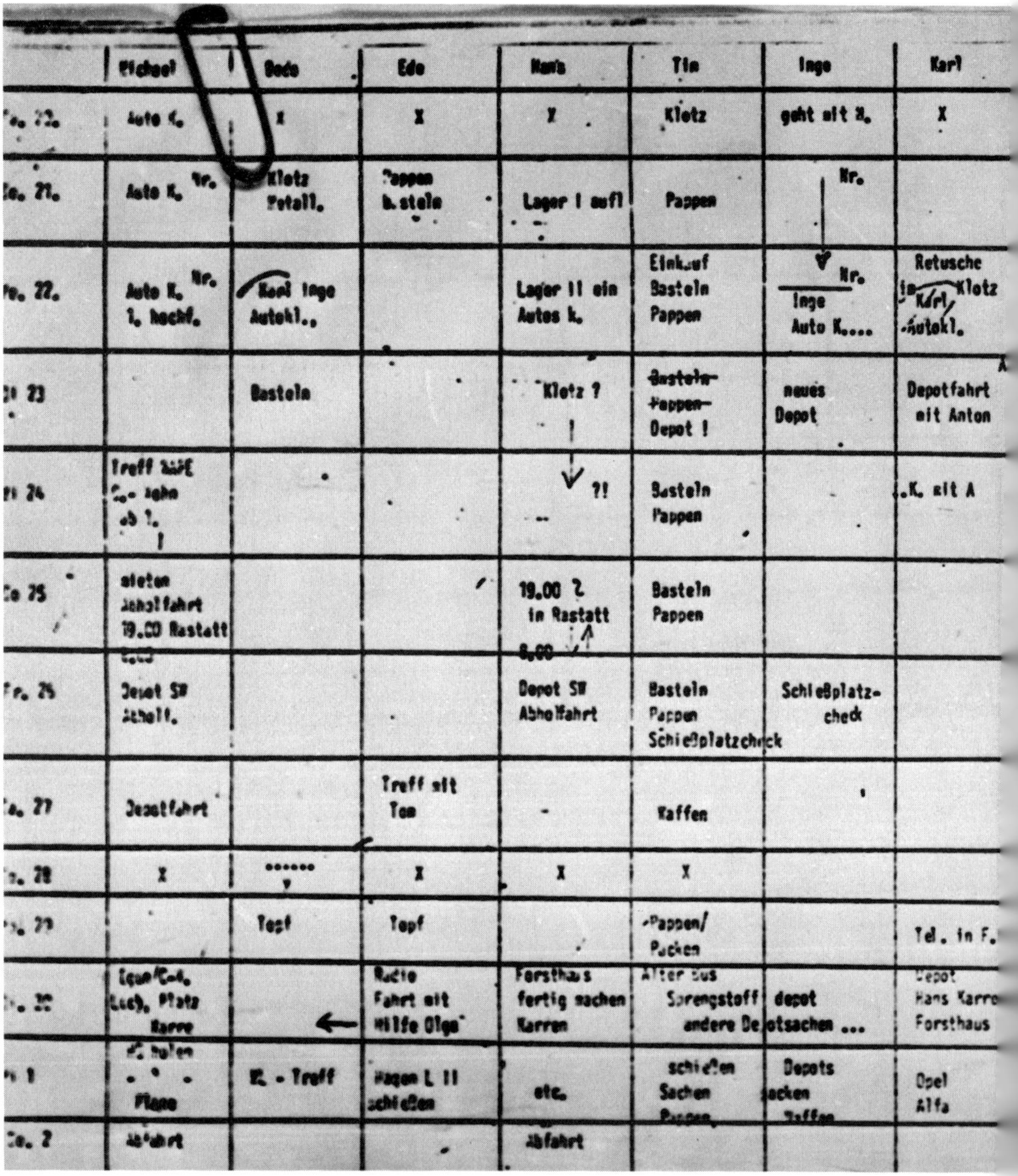

	Michael	Bodo	Edo	Hans	Tim	Inge	Karl
[illegible] 22.	Auto K.	X	X	X	Klotz	geht mit M.	X
[illegible] 21.	Auto K. Nr.	Klotz Metall.	Pappen basteln	Lager I aufl	Pappen	↓ Nr.	
[illegible] 22.	Auto K. Nr. 1. hochf.	Konî Inge Autokl.,		Lager II ein Autos k.	Einkauf Basteln Pappen	Nr. Inge Auto K....	Retusche im Klotz Karl/ Autokl.
[illegible] 23		Basteln		Klotz ? ↓	~~Basteln~~ ~~Pappen~~ Depot !	neues Depot	Depotfahrt mit Anton
[illegible] 24	Treff [illegible] [illegible] ab [illegible] !			?!	Basteln Pappen		.K. mit A
[illegible] 25	mieten Abholfahrt 19.00 Rastatt [illegible]			19.00 ? in Rastatt 8.00	Basteln Pappen		
Fr. 26	Depot SW Abholf.			Depot SW Abholfahrt	Basteln Pappen Schießplatzcheck	Schießplatz- check	
[illegible] 27	Depotfahrt		Treff mit Tom	-	Waffen		
[illegible] 28	X	••••••	X	X	X		
[illegible] 29		Topf	Topf		Pappen/ Packen		Tel. in F.
[illegible] 30	[illegible] [illegible], Platz Karre	←	Radio Fahrt mit Hilfe Olga	Forsthaus fertig machen Karren	Alter aus Sprengstoff andere De-	depot potsachen ...	Depot Hans Karre Forsthaus
[illegible] 1	[illegible] holen Plane	W. - Treff	Wagen L II schießen	etc.	schießen Sachen Pappen,	Depots packen Waffen	Opel Alfa
[illegible] 2	Abfahrt			Abfahrt			

Olga	Paula	Anton	Egon
Hagen Geld rein Pappen raus	X	Pappen	X
andere Pappen raus Depot check.	Nr Fh Dreher	Pappen	Abfahrt FIL III
Zentrale Autos kl.	Nr X	Pappen.	FIL III
	Nr neues Depot	Depotfahrt mit Karl	FIL III
mit Paula Depot →Zentrale	mit Olga Depot Zentrale		FIL III
	X		FIL III
Grete → Vermittlung Hans	Klotz	rüber	Treff: Egon Michael, Hans in dem Klotz
	Stg. Korntal •••••• 9,00		Ldbg. HBH •••••
	X		X
Auto ... Bus ig abends	andere Depot sachen packen Schwertransport	X	Michael / C-Koh... Loch, Platz, K...
Lager II Depot Hagen	Tin Inge Ede	X	↓
	Abfahrt		

Der 32jährige Rechtsanwalt Siegfried Haag galt als führender Kopf der Bundesdeutschen Terroristenszene. Bei seiner Festnahme trug er einen präzisen verschlüsselten Einsatzplan bei sich, auf dem an elf „Kollegen" die Arbeit für einen Monat verteilt war. Er selbst wurde als „Ede", sein Adlatus Roland Mayer als „Michael" identifiziert

Hinweis auf München lesen zu können, dem Wohnort des 1976 entführten Oetker-Sohnes Richard. Parallelen zu dem bis heute noch nicht geklärten Fall Oetker, der gegen 21 Millionen Mark Lösegeld schwerverletzt freigelassen wurde, ergeben sich später auch bei einer anderen Aktion im Fall Schleyer. Als die Entführer den ältesten Sohn Schleyers, den Rechtsanwalt Hanns Eberhard, zur Zahlung von 15 Millionen Mark Lösegeld auffordern, verlangen sie eine Stückelung des Geldes, die genau dem Muster des Freikaufs von Richard Oetker entspricht.

Vergleiche der Haag-Notizen mit den bei Verena Becker (verhaftet im Mai 1977) gefundenen Eintragungen ermöglichten den Fahndern den Rückschluß, daß die RAF-Bande einen Stützpunkt hat, der „sich wahrscheinlich im Elsaß" befindet. In der elsässischen Stadt Mülhausen wird der Pkw abgestellt werden, in dessen Kofferraum die Leiche von Hanns Martin Schleyer liegt.

Auch der Name des CSU-Vorsitzenden Franz Josef Strauß wurde in den Papieren von Verena Becker entdeckt. Vor seinem Namen stand ein „H". Zwar hält der BKA-Bericht fest: „Die unverschlüsselte Aufzeichnung seines Namens ist ungewöhnlich", fährt dann aber fort: „Dennoch besteht die Gefahr, daß Strauß als Opfer in Aussicht genommen war." Das „H" deuteten die Fahnder als Kürzel für Hütte und weitere Chiffren wie „Salz" und „Schnee" als Hinweis, daß sich diese Hütte im Raum Salzburg in schneesicherer Höhe befinde. Tatsächlich hat sich Strauß vor einigen Jahren mehrmals in der Jagdhütte eines Freundes im Salzburger Land aufgehalten.

Zeigt die fast schon bürokratische Aufteilung der Arbeit für die einzelnen Bandenmitglieder die perfekte Durchorganisation, so geben andere Papiere den Fahndern Aufschluß über die kriminelle Entschlossenheit der Bande. Bei dem im April 1977 in Schweden verhafteten deutschen Anarchisten Norbert Kröcher, der die Entführung der ehemaligen schwedischen Ministerin für Ausländerfragen Anne-Greta Leijon geplant hatte, war ein taktischer Leitfaden für den Untergrundkampf gefunden worden. Zitat aus dem politischen Vorwort dieses Leitfadens: „Eine Uniform ist für uns nur ein Schußziel."

Im operativen Teil dieses Leitfadens sind genaue Regieanweisungen für alle Eventualitäten des illegalen Lebens gegeben. So gibt es Kapitel über das „Abhören des Polizeifunks", über „Schutz vor Wanzen" und ein einfaches Rezept, um sich zu vergewissern, ob der Briefverkehr kontrolliert wird: „Wenn du wissen willst, ob deine Post durchgeschnüffelt wird, so schicke einen Brief an dich selbst, in dem etwa folgendes steht: Lieber Freund, anbei übersende ich Dir ein besonders schönes Exemplar eines lebenden Flohs. Viele Grüße, Dein Walter. Und dann tust du aber keinen Floh rein. Wenn der Brief nun ankommt und es ist einer drin, dann weißt du Bescheid."

Es gibt weiter in diesem Leitfaden Belehrungen über die Verschlüsselung von Nachrichten, über den Einsatz von Funkgeräten, über die Ausstrahlung illegaler Radiosendungen (so wie sie nach Schleyers Ermordung im Ruhrgebiet zu hören sein werden). Beschrieben sind der Umgang mit Waffen, die erforderliche Ausrüstung für einen Untergrundkämpfer, das Anmieten konspirativer Wohnungen („Poster von Leila Khaleb, Ulrike Meinhof u.ä. sind nicht gerade opportun"). Gegenüber Spitzeln und Verrätern empfiehlt diese Broschüre: „Sie müssen liquidiert werden."

Aus der „Lektion" über das Beschaffen oder Anmieten von Autos: „Sagt der Dealer, daß man in einer Stunde wiederkommen soll, es sei gerade nichts Passendes da, so braucht man nicht wieder hinzugehen. Er ist mißtrauisch geworden und will die Bullen zur Überprüfung der Papiere alarmieren."

Das Kapitel über „Attentate", mit denen die RAF-Krieger das „Vietnam im Villenvorort" erreichen wollen, liest sich wie die Regieanweisung zum Fall Schleyer. Grundsätzliche Bemerkung: „Attentate richten sich gegen Zombies (Wirtschaftsbosse, hohe Offiziere, Politiker)." Als Vorbereitung wird vorgeschrieben: „Die Lebensgewohnheiten des Opfers müssen genau studiert werden:

a) Arbeitsweg, Autofahrt;
b) Spaziergänge, Ruhepausen in Parks;
c) Besuche von Versammlungen, Konzerten, Theater, Kino;
d) Organisation der Bewachung in der Dienst- und Freizeit.

„Es müssen mehrere Unterschlupfe vorbereitet sein, wo die Attentäter nach dem Anschlag abtauchen können. Die Entfernung vom Tatort zum nächsten Versteck sollte etwa ein bis zwei Kilometer betragen." (Luftlinie zwischen dem Tatort Vincenz-Statz-Straße in Köln und der Tiefgarage im Haus Wiener Weg 1b, wo die Schleyer-Entführer den beim Überfall benutzten VW-Bus abstellen: drei Kilometer.)

„Für den Anschlag müssen günstige Voraussetzungen geschaffen werden: kleine Schußdistanzen für Pistolen, Maschinenpistolen. Der Anschlag sollte da ausgeführt werden, wo das Auto mit dem Opfer langsam fahren oder gar anhalten muß."

Neun Seiten behandeln Vorsichtsmaßnahmen gegen Observationen (polizeiliche Überwachungen) und das Abhören von Telefonen. Es sind Tips, die die Entführer von Hanns Martin Schleyer genau beherzigen, als Bundesregierung und Bundeskriminalamt sie durch die Einschaltung des Vermittlers Payot dazu zwingen will, ihr Versteck zu verlassen und Telefonate zu führen. So heißt es unter anderem im Untergrund-Leitfaden: „Kurze Telefonate führen, nicht über zwei Minuten." Oder: „Nicht immer von der gleichen Telefonzelle aus anrufen."

Ein Heer von Kriminalern wird auf die Spur dieses so präparierten Gegners gesetzt. Die oberste Einsatzleitung dieser größten Fahndung der Nachkriegsgeschichte übernimmt der Leiter der Anti-Terror-Abteilung im BKA, Gerhard Boeden. Ein Einsatzleiter „Grenze" bearbeitet die Fahndungsmaßnahmen an den Übergängen ins Ausland. Einer anderen Gruppe im BKA wird die Aufgabe zugewiesen, die Fahndungsmaßnahmen in den Bundesländern, bei Bahn, Flughäfen und auf den Straßen abzustimmen. Ein weiterer Einsatzleiter ist für die „rück-

Gerhard Boeden, der 52jährige Chef der Anti-Terror-Abteilung im BKA startete die größte Fahndungsaktion der Nachkriegsgeschichte

wärtigen Dienste" zuständig – Bereitstellung von Reserven, Vorbereitung der Öffentlichkeitsfahndung, Beschaffung von Fahrzeugen, Vergabe von Druckaufträgen für die Fahndungsplakate.

In Zimmer Nr. 160 des Kölner Polizeipräsidiums am Waidmarkt wird eine Sonderkommission („SoKo 77") einquartiert. Ermittler des Bundeskriminalamtes, des nordrhein-westfälischen Landeskriminalamtes und der Kölner Polizei arbeiten hier zusammen. 150 Mann sind im ständigen Einsatz, bei besonderen Aktionen sind es 300, am ersten Tag der Fahndung sogar 800.

Leiter der Sonderkommission ist der BKA-Kriminaldirektor Erich Ruckmich. Das Zimmer des Schwaben und der angrenzende Flur gleichen bald einem Feldlager. Überall an den Wänden hängen Stadtpläne von Köln, denn die meisten Beamten kennen ihren Einsatzort überhaupt nicht. Von ihren nervösen Kollegen der Rheinstadt bekommen sie bestenfalls die Einweisung: „Wenn du den Dom vor dir siehst, fährst du stadteinwärts, und wenn du ihn im Rückspiegel hast, geht es stadtauswärts."

Auf den Fluren stehen Schreibtische und Feldtelefone, weil die Räume nicht ausreichen. Im Hauptquartier der Sonderkommission werden Dutzende von Aktenvorgängen mit Heftnadeln an die Fenstervorhänge gespickt – wenn es darauf ankommt, sind alte Kripo-Gewohnheiten stärker als der Computer in Wiesbaden.

Insgesamt 3826 Hinweise haben die Kölner Kriminalbeamten bis zum Ende der ersten sieben Einsatzwochen zu bearbeiten. Über hundert Akten halten die Arbeit der Sonderkommission fest. Aneinandergereiht sind sie 15 Meter lang.

An der Fahndung beteiligen sich auch 140 Experten des MAD, des Militärischen Abschirmdienstes der Bundeswehr. Für ihren Einsatz verfügen sie über 60 Bundeswehrfahrzeuge. Auch der BND wird mit herangezogen. Die Spezialisten des Bundesnachrichtendienstes zapfen alle 36 Telefonstränge an, die von Deutschland in die Schweiz gehen. Jeder dieser Telefonstränge hat 500 Leitungen. Das bedeutet: 18 000 Leitungen werden überwacht in der Erwartung, auf einer dieser Leitungen die Entführer Schleyers zu erwischen, wenn sie sich an dem von der Bundesregierung vorgeschlagenen

Vermittler Denis Payot in Genf wenden. Zugleich werden für 497 öffentliche Telefonzellen im Kölner Raum Fangschaltungen eingerichtet.

Bei diesem Mammutaufgebot an Fahndern – zu den in Köln eingesetzten Mitgliedern der Sonderkommission kommen im Bonner Raum noch rund 3000 Schutzpolizisten, Kriminalisten und Grenzschutzbeamte aus ganz Deutschland für den Schutz gefährdeter Politiker – können Pannen nicht ausbleiben. In Köln stoppt mit Sirenengeheul und Blaulicht ein Streifenwagen der Schutzpolizei neben einem gelben Alfa Romeo, dessen Fahrer gerade sein Nummernschild – eine Zollnummer – gegen ein Düsseldorfer Kennzeichen austauschen will. Der vermeintliche Ganove kann sich ausweisen: Er ist Terroristenbeobachter des Verfassungsschutzes.

Überhaupt der Verfassungsschutz: Bei einer Verkehrskontrolle fällt ein Mann auf, dessen Personalausweis und Führerschein zwar das gleiche Bild aufweisen, aber verschiedene Namen enthalten. Auch dieser Mann beteuert, er sei Verfassungshüter, seinen Dienstausweis aber hat er nicht dabei. Fünf Stunden muß er im Kölner Polizeipräsidium im Gewahrsam bleiben, ehe vom Bundesamt für Verfassungsschutz die Bestätigung kommt, daß er tatsächlich einer seiner Mitarbeiter sei.

In Köln-Junkersdorf, nahe der Wohnung Schleyers, stürmen Kriminalisten ein Haus, in dem eine den Nachbarn verdächtige Geschäftigkeit herrscht. Doch es ist nur ein kleines Privatbordell, das seinen Betrieb nun allerdings einstellen muß.

Den in Bonn zusammengezogenen Bewachern hat BKA-Präsident Herold mitgeteilt, daß sie für 40 Tage Trennungsentschädigung erhalten werden, pro Tag 46,10 Mark. Außerdem gibt es pro Tag 16,20 Mark Verpflegungsgeld. Um kein Verlustgeschäft zu machen, verbinden sich viele Beamte zu Wohngemeinschaften und mieten gemeinsam ein Apartment. Über Funk geben sie sich Tips: „Im Bundeshaus kann man kostenlos telefonieren. Mußt nur sehen, daß du in ein Büro reinkommst. Ist zwar verboten für uns, aber die anderen, die 8000 Mark im Monat verdienen, die dürfen schließlich ja auch gratis telefonieren." Die Bundeshaus-Kantine wird empfohlen: „Ist billig." Über Bundestagspräsident Carstens wird gemosert: „Der läßt dich draußen stehen, während er auf einem Empfang ist. Da war der von Hassel anders, der hat dafür gesorgt, daß man mal mitkonnte."

Durcheinander nicht nur in Köln und Bonn, auch in Stuttgart, wo seit der Entführung das Haus der Familie Schleyer am Ginsterweg 17 scharf bewacht wird. Diese Aufgabe ist frisch ausgebildeten Beamten der Landespolizeidirektion II übertragen. Sie sind noch keine 20 Jahre alt. Jeder Besucher muß seinen Personalausweis vorzeigen. Ein Freund der Familie, der den Beamten nicht bekannt ist, kann aber unkontrolliert ein großes Paket ins Haus bringen. Inhalt fünf Flaschen Bocksbeutel-Wein. Es hätte ebensogut ein Terrorist mit einem Sprengstoffpaket sein können.

Die folgenschwerste Panne passiert in der Nacht vom 24. zum 25. September in Köln. Aus einer Telefonzelle nahe dem Dom ruft eine Frau den Vermittler-Anwalt Denis Payot in Genf an. Durch die

Fangschaltung ist die Telefonzelle rasch ausgemacht, ein Streifenwagen ist unterwegs. Da passiert den Abhörern des BND eine Fehlschaltung. Es knackt in der Leitung. Eine Männerstimme sagt: „Du Karl, ich glaube jetzt sind sie wieder dran." Die Frau hängt sofort ein, 25 Sekunden später ist der Fahndungswagen an der Telefonzelle. Die ist inzwischen leer. Die Anruferin, das ergibt eine sonographische Untersuchung des aufgezeichneten Gesprächs, war vermutlich die Terroristin Adelheid Schulz.

Nach dieser Panne rufen die Entführer bei Denis Payot nie mehr aus der Bundesrepublik an. Aus der Rückverfolgung der Gespräche, die bei Payot einlaufen – die Schweizer haben dort mit seinem Wissen ebenfalls eine Fangschaltung eingerichtet – ergibt sich, daß nun nur noch vom Ausland aus telefoniert wird, aus Belgien und aus Frankreich.

Der Mißerfolg veranlaßt die Fahnder, ihre Mühen zu verstärken. Auf den Autobahnen in Nordrhein-Westfalen wird der fließende Verkehr von Streifenwagen überwacht, die über einen Terminal drahtlos mit dem BKA-Computer in Wiesbaden verbunden sind und die Kennzeichen der vorbeisausenden Wagen auf Doubletten überprüfen. Campingplätze werden durchsucht, sämtliche Makler in Köln und Umgebung aufgefordert, der Polizei die Wohnungen zu nennen, die seit April neu vermietet worden sind. Die Einsatzleitung im Bundeskriminalamt verschickt an alle Postämter einen „Fahndungsraster". Es soll auf Briefe ohne Absender geachtet werden, die an die Zeitungen „Frankfurter Rundschau", „Bild", an den „Corriere della Sera" (Tageszeitung in Mailand) oder an das Bundeskanzleramt gerichtet sind – bevorzugte Adressen der Entführerpost. An Hand von Fahrplänen der Bundesbahn werden die Wege der Kuriere, die diese Briefe einwarfen, minuziös nachgezeichnet.

Es stellt sich heraus, daß die Entführer Schleyers ihre Post manchmal im sogenannten „Stern-Versand" an einem Ort einwerfen, ein andermal auf verschiedenen Bahnstationen nacheinander Briefe aufgeben. Ein Abfangsystem wird entwickelt und eingesetzt. Es greift allerdings nicht. Lediglich im Postamt Dortmund 1 können einmal fünf Entführerbriefe, alle ohne Absender, alle auf derselben Schreibmaschine geschrieben und adressiert an „Frankfurter Rundschau", „Bild", „Corriere della Sera" und Kanzleramt vom Ausschüttisch gefischt werden. Der Einwerfer allerdings ist längst nicht mehr festzustellen. Trotzdem dankt das BKA den Postbeamten telefonisch für „Spürsinn und Hilfe".

Manchmal immerhin gibt es einen Lohn der mühsamen Kleinarbeit. Unter dem Datum des 7. Oktober kann das Bundeskriminalamt ein Fernschreiben mit einem Fahndungserfolg absetzen. Es ist adressiert an alle Innenminister, an alle Landeskriminalämter, an das Bonner Innenministerium, an das Bundesamt für Verfassungsschutz in Köln, an den BND in München und an die Kölner Sonderkommission. Sein Wortlaut:

„entdeckung einer kw (Konspirations Wohnung) in der luxemburger str. 124 in köln (uni-center). die wohnung wurde von einer barbara marquard (t), mit vertrag

vom 10. 8. 1977 zum 15. 8. 1977 für ein jahr gemietet, mit schreiben vom 23. 9. 1977, dem zwei wohnungsschlüssel beilagen, kündigte die mieterin die wohnung aus persönlichen gründen, ohne die kaution zurückzufordern. merkmale des kündigungsschreibens stimmen mit denen auf im vw-bus gefundenen schreiben „an die bundesregierung" und den beschriftungen auf 8 briefhüllen und elektrokopien des schreibens des kdo. siegfried hausner ... v. 13. 9. 77 überein. somit besteht die vermutung der herkunft von – einer – schreibmaschine. die briefhülle des og. kündigungsschreibens weist gleiche verarbeitungsmerkmale wie die 8 briefhüllen auf. – in der wohnung wurden fingerabdrücke gesichert und gegenstände sichergestellt: – schwarze abdeckkappe und typenschild von kinderwagen (evtl. paszstücke zum tatortkinderwagen) – originalverpackte aufkleber „panther", „kleeblatt", „abarth" (in köln gekauft), aufkleber dieser art auch in zurückliegender zeit verwendet: „kleeblatt" auf pkw granada in köln, „panther" und „kleeblatt" auf motorrad suzuki, attentat – buback –. handtuch mit roten flecken (haarfärbemittel?) – div. lebensmittel, milchtüten mit haltbarkeitsdatum 07. 09. 1977."

Nach der Entdeckung der Terroristen-Wohnung im Haus Wiener Weg 1b, in dessen Tiefgarage der zur Entführung benutzte VW-Bus parkte, war nun eine zweite Kommando-Wohnung der Schleyer-Attentäter gefunden. Das Uni-Center in Köln ist ein Y-förmiges Gebäude, dessen 43 Stockwerke 140 Meter hochragen. Es gibt dort insgesamt 951 Wohnungen, in denen mehr als 2000 Menschen wohnen. Ein Flügel des Baus mit 368 Ein- oder Zwei-Bett-Apartments wird vom Kölner Studentenwerk vermietet. Bei der Razzia im Uni-Center werden 300 Beamte eingesetzt. Die überwiegend zivil gekleideten Kriminalisten durchkämmen zunächst, Maschinenpistolen im Anschlag, den Studentenflügel. In die Wohnungen der abwesenden Mieter dringen die Beamten mit einem Generalschlüssel ein. Das Versteck der Adelheid Schulz alias Marquard – Namen und Lebensdaten stammen von einer nach Amerika ausgewanderten Bundesbürgerin – wurde im 26. Stock entdeckt.

Auf der Suche nach weiteren Verstekken kontrollieren die Polizisten in den folgenden Tagen auch die anderen Flügel des Wohnsilos mit Eigentumswohnungen. Da es für diese Wohnungen einen Generalschlüssel nicht gibt, steigen die Beamten bei Abwesenheit des Wohnungsinhabers über die Außenbalkons ein. Den Wohnungsinhabern lassen sie einen Vordruck zurück:

„Aufgrund gesicherter Beweise dafür, daß sich im Uni-Center in Köln Terroristen aufgehalten haben oder noch aufhalten, hat die zuständige Staatsanwaltschaft die Durchsuchung der zu dem Wohnungskomplex gehörenden Wohnungen gem. § 103 StPO (Durchsuchung bei Unverdächtigen) angeordnet. – Im Laufe der Durchführung dieser Anordnung war es unerläßlich, auch Ihre Wohnung zu überprüfen. Bedauerlicherweise waren Sie zum Überprüfungszeitpunkt nicht anwesend. Sollten Sie Rückfragen haben, wenden Sie sich bitte an das Polizeipräsidium Köln, Tel. 27 51, Nebenstelle 24 11. –

Im 140 Meter hohen Kölner Uni-Center mietet die Terroristin Adelheid Schulz eine Kommando-Wohnung. Nach der Schleyer-Entführung ruft sie aus einer Telefonzelle am Dom den Schweizer Vermittler Payot an und wird abgehört – doch die Fahnder kommen zu spät

Die Polizei bedauert, daß es notwendig war, in der geschehenen Form in Ihre Privatsphäre einzudringen, bittet aber in Anbetracht der Schwierigkeiten der Situation, insbesondere auch der Gefahren für die Hausbewohner, um Ihr Verständnis." Unterschrieben ist der Zettel mit „Hochachtungsvoll" vom Leiter der Sonderkommission, Ruckmich.

In der Wohnmaschine finden die Beamten kein weiteres Terroristenversteck. Wohl aber werden sie in der Tiefgarage des Uni-Centers fündig. Dort, auf dem Parkplatz 135, steht ein auberginenfarbener Alfa Romeo Giulia 1600. Kennzeichen: K–XY 847. Nach dieser Nummernkombination wird seit dem Attentat systematisch gefahndet. Denn Zeugen haben inzwischen gemeldet, daß die Bewohner der konspirativen Wohnung am Wiener Weg 1b auch einen Ford Granada mit dieser Kennummer führen. Rückfragen bei der Prägefirma Helmut Bramann in Köln ergeben, daß die Firma auf Wunsch eines Kunden einmal insgesamt acht solcher Kennzeichen geliefert hat.

Die Nachforschung, wem das Auto gehört, führen rasch zu einem Ergebnis: Im

Wagen liegen noch Papiere, aus denen hervorgeht, daß ein Mann namens Konrad Binder das Auto am 23. Juli in Rösrath bei Köln gekauft hat. Verkäufer ist der 40jährige Diplom-Ingenieur Dieter Leier aus Rösrath-Forsbach, Fuchsweg 3. Er hatte seinen Wagen im „Kölner Stadtanzeiger" per Inserat („Baujahr 72/73, Motor neu überholt") für 2900 Mark zum Verkauf angeboten.

Der Herr Binder, so gibt Autoverkäufer Leier den Kriminalbeamten zu Protokoll, sei per Taxi nach Rösrath gekommen, „seriös gekleidet und mit dem üblichen Diplomatenköfferchen". Er habe den Wagen zehn Minuten zur Probe gefahren und dann die 2900 Mark bar bezahlt, ohne lange zu feilschen. Die Beamten können rasch ermitteln, daß es sich bei dem angeblichen Konrad Binder um den Terroristen Rolf Gerhard Heissler handelt, einem ehemaligen Philosophie-Studenten aus der Extremisten-Gruppe „Tupamaros München", der auch schon wegen Beteiligung bei den Morden an Buback und Jürgen Ponto gesucht wird.

Wohnungs- und Autofund sind keine Trostpflaster. Denn eine zweite Chance, der Schleyer-Entführer habhaft zu werden, wird ebenfalls verpatzt. Die erste Panne, das Hineinreden in das Telefongespräch der Adelheid Schulz, haben sich die deutschen Fahnder zuzuschreiben. Den zweiten Fehler machen die holländischen Kollegen. In Utrecht haben sie bei einem Autovermieter eine Falle aufgebaut. Die Polizei hat Hinweise, daß eine „Astrid Winter, Hamburg, Waldorfstraße 234", die ihren Mietvertrag für einen

Brigitte Mohnhaupt, 29, mutmaßlich an der Schleyer-Entführung beteiligt, geriet mit Knut Folkerts im holländischen Utrecht in eine Polizeifalle. Nach einem Schußwechsel konnte sie flüchten

Knut Folkerts, 25, soll den VW-Bus gefahren haben, in dem die Terroristen Schleyer entführten. Er wurde bei der Schießerei in Utrecht verhaftet, nachdem er einen Polizisten getötet hatte

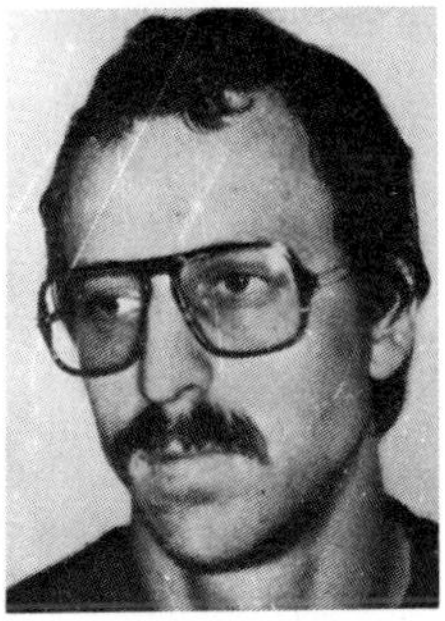

Leihwagen verlängern will, falsche Papiere besitzt.

Als ein junger Mann bald darauf den Autoladen betritt, soll die Falle zuschnappen. Doch auf den Anruf „Polizei, Hände hoch" eröffnet er sofort das Feuer. Ein Polizist ist sofort tot.

Eine in der Nähe wartende Frau entkommt, der Mann wird überwältigt. Es ist der im Zusammenhang mit der Entführung an Schleyer gesuchte 25jährige Knut Folkerts. Die Frau kann auf Grund der Fingerabdrücke als Brigitte Mohnhaupt identifiziert werden, ebenfalls gesucht wegen Beteiligung an der Schleyer-Entführung und dem Mord an dessen Begleitern. Draußen vor dem Laden waren noch mindestens zwei weitere Mitglieder dieser Bande, wie die spätere Rekonstruktion der Flucht ergibt.

Doch die Fahnder lassen auch weiterhin nichts unversucht. Diesmal setzen sie nicht auf ihren Spürsinn, auch nicht auf den Computer aus Wiesbaden, jetzt setzen sie auf übernatürliche Kräfte.

In dem Bemühen, den Attentätern Schleyers auf die Spur zu kommen, arbeiteten die Kölner Fahnder von Anfang an ganz unorthodox. Sie gingen auch Hinweisen nach, die sie sonst sicherlich in den Papierkorb geworfen hätten. Als eine Frau aus dem Bayerischen Wald anrief und erzählte, sie habe dreimal denselben Traum gehabt, daß Hanns Martin Schleyer in Köln in einem alten Barock- oder Rokoko-Gebäude festgehalten werde, eines der Fenster sei mit Zeitungen verhängt, wurden tatsächlich Kriminalbeamte beauftragt, dieses Haus zu finden. Genauso wurde auch ein rheinischer Wünschelrutengänger ernstgenommen. Er fuhr im Beisein der Beamten mit seiner Rute über einen Kölner Stadtplan, und als die Rute zuckte, sagte er: „Hier ist Herr Schleyer versteckt." Polizisten schwärmten aus. Fehlanzeige.

Warum es jetzt nicht einmal mit Gerard Croiset versuchen, dem 68jährigen Hellseher aus Holland? Es ist der Psychologe Wolfgang Salewski, in diesen Tagen einer der wichtigsten Ratgeber des Bundeskriminalamtes, der einen solchen Versuch vorschlägt. Bis Utrecht, wo Croiset in der Willem De Zwijger-Strasse 21 eine „psychoscopische Diagnostik" unterhält, ist es schließlich nicht weit. Und außerdem: Croiset, der auch die niederländische Königsfamilie berät, kann einschlägige Erfolge vorweisen. In Japan hatte er geholfen, ein seit viereinhalb Monaten verschwundenes Kind zu finden.

Drei Beamte der Abteilung TE, der Terrorismus-Abteilung des Bundeskriminalamtes in Bonn-Bad Godesberg, besuchen gemeinsam mit Salewski den holländischen Hellseher. Sie fahren in den Tagen darauf noch mehrmals zu ihm.

Der holländische Hellseher Gerard Croiset wird von Beamten des BKA um Hilfe gebeten. Der 68jährige, der auch Königin Juliana berät, bringt die Kriminalisten tatsächlich auf eine heiße Spur – das Kölner Uni-Center

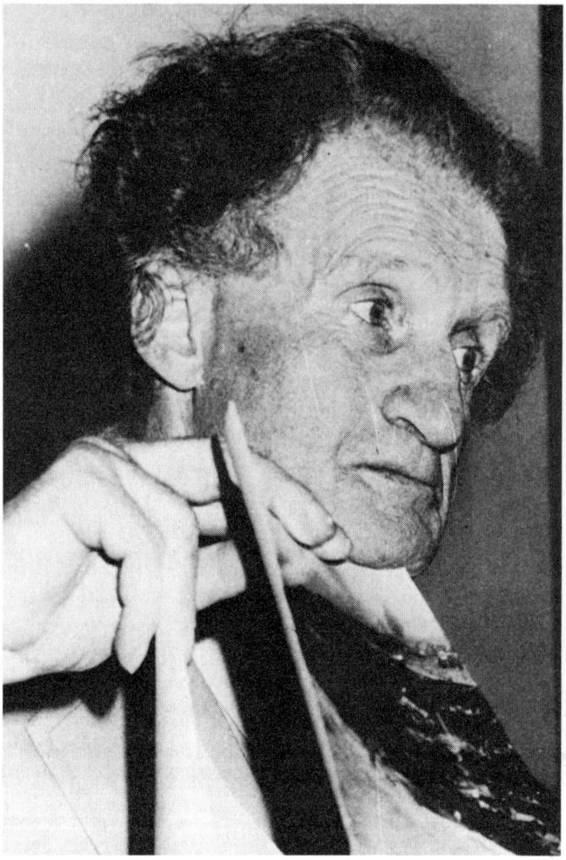

Croiset bezeichnet ihnen eine Stelle am Stadtrand von Köln, dort vermutet er Schleyers Versteck. Seine Unfähigkeit, in diesem Fall exaktere Angaben zu liefern, etwa ein bestimmtes Haus oder eine bestimmte Wohnung, entschuldigt er: „Mein Kontakt ist gestört." Er sei durch die ausführliche Presseberichterstattung bereits so umfassend informiert, „daß sich das auf meine Arbeit negativ auswirkt".

Alfa Romeo, gefunden in Köln, Uni-Center

Mercedes, gefunden „Am Kölnberg" in Köln. Darin...

... ein Manschettenknopf Hanns Martin Schleyers

Die Beamten kombinieren nun Hellsehen mit Fernsehen. Schleyers Entführer haben inzwischen dem Genfer Rechtsanwalt Payot einen neuen Vorschlag unterbreitet: Das „Kommando Siegfried Hausner" sei bereit, auf eine spektakuläre Übertragung im Abendprogramm des Fernsehens zu verzichten, wenn die inhaftierten elf Genossen ausgeflogen werden. Es genüge, wenn der für den 14. September ultimativ geforderte Abflug zwei Stunden nach Programmschluß in allen Fernsehprogrammen ausgestrahlt werde.

In jener Nacht vom 14. auf den 15. September schwärmen in Köln zwischen eins und drei Uhr VW-Transporter mit Richtantennen in das vom Hellseher Croiset bezeichnete Gebiet aus. Ihre Aufgabe: Wohnungen anzupeilen, in denen die Fernsehapparate noch laufen. Insgesamt werden sechs Fernsehgeräte geortet, die noch nach Sendeschluß in Betrieb sind.

Einer dieser Fernsehapparate läuft in einem Wohnsilo am Rande der Stadt Köln, und zwar tatsächlich dort, wo auch Hellseher Croiset Schleyer vermutete. Es ist der Wohnpark „Am Kölnberg" in Köln-Meschenich. Allerdings: In welcher Wohnung dieses Betonklotzes, in dem es 1750 Apartments gibt, das Fernsehen noch läuft, kann der Peilwagen nicht orten. Die Polizei geht auf Lauerstellung. In der Tiefgarage des Wohnsilos entdecken die Fahnder einen Mercedes, Kennzeichen: „BM–A 812". Tag und Nacht halten fortan getarnte Kriminalbeamte den Wagen unter Kontrolle, denn es haben sich eindeutige Verdachtsmomente ergeben: Das Kennzeichen ist gefälscht, im Auspuff des Wagens entdecken die Untersuchungsbeamten den Zündschlüssel.

Acht Tage lang liegen die Fahnder auf der Lauer, dann kommen sie zu der Überzeugung, daß der Mercedes „aufgegeben" ist. Vorsichtig wird der Wagen geöffnet und gründlich untersucht. Es gibt reiche Beute: Unter einer Fußmatte finden sie eine Patrone aus einer Maschinenpistole vom Typ Heckler & Koch. Labor-Untersuchungen zeigen eindeutig, daß die Patrone aus einer Waffe stammt, die beim Überfall auf Schleyer benutzt wurde. Ferner: Im Kofferraum liegt ein Manschettenknopf. Der Manschettenknopf mit dem Lapislazuli wird sofort nach Stuttgart geflogen, Frau Waltrude Schleyer identifiziert ihn als Eigentum ihres Mannes. Und schließlich: Zwischen Kofferraum und Rücksitz-Rückwand ist ein Loch geschnitten – offensichtlich ein Luftloch für den Transport der Geisel Hanns Martin Schleyer.

Jetzt durchkämmen die Beamten auch den Wohnsilo. Mit dieser Aktion ist bislang gewartet worden, weil der Einsatzstab nicht riskieren wollte, daß bei einem Sturm auf das mögliche Versteck die Entführer ihre Geisel töten. Doch die Großrazzia endet ergebnislos. Eine konspirative Wohnung wird nicht entdeckt. Statt dessen finden die Polizisten in Haus 5, Wohnung 809, die Leiche eines schon seit vierzehn Tagen toten, sechs Monate alten Kindes; in Haus 4 werden Blutflecke auf dem Teppichboden entdeckt, sie stammen von einem geprügelten Hund; in Haus 1, in einer „Wohnung von Lesbischen", wie Nachbarn sagen, leben insgesamt 14 Hunde.

Die weiteren Untersuchungen der Polizei ergeben, daß der neuentdeckte Terroristen-Mercedes von dem Schleyer-Attentäter Willy Peter Stoll in Bensberg nahe Köln gekauft worden ist. Stoll hat sich bei dem Kauf als „Martin Klas" vorgestellt. Er war, wie schon sein Komplice Rolf Heissler, per Taxi zum Autoverkäufer gefahren. Doch statt eines Aktenköfferchens trug er Plastiktüten, in denen das Geld steckte.

Christoph Wackernagel

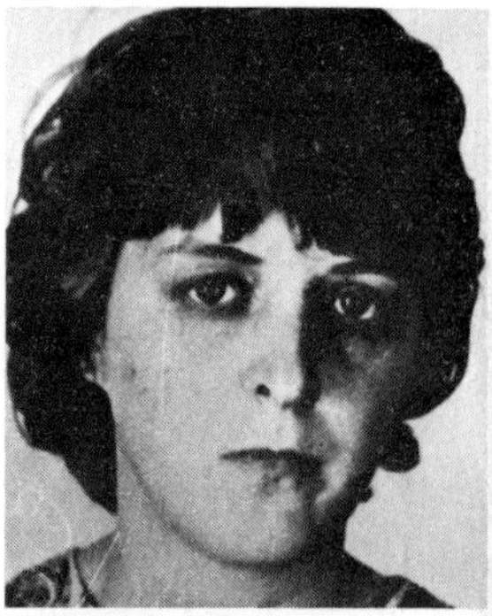

Silke Maier-Witt

Christian Klar

Rolf Clemens Wagner

Steinchen für Steinchen können die Fahnder so das Mosaik des Verbrechens zusammensetzen. Ihre Arbeit wird zum Teil dadurch erleichtert, daß die Kidnapper ausgesprochen korrespondenzfreudig sind. Bis zum 13. Oktober, dem Tag, an dem das Entführungsdrama Schleyer durch die Geiselnahme eines Lufthansa-Jets noch weiter eskaliert, gibt es insgesamt 47 Schreiben verschiedener Inhalte. Hinzu kommen ungezählte verschickte Kopien dieser Schreiben. Eine Übersicht über die endgültige Zahl hat das BKA

Ex-Schauspieler Wackernagel führte die Kamera

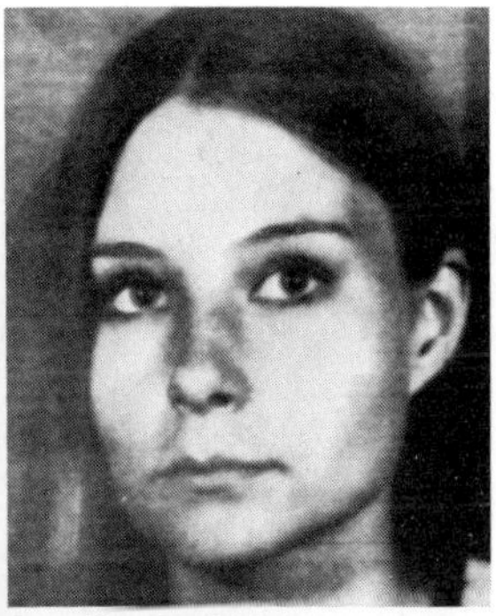
Angelika Speitel

Willy Peter Stoll

Rolf Gerhard Heissler

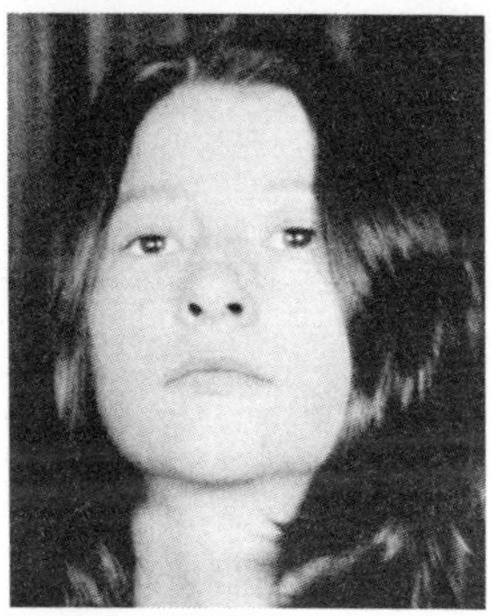
Friederike Krabbe

noch nicht. Denn viele der Adressaten – etwa im Ausland – haben ihre Post nicht ans Bundeskriminalamt weitergeschickt.

Besonders versandfreudig sind die Entführer am 13. Oktober. An diesem Tag werden 41 Sendungen mit Kopien verschickt. Sie enthalten allerdings nur drei verschiedene Texte.

Nach den Erkenntnissen des BKA haben die Entführer

drei Fotokopiergeräte;

sechs verschiedene Schreibmaschinen;

ihre Geisel an drei verschiedenen Verwahrorten gefangengehalten (dies wird aus den „Kommunikationsintervallen" geschlossen, die Hektik – Pause – Hektik – Pause und wieder Hektik anzeigen; die Pausen werten die Fahnder als Zeichen, daß die Logistik neu aufgebaut wurde);

für ihre Polaroid-Fotos zwei verschiedene Filmkassetten: Ein Teil wurde am 6. Juni 1977 in Enschede produziert, der andere am 24. Juli 1977 in Dumbarton/Schottland.

Auch die Herstellung der Video-Bänder können die BKA-Spezialisten inzwischen genau rekonstruieren. Die verschiedenen Filmaufnahmen von Hanns Martin Schleyer sind eindeutig mit derselben Kamera gemacht worden, mit der auch schon jene Video-Bänder vom Gartenfest des Bundeskanzlers abgespult wurden, die man bei einer Hausdurchsuchung der Croissant-Gehilfin Gabriele Heim am 15. August 1977 in Stuttgart gefunden hat. Damals wie jetzt ist der Mann, der die Kamera führte, der Ex-Schauspieler Christoph Wackernagel.

Selbst der Tathergang kann inzwischen in Einzelheiten rekonstruiert werden. Der Mercedes, der die Wagenkolonne Schleyers blockierte, wurde entweder von der Terroristin Silke Maier-Witt oder von Angelika Speitel gefahren. Die Killer waren: Willy Peter Stoll, Christian Klar, Rolf Clemens Wagner, Rolf Gerhard Heissler und Friederike Krabbe. Den VW-Bus, mit dem sie Schleyer verschleppten, chauffierte Knut Folkerts.

Mehrmals haben die Terroristen auch versucht, die Ermittler auf eine falsche Spur zu führen. Die auf dem ersten Video-Band erkennbare Milchtüte war von

Wenige Stunden vor dem Attentat wird im Auto des verhafteten Terroristen-Anwalts Newerla eine Skizze gefunden, mit der zunächst niemand etwas anzufangen weiß. Erst nach der Schleyer-Entführung können die Ermittler an Hand eines Stadtplans die Striche deuten: Sie bezeichnen die Anfahrt zur Wohnung des Opfers in der Kölner Raschdorffstraße

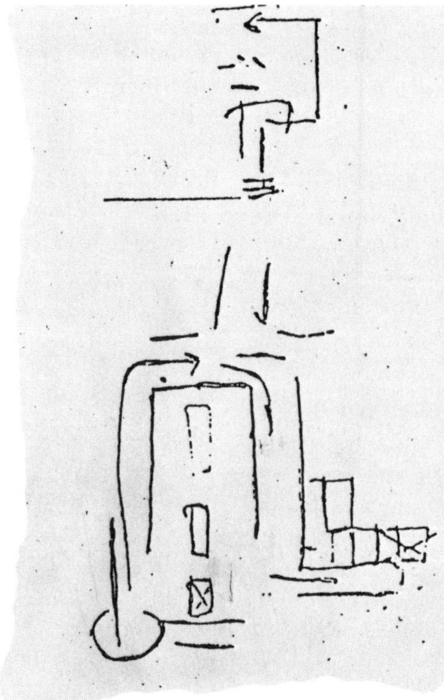

einer Schweizer Molkerei. Bald darauf fand die Polizei auch in der Nähe von Lörrach, dem Grenzort zur Schweiz, einen VW-Bus mit einer Krawatte von Schleyer und einem ledernen Schlüssel-Etui samt Schlüssel. Den Fahndern war dieser Fund allerdings zu plump, sie verzichteten darauf, den Ermittlungsschwerpunkt von Köln nach Süddeutschland zu verlagern.

Auch die Geräuschkulisse auf einem der Video-Bänder – zu hören war ein „Klack, klack, klack", als ob eine Frau mit hochhackigen Schuhen eine steile Treppe heruntergeht – wurde von den Kriminalisten letztlich als Trick gewertet. Wahrscheinlich wollten die Terroristen den Eindruck erwecken, als werde Schleyer auf einem Schiff festgehalten.

Eine Zeitlang war es ihnen tatsächlich gelungen. Mehrere Tage lang suchten deutsche und holländische Kriminalbeamte nach einem Segelboot vom Typ „Contest 31 HT".

Dieses Boot war bei einem Neusser Schiffsverleiher entliehen und nicht rechtzeitig nach Vertragsablauf zurückgebracht worden. Indes, die Fahndung konnte abgeblasen werden, als die Mieter mit einiger Verspätung nach Neuss zurückkehrten. Sie hatten an Bord Partys gefeiert und dabei die Leihfrist vergessen.

Inzwischen wissen die Fahnder sogar,

daß sie schon vor dem Attentat die genaue Tatskizze in der Hand hatten. Am 30. August war der Terroristen-Anwalt Armin Newerla unter dem dringenden Verdacht der Unterstützung einer kriminellen Vereinigung festgenommen worden. Sein Wagen wurde beschlagnahmt und durchsucht. Am 5. September, gegen Mittag, fand man zwischen den Polstern des Rücksitzes ein DIN A4-Blatt mit zwei Strichzeichnungen. Niemand konnte etwas damit anfangen. Am späten Nachmittag dieses 5. September wurde das Attentat verübt. Jetzt, zu spät, wußten die Ermittler die Skizze zu deuten.

Die oberen Striche sind identisch mit dem Grundriß des Zugangs von Hanns Martin Schleyers Kölner Wohnung im Haus Raschdorffstraße 10. Der Weg geht an einer Garage vorbei, führt um eine Säule am Eingang herum und mündet schließlich am Fahrstuhl-Schacht. Schleyer wohnte in der zweiten Etage.

Dann legten die BKA-Fahnder den unteren Teil der Skizze auf einen Stadtplan von Köln, Ortsteil Braunsfeld-Junkersdorf. Die Striche ergeben genau die Anfahrt zur Schleyer-Wohnung in der Vincenz-Statz-Straße.

„Mir geht es soweit gut, ich bin unverletzt und glaube, daß ich freigelassen werde, wenn die Forderungen erfüllt werden. Das ist jedoch nicht meine Entscheidung."

Hanns Martin Schleyer am 6. September 1977 in seinem ersten Brief aus der Geiselhaft.

Um drei Uhr in der Nacht zum 6. September, neuneinhalb Stunden nach dem Attentat auf Schleyer, ist der Psychologe Wolfgang Salewski aus München im Einsatzstab der Bonner Filiale des Bundeskriminalamts eingetroffen. Der 34jährige Blondschopf, Autor eines Lufthansa-Schulungsfilms über das richtige Verhalten bei Flugzeugentführungen und vielgesuchter Industrieberater (Tagessatz: 2000 Mark), wurde vom Vizepräsidenten des Bundeskriminalamts, Rupprecht, an den Rhein geholt. Reinhard Rupprecht, früher Chef der Schutzpolizei München, erinnerte sich an die blutige Olympiade von München 1972. Damals hatte sein Vorgesetzter, der Polizeipräsident Schreiber, den Freiberufler Salewski beauftragt, eine spezielle Verhandlungsgruppe für Gespräche mit Entführern aufzubauen.

Salewski, der von sich gern sagt, „Ich bin kein Wissenschaftler, ich bin Handwerker", und der nichts mehr haßt, als wenn Psychologie irgendwo in die Nähe von Wahrsagerei gerückt wird, nahm Rupprechts Auftrag gern an: „Wir haben zum erstenmal agieren dürfen."

In der Theorie war das Konzept perfekt. Es basiert auf einer simplen Grunderkenntnis: Solange kommuniziert wird, passiert nichts Schlimmeres. Tricks oder Drohungen, die den Täter verunsichern, sind strikt zu meiden. Statt dessen, so Salewski, „muß man auch ein bisserl Verständnis für die Situation des Täters aufbringen; nicht dafür, daß er ein Rechtsbrecher ist, sondern für die Situation, die gerade da ist". Diese Situation muß so stabilisiert werden, daß der Täter nicht durchdreht, „daß dem nicht irgendein Scheiß einfällt".

Das heißt aber nicht, daß man alles tun

Der 34jährige Münchner Psychologe Wolfgang Salewski hat ein Konzept entwickelt, wie die Kommunikation mit Kidkappern auszusehen hat, damit den Entführten möglichst nichts passiert. Seine Methode funktionierte auch im Fall Schleyer – 43 Tage lang

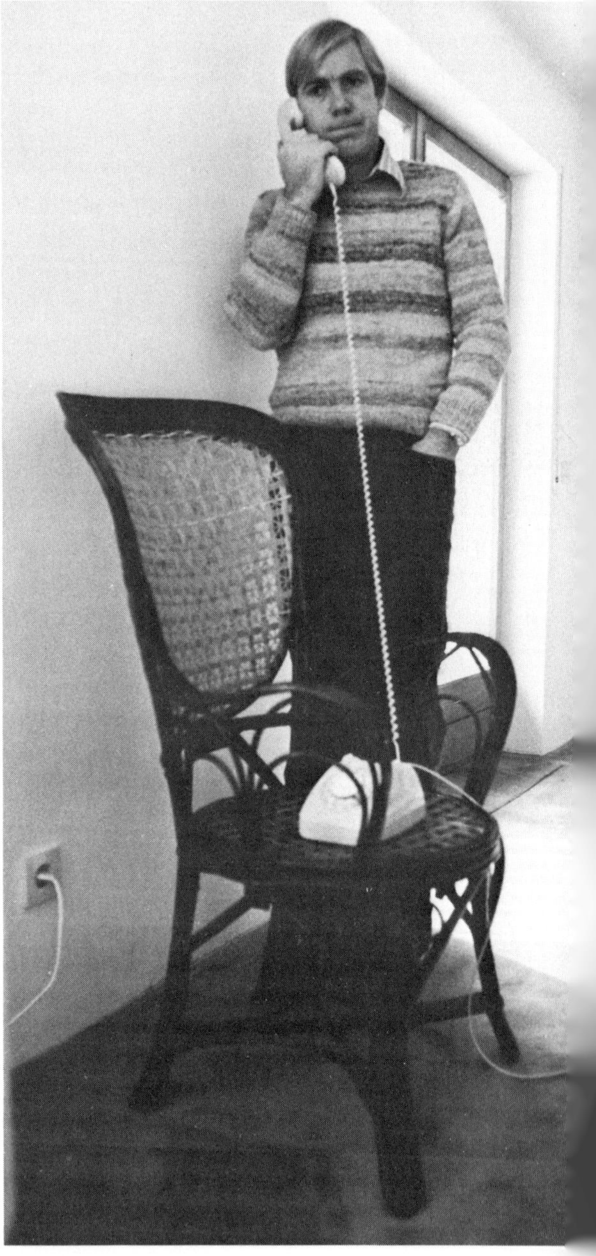

darf, was der Täter verlangt, im Gegenteil, das würde ihn mißtrauisch machen. Wenn der Täter schließlich das Gefühl hat, daß die Dinge sich einigermaßen in seinem Sinn entwickeln, wird es automatisch zu einer Beziehung kommen zwischen dem, der auf der einen Seite spricht, und dem, der auf der anderen Seite fordert. Salewski: „Und es war eben meine Rolle im Fall Schleyer, daß ich überlegt habe, wie kann man die Kommunikation aufbauen zu den Entführern, damit die den Schleyer nach Möglichkeit am Leben lassen."

Würde die Praxis der Theorie entsprechen? Würden die Täter mitmachen?

Und insbesondere: Würde das Opfer durchhalten?

Bundeskanzler Helmut Schmidt will sich über diese Frage mit Hanns Eberhard Schleyer, dem ältesten Sohn des entführten Arbeitgeberpräsidenten, beraten.

Eineinhalb Stunden dauert die Unterredung zwischen dem Kanzler und Hanns Eberhard Schleyer. Immer wieder will er von ihm wissen: „Was hat dieser letzte Satz in dem Brief zu bedeuten ‚Dies ist nicht meine Entscheidung'? Wie würden Sie diesen Satz interpretieren?" Der Jurist Hanns Eberhard Schleyer, der in Stuttgart in einer großen Kanzlei als Anwalt für Wirtschaftsrecht mitarbeitet, spricht langsam. Er formuliert präzise und ohne Schnörkel: „Hierin sehe ich als erstes die Aussage eines disziplinierten Staatsbürgers, der davon ausgeht, daß die Regierung eine verantwortungsvolle Entscheidung treffen wird. Darüber hinaus spricht hier ein Mensch, der am Leben bleiben möchte."

Hanns Eberhard Schleyer verspricht, daß die Familie sich so verhalten werde, wie es der Vater formuliert habe: Daß sie bereit sei, die Entscheidung des Staates hinzunehmen und im Vertrauen auf diese Entscheidung jetzt nicht durch eigene Aktionen die Verhandlungen stören werde.

Helmut Schmidt will weiter wissen, wie die physische und psychische Konstitution des Vaters ist. Für einen Mann von 62 Jahren sei er sehr gesund, sagt der Sohn. Vor wenigen Wochen erst sei er aus dem Urlaub zurückgekommen, er habe sich gut erholt. Schmidt fragt, ob der Vater auf Arzneimittel angewiesen sei. Nein, sagt der Sohn, nur ein paar Pillen zur Prophylaxe, sie sollen das Aufleben eines früheren Leberschadens verhindern. Und ein paar Vitamintabletten. Das sei alles. Medikamente, die schwer zu beschaffen seien oder gar ein ärztliches Rezept erforderten, brauche sein Vater nicht. Der Sohn trennt sich guten Mutes vom Bundeskanzler.

„Mir geht es den Umständen entsprechend gut; ich grüße vor allem meine Familie, bei der ich zuversichtlich hoffe, bald wieder zu sein."

Hanns Martin Schleyer in einem Handschreiben am 7. September 1977.

Ein rasches Ende haben sich wohl auch die Entführer vorgestellt: „Wir gehen davon aus, daß Schmidt . . . sich bemühen wird, sein Verhältnis zu diesem fetten Magnaten der nationalen Wirtschaftscreme schnell zu klären." (So in ihrem ersten Ultimatum.) Das Feinbild ist aufgebaut: Der bullige Schleyer mit dem zernarbten Gesicht, der bei Fernsehübertragungen vom Rednerpult Härte und Unduldsamkeit ausstrahlte, scheint der Prototyp des Ausbeuters zu sein. Als Präsident der Bundesvereinigung der Deutschen Arbeitgeberverbände hält er 15 Aufsichtsratsposten besetzt, dazu ist er in Personalunion Präsident des Bundesverbands der Deutschen Industrie, des Dachverbandes von 95 000 Betrieben, in denen acht Millionen Lohnabhängige arbeiten. Er ist CDU-Mitglied, Honorarkonsul von Brasilien, wo Mord und Folter als legitimes Mittel zur Verteidigung der marktwirtschaftlichen Ordnung gelten, und hat 1963 die Aussperrung von 400 000 Metallarbeitern in Baden-Württemberg organisiert. Während des Krieges war der SS-Untersturmführer als Leiter des „Zentralverbandes der Industrie für Protektorat Böhmen und Mähren" in Prag eingesetzt, wo er die Eingliederung des tschechischen Industriepotentials in Hitlers Kriegswirtschaft betrieb. 1951 wurde er von dem als Kriegsverbrecher verurteilten Friedrich Flick zu Daimler-Benz geholt – kurzum, für die Entführer so etwas wie ein Frankenstein des Kapitalismus. Der Triumph wäre perfekt, würde der sozialdemokratische Kanzler jetzt auf ihre Forderung nach Freilassung von elf RAF-Häftlingen rasch eingehen und damit seine politische Abhängigkeit von den Wirtschaftsbossen demonstrieren.

Gleich am Tag nach dem Attentat hat das Bundeskriminalamt einen Beamten zur Familie Schleyer geschickt. Der Kriminalhauptkommissar Rolf Schneider ist Schwabe, er findet hier im Haus am Stuttgarter Ginsterweg 17 rasch Kontakt. Er muß der Einsatzleitung Basisfakten für eine fundierte Einschätzung der Situation liefern. Was für ein Mensch ist Schleyer? Ist er so schroff, wie er im Fernsehen wirkt? Wie wird er mit den Entführern zurechtkommen?

Die Angaben der Familie, aber auch die von Freunden des Entführten, wie dem CDU-Vorsitzenden Helmut Kohl, ergeben ein ganz anderes Bild dieses Mannes, als es die Öffentlichkeit kennt. Die Kriminalisten schöpfen Hoffnung. Kriminaldirektor Dieter Walter von der Anti-Terrorismus-Abteilung (TE) des Bundeskriminalamtes: „Selbst wenn wir ein paar Prozent von diesen Aussagen abziehen müßten, weil in dieser Situation natürlich niemand über die Geisel etwas Ungünstiges sagen würde, ergab sich doch für uns ein eindeutiges Bild. Es bestand die Chance, daß Schleyer einen günstigen Einfluß auf die Terroristen ausüben könne, daß er es den Terroristen relativ schwer machen werde, je länger sie mit ihm Kontakt hätten."

Jörg Schleyer, der jüngste Sohn, gibt dem BKA-Mann Schneider zu Protokoll: „Mein Vater kann gut mit jungen Leuten umgehen." Hanns Martin Schleyer ist ein Kumpeltyp. Das zeigen nicht nur die Aussagen der Familie und seiner Freunde, dafür gibt es noch andere Belege. Seinem Fahrer Heinz Marcisz hatte Schleyer angeboten, er solle ihn mit Vornamen anreden, er selbst halte es auch so. Bevor Schleyer in Köln die Drei-Zimmer-Wohnung in der Raschdorffstraße im Villenvorort Junkersdorf bezog, wohnte er in der Domstraße am Rande des Zentrums. Es ist ein finsteres Viertel, zu Schleyers Nachbarn zählten dort Rocker und Zuhälter – „das waren richtige Jupps", meint Jörg Schleyer. Als die mitbekamen, wer ihr neuer Mitbewohner ist, klingelten sie und stellten sich vor. Von da an gingen sie oft zusammen in Kölner Altstadtkneipen Bier trinken. Jörg Schleyer erinnert sich: „Meinen Vater nannen sie ‚HaM'." Als Ehefrau Waltrude und die Polizei dem Arbeitgeberboß rieten, er müsse aus Sicherheitsgründen umziehen, winkte Hanns Martin Schleyer ab: „Ich bin ganz zufrieden, so wie ich jetzt wohne. Hier kann mir doch nichts passieren. Ich bin mitten im Milieu drin. Da fällt es sofort auf, wenn ein anderer kommt." Zu Beginn des Jahres 1977 entschloß er sich dann aber doch zum Wohnungswechsel. Wegen seiner Verbandstätigkeit kam Schleyer immer häufiger nach Köln, die alte Wohnung wurde zu klein.

„Lieber Eberhard! Herzliche Grüße an Euch alle, ich bin viel in Gedanken bei Euch. – Mir geht es zwar gesundheitlich gut, aber ich bin über das Geschehen nur unzureichend und nur über Informationen meiner Bewacher informiert. Deshalb kann ich Bedeutung und Wirkung nachstehender Überlegung nur schlecht beurteilen. Nimm sie deshalb als persönliche Information und verwerte sie . . . so, daß sie nicht als Druckversuch meinerseits ausgelegt wird, aber so ernst genommen wird, wie sie es verdient. Das Ziel der Entführer wird sie bei Ablehnung der Forderungen und nach meiner Liquidierung nur veranlassen, das nächste Opfer zu holen . . . Man muß also nüchtern Bilanz ziehen und in die Abwägung alle kommenden Entführungs-

fälle mit einem tödlichen Ausgang (bei heute und später unveränderten Forderungen) einbeziehen. Das sollte Helmut Schmidt ebenso wissen wie Helmut Kohl + HD Genscher . . . Wenn Du Dich als mein ‚Vermittler' einschaltest und meine Gedanken bei den Verantwortlichen interpretierst, dann ist das sicher nicht das Mandat, das Du von mir vermittelt haben wolltest, für mich aber eine große Beruhigung. Ich drehe mit Sicherheit nicht durch, bleibt Ihr gesund und optimistisch. Ich war schon oft in schwierigen Lagen + es ist immer wieder gutgegangen. Viele Bussi an Mutti, Euch alle + die Freunde. Hoffentlich auf bald! Dein Vati."

Hanns Martin Schleyer am 8. September 1977 an seinen Sohn Hanns Eberhard.

Nachdem er den Brief seines Vaters erhalten hat, bittet Rechtsanwalt Hanns Eberhard Schleyer seinen Kanzleikompagnon Peter Mailänder, ein Plädoyer für einen Austausch zu schreiben. Unter der Überschrift „Entscheidungszwang für das Leben" veröffentlicht Mailänder in der „Stuttgarter Zeitung" einen Artikel: „Das Grundgesetz unserer Bundesrepublik schützt in Artikel 2, Absatz 2, Leben und körperliche Unversehrtheit als höchstes Gut des Menschen gegen jeden Eingriff staatlicher Gewalt . . . Das Bundesverfassungsgericht . . . hat . . . in der Entscheidung vom 25. Februar 1975 . . . die Träger staatlicher Macht verpflichtet, sich bereitwillig schützend und fördernd vor das menschliche Leben – selbst das werdende – zu stellen." Resümee: „Der Regierung bleibt jetzt keine andere Wahl, als die Entscheidung für das Leben von Hanns Martin Schleyer und damit für die Erfüllung der Forderungen der Terroristen."

Hanns Eberhard Schleyer beläßt es nicht bei diesem Zeitungsplädoyer. Gemeinsam mit seinem Kollegen Mailänder will er über das Bundesverfassungsgericht die Regierung auf seine Rechtsauffassung verpflichten und zur Auslieferung der Häftlinge zwingen. Das Gericht folgt der Auffassung der beiden Stuttgarter Juristen nicht: „Das Grundgesetz begründet eine Schutzpflicht nicht nur gegenüber dem Einzelnen, sondern auch gegenüber der Gesamtheit aller Bürger. Eine wirksame Wahrnehmung dieser Pflicht setzt voraus, daß die zuständigen staatlichen Organe in der Lage sind, auf die jeweiligen Umstände des Einzelfalls angemessen zu reagieren; schon dies schließt eine Festlegung auf ein bestimmtes Mittel aus. Darüber hinaus kann eine solche Festlegung insbesondere deshalb nicht von Verfassungs wegen erfolgen, weil dann die Reaktion des Staates für die Terroristen von vornherein kalkulierbar würde."

Als nächstes versucht Hanns Eberhard Schleyer es mit Geld und persönlichem Einsatz. Er läßt sich auf eine Forderung der Entführer ein, ihnen persönlich 15 Millionen US-Dollar, verpackt in drei Samsonite-Koffer, zu übergeben. Das Geld, gestückelt in D-Mark, holländische Gulden, Schweizer Franken und US-Dollar, stellt die Bundesbank zur Verfügung. Das Code-Wort, das ihm zeigen soll, daß er es tatsächlich mit den Entführern seines Vaters zu tun hat, ist: „Let us save your father." Wenn er so angeredet wird, soll er antworten: „We shall save my father."

Die Bundesregierung unterläuft das

Der Rechtsanwalt Hanns Eberhard Schleyer, 32, ältester Sohn des Entführten, nahm jede Möglichkeit wahr, seinem Vater zu helfen. Er beschwor die Politiker, wendete sich direkt an die Kidnapper, rief sogar das Bundesverfassungsgericht an

Geldgeschäft, indem das Bundespresseamt der Deutschen Presse-Agentur (dpa) einen Hinweis auf die geplante Transaktion zuspielt. Resultat: Am vorgeschlagenen Übergabeort, dem Frankfurter Intercontinental Hotel, warten rund hundert Journalisten, darunter zwei Aufnahmeteams der Fernsehanstalten.

Dennoch, Hanns Eberhard Schleyer gibt nicht auf. Er erklärt den Entführern bei einem weiteren Anruf, daß er auch bereit sei, mit den Geldkoffern auf Flugreise zu gehen, um dann irgendwo in der Welt die Übergabe zu regeln. Erstes Flugziel soll Paris sein. Als der Schleyer-Sohn von dem Anrufer wissen will, wie er denn die riesige Geldmenge tragen solle – die drei Koffer wiegen zusammen 130 Kilo –, antwortet der ihm: „Ach, wissen Sie, um Sie herum stehen so viele BKA-Leute. Für deren körperliche Ertüchtigung ist es ganz gut, wenn die die Koffer zum Flughafen transportieren. Den Weitertransport übernimmt dort die Fluggesellschaft." Indes, auch diesmal kommt es nicht zu der geplanten Transaktion, weil die Bundesregierung nicht bereit ist, Hanns Eberhard Schleyer Garantien für die Auslieferung der RAF-Häftlinge zu geben.

Als nächstes wendet sich Hanns Eberhard Schleyer direkt an den Vermittleranwalt Denis Payot in Genf. Er bittet ihn, die Entführer wissen zu lassen, daß er nach wie vor eine Kontaktaufnahme suche. Doch dieser Kontakt kommt nie zustande.

Als das zermürbende Warten Wochen dauert, ohne daß die Bonner Hinhaltetaktik der Kriminalpolizei einen Fahndungserfolg einbringt, kommt es in der Familie Schleyer zu einer Auseinandersetzung. Der zweitälteste Sohn, der 28jährige Arndt, Rechtsreferendar in Heidelberg, verlangt, daß die Familie ihre bisherige Zurückhaltung aufgibt und über die Öffentlichkeit einen stärkeren Druck auf die Bundesregierung ausübt. Hanns Eberhards Konzept steht dagegen: Nicht nur die Bundesregierung, der gesamte große Krisenstab mit Vertretern aller Parteien habe sich auf eine Politik des Nichtstuns verständigt. Ohne Bundesgenossen könne die Familie nicht auf einen Erfolg hoffen. Es sei in dieser Situation besser, in der Öffentlichkeit nur wenige grundsätzliche Erklärungen abzugeben. Man könne lediglich einen moralischen Druck auf die

31 Tage nach seiner Entführung schrieb Hanns Martin Schleyer diesen Brief. Das Schreiben gelangte über den Genfer Anwalt Payot ans BKA, wo es wie sämtliche Äußerungen Schleyers und seiner Entführer sorgfältig analysiert wurde

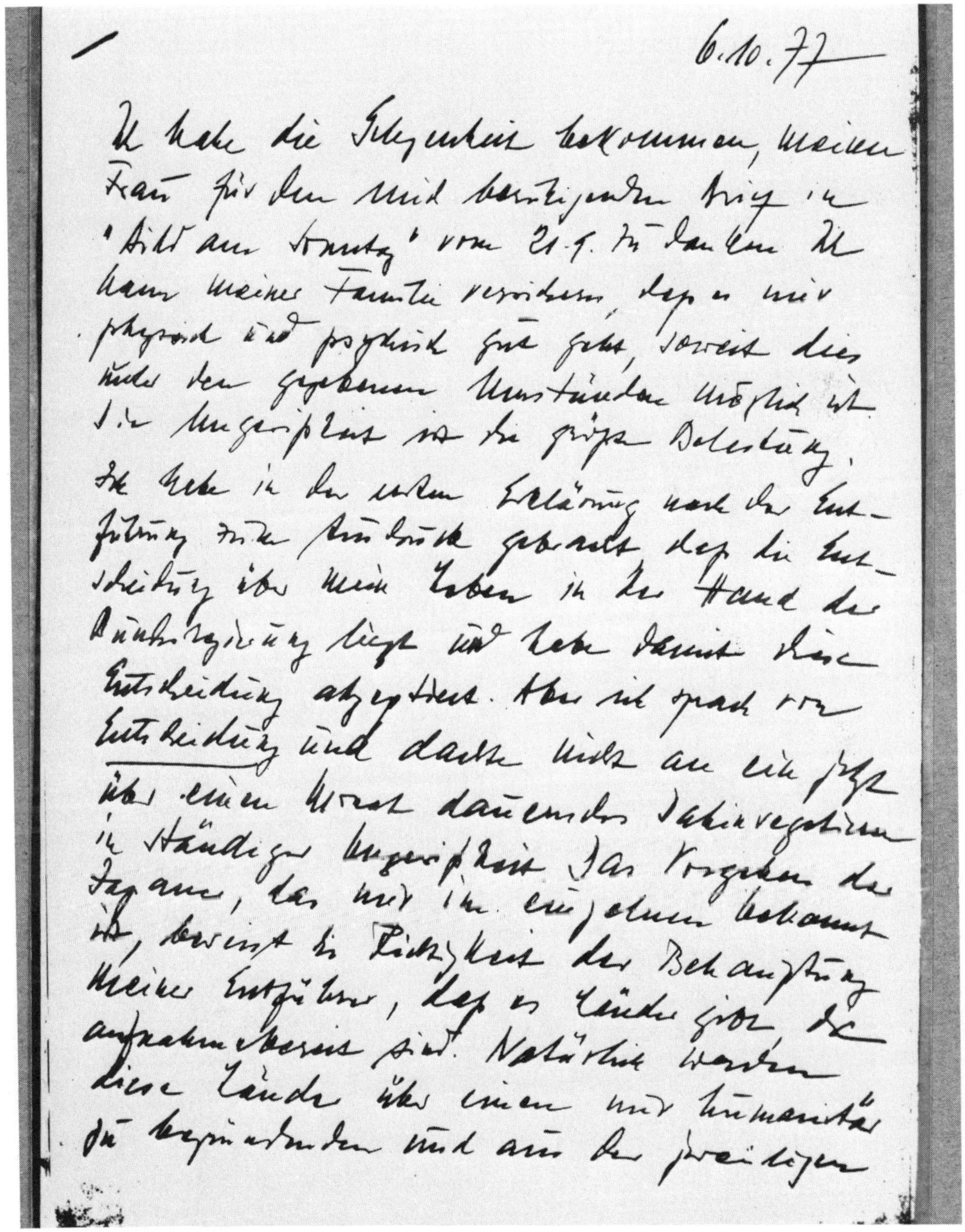

1

6.10.77

Ich habe die Gelegenheit bekommen, meiner Frau für den mich bewegenden Brief in „Bild am Sonntag" vom 21.9. zu danken. Ich kann meiner Familie versichern, daß es mir physisch und psychisch gut geht, soweit dies unter den gegebenen Umständen möglich ist. Die Ungewißheit ist die größte Belastung.

Ich habe in der ersten Erklärung nach der Entführung zum Ausdruck gebracht, daß die Entscheidung über mein Leben in der Hand der Bundesregierung liegt und habe damit diese Entscheidung akzeptiert. Aber ich sprach von Entscheidung und dachte nicht an ein jetzt über einen Monat dauerndes Dahinvegetieren in ständiger Ungewißheit. Das Vorgehen der Japaner, das mir im einzelnen bekannt ist, beweist die Richtigkeit der Behauptung meiner Entführer, daß es Länder gibt, die aufnahmebereit sind. Natürlich werden diese Länder über einen nur humanitär zu begründenden und aus der jeweiligen

Regierung ausüben, indem man immer wieder an die Äußerung des Vaters erinnere, daß er bereit sei, eine Entscheidung hinzunehmen.

Zudem: Die Familie hat inzwischen lernen müssen, daß die Öffentlichkeit nicht bereit ist, der menschlichen Not der Familienangehörigen mehr Verständnis entgegenzubringen als dem Durchhaltekonzept der Krisenstäbler. Eine Woche nach dem Kölner Attentat hatte Waltrude Schleyer über die „Bild"-Zeitung einen Appell zugunsten ihres Mannes veröffentlicht: „Tauscht ihn aus!" Am nächsten Tag riefen viele Bürger bei den Schleyers an und beschwerten sich. Tenor: Die Familie solle sich doch zurückhalten. Wenn die Terroristen freikämen, gäbe es ja noch mehr Tote.

„Die Forderung nach einem Vermittler ist barer Unsinn, weil sich meine Entführer nicht decouvrieren und unseren ‚Urlaubsort' auch gegenüber einem ‚Vermittler' nicht preisgeben werden, so daß ein Dreiecks Kontakt unmöglich ist. Die Ungewißheit ist in meiner Lage natürlich scheußlich. Wenn Bonn ablehnt, dann sollen sie es bald tun, obwohl der Mensch, ‚wie es auch im Kriege war', gerne überleben möchte."

Hanns Martin Schleyer am 9. September 1977 in einem Handschreiben an Eberhard von Brauchitsch, den geschäftsführenden Gesellschafter der Flick KG.

Der Brief alarmiert die Fahnder. Nicht, weil sich hierin erste Anzeichen finden, daß die bisher robuste Verfassung des Arbeitgeberbosses sich zu verschlechtern beginnt. Nein, andere Dinge machen die Kriminalisten stutzig. Der Ausdruck „Dreiecks Kontakt" war merkwürdig geschrieben, in zwei Wörtern ohne Bindestrich. War dies ein versteckter Hinweis an die Fahnder?

Sofort bittet das Bundeskriminalamt den ältesten Schleyer-Sohn Hanns Eberhard nach Bonn. Gemeinsam versuchen die Kriminalisten und der Rechtsanwalt den Brief zu analysieren. Vielleicht wollte die Geisel ihnen signalisieren, daß ihr Versteck im Dreiländereck bei Köln–Aachen zu suchen sei oder aber im Süden Deutschlands, wo die Schweiz, die Bundesrepublik und Frankreich zusammenstoßen? Dann ist von Urlaubsort die Rede, eine Anspielung auf den Krieg kommt vor, entgegen seiner Gewohnheit schreibt Schleyer einmal „dass" nicht mit „ß", sondern mit Doppel-s. Sollten das vielleicht auch Hinweise auf bestimmte Orte sein?

Die Fahnder tun ein übriges. Sie lassen sich die bisher zugeschickten Videobänder mit Aufnahmen der Geisel kommen und studieren gemeinsam mit Hanns Eberhard Schleyer Mimik, Haltung der Hände und Tonfall, um daraus mögliche Tips zu lesen. Viel können sich die Fahnder nicht zusammenreimen.

Aber immerhin, ein Programm wird zusammengebaut: Aus Krieg wird ein Bezug auf die Maginotlinie, die alte Festungsgrenze zwischen Frankreich und Deutschland abgeleitet. Das Doppel-s veranlaßt die Kriminaler, alle noch lebenden SS-Leute aus Schleyers Bekanntenkreis nach gemeinsamen Aufenthaltsorten abzufragen. Aus „Urlaubsort" wird mehr geraten als entschlüsselt, ein Code für Villen und Ferienhäuser, umgebaute Bunker und

Oppositionsführer Helmut Kohl, persönlicher Freund des CDU-Mitgliedes Schleyer, erhielt am 12. September, eine Woche nach dem Anschlag, ein Tonband, auf dem der Entführte die Bundesregierung und das BKA heftig angreift. Die Behörden vermuten, daß Schleyer von den Kidnappern zu diesen Äußerungen gezwungen wurde

sonstige, für Touristen interessante Bauwerke. Eine groß angelegte Suchaktion an beiden Seiten der deutsch-französischen Grenze beginnt, bis hinunter zur Schweiz. Sie läuft noch heute. Kriminaldirektor Dieter Walter von der TE-Abteilung meint inzwischen: „Es scheint nichts drin gewesen zu sein, es waren wohl doch keine Signale."

Nur eines kommt raus. Den Entführern bleibt nicht verborgen, daß die Fahndung Zahn um Zahn schärfer gestellt worden ist. Dabei haben sie schon in ihrem ersten Brief, der in dem zur Entführung benutzten VW-Bus hinterlegt wurde, den Stopp jeder Fahndung verlangt, wenn die Bundesregierung nicht das Leben der Geisel Hanns Martin Schleyer riskieren wolle. Bald danach beschweren sie sich beim Vermittler Denis Payot, daß gegen ihre Forderung verstoßen werde. Antwort des BKA: „Wir fahnden in Deutschland nicht nach den Entführern von Hanns Martin Schleyer, wir fahnden nach den Mördern von Siegfried Buback und Jürgen Ponto." Darauf schreibt das „Kommando Siegfried Hausner" zurück, es untersage die Fahndung gegen alle RAF-Leute. Mit diesem Brief haben die Kriminalisten das erste offizielle RAF-Bekenntnis zu diesen beiden Morden in den Händen. Bisher gab es lediglich ein von der Terroristin Susanne Albrecht unterschriebenes persönliches Bekenntnis, den Bankier Ponto erschossen zu haben.

„Lieber Helmut Kohl, die Situation, in der ich mich befinde, ist auch politisch nicht mehr verständlich ... Ich habe nie um mein Leben gewinselt. Ich habe immer die Entscheidung, wie ich ausdrücklich schriftlich mitgeteilt habe, anerkannt. Was sich aber seit Tagen abspielt, ist Menschenquälerei ohne Sinn ... Ich bin nicht bereit, lautlos aus diesem Leben abzutreten, um die Fehler der Regierung, der sie tragenden Parteien und die Unzulänglichkeit des von ihnen hochgejubelten BKA-Chefs zu dekken ..."

Hanns Martin Schleyer am 12. September 1977 auf einem für den CDU-Vorsitzenden Helmut Kohl bestimmten Tonband.

Im Hintergrund dieses Bandes sind Schreibmaschinengeräusche und bisweilen das Wenden von Papier zu hören.

Bundeskanzler Helmut Schmidt will im großen Krisenstab von dem Psychologen Salewski wissen, ob sich bei einem Vergleich der verschiedenen Äußerungen Schleyers Aussagen über die Entwicklung seines Persönlichkeitsbildes ablesen ließen. Ob Schleyer jetzt auf Druck der Entführer formuliere.

Salewski bleibt sehr zurückhaltend: Generell lasse sich sagen, daß Schleyers Zustand über lange Zeit hinweg recht stabil geblieben sei, daß er das bisherige Warten recht gut durchgestanden habe. Es gebe einige Hinweise, daß ihm ein Großteil der Dinge, die er gesagt oder geschrieben hat, von den Entführern vorgegeben wurde und daß er sie nur mit seinen Worten wiederholt habe. Dies gelte insbesondere auch für die Schelte an Bundesregierung und BKA. Helmut Schmidt ist die Antwort zu vage: „Der Psychologe drückt sich immer sehr vorsichtig aus, der möchte sich nicht festlegen." Darauf Salewski: „Genau so ist es, das darf ein Psychologe gar nicht anders."

Auf dieser Sitzung fragt Franz Josef Strauß den Psychologen Salewski, wie er es interpretiere, daß eine Geisel in der Gefangenschaft „dieser wüsten Leute" einfach so das BKA und die Bundesregierung beschimpfe. Salewskis Antwort: „Das ist Angst. Und zwar nicht Angst von Herrn Schleyer, sondern Angst der Terroristen, die Schleyer das sagen lassen. Wenn ich Angst habe, muß ich mir ein Feinbild aufbauen, auf das ich einschlagen kann."

Hanns Eberhard Schleyer bestätigt ebenfalls, daß der Ausdruck „hochgejubelte BKA-Chef" nicht die Diktion seines Vaters sei. „Ich kann allerdings nicht ausschließen, daß mein Vater unter dem Eindruck des Ablaufs der Geschehnisse durchaus auch Kritik üben wollte." Noch ist Hanns Eberhard Schleyer optimistisch, daß sein Vater durchhält. „Ich weiß, daß er viel Widerstandskraft hat. Er nimmt das Ganze als persönliche Herausforderung, so wie er früher auch bei geschäftlichen oder verbandspolitischen Schwierigkeiten sich diesen Dingen stellte und sie als persönliche Herausforderung betrachtete."

„*. . . Ich habe wiederholt erklärt, daß ich mich den Entscheidungen der Bundesregierung – wie auch immer sie ausfallen mögen – voll unterwerfe. Nachdem aber die Bundesregierung und die politischen Parteien in Verhandlungen eingetreten sind und meiner Familie und auch mir gegenüber und auch der Öffentlichkeit gegenüber immer wieder bekundet haben, daß sie letztlich meine Befreiung, meine lebende Befreiung, wünschten, ist natürlich auch in mir der Wunsch weiterzuleben immer stärker geworden, und immer mehr verfolge ich die Maßnahmen des Bundeskriminalamts, die nach meiner Beurteilung in Tricks bestehen, die es ihnen ermöglichen sollten, Zeit zu gewinnen, um meine Entführer zu finden . . . Ich kann mir nicht vorstellen, daß es in den Überlegungen der politisch Verantwortlichen Gedanken gibt, die darauf hinzielen, zwar offiziell den Eindruck zu erwecken, als ob man die Forderungen erfüllen wolle, die in Wirklichkeit aber ein stilles Ende, das als technische Panne ausgegeben werden könnte, bevorzugen würden. Ich bin in* *großer Sorge, daß man durch ein solches Vorgehen erreichen will, daß die Fehler, die begangen wurden, durch mein stilles Ende abgedeckt werden müssen."*

Hanns Martin Schleyer am 14. September 1977 auf einem Videoband, das im Bonner Hotel Bristol für den Leiter der französischen Nachrichtenagentur afp in Bonn abgegeben wird.

Zwischen den Kidnappern und der Bundesregierung hat sich inzwischen ein reger Informationsaustausch entwickelt, „so eine Art Geschäftsbetrieb" (Salewski). Allerdings, drei Dinge bereiten den Fahndern bei dieser Taktik, auf Zeitgewinn zu spielen, Kopfzerbrechen:

Es hat sich herausgeschält, daß es unter den Entführern offensichtlich zwei Gruppen gibt. Die eine Gruppe schlägt einen härteren Ton an, sie ist entschlossen, ziemlich bald zu sagen: „Kommt, die reagieren nicht auf uns so, wie wir es wollen, machen wir Schluß." Die andere Gruppe sieht in Schleyer ein so hohes Faustpfand, daß sie trotz der erkennbaren Hinhaltetaktik nicht bereit ist, aufzugeben. Diese zweite Gruppe hat sehr lange die Oberhand behalten. Die Frage ist nur, wie lange sie es noch tun wird.

Jeder Zeitgewinn, den die Fahnder erzielen, bedeutet auch ein Zeitgewinn für die Terroristen. Sie können ihre Logistik verbessern, sie können Maßnahmen ausdenken, um den Druck auf die Bundesregierung zu erhöhen. Dreimal wechselt bei ihnen – für den Krisenstab erkennbar – Nervosität mit ruhigeren Phasen. BKA-Chef Herold interpretiert dies als Zeichen für einen möglichen Standortwechsel. Der Psychologe Salewski sieht das anders: Für ihn sind die ruhigeren Phasen Hinweise darauf, daß die Gruppe untereinander diskutiert, um sich über ihr weiteres Vorgehen einig zu werden.

Die Zahl der Entführer ist so groß – das BKA wird später Fahndungsaufrufe nach 16 Terroristen im Fall Schleyer erlassen –, daß es möglicherweise schon deshalb nicht zu der angestrebten Beziehung zwischen Terroristen und Opfer kommen kann. Der Lehrsatz der Psychologen, „Kontakt schafft Sympathie", wäre dann nicht anwendbar.

Dennoch ist der Einsatzstab des BKA im großen und ganzen zufrieden mit der erreichten Kommunikation. Vieles deutet darauf hin, daß die Lage entspannt ist. In Telefonaten, etwa mit Schleyers Angehörigen, beenden die Entführer die Gespräche meist mit den Worten: „Dürfen wir uns bedanken, wir wünschen Ihnen noch einen schönen Abend." Und das ohne jeden Sarkasmus. Selbst als die Ehefrau von Hanns Eberhard Schleyer am Telefon den Kidnappern einmal klarmachte, daß deren bürgerliche Umgangsformen doch im krassen Gegensatz zu ihrem Verhalten stünden, daß sie ihre Ultimaten doch nicht wie eine Seminararbeit herunterlesen könnten, lassen die sich nicht provozieren. Sie behalten ihre geschäftsmäßig-freundliche Gelassenheit bei, vergessen nicht, anzumerken, daß es hoffentlich gelingen werde, „Dinge von gemeinsamem Interesse zu regeln". In der Einsatzzentrale des BKA scherzt Psychologe Salewski: „Beim nächsten Brief unterschreiben die noch: ‚Mit freundlichen Grüßen – Ihre Entführer.' "

Gemäß der BKA-Taktik, Aktivitäten vorzutäuschen, werden in den Haftanstalten die einsitzenden RAF-Gefangenen nach ihren möglichen Ausreisezielen befragt. Dafür sind Fragebogen vorbereitet worden. Von den elf freizupressenden Gefangenen füllen drei den Fragebogen gar nicht erst aus: Hanna Krabbe, Karl-Heinz Dellwo und Bernd Roessner. Andreas Baader nennt alternativ fünf Ausreiseziele: Algerien, Libyen, Vietnam, Irak, Südjemen. Jan Carl Raspe ergänzt diese Liste später mit Angola, Moçambique, Guinea-Bissau und Äthiopien, wobei er durch seine Formulierungen zu erkennen gibt, daß er sich mit Baader – trotz Kontaktsperre – abgesprochen hat. Die anderen bestätigen lediglich, daß sie ausgeflogen werden wollen, nennen aber keine Zielorte.

Die Befragung der Gefangenen dehnen die Fahnder auch auf solche Terroristen aus, die nicht auf der Liste der Freizupressenden stehen. Damit wird beabsichtigt, diese Leute möglicherweise gegen die eigenen Genossen aufstacheln zu können und zu Aussagen zu provozieren. Das mißglückte gründlich.

In der Haftanstalt Bochum-Krümmede III, Haus 1 („Sternbau"), Station 11, Zelle 17, demonstriert der einsitzende Terrorist Siegfried Haag seine totale Selbstbeherrschung. Als ihn ein Kriminalbeamter besucht und darauf hinweist, daß er nicht auf der Liste der Schleyer-Entführer stehe, antwortet Haag mit ironischem Lächeln: „Na, da könnt ihr mal sehen. Ihr sagt immer, ich sei der Rädelsführer der RAF, und wollt mir alles Mögliche anhängen. Jetzt stehe ich nicht einmal auf der Liste."

Die Aufzählung der gewünschten Ausflugorte durch Baader und Raspe gibt der Bundesregierung und dem BKA einen neuen Vorwand, Schleyers Entführer hinzuhalten. Als „Konzeption" trägt das BKA in seinen Ablaufkalender ein: „Verhandlungen mit Zielländern führen; dokumentieren, daß Abflug ohne Zustimmung eines Ziellandes sinnlos ist."

Hans-Jürgen Wischnewski, der Staatsminister im Bundeskanzleramt, erhält den Auftrag, durch spektakuläre Auslandsreisen den Entführern Aktivität vorzutäuschen. Erstes Reiseziel Wischnewskis ist Algerien. Die Algerier befinden sich in einer besonders delikaten Situation. Bei ihnen ist der Besuch einer Delegation des Bundes der Deutschen Industrie angesagt. Delegationsleiter sollte Hanns Martin Schleyer sein. Die Regierungsoffiziellen in Algier bescheinigen Wischnewski: „Wir wollen mit den Entführern nichts zu tun haben." Der korpulente Mann aus dem Kanzleramt, der wegen seiner guten Beziehungen zu den Arabern „Ben Wisch" genannt wird, erfährt von den Beratern des Staatspräsidenten Boumedienne noch, daß sie es bereuten, 1975 auf Bitten des österreichischen Kanzlers Kreisky die OPEC-Terroristen aufgenommen zu haben. Danach seien sie als Terroristen-Freunde denunziert worden. Allerdings, sie schränken ein: Wenn die deutsche Regierung aus humanitären Gründen darum bittet, dann sei Algier bereit, über eine Aufnahme der RAF-Häftlinge nachzudenken. Begründung: „Wir wollen nicht am Tode Schleyers schuld sein."

In Tripolis, der nächsten Station Wischnewskis, stößt der Bonner Unterhändler auf geradezu feindselige Ablehnung. Libyens Staatschef Gadhafi läßt ihm ausrichten, er sei verärgert, in deutschen Zeitungen immer als der Finanzier des internationalen Terrorismus dargestellt zu werden. Sein klares Nein interpretierte ein Bonner Regierungsbeamter: „Das war informatorische hard-ware."

Heikel wird es für Wischnewski in Aden, seinem nächsten Anlaufspunkt. Die Demokratische Volksrepublik Jemen hatte 1975 die fünf gegen den entführten Berliner CDU-Chef Peter Lorenz ausgetauschten deutschen Terroristen aufgenommen. Die Jemeniten hatten das unter der Voraussetzung getan, daß Bonn nach 14 Tagen ein Auslieferungsbegehren stellen werde, um die Terroristen wieder zurückzuholen. Die Jemeniten hatten die fünf Deutschen deshalb unmittelbar nach ihrer Ankunft unter Hausarrest gestellt. Doch das versprochene Auslieferungsverlangen aus Bonn traf nie ein. Das Land Berlin hatte sich in internen Beratungen dagegengestellt, weil es Vergeltungsschläge der Terroristen befürchtete. Im Bundestag sagte damals der Parlamentarische Staatssekretär im Bundesjustizministerium auf eine Anfrage, „schwerwiegende Gründe" sprächen gegen ein Auslieferungsersuchen. Jetzt erklärten die Jemeniten dem Bonner Emissär Wischnewski, die Bundesregierung könne noch so sehr bitten, Aden nähme keine deutschen Terroristen mehr auf. Der Jemen werde solch eine „verdammte Erfahrung" („bloody experience") wie 1975 nicht noch einmal mit Deutschland machen.

Kein klares Nein, nur ein „mit denen wollen wir nichts zu tun haben", erntet Wischnewski im Irak. Ihm wird ein späterer Beschluß der Regierung von Bagdad in Aussicht gestellt. Als keine Antwort kommt, mahnt Bonn die Replik an. Auch dieses Telex ist bisher nicht beantwortet worden.

Abenteuerlich wird Wischnewskis Flug nach Vietnam. Wischnewski reist mit einer Boeing 707 der Bundeswehr. Bei einer Zwischenlandung auf dem amerikanischen Stützpunkt Guam sieht er sich plötzlich von GIs, die MP im Anschlag, umzingelt. Beim Fernschreib-Verkehr zwischen Bonn und Washington muß es ein Durcheinander gegeben haben. Jedenfalls: Die amerikanische Dienststelle in Anchorage meldete fälschlich nach Guam, daß Wischnewski mit elf terroristischen Häftlingen an Bord landen werde. Der Flughafenoffizier will deshalb von dem Deutschen immer wieder wissen: „Where are the prisoners"? - „wo sind die Gefangenen?"

Weil in Hanoi der Flughafen umgebaut wird, kann Wischnewskis 707 nicht in der vietnamesischen Hauptstadt landen. Der dortige Militärflughafen ist für große Maschinen nicht gebaut. Wischnewski muß in Saigon runter, er wohnt im alten „Continental"-Hotel. Gekkos huschen durch sein Zimmer. Sie gelten als Glücksbringer. Wischnewski trifft hier einen Funktionär der vietnamesischen Regierung. Der ist ganz enttäuscht, daß Wischnewski immer über Häftlinge reden will. Er hat damit gerechnet, daß der Deutsche wegen

Mit beigelegten Polaroidfotos Schleyers beweisen die Kidnapper sowohl die Echtheit ihrer Schreiben als auch – wie vom Bundeskriminalamt gefordert –, daß der Entführte noch lebt

einer möglichen Wirtschaftshilfe-Offerte angeflogen sei. Als die Vietnamesen den wahren Grund der Reise erkennen, bedeuten sie Wischnewski: „Den langen Flug hätten Sie sich sparen können."

Das Bonner Konzept, den Kidnappern Schleyers vor Augen zu führen, daß kein Land die inhaftierten RAF-Häftlinge aufzunehmen bereit sei, wird beinahe durchkreuzt. In Japan haben Terroristen eine Maschine der „Jal" gekapert, um inhaftierte Genossen freizupressen. Am 1. Oktober ist die Maschine im Anflug auf Europa. Es ist ein Samstag. Staatssekretär Ruhnau vom Bundesverkehrsministerium

Dieses Polaroidfoto vom 8. Oktober erhält das BKA zusammen mit dem handgeschriebenen Brief Schleyers, der auf Seite 73 abgebildet ist

wird zur Krisensitzung ins Kanzleramt gerufen. Die Bonner rechnen damit, daß die Japaner möglicherweise auch eine Landung in Deutschland erzwingen und dann ihre inhaftierten Freunde von der RAF gleich mitnehmen wollen. Doch die Maschine dreht ab und findet schließlich Aufnahme in Algerien.

„Ich frage mich in meiner jetzigen Situation wirklich, muß denn nun etwas geschehen, damit Bonn endlich zu einer Entscheidung kommt? Schließlich bin ich nun fünfeinhalb Wochen in der Hand der Terroristen, und das alles nur, weil ich mich jahrelang für diesen Staat und seine freiheitlich-demokratische Ordnung einge-

Am 14. Oktober – einen Tag zuvor wurde der Lufthansa-Jet „Landshut" von der arabischen Gruppe Martyr Halimeh gekidnappt – starteten die Entführer Schleyers eine Briefaktion. Das BKA sowie weitere 23 Personen, Zeitungen und Institutionen werden in Kenntnis gesetzt, daß die deutschen und arabischen Terroristen dasselbe Ziel verfolgten. Wiederum liegt ein Polaroidfoto Schleyers bei

setzt und exponiert habe. Manchmal kommt mir ein Ausspruch – auch von politischen Stellen – wie eine Verhöhnung dieser Tätigkeit vor."

Hanns Martin Schleyer auf einem am 14. Oktober 1977 beim Anwaltsbüro Payot hinterlegten Video-Band.

Das Band mit dieser Aussage wird im Deutschen Fernsehen gesendet. In Stuttgart, im Haus Ginsterweg 17, sitzen die Schleyers gerade beim Essen. Als Sohn Jörg die ersten Anfangsworte mitbekommt, springt er auf, schiebt den Fernseher weg und dreht den Ton leiser. Die Mutter soll das nicht sehen. Jörg betrachtet seinen Vater. Er ist erschüttert über das, was er sagt. Einen kleinen Trost findet er im Aussehen des Vaters: „Das einzig Positive ist, daß er ganz schön abgenommen hat. Der hat bestimmt jetzt 20 Kilo runter."

Der Vater hat erst acht Wochen vor seiner Entführung mit dem Rauchen aufgehört. Danach hat er, ohnehin schon füllig, weiter zugenommen. Das lag nicht am Essen, das lag am Bier. Die Söhne, bislang davon überzeugt, daß ihr Vater ohne seelischen Knacks aus der ganzen Angelegenheit herauskommen werde, beratschlagen nach der Vorführung des Video-Bandes im Fernsehen, wie er sich – zurück in der Freiheit – wohl verhalten werde. Der Vater hat einen Arbeitsvertrag bis 1980 und wollte ihn in jedem Fall erfüllen. Jetzt meint Jörg: „Kann sein, daß er sich gleich zurückzieht, wenn er hier heil rauskommt."

In Bonn arbeiten derweil Planungsgruppen im Innenministerium und im Kanzleramt an Fallstudien. Ganz neue Gedanken, abenteuerliche Einfälle zum Teil, werden ernsthaft diskutiert:

Israelische und englische Verhörspezialisten sind in der Lage, durch Benutzung von Psychopharmaka das gesamte Wissen von Gefangenen abzufragen. Diese Psychopharmaka sind dabei nicht persönlichkeitsverändernd. Wäre das nicht ein Mittel, das man bei Baader und Raspe anwenden sollte, um ihre Verbindungen mit den Entführern aufzudecken? Könnte man auf diese Weise nicht von dem inzwischen in Holland festgenommenen Terroristen Knut Folkerts das Versteck Schleyers erfahren?

Die Häftlinge könnten, wie von den Entführern gewünscht, ausgeflogen werden. Anschließend würden sich befreundete Nachrichtendienste – gedacht ist an die CIA und an den Massad der Israelis – an ihre Fersen heften und sie entweder wieder festnehmen oder sie aber auch liquidieren.

Irgendwo in einem befreundeten Land des Nahen Ostens könnte aus Pappe die Attrappe eines der gewünschten Zielflughäfen der Terroristen aufgebaut werden. Israel hat seine Mithilfe und sein Territorium angeboten. Wenn dann durch ein von Baader zu übermittelndes Code-Wort die Kidnapper in Deutschland ihr Opfer Schleyer freigegeben hätten, könnte die ganze Gruppe gleich wieder zurückgefrachtet werden. Stuttgarts Polizeichef Stümper unterrichtet Hanns Eberhard Schleyer von diesem Projekt und sagt: „Das Ganze ist durchaus realisierbar."

Mit jedem Tag, den die Fahnder die Entführer Schleyers länger hinhalten können, wächst in der Einsatzzentrale des BKA die Befürchtung, daß die Kidnapper durch eine zweite Aktion den Druck auf Helmut Schmidt verstärken könnten. Das Planspiel der Polizei geht davon aus, daß die RAF-Mitglieder eine Hinrichtung „nebenherschalten" – wie es im Behördendeutsch heißt.

Am 13. Oktober ist es soweit. Die Kidnapper verstärken den Druck. Doch nicht, wie es BKA-Experten befürchteten, durch eine in eigener Regie durchgeführte Exekution eines hohen Politikers oder Wirtschaftlers. Vier Palästinenser entführen eine Lufthansa-Maschine.

Auf dem Airport
des Ölscheichtums Dubai
steht nach 17stündigem Irrflug
der von der arabischen
Terroristengruppe „Martyr Halimeh"
gekidnappte Lufthansa-Jet „Landshut".
Ein Flughafenarbeiter
reicht „Captain Mahmud", dem Chef
der Entführer, die geforderten
Medikamente, Zigaretten
und Mineralwasserflaschen
ins Cockpit herauf – ständig mit
der Pistole bedroht

Nachdem die Verhandlungen in Dubai begonnen hatten, entspannte sich die Situation zu der entführten Maschine ein wenig. Die Terroristen zeigten sich in der Bugtür in schicken, mit dem Porträt Che Guevaras geschmückten T-Shirts. Auch die Besatzung durfte Luft schnappen. Aber jäh schlug die Stimmung um, wenn jemand das Mißfallen des jähzornigen „Captain Mahmud" erregte. Am meisten provoziert fühlte er sich vom Flugkapitän Schumann, den er wiederholt zu erschießen drohte

fthansa

Der 37jährige Flugkapitän Jürgen Schumann ließ nichts unversucht, um Kontakt mit der Außenwelt aufzunehmen und die Lage der Entführten zu verbessern. Weil der Terroristenchef Mahmud sich von ihm hintergangen fühlte, richtete er ihn während der dramatischen Zwischenlandung in Aden hin. Erst in Mogadischu erlaubten die Kidnapper, daß die Leiche des Piloten über eine Rutsche aus dem Flugzeug geschafft wurde

Am 6. Oktober 1977, gegen 23.00 Uhr abends, kam ein junger, schwarzhaariger Mann in die Lobby des Hotels „Saratoga" in Palma de Mallorca. Das 100-Betten-Hotel, ausgezeichnet mit drei Sternen, liegt nahe der Avenida Jaime III. und dem Paseo Generalisimo Franco, wo die großen Reisebüros der Insel ihre Hauptgeschäfte haben. Der Mann trug eine Tasche und einen erdbeerfarbenen Koffer, eine Samsonite-Imitation. Er verlangte ein Einzelzimmer. Er sprach Englisch mit einem starken Akzent.

Der Chef-Concièrge, Señor Cardona, fragte: „Sind Sie vorangemeldet?"

Der Mann verneinte.

Cardona bedauerte: „Da ist nichts zu machen. Wir sind ausgebucht. Aber warten Sie mal. Ich kann Ihnen hier doch noch etwas anbieten. Jedenfalls für eine Nacht. Ein Vierbett-Zimmer. Das wird allerdings etwas teurer."

Der junge Mann sagte, das mache nichts. Ihm sei die Hauptsache, er habe ein Bett, vielleicht sei ja morgen ein Einzelzimmer frei, und dann füllte er die Meldekarte aus. Name: Ali Hyderi. Geburtsland: Irania. Er bekam die polizeiliche Registriernummer 146380.

Der angebliche Perser fuhr allein mit dem Fahrstuhl in den 2. Stock und ging in das Vierbett-Zimmer 201. Am nächsten Morgen fragte Hyderi wieder nach einem Einzelzimmer. Es war keins frei geworden. Er bekam ein Doppelzimmer. Preis: 1000 Peseten, etwa 27 Mark. Hyderi fragte am Empfang ein wenig unsicher: „Ist sonst noch etwas frei? Ich erwarte heute gegen Mitternacht nämlich noch jemanden."

Der Concièrge schlug vor: „Sie haben doch ein Doppelzimmer, vielleicht kann die Person eine Nacht bei Ihnen schlafen."

Hyderi sagte: „Es handelt sich um eine Dame."

Der Concièrge zuckte mit den Schultern: „Das müssen Sie wissen."

Gegen Mitternacht kam eine junge Frau mit auffallend schönen Augen in das Hotel Saratoga. Sie trug eine Tasche und einen hellblauen Kosmetikkoffer. Ali Hyderi erwartete sie in der Lobby. Sie begrüßten sich wie alte, nicht sehr enge Bekannte.

Das Mädchen legte wie Hyderi einen iranischen Paß vor. Sie bekam die Registriernummer 146394 und trug sich als Soraya Ansari, geboren 1954 in Teheran, ein. Dann ging sie mit dem Landsmann in das Doppelzimmer 419.

Am 8. Oktober kamen neue Reisegruppen im Hotel an. Für das Pärchen war kein Platz mehr. Es bezog das Doppelzimmer 506 im benachbarten 3-Sterne-Hotel Jaime III.

Am folgenden Morgen bestellten sie sich das Frühstück aufs Zimmer. Als die Serviererin gegen 10 Uhr klopfte, war die Tür angelehnt, das Zimmer leer. Sie stellte das Tablett auf den Tisch. Nach Geräuschen aus dem Badezimmer schloß sie, daß sich die Gäste in der Badewanne vergnügten.

Im selben Hotel wohnte ein anderes Pärchen mit iranischen Pässen. Sie lauteten auf die Namen Riza Abbasi und Shanaz Gholoun. Beim Empfang fielen sie auf, weil beide ungewöhnlich gut aussahen. Vor allem deutsche Touristinnen drehten sich um, wenn Riza Abbasi durch die Hotelhalle ging.

Riza Abbasi besuchte fast jeden Tag Reisebüros. Bereits am 4. Oktober kam er in die Agentur „Euroclub" an der Straße Jaime III. Er sagte, er wolle in den nächsten Tagen gern mit der Lufthansa von Palma nach Frankfurt fliegen. Er betonte: „Es soll schon die Lufthansa sein. Werktags, nicht samstags oder sonntags."

Der Euroclub-Angestellte Juan sagte: „Da käme dann nur ein Flug in Frage, die Lufthansa 181 am Donnerstag, dem 6.10."

Abbasi meinte, er wisse nicht, ob er das schaffe. Er müsse das noch mit seinen Freunden bereden.

Er kam am nächsten Tag in das Euroclub-Reisebüro. Der Donnerstag-Termin sei ein bißchen früh für ihn. Ob es nicht etwas später gehe.

Der Angestellte sagte, mit der Lufthansa sei das schwierig, die sei jetzt auch häufig ausgebucht. Ob es nicht auch die Iberia sein könne.

Der junge Mann blieb dabei: „Nein, Lufthansa soll es schon sein."

Der Angestellte wunderte sich über die Hartnäckigkeit, mit der der Kunde auf der deutschen Linie beharrte. Er erklärte das mit dem Faible mancher Orientalen für Deutsches.

Am 6. Oktober war Abbasi wieder im selben Büro. Der Angestellte Juan machte ihm einen Vorschlag: „Wenn Sie unbedingt Lufthansa wollen, dann fliegen Sie doch über Barcelona. Von da geht die Lufthansa täglich nach Frankfurt. Von Palma nach Barcelona müssen Sie allerdings die Iberia nehmen." Abbasi schrieb sich die Verbindungen auf und kam nach einiger Zeit wieder. Er hatte sich entschlossen: „Am 10. Oktober über Barcelona nach Frankfurt." Der Reisebüro-Angestellte telefonierte, um ein Okay für die Flüge zu bekommen. Dann sagte er: „Tut mir leid, die Lufthansa ist ausgebucht."

Abbasi ging und kam erst am nächsten Tag sehr früh wieder. Diesmal erkundigte sich der schwierige Kunde, ob für den Lufthansa-Direktflug Palma – Frankfurt am nächsten Donnerstag noch Plätze frei seien. Als die Antwort positiv war, buchte er für zwei Personen und kaufte zwei Tickets First Class für zusammen 27 764 Peseten. Er zahlte bar in Dollar.

Am selben Tag gegen 11.30 Uhr ging Ali Hyderi zum Reisebüro „Viajes Iberia S.A." am Paseo Generalisimo Franco. Er sagte sehr bestimmt: „Ich möchte für zwei Personen ein Ticket nach Frankfurt. Fliegen will ich am liebsten am 13. Oktober so gegen Mittag."

Der Agentur-Direktor Miguel Martorell sagte, das träfe sich gut, da fliege gerade die Lufthansa 181.

Hyderi zahlte zweimal 10 639 Peseten für zwei Tickets Economy Class in Dollar.

Die beiden Pärchen mit persischen Pässen zogen noch einmal um. Ali Hyderi und Soraya Ansari stiegen am 9. Oktober im teuren „Bellver" ab, einem feingemachten Touristensilo von 14 Stockwerken mit marmorumkleideten Säulen in der Halle und Imitationen englischen Mobiliars in den 400 Zimmern.

Die jungen Leute saßen bisweilen in den Korbsesseln auf dem großen Rund-

Als Tourist auf Mallorca:
Terrorist Wabil Harb alias Riza Abbasi
alias Nr. 18 – Alter: 23 Jahre,
Geburtsort: Beirut

balkon ihres Zimmers und sahen auf das Hafenpanorama von Palma. Das schöne Mädchen fiel auch in dem anonymen Massenbetrieb des Großhotels den Angestellten an der Rezeption auf.

Das Pärchen benahm sich wie Durchschnittstouristen. Nur einmal, am Abend des 12. Oktobers, erregten sie Aufsehen. Sie kamen Arm in Arm in die Lobby. Soraya hatte einen großen Strauß Rosen im Arm. Sie sah sehr glücklich aus.

Einige Gäste, die offenbar getrunken hatten, gratulierten aufs Geratewohl und wollten wissen, ob die beiden Verlobung oder Hochzeit feierten.

Die angeblichen Perser waren irritiert.

Als Touristen auf Mallorca: die Terroristen Zohair Youssif Akache alias Ali Hyderi alias Nr. 31 alias „Captain Mahmud" – Alter: 22 Jahre, Geburtsort: Beirut – und Hind Alameh alias Shanaz Gholoun alias Nr. 32 – Alter: 22 Jahre, Geburtsland: Libanon

Als Touristin auf Mallorca: die Terroristin Suhaila Sayeh alias Soraya Ansari alias Nr. 33 – Alter: 22 Jahre. Geburtsland: Israel

Sie gingen ohne zu antworten zum Fahrstuhl und fuhren zu ihrem Zimmer im 10. Stock.

Riza Abbasi und Shanaz Gholoun zogen am 10. Oktober in das preiswertere „Costa Azul" am Paseo Maritimo. Am nächsten Abend bekamen sie Besuch. Ali Hyderi und Soraya Ansari warteten in der Halle. Soraja ging zum Portier und sagte, sie brauche vier Plätze für eine Flamenco-Show. Am liebsten im „Torre del Oro".

Der Portier fragte, ob sie im Hotel wohne.

Die junge Frau antwortete: „Nein, nicht hier, ich wohne im ‚Bellver'. Aber ich zahle bar."

Der Portier reservierte daraufhin in dem renommierten Flamenco-Lokal vier Plätze und verkaufte ihr vier Tickets à 275 Peseten.

Die beiden Paare fuhren zum „Pueblo Español", dem spanischen Dorf, und bummelten über kopfsteingepflasterte Gassen durch die Imitationen spanischer Vergangenheit, naturgetreu nachgebaute Häuser, Brunnen, Hinterhöfe und Mauern aus Gotik, Barock und Renaissance. Dann gingen sie ins „Torre del Oro". Rund 50 Gäste verloren sich im Saal. Aber die Sänger Bernardo und Sebastian, die Tänzerin Pili und Andres mit der Gitarre sorgten für Stimmung. Die vier orientalischen Gäste tranken preiswerten Sekt. Sie kamen erst nachts in ihre Hotels zurück.

Am nächsten Abend packten sie: ein paar rote T-Shirts mit dem Porträt Che Guevaras, die ein Kiosk in Palma verkauft, eine sowjetische Pistole, Marke Makarow, eine in Ungarn nachgebaute Pistole vom sowjetischen Typ Tokarew, reichlich 9-mm-Munition, sechs selbstgebastelte Eierhandgranaten mit täuschend echt nachgeformtem Plastikmantel, deren Füllung aus Hexogen PETN-formbar und einem Kilo Plastiksprengstoff Hexogen PETN-formbar, lose, bestand.

Die T-Shirts wurden in eine Reisetasche gelegt. Die übrigen Gegenstände verstauten sie in einem umgebauten Kofferradio Marke „Melba Solid State", einem preiswerten Allwellen-Gerät aus Hongkong, in präparierten Spraydosen und im doppelten Deckel des blauen

Waffenversteck Kofferradio und Kosmetikkoffer

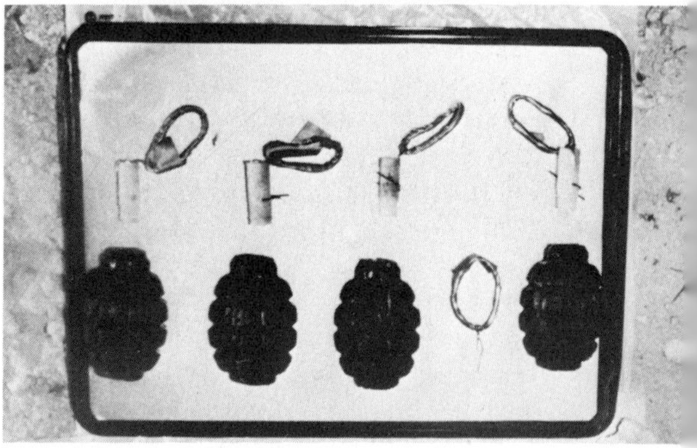

Im doppelten Deckel des Beauty Case lagen . . .

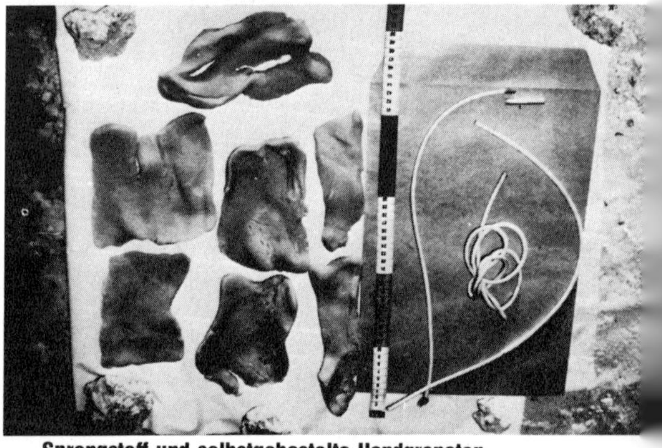

. . . Sprengstoff und selbstgebastelte Handgranaten

Kosmetikkoffers mit dem renommierten Markennamen „Samsonite".

Die angeblichen Perser waren in Israel und im Libanon geboren. „Riza Abbasi" wurde vor 23 Jahren in Beirut als Wabil Harb geboren. Er war Sohn wohlhabender christlicher Libanesen. Im libanesischen Bürgerkrieg kämpfte er auf Seite der Linken und Muslims und wurde zu einem fanatischen Kämpfer für die Palästinenser.

Seine Zimmergenossin „Shanaz Gholoun" hieß Hind Alameh, war 22, ebenfalls libanesische Christin, die durch die Liebe zu einem Palästinenser eine radikale Anhängerin der palästinensischen Linken geworden war.

„Soraya Ansari" hieß Suhaila Sayeh, wurde 1955 in Israel geboren und emigrierte mit ihren palästinensischen christlich-orthodoxen Eltern nach Kuwait. In Bagdad studierte sie englische Literatur. Während des libanesischen Bürgerkrieges überlebte sie das Massaker rechtsextremer christlicher Milizen an Palästinensern im Flüchtlingslager Tal al-Saatar.

„Ali Hyderi" wurde am 15.7.1954 im Palästinenser-Flüchtlingslager Burj el-Brajneh am Rande Beiruts geboren. Sein Name: Zohair Youssif Akache. Seine Eltern waren 1948 vor den Israelis aus Palästina geflohen.

Akache gehörte zu den wenigen Jungen, die es schafften, aus dem Elend des Flüchtlingslagers herauszukommen. Mit Fleiß, Intelligenz und politischem Fanatismus. Er besuchte die Oberschule und schloß sich danach der radikalen Palästinenser-Organisation „Volksfront für die Befreiung Palästinas (PFLP)" des christlichen Kinderarztes Dr. Georges Habach an.

Vermutlich brachten seine politischen Gönner das Geld auf, das er brauchte, um sich am 2.1.1973 als Student des Londoner Chelsea College of Aeronautical Automobile Engineering einzuschreiben. Akache lernte Flugzeugtechnik. Nach gut zwei Jahren erhielt er sein Diplom als Flugzeug-Ingenieur. Auf einer „Chessna" hatte er zudem ein wenig fliegen gelernt.

Akache lebte schlecht in London: für 5 Pfund die Woche mietete er ein möbliertes Zimmer im Slum von Earls Court, Longrich Road 38. Den bröckelnden Putz der schmutzigen Wände überklebte er mit Palästina-Postern. Mit Filzstift schrieb er palästinensische Befreiungsparolen auf die freien Wandflächen. In einem Aktendeckel sammelte er Zeitungsartikel über den Terroristen Carlos.

Seine Bekannten von damals erinnern sich, daß er ein etwas einsamer, intelligenter, ganz umgänglicher Bursche war, solange die Diskussion nicht auf die Situation der Palästinenser kam. Die Bekanntschaft mit einem Landsmann endete, als der meinte, das Palästina-Problem müsse von Amerikanern und Russen politisch gelöst werden. Akache stach mit dem Messer auf ihn ein.

Bisweilen betrank er sich in der billigen, finsteren Pub „The King's Head" am Bahnhof von Earls Court. Dann ging er palästinensische Parolen brüllend nach Hause und hatte Ärger mit Nachbarn und Polizei.

Scotland Yard wurde zum erstenmal im Dezember 1974 auf ihn aufmerksam. Bei einer relativ friedlichen propalästinensischen Demonstration auf dem „Trafalgar Square" prügelte er plötzlich auf Polizisten ein. Er wurde festgenommen, als PFLP-Aktivist erkannt, und sollte ausgewiesen werden. Dann ließ man ihn doch weiter studieren.

Ein gutes Jahr später wurde im Hyde Park für ein freies Palästina demonstriert. Wieder schlug sich Akache mit den Bobbies. Er wurde zu sechs Monaten Gefängnis verurteilt.

Im Londoner Pentonville-Gefängnis begann er einen Hungerstreik. Nach zwei Wochen mußte er ins St. Olave's-Hospital gebracht werden. Am 26.3.1976 brachten ihn zwei Polizeibeamte der „Special Branch" zum Londoner Flughafen Heathrow und setzten ihn in eine Maschine der „Middle East" nach Beirut.

Anfang 1977 war er schon wieder in London. Er hatte einen Paß aus Kuwait auf den Namen Ahmed Badr. Er quartierte sich für einen Monat in einer indischen Absteige, dem „Queen's Hotel" in der Inverness Terrace ein. Dann verschwand er. Aber am 23. März landete er erneut in Heathrow, und passierte die Paßkontrolle als Kuwaiti mit dem Namen Abdel Hassan.

Am 5. April zog er ins „Robert House Hotel", Westbourne Street 16, 3. Stock, Zimmer 11. Aus seinem Zimmer sah er auf das „Royal Lancaster Hotel", in dem der ehemalige Ministerpräsident des Nord-Jemen Abdullah bin Ahmed al-Hajiri und dessen Frau Fatima wohnten. Der Politiker wurde für Morde an linken Oppositionellen verantwortlich gemacht.

Am Morgen des 10. April, des Ostersonntags, stiegen die beiden Jemeniten zusammen mit einem Angehörigen ihrer Botschaft in einen Mercedes vor dem Hotel.

Akache hatte hinter dem Wagen gewartet. Er ging langsam zur rechten Fronttür. Der Motor des Mercedes lief bereits, als Akache die Tür mit der Linken von außen öffnete. In der Rechten hatte er eine Pistole mit Schalldämpfer. Er schoß zunächst dem Ex-Ministerpräsidenten in den Kopf, dann zielte er auf dessen Frau und den Diplomaten. Alle drei waren sofort tot.

Akache ging einige Schritte, drehte sich um und schoß zweimal in die Windschutzscheibe des Wagens. Ohne Eile verschwand er dann unter den vielen Osterspaziergängern auf der Westbourne Street.

Scotland Yard hatte den Palästinenser vor dem Attentat beobachtet und enttarnt. Doch weder sein der Polizei bekannter Deckname oder auch nur die Personenbeschreibung von Augenzeugen wurden an Kollegen auf dem Flughafen Heathrow weitergegeben. Stattdessen verhängte Scotland Yard bis heute eine strikte Nachrichtensperre über den Fall Akache. Der dreifache Mörder flog noch am selben Tag um 16.30 Uhr unbehelligt vom Londoner Flughafen mit der Iraqui Airlines nach Bagdad.

Akache bezog 80 km von Bagdad im Palästinenser-Lager Habanijah Quartier. Dort bereitete ihn die „Abteilung Sonderoperationen" der PFLP unter dem Arzt Wadi Haddad zusammen mit anderen jungen Kämpfern auf eine neue Aufgabe vor.

Dr. Georges Habach ist der Führer der radikalen Palästinenserorganisation PFLP, der „Volksfront für die Befreiung Palästinas". Wie schon für zahlreiche Flugzeugentführungen ist seine Gruppe auch für das Kidnapping des Lufthansa-Jets „Landshut" verantwortlich

Wadi Haddad, Chef der „Abteilung Sonderoperationen" in der PFLP, steuerte die Operation „Kofre Kaddum" – die Entführung der „Landshut". Dies ist das einzige Foto, das von ihm bekannt ist

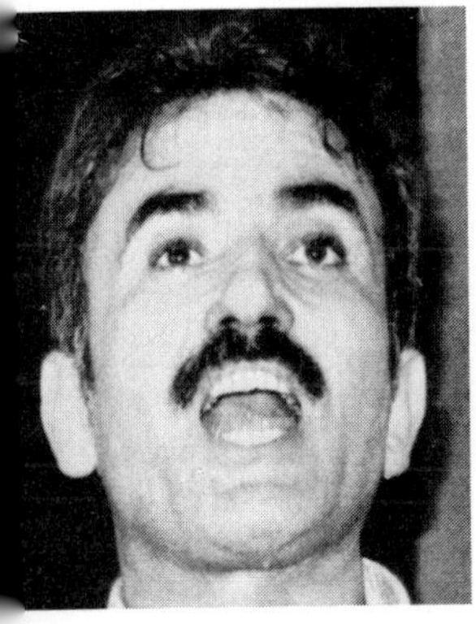

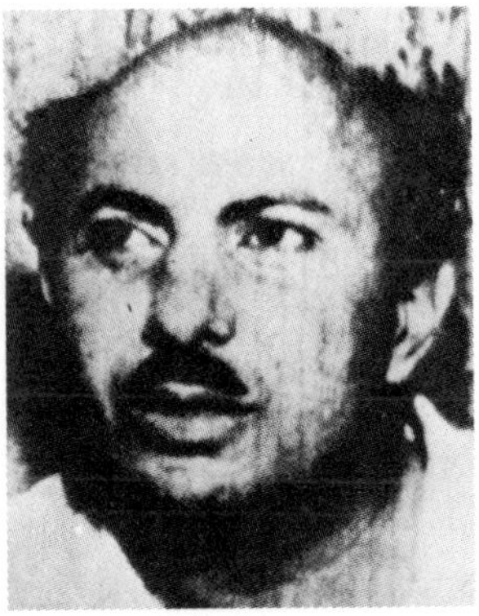

Die Teilnehmer eines Kurses in Hijakking kannten sich offiziell nur als Nummern und redeten sich auch nur mit Zahlen an. Vier der Kursusbesten wurden ausgewählt, nach Mallorca zu fliegen: die Nummer 18, Wabil Harb, Nummer 32, Hind Alameh, Nr. 33, Suhaila Sayeh und schließlich Nummer 31, Zohair Youssif Akache.

Am Abend des 12. Oktober, ein halbes Jahr nach seinem Attentat in London, gab Nummer 31 seiner Gruppe die letzten Instruktionen für den neuen Einsatz.

Die Lufthansa-Stewardeß Gabriele Dillmann, gerufen Gaby, schlug am Abend des 12. Oktober in der Küche ihrer Frankfurter Wohnung ein Kochbuch auf und versuchte zum erstenmal „Zürcher Geschnetzeltes" zu machen. Ihr Freund Rüdeger v. Lutzau, Kopilot der Lufthansa, half ihr dabei. Er hatte sie animiert, mal was zu kochen, „was du noch nie gemacht hast". Das Zürcher Geschnetzelte schmeckte. Das Paar setzte sich nach dem Essen vor den Fernsehapparat.

Gaby Dillmann hatte am nächsten Tag einen XB 1-Flug, eine Eintages-Tour, Frankfurt-Palma-Frankfurt auf der Boeing 737. Anschließend noch Stand by Airport Frankfurt, das hieß: warten, ob noch eine 737-Crew gebraucht wurde.

Rüdeger v. Lutzau sagte: „Hoffentlich mußt du Morgenabend nicht noch mal raus." Der Kopilot wollte am nächsten Abend in seiner neu eingerichteten Wohnung eine Herren-Party für seine Kurs-Teilnehmer geben. Gaby sollte den Kartoffelsalat machen und sich dann verabschieden.

Sie sagte: „Vor allem muß ich jetzt noch abwaschen." Dann entschied sie: „Ich laß das stehen und mache es morgen, wenn du dich mit deinen Männern amüsierst."

Sie gingen ins Bett. Und wie bisweilen im Bett redete Rüdeger vom Heiraten. Er sagte irgendwann: „Jetzt habe ich dir doch tatsächlich einen Heiratsantrag gemacht." Gaby lachte wie immer in dieser Situation: „So nicht. Wenn, dann mußt du das schon richtig machen. Im dunklen Anzug mit einem Strauß Blumen vor mir knien."

Gaby Dillmann, gerade 23 Jahre alt geworden, war seit drei Jahren bei der Lufthansa. Eigentlich hatte sie nach dem Abitur Tiermedizin studieren wollen. Doch ihr Notendurchschnitt reichte nicht. Die Zulassungsbeschränkungen für das Fach sind besonders hart. Ihren Freund Rüdeger kannte sie seit Pfingsten. Sie dachte auch ans Heiraten, meinte aber, so ungefähr ein Jahr müsse man sich schon erst einmal testen.

Am Donnerstag, dem 13. Oktober, gegen 8 Uhr fuhren Gaby und Rüdeger zum Flughafen. Der Tag fing gut an: In der oft voll belegten Tiefgarage fanden sie einen Platz direkt am Aufzug. Rüdeger v. Lutzau brachte Gaby bis zu dem Raum, in dem das Briefing, die Vorbereitung für den Mallorca-Flug stattfand. Er sagte: „Wenn du heute Nachmittag zurück bist und ihr im ‚blauen Salon' Stand by macht, ruf mich an, dann komme ich auf eine Tasse Kaffee runter." Er schrieb ihr seine Telefonnummer auf. Sie gaben sich einen Kuß.

Im Briefing-Raum Nr. 4 stellte sich Gaby Dillmann den anderen Besatzungsmitgliedern vor. Sie kannte nur einen: den Kapitän Jürgen Schumann. Mit ihm war sie schon zweimal Fünf-Tage-Touren geflogen. Gaby distanzierte sich meistens von den „ein bißchen eitlen" Piloten. Mit dem 37jährigen ehemaligen Starfighter-Flieger Schumann aber hatte sie sofort persönlichen Kontakt gehabt. Sie hatten auf derselben Schule ihr Abitur gemacht, dem Max-Planck-Gymnasium in Groß-Umstadt.

Ein Mitglied der Besatzung fehlte beim Briefing: der Kopilot Jürgen Vietor.

In seiner Reihenhaus-Wohnung in Bensheim an der Bergstraße war Jürgen Vietor an diesem Morgen früh aufgewacht. Er hörte Radio und war schlecht gelaunt. Überall in Deutschland war Nebel. Und Jürgen Vietor hatte am 13.10. den ganzen Tag Stand by, Bereitschaftsdienst. Bei Nebellage konnte man mit Sicherheit damit rechnen, daß irgendeine 737-Crew nicht planmäßig in Frankfurt ankam. Das hieß dann für Vietor fliegen.

Das Telefon klingelte schon um 7 Uhr. Es meldete sich jemand, der offensichtlich ein fröhlicher Morgenmensch war: „Herr Vietor, herzlichen Glückwunsch, Sie haben einen Freiflug nach Palma de Mallorca gewonnen, hin und zurück." Abflugzeit 8.55 Uhr.

Um rechtzeitig zum Briefing, eine Stunde vor Start, am Frankfurter Flughafen zu sein, hätte Vietor sich gleich ins Auto setzen müssen. Sein Koffer stand schon fertig gepackt im Wohnzimmer. Seine Frau Renate, Lehrerin, hatte die erste Unterrichtsstunde und verabschiedete sich: „Na hoffentlich bis heute Abend – wenn sie dich da nicht nochmal losschikken."

Jürgen Vietor trank Kaffee, las Zeitung, döste vor sich hin. Irgendwie hatte er die Zeiten, die ihm der Spaßvogel am Telefon durchgegeben hatte, nicht so richtig kapiert.

Erst gegen 8 Uhr rekapitulierte er das Telefongespräch und bekam einen Schreck: „Mensch, die sind wahrscheinlich jetzt schon beim Briefing." Er rief die Lufthansa-Einsatzleitung an und hörte die Frage: „Wo bleiben Sie denn?"

Jürgen Vietor stotterte Entschuldigungen und sagte: „Ich bin in einer halben Stunde an der Maschine."

In den vier Jahren bei der Lufthansa war der Kopilot nicht ein einziges Mal aus eigenem Verschulden zu spät zu einem Einsatz gekommen. Pünktlichkeit, Gewissenhaftigkeit, Planmäßigkeit gehörten zu den Tugenden, mit denen es Vietor nach einem Mittelschul-Abschluß zum Lufthansa-Piloten gebracht hatte. Seine ungewöhnliche, wenn auch wenig dramatische Karriere: Gesellenprüfung als Elektromechaniker, Funker bei der Bundeswehr, Seeoffiziersanwärter, Luftwaffen-Schule, Kommandant auf der „Brequet-Atlantic" im Marinegeschwader 3 „Graf Zeppelin" mit 3000 Stunden Flugerfahrung und schließlich 1973 zur Lufthansa.

Seit 1974 flog Vietor als Kopilot auf der 737. Er hatte keine großen Pläne mehr. Ein unterkellertes Fertighaus war für die nächste Zukunft geplant. Die sicheren guten Gehälter des Ehepaares Vietor machten das Bauvorhaben zu einem kalkulierbaren finanziellen Risiko. Auf seine Beförderung in den Kapitänsstand – hatte Jürgen Vietor ausgerechnet – werde er mindestens noch bis zum Jahre 1990 warten müssen. Die Zeiten des schnellen Aufstiegs waren bei der Lufthansa vorbei. Die Kollegen mit Kapitänsgehalt waren meist noch relativ jung. Mit vorzeitigen Abgängen war kaum zu rechnen.

Dabei hatte Vietor auf der 737 mehr Erfahrung als die meisten Kapitäne. Er mochte die nicht gerade übermäßig komfortable Maschine ganz gern, die nur kürzere Strecken fliegt und bei der Lufthansa mal liebevoll, mal ein wenig verächtlich „Bobby", „Zäpfchen", „Schweinchen" oder „kleine Dicke" genannt wird.

Auch die Boeing 737 „Landshut" war am 13.10. ursprünglich nicht für den Mallorca-Flug vorgesehen. Sie kam als Frachtmaschine aus Genf und sollte nach Hamburg weitergehen. Da durch die Nebellage Flugzeuge in Frankfurt knapp waren, beschloß die Lufthansa-Einsatzleitung, die „Landshut" nach Palma zu schicken.

Jürgen Vietor fuhr seinen blauen Peugeout 304 – wann immer es ging – mit Tacho-Tempo 160 zum Flughafen. Die Besatzung war schon in der „Landshut", als Vietor ankam. Er entschuldigte sich und stellte sich vor: dem Kapitän Jürgen Schumann, der österreichischen Chefstewardeß Hannelore Piegler und den beiden Stewardessen, der Norwegerin Anna-Maria Staringer und der Deutschen Gaby Dillmann.

Vietor kannte niemanden. Das war schon etwas ungewöhnlich, wenn man seit fast vier Jahren „Bobby" flog. Den Kapitän hatte er noch nie vorher gesehen. Schumann war allerdings auch erst seit einigen Monaten auf der 737. Der Kopilot erfuhr, daß der Kollege, der eigentlich den Mallorca-Trip machen sollte, wegen Nebels aus Hamburg nicht herausgekommen war.

Die „Landshut" rollte pünktlich um 8.55 Uhr von den Klötzen. Dann gab es aber doch noch eine Verspätung, weil acht Maschinen vorher mit dem Start dran waren.

Jürgen Vietor, noch immer ein bißchen atemlos vom langen Spurt durch das Frankfurter Flughafengebäude, machte den Flight Control Check. Schumann flog den ersten „leg", die erste Strecke. Es war Gewohnheitsübung auf der „Bobby", daß bei Ein-Tages-Touren der Kapitän hin- und der Kopilot zurückflog.

Gaby Dillmann arbeitete in der Economy Class. Sie war eigentlich ein Morgenmuffel, aber an diesem Vormittag leidlich gut gelaunt. Sie mochte die Ein-Tages-Touren, zumal wenn ihr Freund nicht flog und sie ihn abends wiedersah. Sie mochte auch die Touristenflüge nach Mallorca, die Passagiere. Die erwartungsvollen Rentner und jungen Leute im Ferienkostüm waren ihr lieber als die dunkeluniformierten Geschäftsleute, die nicht einmal danke sagen konnten. Sie mochte die Oma, die erst ein bißchen Angst hatte, vielleicht etwas Zuspruch brauchte, dann den kostenlosen Imbiß aufaß und sich endlich freute: „Ach, Kaffee gibt es auch noch. Vielen Dank, Fräulein."

Kapitän Schumann versuchte in der Luft die Verspätung wieder aufzuholen, denn der Aufenthalt in Palma war ohnehin sehr kurz.

Auf Mallorca bereitete sich um diese Zeit der 26jährige Lehrer Hartwig Faby aus Stade auf den Rückflug vor. Er machte die Wohnung seines drei Jahre älteren Freundes Rhett Waida sauber, eines Stader Gastwirts, der ihn für eine Woche auf die Insel nach Paguera eingeladen hatte.

Hartwig Faby machte sich eigentlich nicht viel aus Strand und Sonne. Er hatte den Freund und dessen knapp dreijährigen Sohn Steffen auf dem Strohwitwer-Kurzurlaub begleitet, weil er endlich mal ein Flugzeug von innen sehen wollte. Hartwig Faby war früher noch nie geflogen.

An diesem Donnerstag mußten sie zurück, weil sie am nächsten Tag gemeinsam mit ihren Frauen den Geburtstag von Waida feiern wollten.

Gegen 11 Uhr fuhren die beiden Männer mit dem Jungen in einem gemieteten „Seat 600" von Paguera zum Flughafen Palma.

Hans Hasse-Heyn begann gegen 11 Uhr ein paar Sachen in seinen Koffer zu werfen. Gelegentlich nahm er einen Schluck aus einem Glas mit Whisky. Hans Has-

Stewardeß Gaby Dillmann, Freund Rüdeger v. Lutzau

Flugkapitän Jürgen Schumann

Kopilot Jürgen Vietor

Stewardessen Hannelore Piegler, Anna-Maria Staringer

se-Heyn beginnt den Tag immer mit Whisky. Der 67jährige Deutsche, einst Spezialist für psychologische Abwehr in Hitlers Wehrmacht, war bei Kriegsende den Franzosen knapp entkommen und in Spanien hängengeblieben. Er hatte viele Berufe probiert. Nun verdiente er auf Mallorca im Touristengeschäft und als Boxpromoter gutes Geld. Er wollte zu geschäftlichen Besprechungen über Frankfurt nach Düsseldorf.

Hasse-Heyn glaubt, das Geheimnis seines Erfolges sei sein sechster Sinn. Am Flughafen sagte er seinem Fahrer und Privatsekretär Don Vicente Gonzáles ganz unmotiviert: „Laß doch mal von allen meinen Papieren Fotokopien machen – Wohnrecht, Arbeitspapiere, Ausweise, Boxpromoter-Dokumente –, falls mir was zustößt." Dann deckte er sich mit verschiedenen Spirituosen ein und ging an die Bar, um noch ein Bier zu trinken. Der Oft-Flieger sagte sich wider aller Erfahrung: Wer weiß, ob du an Bord was kriegst.

Lilo Cramer (Name auf Wunsch von Fr. C. geändert, d. Verf.) hatte an diesem Vormittag Krach mit ihrem Mann David. Er versuchte sie zu überreden, doch über das Wochenende bei ihm auf der Insel zu bleiben: „Laß doch das Flugzeug sausen, flieg nächste Woche."

Lilo Cramer ließ sich nicht umstimmen: „Du weißt doch, daß ich mich am Wochenende mit meinen Freundinnen in München verabredet habe."

David Cramer war verärgert: „Ihr wollt ja doch nur die ganze Zeit Rommé spielen."

Die 56jährige Lilo Cramer war in Krakau geboren. Sie ist Jüdin. Ihr Vater wurde im KZ Buchenwald erschlagen, ihre Schwester mit zwei Kindern in Auschwitz vergast. Ihr Bruder wurde von der Gestapo abgeholt. Es gab nie wieder ein Lebenszeichen von ihm.

Die knapp 1,60 m große Frau wurde während des Zweiten Weltkrieges von verschiedenen Freunden versteckt. Die Angst von damals verlor sie nie. Angst hat sie vor Menschen, die arabisch aussehen. Eine Woche zuvor hatte sie beim Abendessen auf der Terrasse des Hotels „Victoria" in Palma zwei dunkelhaarige Pärchen beobachtet. Halb im Spaß, halb ängstlich, hatte sie zu ihrem Mann gesagt: „So leben die von ihren Überfällen."

Am Donnerstag, dem 13., fuhr sie mit ihrem Mann zum Flughafen in Palma. Sie sprachen nach dem Krach kein Wort mehr miteinander. David verabschiedete sie zum erstenmal, seit sie sich kannten, ohne Kuß in der Abflug-Halle. Sonst war er immer bis in den Pavillon A mitgekommen und hatte ihr nachgeschaut, bis die Maschine in der Luft war.

Am Abflugschalter glaubte Lilo Cramer einen Moment, zwei der „Orientalen" aus dem Restaurant wiederzuerkennen. Sie vergaß das gleich wieder. Sie neigte zu dunklen Vorahnungen, und ihr Mann und ihre Freundinnen machten sich darüber lustig. Für alle Fälle, sie wußte selber nicht für welchen Fall, kaufte sie Reiseproviant ein: Kekse der Marke „Cecilia" und eine Stange englischen Fruchtzucker.

Als letzte der Lufthansa-Passagiere meldete sich eine Gruppe ziemlich verkatert aussehender hübscher junger Damen

Acht hübsche junge Deutsche hatten während ihres Mallorca-Urlaubs Mißwahlen gewonnen. Jetzt waren sie noch einmal auf die Insel geflogen – eingeladen zur Endausscheidung. In der Nacht zum 13. Oktober hatten sie bis zum Morgengrauen gefeiert – am Nachmittag waren sie mit der „Landshut" gekidnappt

am Abflugschalter. Die Damen waren Sieger von „Miß-Wahlen", die der 38jährige Manfred Riek alle zwei Wochen während der Saison mit Urlauberinnen auf der Tanzfläche seiner Diskothek „Graf Zeppelin" in Arenal veranstaltete. Zum Saisonschluß hatte Riek die Schönsten auf seine Kosten nach Mallorca eingeladen und sie zur Endausscheidung antreten lassen.

Zu den launigen Sprüchen des Diskjokkeys Rudi van Velsen hatten sie in knappen Bikinis Hula-Hoop-Reifen um die Hüften kreisen lassen, zu Limbo-Rhythmen sich breitbeinig unter einer Stange durchgequält und schließlich ihre Hobbies verraten. Über die Plazierung entschied der Applaus des Publikums.

Rieks Miß-Aufgebot war eine bunte Truppe: von der 16jährigen Simone Liedtke, die der Disko-Besitzer als „meine einzige Jungfrau" hänselte, bis zur 36jährigen dörflichen Sparkassen-Leiterin Jutta Brod, die in der ersten Runde gegen ihre 16jährige Tochter Cornelia gesiegt hatte.

Die Schönheitsköniginnen hatten eine Woche auf Mallorca entfernt von Ehemann, Verlobtem, Freund und anderen Bindungen je nach Temperament getanzt, geflirtet, getrunken und geliebt. Die offizielle Abschiedsfeier war um 6.30 Uhr an diesem Morgen zu Ende. Inoffiziell war es bei einigen noch etwas weiter gegangen.

Zwanzig Minuten vor Abflug lieferten Riek und sein Diskjockey van Velsen die Damen im Flughafen ab.

Der „Miß" Diana Müll reichte es noch für einen Scherz zum Abschied von Riek: „Jede Nacht habe ich mit meiner Freundin im Doppelbett auf dich gewartet. Aber nichts. Wir waren die beiden Sexen und du die Null dazwischen."

Der Disko-Besitzer kriegte seine Damen erst nach einer lautstarken Auseinandersetzung mit dem Lufthansa-Personal noch auf die „Landshut".

Die Kontrollen für den Flug LH 181 nach Frankfurt waren inselüblich. Das Handgepäck wurde geöffnet, die Passagiere diskret abgetastet. Die Sicherheitsbeamten sahen auch in den hellblauen Kosmetikkoffer mit doppeltem Deckel von Soraya Ansari alias Suheila Sayeh und betrachteten das Kofferradio „Melba" von Ali Hyderi alias Zohair Youssif Akache.

Der Lehrer Hartwig Faby, der den kleinen Steffen auf dem Arm trug, glaubte beim Schlangestehen vor der Abfertigung plötzlich eine ehemalige Kollegin vor sich zu sehen: lange schwarze Haare, dunkler Teint und unheimlich große, ausdrucksvolle Augen. Er dachte: „Das könnte die Marga Domann sein." Er irrte sich. Es war Suhaila Sayeh.

Andere Passagiere sahen sich nach der zierlichen Hind Alameh um. Einige Damen beobachteten den Jungen neben ihr im pastellgrünen Anzug mit weit geöffnetem Hemd. Als Gaby Dillmann ihn in der Tür der „Landshut" mit dem obligaten Guten-Tag-Lächeln begrüßte, dachte sie: Mensch, sieht der Junge gut aus.

Zohair Youssif Akache fiel einigen Passagieren nur wegen des auffälligen bunten Jacketts auf, das nicht so recht zu ihm zu passen schien.

Gegen 13 Uhr deutscher Zeit mit einigen Minuten Verspätung, startete die „Landshut" wieder. Der Kopilot Jürgen Vietor flog. Es gab geringfügige navigatorische Schwierigkeiten, denn das Funkfeuer von Trets in Südfrankreich war ausgefallen. In der Kabine begannen die Stewardessen sofort mit dem Austeilen des Mittagessens. Die Maschine war mit 86 Passagieren fast ausgebucht. Im Frachtraum waren zwei Leichen in Zinksärgen.

Nach einer guten halben Stunde sahen die Piloten Schumann und Vietor Marseille vor sich. Sie versuchten, ihre Position exakt auszurechnen, denn sie hatten den Ehrgeiz, trotz des ausgefallenen Navigationsfeuers genau auf Kurs zu bleiben.

In der Kabine bereitete Gaby Dillmann den Abräumwagen vor, als sie zwei Gestalten auf dem Mittelgang in Richtung Cockpit rennen sah. Sie dachte: Da ist einer durchgedreht, und ein anderer versucht, ihn wieder einzufangen.

Marseille verschwand gerade unter der „Landshut", als die Cockpit-Tür aufgerissen wurde. Kapitän Jürgen Schumann sah in einen Pistolenlauf. Kopilot Jürgen Vietor spürte Fußtritte in der linken Seite. Er riß die Kopfhörer runter und hörte eine sich überschlagende, kaum verständliche Stimme in englischer Sprache: „Raus, raus, raus aus dem Cockpit. Nach hinten."

Mit Faustschlägen und Fußtritten wurde Vietor in die Kabine getrieben.

Und dort prallte er auf Passagiere, die mit erhobenen Händen aus den Sitzen der First Class in den ersten Reihen der Economy in den Mittelgang drängten. Zwei Mädchen mit ausgebreiteten Armen, in den Händen Handgranaten, schrien auf sie ein.

Die Besatzungsmitglieder, bis auf Kapitän Schumann, und die Passagiere aus dem vorderen Teil der Kabine wurden im Heck der Maschine zusammengetrieben. Zohair Youssif Akache trat und schlug in die Menschen und drohte brüllend mit Erschießen.

Jürgen Vietor murmelte immer wieder so laut, daß ihn die Umstehenden verstehen konnten, die erste Lufthansa-Regel für den Fall einer Entführung: „Alles tun, was die sagen."

Ein Kind weinte. Eine alte Frau sackte zusammen. Gaby Dillmann nahm die erhobenen Hände runter und fing sie auf. Die Chefstewardeß Renate Piegler flüsterte: „Bist du verrückt geworden. Willst du erschossen werden. Nimm die Hände hoch." Gaby Dillmann ließ die alte Frau auf den Boden gleiten."

Akache ging an das Kabinen-Mikrophon und schrie so laut hinein, daß kein Wort zu verstehen war. Er ließ Gaby Dillmann zu sich kommen. Die Stewardeß erinnerte sich, daß sie ihm das Essen gebracht und ein paar englische Sätze mit ihm geredet hatte. Nun befahl er: „He, Air-Hostess, übersetzen."

Gaby Dillmann sagte: „Sie müssen leiser ins Mikrophon sprechen, sonst versteht man nichts."

Akache sah sie überrascht an und versuchte tatsächlich, seine Stimme zu dämpfen. Er schaffte es kaum.

Gaby Dillmann übersetzte, so gut sie verstand: „Hier spricht Captain Martyr Mahmud. Die Maschine steht unter meinem Kommando. Wer meinen Anweisungen nicht folgt, wird sofort erschossen." Die Stewardeß fügte von sich aus hinzu: „Tun Sie, was Captain Mahmud sagt."

Erschossen werden sollte, wer die Hände nicht über den Kopf hielt, das Rollo an seinem Fenster nicht schloß, nicht alle Eßbestecke in den Mittelgang warf oder auch nur ein Wort redete. Dann befahl Zohair Youssif Akache, der sich jetzt Captain Mahmud nannte, die alten Frauen sollten die Eßtablette einsammeln und auf Sitzen in der First stapeln.

Lilo Cramer drückte sich in ihren Sitz. Sie versuchte, keinen der Entführer anzusehen. Sie dachte immer wieder, die werden herausfinden, daß du die Jüdin an Bord bist und dich umbringen.

Dann stand Captain Mahmud vor ihr und brüllte: „Was ist mit dir? Los, los!"

Lilo Cramer versuchte, das Zittern zu beherrschen. Als sie einem sehr alten Mann das Tablett wegnehmen wollte, hielt er es fest und sagte laut: „Was fällt Ihnen ein. Ich habe noch nicht aufgegessen." Der Greis kapierte nicht, was um ihn herum in dem Flugzeug geschah. Suhaila Sayeh sprang auf Lilo Cramer zu, hielt ihr eine entsicherte Handgranate vor das Gesicht und schrie: „Keine Bewegung, kein Wort."

Gaby Dillmann konnte Mahmud schließlich klarmachen, daß der Alte die Situation nicht begriff.

„Tun Sie, was Captain Mahmud sagt"

Mahmud warnte: „Wer jetzt noch Waffen bei sich hat, wird erschossen."

Die Männer mußten einzeln in den Gang treten und wurden durchsucht. Dem Boxpromoter Hans Hasse-Heyn zog er eine Nagelpfeile aus der Jackettasche und schrie: „Was ist das? Das ist eine Waffe." Er drückte Hasse-Heyn den Lauf der 9-mm-Makarow gegen die Brust und schlug ihm mit der flachen linken Hand ins Gesicht.

Dann mußten alle Ausweise und alle „zionistischen Waren" auf den Gang geworfen werden. Mahmud wiederholte seine Drohung: „Wenn ich später noch irgend etwas finde, wird der Schuldige auf der Stelle exekutiert."

Die Berliner Lufthansa-Angestellte Birgit Röhll, die von ihrem zehnjährigen Sohn Stefan getrennt worden war, steckte ihren Lufthansa-Ausweis in den Büstenhalter. Sie hatte die unbestimmte Furcht, die Entdeckung des Ausweises könne sie aus der Anonymität der 82 Passagiere herausholen. Später schob sie den Ausweis in eine Handtasche. Sie dachte über „Schicksal" nach, über „Vorsehung". Eigentlich hatte sie bei der „Berliner Flugring" einen Charterflug gebucht. Durch eine Namensverwechslung war sie aber aus der Passagierliste für den Rückflug gestrichen worden. Da die Flugring-Maschine voll ausgebucht war, hatte sie die LH 181 nehmen müssen.

Als nächstes sammelten die Terroristen das Handgepäck ein. Mahmud sagte grinsend: „Wenn ich da noch was finde . . ." Birgit Röhll ahnte, daß sie einen folgenschweren Fehler gemacht hatte, als sie ihren Firmenausweis in der Tasche versteckte.

Mahmud schlug immer wieder auf Passagiere ein. Er schlug nicht sehr hart zu. Aber seine Auftritte versetzten die Geiseln in permanente innere Panik und lähmten zugleich. Suhaila Sayeh schrie Befehle. Unentwegt hielt sie die Arme ausgebreitet, die Handgranaten in der Hand. Die herausgezogenen Sicherungsstäbe baumelten an ihren kleinen Fingern.

Jürgen Vietor hob ab und zu die Hand mit ausgestrecktem Zeigefinger wie ein Schuljunge. Auf ein Handzeichen Mahmuds ermahnte er dann die Passagiere, alle Befehle zu befolgen. Oder er bat den Entführer, leiser zu sprechen, weil er sonst nicht zu verstehen sei.

Der Kopilot wirkte äußerlich ruhig. Er war bemüht, sich so zu verhalten, wie ein Lufthansa-Lehrfilm des Psychologen Salewski der Crew anriet: Befehle der Hijacker ausführen, aber nicht anbiedern. Keine Panik. Ruhe bewahren. Aber er hatte die gleiche Angst wie die Passagiere. Seine herausgehobene Position in dieser Situation schützte ihn nicht davor.

Beim Überfall hatte er geglaubt: „Jetzt stirbst du. Jetzt steht deine Frau da." Etwas später dachte er weiter: „Jetzt haben wir das Grundstück gekauft in Bensheim. Die Baupläne sind eingereicht. Wie ist das da mit dem Geld? Wir haben doch unterschrieben. Wir müssen bald anzahlen. Jetzt steht die Renate da mit dem Haus." Er überlegte: „Wenn ich tot bin, wird sie nicht in Bensheim bleiben, weil ihre ganze Verwandtschaft in Norddeutschland lebt. Ja, dann wird sie wahrscheinlich wieder nach Norddeutschland gehen. Zu ihren Eltern."

Jürgen Vietor bedauerte sich: „Mensch, was hast du beim Militär alles durchgemacht. Und jetzt muß dir sowas passieren. Warum du, und nicht der andere, der eigentlich fliegen sollte? Warum hat der so ein Glück gehabt und sitzt jetzt gemütlich zu Hause? Nur wegen des Nebels." Er versuchte sich vorzustellen, wie seine Frau von der Entführung erfahren würde: „Jetzt ist sie noch in der Schule. Da bekommt sie bestimmt keine Nachricht. Und wenn sie dann zu Hause ist, da wird jemand von der Lufthansa sie mit der perfekt freundlichen Stimme anrufen. Nein, sie werden nicht so unmenschlich sein. Sie rufen nicht an. Sie werden jemanden vorbeischicken, der ihr das langsam beipult." Er überlegte, wie sie reagieren würde: „Ach, sie kann ja unheimlich stark sein. Sie wird ganz sachlich reagieren und genau wissen wollen, was passiert ist."

Lilo Cramer holte vorsichtig den Schmuck aus ihrer Tasche. Sie reiste immer mit sehr viel Schmuck. Sie versteckte ihn am Körper. Sie dachte: „Den sollen sie nicht haben, auch wenn sie dich töten." Als die Terroristen die Tasche von ihr haben wollten, steckte sie demonstrativ die Geldbörse mit 5000 Mark noch hinein.

Mahmud nahm das Portemonnaie wieder heraus, machte es auf und warf es ihr in den Schoß: „Wir brauchen euer Geld nicht. Keinen Penny. Behaltet das."

Die im Heck stehenden Geiseln wurden auf die noch freien Plätze im hinteren Teil der Maschine verteilt. Die Entführer nahmen keine Rücksicht darauf, daß ältere Kinder von ihren Müttern getrennt wurden.

Jürgen Vietor mußte ins Cockpit kommen. Dort hatte Mahmud Kapitän Schumann befohlen, er solle nach Zypern fliegen, Schumann, der die Maschine allein fliegen mußte, wandte ein: Der Treibstoff werde kaum reichen. Genau berechnen könne er das allerdings nicht, während er fliege.

Der Kopilot rechnete und kam zu dem Ergebnis: „Wir haben keine Chance, bis Zypern zu kommen. Wir müssen unter allen Umständen in Rom runter."

Während die LH 181 über das Mittelmeer flog, ging im Bonner Bundeskanzleramt die Sitzung des Krisenmanagements, die „Kleine Lage" zu Ende. Neben Bundeskanzler Helmut Schmidt saßen wie immer der Innenminister, der Justizminister und der Präsident des Bundeskriminalamts. Auf der Tagesordnung stand unter anderem eine Diskussion über die Lage und Chancen des entführten Hanns Martin Schleyer.

Kanzler Schmidt hatte die Tagesordnung selber mit grünem Filzstift auf einen DIN-A-4-Bogen geschrieben. Unter „I Lage" waren sieben Unterpunkte aufgeführt. Sie reichten von „Fahndungsergebnisse", „Sicherheitslage", „Justizlage", „Medienlage" bis zur „Lage des Gegners".

Experten und Sachbearbeiter berichteten, knapp und präzise, wie es der Kanzler wünschte. Punkt II war Diskussion: Der Kanzler gab den übrigen Mitgliedern des Krisenstabs das Wort, stellte selber meist nur Fragen. Punkt III hieß: „Entschlüsse

Des Kanzlers Tagesordnung für die „Kleine Lage" während der Schleyer-Krise – von Helmut Schmidt selber mit grünem Filzstift auf einem DIN-A-4-Bogen festgehalten

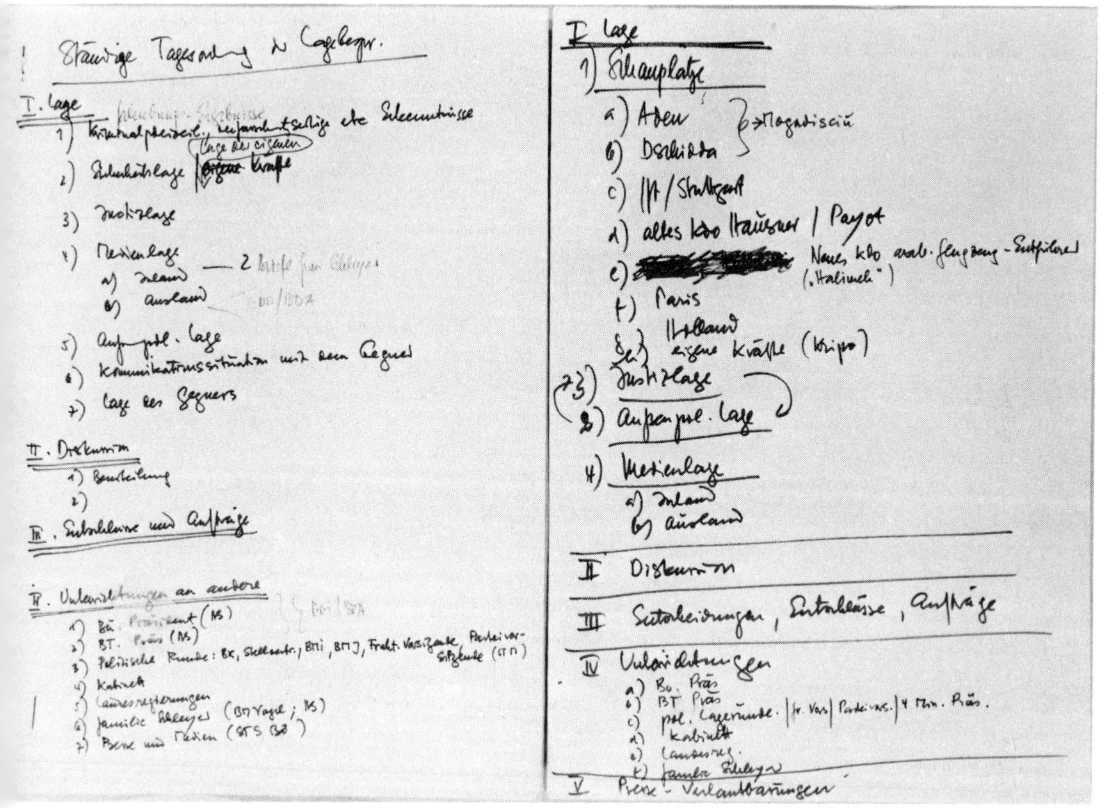

Ständige Tagesordnung der Lagebespr.

I. Lage
1) Kriminalpolizeil. [illegible] etc. Erkenntnisse
2) Sicherheitslage | eigene Kräfte
3) Justizlage
4) Medienlage
a) Inland
b) Ausland
5) Außenpol. Lage
6) Kommunikationssituation mit dem Gegner
7) Lage des Gegners

II. Diskussion
1) Beurteilung
2)

III. Entschlüsse und Aufträge

IV. Unterrichtungen an andere
a) Bu. Präsident (HS)
b) BT. Präs (HS)
c) Politische Runde: BK, Stellvertr., BMI, BMJ, Frakt. Vorsitzende, Parteivorsitzende (StM)
d) Kabinett
e) Landesregierungen
f) Familie Schleyer (BM Vogel; HS)
g) Presse und Medien (StS Bö)

I Lage
1) Schauplätze
a) Aden } → Mogadischu
b) Dubai
c) Ffm/Stuttgart
d) altes BKA Hausner / Payot
e) Neues BKA arab. Flugzeug-Entführer („Italiener")
f) Paris
g) Holland, eigene Kräfte (Kripo)
2) Justizlage
3) Außenpol. Lage
4) Medienlage
a) Inland
b) Ausland

II Diskussion

III Entscheidungen, Entschlüsse, Aufträge

IV Unterrichtungen
a) Bu. Präs
b) BT Präs
c) pol. Lagerunde. | Fr. Vors | Parteivors. | 4 Min. Präs.
d) Kabinett
e) Landesreg.
f) Familie Schleyer

V Presse-Verlautbarungen

und Aufträge." Schmidt hatte sie meist schon vorher gefaßt. Punkt IV hieß „Unterrichtungen" der politischen Instanzen und der letzte Vermerk auf der Tagesordnung „V Presseverlautbarungen." Die Presse erfuhr unter der strikten Nachrichtensperre ohnehin nur das, was der Kanzler und oberste Krisenmanager an Meldungen lancieren wollte.

Lagebericht und Diskussion über die Situation Schleyers waren an diesem Donnerstag, dem 13.10., wenig optimistisch.

Experten des Bundeskriminalamts und der Psychologe Wolfgang Salewski, der den Krisenstab beriet, kamen übereinstimmend zu dem Schluß: Schleyer werde in jedem Fall ermordet, wenn man den Entführern nicht nachgebe oder es nicht durch glückliche Umstände gelinge, den Industriellen mit Gewalt lebend aus den Händen der Kidnapper zu befreien.

Folgende Überlegungen führten zu dieser Einschätzung:

Schleyer hat ganz automatisch während seiner Gefangenschaft viele Informationen sammeln können. Er wird von den Terroristen als intelligent und damit auch als gefährlicher Informant eingeschätzt. Schleyer kann aus der Sicht der Terroristen auch aus ideologischen Gründen nicht freigelassen werden. Seine Ermordung würde die von Baader in seinen Schriften über den Guerillakampf geforderten Verunsicherung breiter Bevölkerungskreise fördern.

Unter Punkt IV, Unterpunkt F auf der Tagesordnung des Kanzlers stand: „Unterrichtung Familie Schleyer." In Klammern: „Bundesminister Vogel." Der Justizminister berichtete der Familie Schleyer allerdings nichts über das Ergebnis dieser Lage-Besprechung.

Um 13.10 Uhr beendete der Kanzler die Sitzung. Genau 88 Minuten später klingelt das Telefon im Arbeitszimmer von Helmut Schmidt. Bundesinnenminister Maihofer meldete sich: Die Flugsicherung Aix-en-Provence in Südfrankreich habe eine Routenabweichung des Lufthansafluges LH 181 von Palma nach Frankfurt gemeldet. Maihofer: „Es sieht alles nach einer Entführung aus."

Vietor mußte das Cockpit wieder verlassen und sich zu den Passagieren setzen. Mahmud saß auf dem Kopilotenplatz. Er wußte offenbar, daß die Boeing 737 auch von einem einzigen Piloten ohne Schwierigkeiten geflogen werden kann. Er schien immer noch sehr aufgeregt zu sein und bedrohte den Kapitän ständig mit der Pistole. Jürgen Schumann landete die „Landshut" trotzdem sicher auf dem Internationalen Flughafen von Rom, Fiumicino. Dort wurde er auf einen rund 1000 Meter von den Flughafengebäuden entfernten Halteplatz eingewiesen. Gepanzerte Fahrzeuge umringten die Maschine.

Der Entführer-Chef griff nach dem Mikrophon im Cockpit. Er schrie wieder so laut, daß er auf dem Tower des Flughafens kaum zu verstehen war. Aus langen Tiraden in englischer Sprache notierten die Italiener, was sie glaubten, verstanden zu haben: „Hier spricht der Hauptmann Mohammed. Das Flugzeug der deutschen Gesellschaft ist unter Kontrolle. Die Gruppe, die ich vertrete, fordert die Freilassung unserer Genossen, die in den deutschen Gefängnissen in Haft sind. Wir kämpfen gegen die imperialistischen Organisationen der Welt."

In Bonn wurden Innenminister Maihofer kurz darauf die wenigen Sätze übermittelt, die man in Rom hatte mitschreiben können. Maihofer ließ sich mit seinem italienischen Kollegen, dem christdemokratischen Innenminister Francesco Cossiga, verbinden. Er teilte ihm mit, daß schon nach den bisherigen Informationen davon ausgegangen werden müsse, daß die Luftpiraten gemeinsame Sache mit den Schleyer-Entführern machten. Ein Weiterflug der Maschine müsse mit allen Mitteln verhindert werden. Maihofer forderte vom italienischen Amtskollegen: „Lassen Sie die Reifen durchschießen."

Cossiga sagte, er müsse erst mit seinen politischen Freunden beraten, bevor er militärische Aktionen anordnen könne. Cossiga schien über diesen neuen Fall von Luftpiraterie entsetzter zu sein als sein deutscher Gesprächspartner. Er hatte das Schicksal des Ex-Innenministers Taviani vor Augen. Taviani hatte seinen politischen Kredit verloren, nachdem im Dezember 1973 bei einer gewaltsamen Auseinandersetzung mit palästinensischen Hijackern auf dem römischen Flughafen 32 Menschen getötet worden waren.

Der politische Freund, den Cossiga in dieser fatalen Situation anrief, war nicht etwa Christdemokrat, sondern Kommunist. Über die „Batteria", eine italienischen Spitzenpolitikern vorbehaltene Funkfrequenz, die sie für den Kontakt untereinander benutzen, rief er den Sekretär der Kommunistischen Partei Italiens, Enrico Berlinguer, an.

Der Anruf hatte politische Motive: Die von der KPI geduldete christdemokratische Regierung konnte in dieser Angelegenheit von höchster internationaler Brisanz kaum handeln, ohne zumindest das stillschweigende Einverständnis des heimlichen Partners einzuholen.

Der Anruf hatte aber auch persönliche Motive: Innenminister Cossiga und KP-Chef Berlinguer sind Vettern. Beide wurden auf Sardinien geboren und wuchsen auf der Insel auf. Familiäre Bindungen aber sind in Italien meist stärker als politische Differenzen.

Auch Berlinguer erschreckte die Aussicht, auf römischem Boden wieder eine blutige Auseinandersetzung mit Palästinensern zu haben. Er hatte bereits genug Schwierigkeiten mit der Jugend in seiner Partei und mit den Linksextremisten, die mit den radikalen Palästinensern sympathisierten.

Der Christdemokrat und der Kommunist waren sich bald einig, daß das deutsche Flugzeug so schnell wie möglich wieder verschwinden müsse.

Die italienische Vetternwirtschaft rettete wahrscheinlich Menschenleben. Denn Bonns Innenminister Maihofer hatte seine Forderung, die Reifen der „Landshut" zu durchschießen, ohne Konsultation des Bundeskanzlers oder anderer Mitglieder des Krisenstabs nach Rom übermittelt. Der Politiker, der als liberaler Intellektueller das Ministeramt übernahm, hatte sich nicht zum erstenmal übereifrig als Tatmensch beweisen wollen.

In Bonn jedenfalls erschraken Experten des Bundeskriminalamts (BKA) und der Psychologe Wolfgang Salewski noch nachträglich, als sie von der forschen Maihofer-Strategie erfuhren. Ein hoher BKA-Beamter räsonierte: „Von dem Moment an, wo die Reifen zerschossen sind, ist für denjenigen, der in der Maschine ist, auch klar, daß er nicht mehr wegkommt. Von diesem Moment an hätte sich die Situation eskaliert. Der einzige Weg ist doch, daß man die Kameraden da drin in dem Glauben läßt, daß man tatsächlich verhandeln will."

Wolfgang Salewski versuchte mit Erfolg, die Bonner Entscheidungsträger nun auf sein psychologisches Konzept festzulegen: „Nie abrupt reagieren. Spannungen und Aggressionen in der Maschine abbauen und nicht etwa fördern."

Während der deutsche Innenminister Taten von den Italienern verlangte, fürchteten auch die Besatzungsmitglieder in der „Landshut", daß jede als aggressiv zu interpretierende Aktion von außen die Sicherungen des erregten Kommando-Chefs zum Durchbrennen bringen könnte. Kapitän Schumann unterstützte deshalb über Funk die Forderung des Entführers, die Maschine unverzüglich aufzutanken. Er bat um den Wetterbericht von Zypern und um Landeerlaubnis auf der Insel.

Während der italienische Innenminister Cossiga an die internationalen Nachrichtenagenturen verbreiten ließ, der gekidnappten Maschine werde der Start verweigert, sie werde nicht aufgetankt, fuhr ein Tankwagen an die „Landshut".

Der Kopilot Jürgen Vietor durfte wieder ins Cockpit. Schumann schlug ihm vor, die Maschine zu fliegen. Er, der Kapitän, würde dann den Kopf frei haben für die Navigation und vor allem für die Kommunikation mit Mahmud. Der Vorschlag war naheliegend. Vietor hatte fast drei Jahre mehr Flugpraxis auf der 737 als sein Kapitän, und Schumann hatte bereits einige Erfahrung gesammelt bei den Versuchen, einigermaßen vernünftig mit dem Palästinenser umzugehen.

Schumann bat den Tower um Take off-clearance, um Starterlaubnis. Die Antwort war ausweichend: „Ja, wir müssen noch den Luftraum freihalten, es sind Maschinen im An- und Abflug, wir müssen noch Maschinen umleiten. Das dauert einige Zeit."

Mahmud, der sich gerade etwas beruhigt hatte, wurde wieder nervös. Plötzlich schrie er: „Sie starten jetzt, sofort."

Schumann und Vietor sahen sich etwas ratlos an. Für sie waren Anweisungen vom Tower strikte Befehle. Ihnen war eingebleut worden, daß jede Mißachtung der Tower-Instruktionen zur Katastrophe führen konnte. Sie sahen die Pistole, mit der Mahmud wieder wild rumfuchtelte. Und Schumann sagte: „Ist klar, wird gemacht." Um 17.42 Uhr ging die Landshut wieder in die Luft mit Kurs auf Zypern.

In Bonn war bereits wieder die „Kleine Lage" zusammengetreten.

Helmut Schmidt ließ die Sitzung nach seinem selbstentworfenen Konferenzschema ablaufen. Die gesammelte Ratlosigkeit von Ministern und Sicherheitsexperten wurde bisweilen von dem trockenen Klopfen unterbrochen, mit dem der übermüdete Kanzler aus seiner Schnupftabaksdose eine neue Prise „Export-Snuff" anhäufelt.

Für Helmut Schmidt war die Entscheidung längst gefallen, und er gibt sie in Frageform seinem Beraterkreis zu erkennen: Auch nach der Entführung des Lufthansa-Jets mit den insgesamt 87 Geiseln an Bord – darunter Frauen, Kinder, Kranke und alte Leute, wird die Bundesregierung nicht nachgeben. Die inhaftierten RAF-Häftlinge werden auf keinen Fall ausgeliefert.

Folgende Bemerkungen bestimmen die kompromißlose Haltung des Kanzlers:

Bei einer Freilassung der inhaftierten RAF-Häftlinge ergäbe sich für eine unbestimmte Zahl von Menschen Lebensgefahr. Diesen Gefangenen werden schon jetzt insgesamt 56 Morde und Mordversuche zur Last gelegt. Die Erfahrungen im Entführungsfall des Berliner CDU-Politikers Peter Lorenz zeigen, daß diese Opferliste in der Zukunft verlängert werden kann. Die damals freigepreßten fünf Häftlinge haben nach ihrer Entlassung höchstwahrscheinlich vier, möglicherweise sogar neun Menschen ermordet und an weiteren sechs Menschen Mordversuche begangen.

Würden jetzt die RAF-Häftlinge wieder freigelassen, wäre damit ein Modell für künftige Erpressungsfälle geschaffen.

Die Polizei und die Fahnder, die sich bei der Verfolgung der Terroristen oft der Lebensgefahr aussetzen, würden keinen Sinn mehr in ihrer Aufgabe sehen, wenn die Festgenommenen wenig später dann doch freigepreßt werden.

Für den nächsten Tag ist der große Krisenstab einberufen, auf dem der Kanzler die Opposition auf seine harte Linie festlegen will. Schmidt ist sich nicht von vornherein sicher, ob dies gelingen wird.

Der baden-württembergische Ministerpräsident Filbinger hat bereits zu einem Zeitpunkt, als es lediglich um ein Geiselleben, das von Hanns Martin Schleyer, ging, den Vorschlag unterbreitet, durch die Freilassung einiger RAF-Häftlinge aus der Affäre rauszukommen. Was würde er jetzt sagen, wo es um weitere 87 Geiseln geht?

Und auch der CSU-Vorsitzende Strauß ist in seiner Haltung schwer zu berechnen. Schon hatte er – wenn auch nur als Wiedergabe von Volksmeinung – die Möglichkeit in die Diskussion geworfen, bei einer Gefährdung von Geiselleben Repressalien gegenüber den einsitzenden RAF-Gefangenen zu verüben.

Helmut Schmidt arbeitete mit allen Tricks. Er sicherte seine harte Haltung in Telefonaten mit dem französischen Staatspräsidenten Giscard d'Estaing und dem britischen Premierminister Callaghan ab. Giscard erklärte spontan, daß er hinter der unnachgiebigen Haltung des Kanzlers stehe. Callaghan, den Helmut Schmidt bei einer Besichtigung von Coleman's Senffabrik in Norwich erreichte, erbat sich eine Stunde Bedenkzeit. Als er zurückrief, gab auch er dem Kanzler volle Rükkendeckung. Beide sagten, ihr Ratschlag sei persönlich, der Kanzler möge ihn bitte politisch nicht benutzen.

Der Kanzler hatte nichts Eiligeres zu tun, als den Mitgliedern des Krisenstabs und später auch Oppositionspolitikern von der Haltung der befreundeten Regierungschefs zu unterrichten. Trotzdem wurde an diesem Donnerstag zum Tagesordnungspunkt „Entscheidungen" noch nichts Endgültiges protokolliert. Innenminister Maihofer bekam lediglich den Auftrag, Einheiten der auf den Sturm gekaperter Flugzeuge gedrillten Bundesgrenzschutzgruppe 9 (GSG 9) vorsorglich hinter der „Landshut" herzuschicken.

Für Schmidt stand es bereits fest, daß alles versucht werden solle, die deutsche Spezialtruppe auch auf ausländischem Boden einzusetzen. Er ließ nur noch eine Nacht verstreichen, bevor er offiziell entscheiden ließ, das Leben der Geiseln und das internationale Prestige der Bundesrepublik den jungen Männern von der GSG 9 anzuvertrauen.

In Bensdorf an der Weinstraße kam Renate Vietor gegen 17.30 Uhr von einer Konferenz in der Schule nach Hause. Sie rief einige Eltern und Schüler an. Als sie den Hörer für kurze Zeit aufgelegt hatte, klingelte das Telefon. Eine freundliche Dame von der Lufthansa meldete sich und sagte, sie müsse „Änderungen, die ihren Mann betreffen", mitteilen.

„Flughafen gesperrt, Landung nicht möglich"

Renate Vietor fragte: „Sagen Sie mal, wovon reden Sie überhaupt?"

Die freundliche Frauenstimme sagte: „Na, dann setzen Sie sich erstmal hin" und fuhr dann fort: „Die Maschine, auf der Ihr Mann ist, ist entführt worden."

Renate Vietor sagte sehr sachlich, sie wolle das alles ganz genau wissen und fragte schließlich: „Und wo ist mein Mann im Moment?"

Antwort: „Der ist gerade in Rom gestartet."

Am Frankfurter Flughafen, im Büro der Referenten für die 707-Lufthansa-Flotte, feierte an diesem Nachmittag Rüdeger v. Lutzau, der Freund Gaby Dillmanns seinen Einstand als Kopiloten-Referent mit Kaffee und Kuchen. Sein Abteilungsleiter hatte noch einen Pflaumenkuchen mitgebracht. Es war so gemütlich wie selten bei der Lufthansa.

Jemand kam ins Zimmer und sagte beinah fröhlich: „Wißt ihr schon das Neueste? Die 181 ist entführt worden."

Rüdeger v. Lutzau stand auf: „Mach keine Späßchen – ehrlich, mach keinen Scheiß. Da ist meine Freundin drauf, die Gaby."

Die Einstandsparty war zu Ende. Rüdeger v. Lutzau ging zu seinem Abteilungschef und bat: „Wenn ihr da eine 707 hinterherschickt und wenn ihr da einen Kopiloten braucht – nehmt mich bitte mit." Er bekam das Versprechen.

Die „Landshut" flog indessen die Funkfeuer von Kreta an. Als sie Kreta überquert hatte, wurde sie von einer anderen Lufthansa-Maschine angefunkt, die in entgegengesetzter Richtung auf gleicher Route flog.

Mahmud nahm das Mikrophon und drückte die Sprechtaste. Er sprach ein wenig leiser als sonst: „Hier ist Kapitän Martyr Mahmud von der Kofre-Kaddum-Operation des Kommandos Martyr Halimeh von der Organisation Kampf dem Weltimperialismus."

Der Pilot der anderen Maschine sagte ein paarmal: „Ich verstehe nicht recht." Dann brach er den Kontakt ab. Mahmud kam nicht mehr dazu, eine Deklaration vorzutragen.

Trotz einiger schwerer Gewitter lief alles so glatt wie auf einem Linienflug. Vietor landete um 20.28 Uhr deutscher Zeit ohne Schwierigkeiten auf dem zypriotischen Flughafen Larnaka. Er bekam vom Tower die Anweisung, zu drehen und zum äußersten Ende der Landebahn zurückzurollen. Er bat um einen Tankwagen.

Vom Tower antwortete jemand, das gehe nicht so schnell. Die Besatzung des Tankwagens sei bereits zu Hause und müsse erst aus Nikosia zurückgeholt werden.

Nach einer knappen Stunde meldete sich ein Vertreter der palästinensischen Befreiungsorganisation PLO über Funk. Er versuchte zunächst auf englisch, dann auf arabisch, seinen Landsmann zu überreden, die Geiseln freizulassen.

Schumann und Vietor erlebten den bis dahin schlimmsten Ausbruch des Entführers. Er brüllte auf arabisch, sprang im Cockpit herum „wie Rumpelstilzchen" und warf mehrmals das Mikrophon gegen die Armaturen. Das Mikrophon blieb heil, der PLO-Vertreter gab auf.

Ein Tankwagen kam. Die Tanks wurden mit gut zehn Tonnen Kerosin bis zum

Die Odyssee von LH 181
Palma de Mallorca – Frankfurt Rhein-Main.
Sämtliche Zeitangaben in
Mitteleuropäischer Zeit

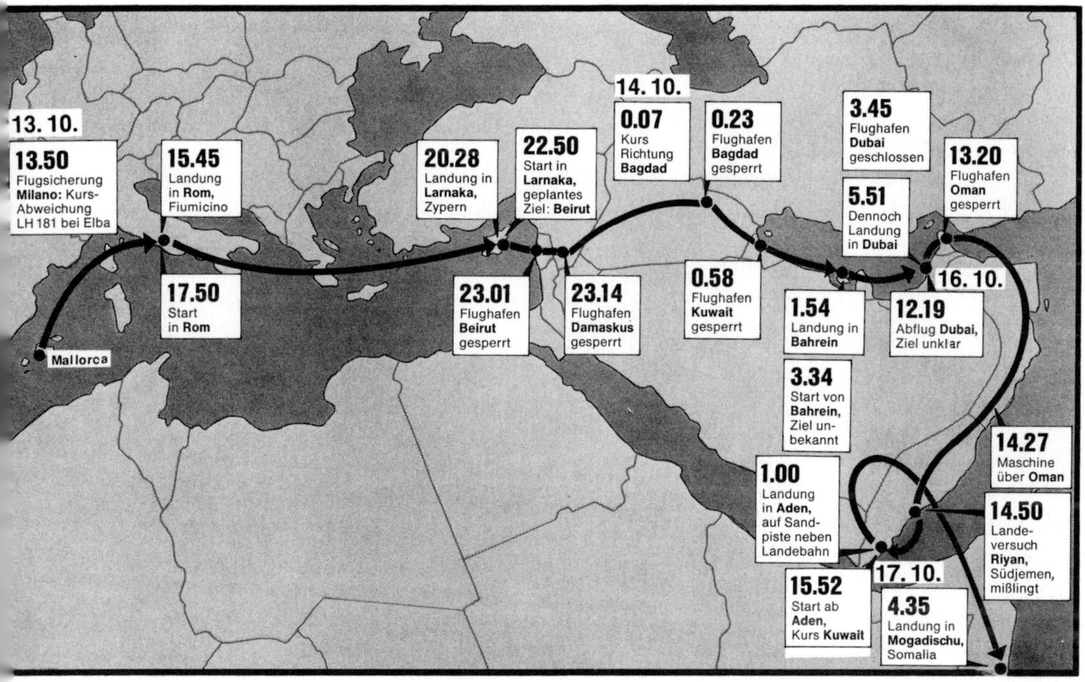

Rand gefüllt. Schumann teilte der Flugverkehrskontrolle auf Anweisung Mahmuds mit: „Wir fliegen nach Beirut."

Die Antwort kam nach einigen Minuten: „Beirut ist zu. Der Flughafen ist in jedem Fall gesperrt."

Schumann mußte insistieren: „Aber wir fliegen nach Beirut." Immer wieder kam jetzt dieselbe Antwort der Flugkontrolle: „Sie bekommen keine Landeerlaubnis. Der Flughafen ist gesperrt."

Mahmud sagte schließlich: „Nun macht schon los. Wir fliegen nicht nach Beirut. Wir gehen nach Damaskus."

Um 22.50 Uhr hob die „Landshut" wieder ab. Sie flog das Funkfeuer Beirut an. Das Hauptfunkfeuer war abgestellt. Aber ein Mittelwellen-Funkfeuer funktionierte noch. Von der Funkleitstelle Beirut hörten die Männer im Cockpit das stereotype: „Der Flughafen ist gesperrt."

Sie überflogen gegen 23 Uhr Beirut und nahmen Kurs auf Damaskus. Die Bodenkontrolle in der syrischen Hauptstadt teilte ihnen mit: „Der Flughafen ist gesperrt. Eine Landung ist ausgeschlossen."

Mahmud sagte: „Okay, dann gehen wir nach Bagdad." Aus der irakischen Hauptstadt hörten sie: „Flughafen ist gesperrt. Landung nicht möglich."

Mahmud: „Jetzt nach Kuwait." Kuwait-control kurz vor 1 Uhr deutscher

Zeit: „Der Flughafen ist gesperrt. Sie können unter keinen Umständen landen."

Jürgen Schumann hatte den „Transponder" auf 75 gestellt. Der Transponder, mit dem alle größeren Verkehrsmaschinen ausgerüstet sind, gibt Signale auf die Radarschirme der Bodenstellen. Stellt man die Codezahl 75 ein, erscheint auf den Radarschirmen das Zeichen für „hijacked aircraft", gekapertes Flugzeug. Auf den Flughäfen der Arabischen Halbinsel wußte man also, was mit der „Landshut" los war.

Schumann setzte zusätzlich Notrufe an andere Flugzeuge ab. Eine Maschine der australischen Quantas meldete sich. Der Pilot fragte, ob sie helfen könnten. Schumann antwortete: „Uns geht der Sprit aus. Könnt ihr nicht versuchen, in Kuwait Landeerlaubnis für uns zu bekommen?"

Die Quantas-Maschine meldete sich nach einiger Zeit wieder: „Tut uns leid. Die bleiben stur. Warum versucht ihr es nicht in Bahrein oder Dhahran?"

Mahmud entschied: „Wir gehen nach Bahrein." Schumann bekam keinen Funkkontakt mit Bahrein. Er bat die Quantas-Maschine zu versuchen, mit dem Tower dort zu sprechen.

Die Australier teilten nach einiger Zeit mit: „Bahrein ist gesperrt."

Dann hatte auch Schumann Kontakt mit dem Flughafen in Bahrein. Der Mann dort war nach seiner Aussprache offensichtlich Engländer. Er wiederholte mit traurig klingender Stimme: „Es tut mir wirklich leid, der Flughafen ist gesperrt."

Schumann sagte: „Mit dem Spritvorrat kommen wir kaum noch woanders hin."

Mahmud war wieder sehr nervös: „Landet jetzt. Mir ist egal, wie und wo. Aber landet jetzt sofort."

Schumann teilte dem Bahreiner Fluglotsen mit, daß sie jetzt runter müßten.

Der wiederholte: „Bahrein ist gesperrt. Es tut uns leid, aber die Offiziellen geben keine Landeerlaubnis für euch." Dann teilte er die Frequenzen für das Instrumenten-Landesystem mit, um gleich wieder zu sagen: „Sorry, der Flughafen ist gesperrt."

Nachdem sie die Frequenzen erhalten hatten, waren Schumann und Vietor sicher, daß sie landen konnten. Offensichtlich wollten die Engländer auf dem Tower ihnen helfen, indem sie die „Offiziellen" nicht so rechtzeitig informierten, daß die Landebahnen noch blockiert werden konnten.

Jürgen Vietor flog noch einen Kreis über der Stadt und machte dann einen Standard-Landeanflug nach dem Instrumenten-Landesystem. Es war 3.52 Uhr Ortszeit, 1.52 Uhr deutscher Zeit.

Mahmud nahm sofort wieder das Mikrophon: „Hier ist Kapitän Martyr Mahmud von der Kofre-Kaddum-Operation des Kommandos Martyr Halimeh von der Organisation Kampf dem Weltimperialismus."

Auf dem Tower verstand man nichts. Schumann und Vietor erklärten dann nacheinander, was der Palästinenser sagen wollte.

In der Kabine war es für die Passagiere schon eine Erleichterung, daß Mahmud nur noch selten Zeit fand zu kommen. Die Geiseln hatten die Entführer beobachtet. Die meisten hatten sie in „Gute" und „Schlechte" aufgeteilt.

Schlecht war Mahmud. Doch niemand war sich sicher, ob er verrückt war oder ob seine sadistischen Ausbrüche kühler Berechnung entsprangen. Lilo Cramer, die versuchte, die Entführer zu analysieren, dachte: „Er hat die hektischen Bewegungen von Sammy Davis Jr. und das Fanatische von Charles Manson."

Schlecht war auch Suhaila Sayeh. Sie machte die Schwerstarbeit der Terroristen. Seit rund 12 Stunden stand sie mit abgewinkelten Armen im Gang und drohte mit zwei Handgranaten. Sie schrie immer wieder auf Passagiere ein, die redeten oder sich auffällig bewegten. Einige sahen in ihren großen Augen Haß, andere nur Erregung. Sie war etwas dicker als ihre Komplicin. Ihre Jeans und ihre Bluse schienen zu eng zu sein. Unter den Passagieren hieß sie „die Dicke".

Zu den „Guten" zählte für die meisten Hind Alameh, die von den Entführern nur als Nr. 32 angesprochen wurde. Das sehr schlanke, kleine Mädchen mit dem hübschen Gesicht war leise. Sie wurde immer erst aktiv, wenn Mahmud etwas befahl. Sie schien jeder Bewegung des Kommando-Chefs mit Bewunderung zu folgen. War Mahmud nicht in der Kabine, war ihre Miene ausdruckslos, die Augen musterten kühl die Passagiere. Sie nannten sie „Die Kleine".

Lilo Cramer glaubte zu erkennen, daß sie dem Anführer hörig war, daß Mahmud umgekehrt seine brutalen Shows vor allem für sie inszenierte: „Sie ist ein kleiner Teufel und er der Satan." Dann dachte Lilo Cramer: Das ist ein Liebespaar. Die wollen leben. Nur Romeo und Julia wollten sterben.

Kaum jemand hatte Angst vor der Nr. 18, Wabil Harb. „Der Junge", wie er von den Passagieren getauft wurde, war zunächst der einzige, der gelegentlich mit den Geiseln freundlich redete. Er sprach neben Englisch auch Französisch und ein wenig Deutsch. Lilo Cramer fürchtete auch ihn: Der ist so einer, wie man sie in den italienischen Filmen sieht. Diese aalglatten Killer. Die haben kein Hirn, die sind zum Killen da. Schön, ruhig, nett, sympathisch, ein Befehlsempfänger.

Lilo Cramer glaubte in dieser Nacht, daß sie erblinden werde. Sie hatte seit der Verfolgung in der Nazi-Zeit ein Glaukom. Sie sah nur noch auf einem Auge klar und mußte regelmäßig Augentropfen nehmen, um die Sehkraft zu erhalten. Sie trug für den Fall, daß sie einmal bewußtlos wurde, immer einen Zettel im Büstenhalter. Auf dem Papier stand: „Rechtes Auge 1 mal abends. Achtung: linkes Auge Glaukom 2 mal täglich Borocarpin-Tropfen." Sie zeigte den Zettel Gaby Dillmann, die neben ihr saß und flüsterte: „Die Tropfen sind in meiner Tasche, die sie mir weggenommen haben. Wenn ich sie nicht bald bekomme, erblinde ich. Bei dieser Aufregung ist es besonders gefährlich."

Gaby Dillmann erschrak. Obgleich sich zu dieser Zeit niemand bewegen durfte, stand sie auf und ging zur Nr. 32, der Kleinen.

Hind Alameh winkte Lilo Cramer mit dem Zeigefinger und führte sie in die First Class, wo das Handgepäck lag. Sie sagte: „Suchen Sie schnell Ihre Tasche."

Lilo Cramer berührte ungewollt die

Terroristin. Die Jüdin begann erst zu zittern, dann weinte sie.

Die Kleine fragte irritiert: „Warum weinen Sie?" Lilo Cramer antwortete: „Weil ich Angst hatte, Sie würden mir nicht erlauben, die Tropfen zu holen."

Die Kleine schrie plötzlich: „Warum sollte ich das nicht erlauben? Nun nehmen Sie endlich Ihre Tropfen und setzen sich hin."

Gaby Dillmann wurde zu Mahmud gerufen, um etwas zu übersetzen. Lilo Cramer fand die Tropfen und ging zu ihrem Platz zurück. Sie zitterte so stark, daß sie kaum das Fläschchen halten konnte. Sie machte einige vergebliche Versuche, einen Tropfen in die Augen zu bekommen.

Plötzlich stand die Kleine, „der Teufel", wieder vor ihr und fragte: „Was wollen Sie?"

Lilo Cramer sagte: „Ich möchte, daß Gaby kommt und mir das in die Augen tropft. Ich habe keinen Spiegel. Meine Hände zittern irgendwie. Ich schaffe das nicht allein."

Die Kleine legte die Handgranate auf den Boden und steckte die Pistole in die Gesäßtasche, nachdem sie sie gesichert hatte. Dann bog die Palästinenserin mit der linken Hand den Kopf der Jüdin zurück und tropfte ihr mit der Rechten die Medizin in die Augen.

Lilo Cramer sagte: „Danke."

Die Kleine hob, ohne ein Wort zu sagen, die Handgranate wieder auf, zog die Pistole aus der Tasche und entsicherte sie.

Die „Landshut" wurde auf dem Flughafen von Bahrein plötzlich von Soldaten umringt. Mahmud schien Angst zu bekommen. Er griff zum Mikrophon und drückte mit der anderen Hand den Lauf seiner Pistole an den Kopf Jürgen Vietors. Er schrie in das Mikrophon: „Wenn das Militär nicht in fünf Minuten verschwunden ist, erschieße ich den Piloten." Er nahm seine Uhr ab und legte sie auf die Rückenlehne von Vietors Sitz. Er wiederholte: „In fünf Minuten sind Sie tot oder die Soldaten sind weg."

Nach 60 Sekunden drückte er die Sprechtaste und sagte: „Du hast noch vier Minuten zu leben."

Schumann redete sehr ruhig auf den Palästinenser ein: „Das können Sie nicht machen. Ich kann ohne ihn nicht fliegen. Das ist doch Wahnsinn. Wahrscheinlich gibt es gar keine Sprechverbindung vom Tower zu den Soldaten. Wie sollen die denn dann innerhalb von fünf Minuten das Militär zurückziehen?"

Mahmud sagte: „Noch drei Minuten."

Jürgen Vietor heulte und bettelte um sein Leben. Er bat, selber mit dem Tower reden zu dürfen.

Mahmud gab ihm das Mikrophon.

Jürgen Vietor schrie und wimmerte: „Er wird mich gleich erschießen. Bitte holen Sie die Soldaten zurück. Bitte, bitte, bitte." Vietor beugte den Kopf immer weiter nach vorn, aber der Pistolenlauf folgte seiner Schläfe.

Mahmud sagte: „Noch eine Minute." Und dann: „Noch 30 Sekunden."

In diesem Moment rief Schumann: „Sie bewegen sich. Captain Mahmud, sehen Sie, die bewegen sich wirklich."

Vietor schrie: „Nicht schießen. Die bewegen sich." Die Soldaten verschwanden langsam im Dunkeln. Der Palästinenser ließ die Pistole sinken.

Die Maschine wurde aufgetankt. Mahmud sagte: „Jetzt fliegen wir nach Dubai." Schumann las die Checkliste vor. Vietor drehte die Maschine auf der Stelle. Er war nicht bei vollem Bewußtsein. Er machte die Handgriffe mechanisch. Er mußte in entgegengesetzter Richtung starten, wie sie gelandet waren. Es war schwachwindig. Der Wind kam aus 25 Grad. Im Osten deutete sich ein klarer Morgen an. Jürgen Vietor brachte die Maschine ohne Schwierigkeiten vom Boden.

Am Donnerstag, dem 13. Oktober, klingelte in Hangelar beim Hauptquartier der Grenzschutzgruppe 9 (GSG 9) das Telefon. Es meldete sich ein Referent des Innenministeriums, „im Auftrage von Bundesinnenminister Maihofer" und verlangte nach dem GSG-9-Chef Polizeidirektor Ulrich Wegener. Dessen Stellvertreter, Polizeirat Klaus Blätte, ging an den Apparat. Der Mann vom Innenministerium fragte: „Sie haben von der Flugzeugentführung gehört?" Blätte bejahte. Er hörte: „Der Minister möchte, daß Sie ein Kommando für das Stürmen des Flugzeugs und die Befreiung der Geiseln bereitstellen." Als Blätte auflegte, war er aufs höchste überrascht.

Seit fast fünf Jahren trainierten die Männer der GSG 9 den Ernstfall: Karate, Schießen mit den teuersten Hand- und Faustfeuerwaffen, sprengen und Bomben entschärfen und angewandte Psychologie. Zu ihrem millionenteuren Gerätepark gehören Autos vom Typ Mercedes 280 SC mit Spezialausstattung, gepanzerte Sonderwagen, schwere Motorräder und eine eigene Hubschrauber-Flotte.

Zum ständigen Programm der Ausbilder gehörte das Stürmen von Flugzeugen. Gängige Modelle westlicher Fluggesellschaften öffnen sie innerhalb Sekunden. Bei sowjetischen Maschinen würde es möglicherweise etwas länger dauern, denn es fehlt die praktische Übung am Modell. Doch auch die technischen Details russischer Maschinen sind den GSG-9-Spezialtrupps kein Geheimnis. Die sicherheitsbewußten Sowjets haben ihnen Pläne überlassen.

Heimliche Anerkennung fand die Truppe allenfalls im Ausland. Der Befehlshaber der israelischen Grenzpolizei, Zvi Bar, hatte erst unlängst über die GSG 9 geurteilt: „Das Beste, was es derzeit zur Terrorbekämpfung gibt." Die Israelis wußten, was sie lobten, denn der GSG-9-Chef Wegener war bei ihnen in die Lehre gegangen. Er hatte mit ihnen auch praktische Erfahrung gesammelt: als Gast beim Handstreich in Entebbe.

In der Bundesrepublik Deutschland allerdings galt die Einheit eher als idiotischer James-Bond-Verschnitt. Wann immer Kriminelle auf deutschem Boden die Polizei vor Aufgaben stellten, auf die Wegeners Männer getrimmt waren, lehnten die zuständigen Landesinnenminister GSG-Angebote aus Hangelar höflich ab. Das Antiterror-Kommando blieb immer wieder neben seinen startbereiten Hubschraubern stehen. Die Landesfürsten hielten es für unvereinbar mit ihrem föderalen Selbstbewußtsein, die Hilfe der Bundestruppe in Anspruch zu nehmen. Als die GSG 9 im November 1974 erst-

Nach dem
Münchner Olympia-Massaker 1972
war die Grenzschutzgruppe 9 aufgestellt worden.
Ihr Auftrag: Terroristenbekämpfung.
Fast fünf Jahre hatten sie trainiert – Karate,
Schießen, psychologische Kampfführung.
Fast fünf Jahre hatten die GSG 9 und ihr Chef,
Polizeidirektor Ulrich Wegener, 46,
auf ihren Einsatz gewartet.
In Mogadischu war es soweit

mals bei der Terroristenfahndung eingesetzt werden sollte, wurde Wegener das Veto der Landesinnenminister mit der Begründung kolportiert: „Wenn die Truppe eingesetzt wird, gibt es eine Furche verbrannter Erde von den Alpen bis zur Nordsee."

Ulrich Wegener hatte zu Beginn dieses Jahres mit Rücktritt gedroht. Er glaubte, seine Leute mit einem Durchschnittsalter von 25 Jahren nicht länger „unter Dampf" halten zu können, ohne daß die Aussicht auf „Feindberührung" bestand.

Nach der Schleyer-Entführung gab es dann ein bißchen zu tun. Am Nachmittag des 13. Oktober erhielt Wegener die Nachricht von der Flugzeugentführung im Kölner Uni-Zentrum, wo er mit seinen Leuten der örtlichen Kripo beim Eindringen in eine leere konspirative Wohnung half. Der Polizeidirektor war zufrieden mit sich und dem Einsatz: „Die Kripo hat gemerkt, daß wir ein Schutz für die Beamten sind. Die Zusammenarbeit war prima."

Von seinem Stellvertreter Blätte erfuhr

er, daß der Bundesinnenminister sechs GSG-9-Leute angefordert hatte. Wegeners gute Laune war hin: „Was soll denn das? Mit sechs Leuten kann man Terroristen doch höchstens erschrecken."

Die Offiziere der GSG 9 nahmen den Alarm aus Bonn nicht sehr ernst. Tatsächlich tagte in der Bundeshauptstadt noch der große Krisenstab und hatte noch keine endgültige Entscheidung über die Strategie gegenüber den Hijackern getroffen.

Um 19.42 Uhr ließ Innenminister Maihofer dann Wegener ans Telefon holen. Er teilte mit, daß der Einsatz der Spezialtruppe endgültig beschlossene Sache sei. Dreißig Mann sollten sich für den Abflug bereithalten.

Eine Stunde später erklärte Wegener im Lichthof des Hangelarer Hauptquartiers den ausgewählten Männern die Aufgabe. Er war sehr ausführlich und sehr genau nach seiner Devise: Exakte Information gehört zur Motivation.

Wegener sagte, die Premiere nach fünf Jahren Probe werde „eine harte Nuß" werden. Er erinnerte an die extremen Schwierigkeiten beim Sturm eines Flugzeuges: Schon das Anschleichen ist gefährlich. Es gibt keine Deckung. Alles spielt sich auf engstem Raum ab. Das Verhalten von Entführern und Geiseln ist unberechenbar. Wenn etwa ein Passagier aufspringt, kann man ihn versehentlich für einen Terroristen halten. Geschossen werden darf nur mit großer Vorsicht, damit keine Leitungen oder Tanks getroffen werden.

Wegener sprach vom „Himmelfahrtskommando". Er nehme es niemandem übel, wenn er nicht mitwolle. Die Männer grinsten. Es blieb ein Problem: die drei Einheitsführer Schmidt, Weigolt und Tütter wollten mit, aber einer wurde nur gebraucht. Wegener entschied: „Macht das unter euch aus." Schmidt trat freiwillig zurück: „Das wird doch nichts. Da kommen wir nie zum Einsatz. Ich ärgere mich nur, wenn wir zurückkommen, ohne die entführte Maschine auch nur gesehen zu haben." Die beiden anderen beschlossen zu losen. Tütter warf ein 5-Mark-Stück hoch. Weigolt gewann mit Zahl. Tütter war ein schlechter Verlierer: „Das ist unglaublich. Jedes Jahr gewinne ich den Wettbewerb beim Üben, und jetzt muß ich hierbleiben."

Zur Gruppe gehörten außer Weigolt und Wegener dessen Adjutant Baum, zwei Sprengstoffspezialisten, ein Fernmeldetechniker und 24 Leute im Mannschaftsgrad.

Sie packten: ihre persönlichen Waffen, hundert Handgranaten, Leitern und genügend Sprengstoff, um das Flugzeug notfalls „aufzusägen". Adjutant Baum holte aus einem Regal zwei Aktenordner mit allen Unterlagen über die Boeing 737.

Um 21.45 Uhr war die Gruppe abreisefertig auf dem Flughafen Köln-Bonn. Sie sahen aus wie ein Sportler-Team. Junge durchtrainierte Männer in Turnschuhen, Jeans und Pullovern.

Um 22.13 Uhr rollte eine Boeing 737 der Lufthansa mit dem GSG-9-Kommando auf die Startbahn. Ihr Ziel war Zypern, wo zu dieser Zeit noch die Entführer der „Landshut" auf einen Tankwagen warteten. An Bord war Betriebsausflugs-Stimmung. Man erzählte Witze und spielte Skat. Dann gab es eine Lotterie. Die Männer losten untereinander aus, wer beim Sturm zuerst in die gekaperte Maschine dürfe.

Ulrich Wegener wog für sich die Chancen des Unternehmens ab. Als Minister Maihofer ihm den Einsatzbefehl gab, hatte er an ein Wort gedacht: „Endlich." Dann waren ihm Zweifel gekommen: „Wie wollen die in Bonn das politisch durchsetzen. Ein Entebbe-Unternehmen kommt doch für die Bundesrepublik bestimmt nicht in Frage." Noch am Flugplatz hatte Maihofer ihm am Telefon gesagt: „Mit den Zyprioten ist was zu machen." Nun war Wegener sich plötzlich ganz sicher: „Dort in Zypern läuft was."

Ulrich Wegener hatte sich noch in letzter Minute von seinem Adjutanten die Badehose aus der Kaserne holen lassen. Er ahnte, daß es in wärmere Gegenden gehen könnte. Im Flugzeug fiel ihm ein, daß er ein Handtuch vergessen hatte. Der 46jährige war so jugendlich gekleidet wie seine Leute. Jeans, Pullover, Lederjacke.

Kurz vor der Landung auf dem zypriotischen Flugplatz Lanarka kam der Chefpilot der Lufthansa, Gäbel, aus dem Cockpit und sagte zu Wegener: „Der Tower hat so komisch gefragt, wen wir an Bord haben. Ich habe gesagt, deutsche Experten. Packt mal eure Geigenkästen lieber weg."

Wegener begriff, daß er sich hatte täuschen lassen, daß auf Zypern überhaupt nichts lief. Er zeigte seine Enttäuschung, als er befahl, die Waffen zu verstauen. Die Männer versteckten Gewehre, Maschinenpistolen, Handgranaten und Leitern notdürftig unter Decken und Mänteln. Die Jalousien wurden vor die Fenster gezogen. Nur Wegener konnte sich nicht beherrschen. Bei der Landung suchte er nach der entführten Maschine. Er sah nichts.

Der zypriotische Polizeichef kam an Bord. Er inspizierte schweigend die Passagiere, die Karten spielten und ihn freundlich anlächelten. Wenig später wurde dem deutschen Geschäftsträger die energische Bitte übermittelt, die „deutschen Spezialisten" sollten möglichst umgehend zypriotischen Boden wieder verlassen.

Die Skatblätter wurden zusammengeworfen. Jemand rief: „Wäre ich doch bloß mit dem Schmidt in Hangelar geblieben."

Dann kam die Meldung, die Entführer seien bereits wieder gestartet. Wegener versuchte zu beruhigen, ohne den eigenen Zorn unterdrücken zu können: „Abwarten, der Einsatz ist noch nicht zu Ende. Ich fliege jedenfalls nicht nach Bonn zurück."

Im Gespräch mit seiner Führungsmannschaft entwickelte der GSG-9-Chef eigene Pläne: „Die fliegen jetzt irgendwo nach Arabien. Da sollten wir nach Israel starten. Auf dem Ben-Gurion-Flughafen säßen wir geographisch zentral und wären bei Freunden."

Flugkapitän Gäbel las einen neuen Funkspruch aus Deutschland vor: „Sofort nach Köln zurückfliegen. Dies ist ein Befehl des Bundesinnenministers."

Als die Maschine kurz nach 4 Uhr morgens wieder in der Luft war, kam eine neue Weisung: „Fliegen Sie nach Ankara."

In der Türkei wurden die deutschen Spezialisten freundlich empfangen.

Die Funkfeuer arbeiteten wieder normal. Schumann gelang es, Kontakt zum Tower des Flughafens in Dubai aufzunehmen. Er bat um Landeerlaubnis. Nach einer Pause kam die Antwort: „Der Flugplatz ist gesperrt, sorry."

Mit Hilfe der Flugkarte wies Schumann seinen Kopiloten in die Warteschleife von Dubai ein. Vorschriftsmäßig in 8000 Fuß (ca. 2650 m) Höhe kreisten sie über dem Scheichtum.

Die Piloten waren beinahe entspannt. Die Benzinvorräte reichten noch eine Weile. Bis zur nächsten unaufschiebbaren Entscheidung war noch eine kleine Pause. Vietor bat Schumann zu fliegen, legte sich zurück und döste für eine halbe Stunde. Dann bat er in immer kürzeren Abständen um Landeerlaubnis. Die Antwort war stereotyp höflich: „Tut uns leid, der Platz ist gesperrt."

Mahmud saß zusammengesunken auf dem Flugbeobachterplatz im Cockpit. Gelegentlich schreckte er aus seiner Lethargie hoch, riß Vietor das Mikrophon aus der Hand, schrie heiser Arabisches. Auf dem Tower verstand man ihn offensichtlich nicht. Er wiederholte immer wieder dieselben Sätze.

Dann sahen die Piloten, daß die Landebahn von mehreren Fahrzeugen blockiert war. Auf Anweisung des Staatschefs von Dubai, Scheich Raschid bin Said al-Maktum, waren Feuerwehren auf die Piste gestellt worden.

Aus dem Cockpit erkannte man keine Bewegung auf dem Flugplatz. Aus 2600 m Höhe wirkte er ausgestorben. Schumann und Vietor suchten nach einer freien Beton-Piste, die zur Landung ausgereicht hätte. Sie schätzten die Länge der nicht blockierten Taxiways. Sie fanden nichts, was ihnen Mut gemacht hätte zu landen. Schumann sagte: „Irgendwann ist der Sprit alle. Irgendwo müssen wir mal runter. Vielleicht haben wir ja Dusel."

Dann spürte er den Pistolenlauf im Nacken. Mahmud brüllte: „Du landest jetzt." Er setzte die Pistole an Vietors Schläfe: „Ihr landet jetzt, jetzt, ihr landet jetzt . . ."

Vietor, der wieder flog, sagte kaum hörbar: „Dagegen gibt es keine Argumente." Schumann drehte sich äußerlich ruhig zu Mahmud um und versuchte ihm zu erklären: „Wir müssen jetzt erst einmal tiefer gehen, und dann noch eine Schleife fliegen . . ."

Mahmud unterbrach: „Ihr landet jetzt."

Schumann: „. . . um zu sehen, wo wir am besten landen."

Es gelang dem Piloten, den Palästinenser zu beruhigen. Der sagte „okay" und ließ die Pistole sinken.

Schumann informierte den Tower: „Wir müssen jetzt kommen. Wir landen." Er begründete die Ankündigung nicht. Die Stewardessen wies er an, alle Vorbereitungen für eine Notlandung zu treffen.

Es war 8.50 Uhr Ortszeit, 5.50 Uhr morgens in Deutschland. Beim ersten Anflug auf dem Flugplatz sahen die Männer im Cockpit, daß die Feuerwehrwagen von der Rollbahn fuhren. Der Flughafenkommandant hatte eigenmächtig den Befehl dazu gegeben, ohne die Anweisung des Staatschefs abzuwarten. Er verhinderte wahrscheinlich die Katastrophe. Jürgen Vietor brachte die Maschine so weich wie auf einem Routineflug auf die Landebahn.

Mahmud griff wieder nach dem Mikrophon. Heiser schreiend stellte er sich als Führer des „Kommandos Martyr Halimeh" vor: „Die Maschine steht unter unserer vollständigen Kontrolle. Wenn Sie unsere Anordnungen nicht befolgen, wird das Flugzeug gesprengt." Auf arabisch erklärte er die Forderungen seines Kommandos. Dann verlangte er, daß eine Frau Getränke an die Maschine bringe. Auf dem Tower verstand man kaum etwas.

Der diensthabende Flughafenkommandant ließ sich mit dem Palast des Verteidigungsministers der Vereinigten Arabischen Emirate, Scheich Mohammed bin Raschid verbinden. Der Scheich war bei einem morgendlichen Rundgang durch seinen Privatzoo. Er bereitete sich an diesem Freitag, dem arabischen Sonntag, auf die Ausfahrt zur Falkenjagd vor. Der Verteidigungsminister meinte, die fürstliche Entspannung verdient zu haben. Denn am Vorabend war er von einer anstrengenden Mission aus dem Süd-Libanon zurückgekommen, wo er vergebens versucht hatte, zwischen palästinensischen und christlich-libanesischen Milizen einen Waffenstillstand zu stiften.

Scheich Mohammed, gerade 29 Jahre alt, dritter Sohn des Herrschers von Dubai, ließ sich zum Flughafen fahren. Sein Fahrer erreichte Spitzengeschwindigkeiten von fast 200 Stundenkilometern. Zu Mohammeds Hobbys gehören schnelle Autos aus aller Welt. Der Junggeselle erfreut sich einer globalen Reputation als Playboy. Soldatisches lernte er auf der britischen Elite-Militärakademie Sandhurst. Und er hatte für die bevorstehende Aufgabe Erfahrung: Es war die vierte Flugzeugentführung, die er auf dem Tower von Dubai zu einem guten Ende zu bringen versuchte.

Scheich Mohammed blieb die kommenden drei Tage und zwei Nächte in seiner Kommandozentrale auf dem Flughafen. Zu kurzen Ruhepausen rollte er sich in eine Wolldecke auf den Fußboden. Der Scheich nahm am Freitagmorgen sofort über Sprechfunk Kontakt mit Mahmud im Cockpit der „Landshut" auf. Er bat den Hijacker, Frauen, Kinder und Kranke freizugeben. Er sprach mit ihm als „arabischer Bruder", und er versuchte es im Befehlston. Den lauten Wortfetzen, die schwer verständlich aus der Maschine kamen, entnahm der Verteidigungsminister, daß die Terroristen zu keinem Kompromiß bereit waren. Scheich Mohammed sagte zu den Umstehenden: „Da ist zur Zeit nichts zu machen. Der Mann ist sehr nervös. Ich glaube, er ist krank."

In der Kabine der „Landshut" beruhigte sich nach der Landung die Atmosphäre ein wenig. Es war für die Geiseln schon eine Erleichterung, daß Mahmud, der mit dem Sprechfunkverkehr beschäftigt war, sich nicht mehr zeigte.

Der Junge und die beiden Mädchen wechselten einander bei der Bewachung ab, ohne ständig mit Handgranaten und Pistolen zu drohen. Die Passagiere durften die Hände runternehmen, die sie bis zur Erschöpfung auf dem Kopf oder auf der Kopfstütze des Vordersitzes hatten halten müssen. Die Bewacher duldeten leise Gespräche.

Scheich Mohammed bin Raschid, 29, Verteidigungsminister der Vereinigten Arabischen Emirate, hielt auf dem Flughafen Dubai drei Tage und zwei Nächte vom Tower aus Kontakt mit den Entführern der „Landshut"

Die Jalousien vor den Fenstern blieben geschlossen. Die Passagiere wußten nicht, wo sie waren. Außer den Kindern und den sehr Alten hatte niemand in der vergangenen Nacht geschlafen. Einige begannen zu dösen.

Wasser wurde ausgegeben, für jeden einen Schluck. Eines der Mädchen erklärte: „Nur die Kehle anfeuchten. Wir haben nichts mehr zu trinken, und wir wissen nicht, wann wir wieder etwas bekommen."

Als die Stewardeß Gaby Dillmann durch die Kabine ging, spürte sie, daß jemand ihren Arm berührte. Ein 14jähriges Mädchen sah sie mit rotem Kopf an und flüsterte: „Ich habe in die Hosen gemacht." Gaby sagte: „Das macht doch jetzt wirklich nichts. Zieh' die Hose aus, dann hängen wir sie irgendwo zum Trocknen hin."

Rund 17 Stunden hatten sich die Passagiere nicht von ihren Plätzen bewegen dürfen. Nun durften sie einzeln zur Bug-Toilette gehen.

Die Palästinenser erschienen, einer nach dem anderen, in neuer Aufmachung. Sie trugen sehr schicke rote T-Shirts, weiß eingefaßt, – mit dem Bild Che Guevaras.

Mahmud ließ Gaby Dillmann in die 1. Klasse rufen. Er zeigte auf das etwas zerknitterte Konterfei des lateinamerikanischen Revolutionärs an seiner Brust: „Kennst du den?" Gaby antwortete: „Che Guevara."

Mahmud: „Und weißt du, was der gemacht hat?" Gaby: „Weiß ich, glaube ich. Als ich jünger war, hing ein Bild von ihm in meinem Zimmer, weil ich fand, daß er so gut aussieht. Später habe ich ihn wieder abgehängt." Gaby dachte an die Lufthansa-Instruktion im Fall einer Flugzeugentführung: Nicht auf politische Diskussionen einlassen.

Mahmud fragte: „Weißt du was über Israel, Persien, Brasilien, Chile – was weißt du über Chile?"

Gaby sagte: „Das mit Chile, das ist eine Tragödie."

Mahmuds Stimme wurde wieder sehr heiser, er begann leise und wurde dann sehr laut: „Eine Tragödie nennst du das, eine Tragödie – wenn Faschisten Demokraten foltern, morden zu Zehntausenden – eine Tragödie . . ." Er schrie: „Okay, okay, okay, – eine Tragödie."

Gaby versuchte eher naiv als ängstlich zu gucken und sagte: „Ich weiß, es ist schlimm, daß ich mich so wenig für Politik interessiere. Ich weiß gar nichts über Chile. Ich habe keine Ahnung. Ich müßte mich viel mehr engagieren."

In diesem Moment stieß die Kleine, die dem Gespräch regungslos zugehört hatte, gegen einen Stapel Essen-Tabletts auf einem Sitz und kippte ihn dabei um. Plastikteller, Bestecke, Essensreste flogen auf den Boden. Gaby rief betont fröhlich: „Bingo."

Mahmud fragte: „Was heißt Bingo?" Gaby war froh, daß sich die Situation mit dem Krach der umstürzenden Tabletts entspannt hatte und antwortete: „Ich sage immer ‚Bingo', wenn etwas runterfällt, wenn es einen ordentlichen Bums gibt. Das bedeutet Glück."

Die Palästinenser lachten. Mahmud steckte vor Vergnügen die Pistole in die Gesäßtasche. Er sagte: „Bald machen wir Bingo mit dem Flugzeug." Von nun an sagten die Palästinenser im Cockpit „Bingo", wenn sie meinten, sie würden sich und die Passagiere in die Luft sprengen. Gaby merkte, wie gut es auch den Terroristen tat, für das Bedrohliche ein so lustiges Wort gefunden zu haben. Sie schwor sich aber, nie wieder „Bingo" zu rufen.

Mahmud bestellte beim Tower Wasser, Essen, Zigaretten und Medikamente – besonders dringlich Halstabletten und Hustensaft für sich. Draußen kombinierte man: ein Terrorist, der sich um seinen Hals sorgt, denkt nicht ernsthaft ans Sterben. In der Maschine wußte man es anders: Mahmud mußte etwas für seine Stimmbänder tun, um sich überhaupt noch verständlich zu machen.

Ängstliche pakistanische Hilfsarbeiter schoben einige Flaschen Mineralwasser auf einer Treppe an die Bug-Tür. Die Entführer waren nervös. Sie fürchteten offensichtlich eine Finte oder plötzliche Gegenwehr der Passagiere. Mit entsicherten Pistolen und Handgranaten bedrohten sie Pakistanis und Geiseln. Nachdem die ersten Plastikflaschen mit Wasser an Bord waren, schien Mahmuds Mißtrauen zu schwinden. Er ließ einen Catering-Wagen an die Maschine fahren, der Proviant brachte und die Abfälle aufnehmen sollte.

Die Piloten Schumann und Vietor, die nur auf englisch miteinander reden durften, flüsterten sich einige deutsche Sätze zu. Schumann sagte: „Wir müssen die draußen informieren. Glaubst du, es ist sinnvoll, etwas in den Abfall zu schmuggeln?" Vietor antwortete: „Ich glaube nicht, daß sie den Abfall durchsuchen werden."

Die Hijacker wollten Zeitungen haben. Schumann reagierte schnell: „Bestell vier Zeitungen, vier." Jürgen Vietor sagte auf englisch ins Mikrophon: „Bitte, schicken Sie uns vier englische Zeitungen. Ich wiederhole – vier – englische Zeitungen." Mahmud blieb arglos.

Jürgen Schumann wickelte vier Zigaretten zusammen und warf sie in den Abfall. Gaby Dillmann, die begriffen hatte, stellte sich in die offene Tür und winkte. Dabei legte sie den Daumen hinter die Handfläche und spreizte die vier Finger. Die draußen sollten die Zahl der Entführer wissen.

Weshalb sie damit einen gefährlich unberechenbaren Wutausbruch Mahmuds riskierten, war keinem der Besatzungsmitglieder wirklich klar. Niemand wagte auch nur daran zu denken, daß die Maschine gestürmt werden könnte. Alle hofften, daß Bonn die RAF-Häftlinge freilassen werde. Für eine solche Entscheidung war aber die Information über die Zahl der Terroristen kaum wichtig.

Mahmud merkte nichts. Er aß wie die Passagiere zum erstenmal seit rund 19 Stunden: Hühnchen, Brot, Wurst, Käse, Süßspeise.

Auf der Plastikschachtel mit dem kalten Standard-Imbiß für Mittelstrecken-Flüge stand „Airport Dubai". Die Passagiere wußten nun, wo sie waren. Sie fühlten sich relativ sicher in dem prowestlichen Ölscheichtum. Auch hatten sie mittlerweise erfahren, daß das Ultimatum der Entführer erst am Sonntag auslief. Das war noch fast zwei Tage hin. Die Geiseln bestärkten sich zudem gegenseitig in dem Glauben, daß die Bundesregierung nachgeben müsse.

Stewardessen und Terroristen gaben freigiebig Zigaretten aus, die an Bord gekommen waren. Die Kleine gab Feuer, ohne die Handgranaten aus der Hand zu legen. Das Plastik-Ei in der Faust, den Abzugsstift mit der Öse am kleinen Finger hängend, knipste sie mit dem Daumen ein Wegwerffeuerzeug an.

Mahmud machte sich Sorgen um die Gesundheit der Passagiere. Der Kettenraucher entschied: „Es geht nicht, daß die Nichtraucher im Qualm ersticken." Er befahl den Passagieren mit fast väterlicher Freundlichkeit, sich umzusetzen: „Raucher nach hinten, die anderen nach vorn."

Die Berliner Lufthansa-Angestellte Birgit Röhll war für diese Maßnahme besonders dankbar. Seit dem Überfall vor mehr als 19 Stunden hatte sie getrennt von ihrem 10jährigen Sohn Stefan sitzen müssen. Als sie ihn nun wieder neben sich im Arm hatte, war Stefan ganz ruhig, aber es liefen ihm einige Tränen über das Gesicht. Birgit Röhll tröstete mit Überzeugung: „Jetzt ist alles wieder gut. Es wird nichts mehr passieren." Birgit Röhll dachte auch nicht mehr an ihren im Kosmetikkoffer versteckten Lufthansa-Ausweis und an die Drohung Mahmuds, jeden zu „exekutieren", der seine Papiere nicht abgegeben hatte.

Der Vorhang zur „First" war zugezogen. Nur Besatzungsmitglieder sahen, daß Mahmud und die Kleine Handgepäck und Ausweise der Passagiere durchsuchten.

Die Kleine kam aus der ersten Klasse

Die Berliner Lufthansa-Angestellte Birgit Röhll erregte den Zorn der Entführer – durch einen simplen Montblanc-Füllfederhalter. Ihr 10jähriger Sohn Stefan, der wie alle Kinder an Bord der „Landshut" die Ruhe behielt, tröstete seine verzweifelte Mutter

und ging sehr langsam, die Gesichter musternd, durch die Kabine. An der letzten Sitzreihe blieb sie vor Birgit Röhll stehen und sagte: „Sie kommen mit." Birgit Röhll zitterte, als sie hinter der Palästinenserin durch den Vorhang ging.

In der 1.-Klasse-Kabine stand Mahmud vor dem geöffneten Kosmetikkoffer. In der Hand hielt er den Lufthansa-Ausweis und einen Montblanc-Füllfederhalter. Er brüllte nicht sehr laut: „Hinsetzen." Auf den Sitzen lagen Handgepäck und Duty-free-Plastiktaschen. Birgit Röhll setzte sich auf eine Armlehne.

Mahmud befahl heiser, aber noch immer nicht übermäßig laut: „Los, auf den Boden." Birgit Röhll kniete vor ihm nieder.

Mahmud hielt ihr den Füllfederhalter vor das Gesicht, die Haube mit dem weißen Montblanc-Stern nach vorn. Er fragte: „Was ist das?"

Birgit Röhll wußte, daß ihre Antwort ihn wild machen werde, aber ihr fiel nichts anderes ein: „Ein Füllfederhalter." Mahmud hob die Hand, aber er schlug nicht zu. Er zeigte auf den Stern und wiederholte leise: „Was ist das?"

Birgit Röhll antwortete: „Ein Markenzeichen."

Mahmud schlug ihr zweimal ins Gesicht und schrie: „Das ist ein Judenstern." Er rannte durch die Economy-Kabine zu Stefan rüber. Er fragte auf englisch: „Seid ihr Juden?" Jemand übersetzte. Der 10jährige Junge ahnte nur den Sinn der Frage, doch er antwortete sehr bestimmt: „Nein."

Mahmud lief zurück zu der noch immer knieenden Birgit Röhll. Er warf den Füllfederhalter auf den Boden, zertrat ihn und sagte: „Kaufe nie wieder zionistische Waren." Er trat ihr mit der Sohle seines Schuhs an den Kopf.

Birgit Röhll spürte nichts. Sie taumelte zurück zu ihrem Platz. Sie zitterte und kämpfte gegen einen Weinkrampf. Stefan streichelte ihr jetzt über die Hand und versuchte dann, seinen Arm um die Schultern der Mutter zu legen. „Mami", sagte er mit ungewohnt tiefer Stimme, „du brauchst keine Angst zu haben. Ich bin doch bei dir." Birgit Röhll begriff, was später auch andere Passagiere spürten: daß die Kinder die Ruhigsten und Stärksten in der Maschine waren.

Die Kleine lächelte einen Augenblick den tröstend über seine Mutter gebeugten Sohn an. Es war ein ganz anderes Lächeln als die ausdruckslos fröhliche Miene, mit der sie stets den Aktionen Mahmuds folgte.

Gaby setzte sich auf ihren Platz. Neben ihr saß Lilo Cramer, reglos und wächsern zur Decke starrend. Plötzlich wandte sie ihren Kopf zu Gaby und flüsterte kaum hörbar: „Ich muß Ihnen etwas gestehen, ich bin Jüdin." Sie drückte der Stewardeß etwas in die Hand. In einen Fetzen Papier eingewickelt Edelsteine, goldener Schmuck. Lilo Cramer flüsterte: „Ich werde jetzt sterben. Aber das sollen sie nicht bekommen. Gib es bitte meinem Mann."

Die Frau, die als einzige ihrer Familie den Nationalsozialismus überlebt hatte, war sicher, daß jetzt ihr Leben zu Ende gehe. Sie hatte sich sehr oft gefragt, weshalb ausgerechnet sie noch lebe. Nun glaubte sie, die Antwort gefunden zu haben: um so zu sterben. Sie flehte zu Gott: Bitte, mach, daß er mich nicht solange quält, daß er mich schnell tötet.

Sie suchte nach den Gebeten, die ihr geholfen hatten, als sie sich in Verliesen und Kellern vor der Gestapo versteckte. Sie war nie eine sehr fromme Jüdin gewesen. Ihr fiel nur ein einziger Vers ein: „Herrgott im Himmel, schau auf Dein Volk Israel herab und hilf ihm in der Not." Sie sprach ihn, ohne die Lippen zu bewegen, auf deutsch und hebräisch. Sie erinnerte sich an den Inhalt eines Bittgebetes für Sterbende und wiederholte immer wieder: „Stammutter Rachel, Lea und Sarah, nehmt mich in euren Bund auf und empfangt mich im Himmel gnädig."

Gaby Dillmann fühlte sich der Situation zunächst kaum gewachsen. Sie fand nur mühsam Worte: „Es ist furchtbar. Um Gottes Willen, ich muß was tun." Sie wußte, es gab nichts zu tun. Dann kam ihre überzeugende Zuversicht zurück. Sie nahm die Hand der Frau und sagte: „Ich weiß, Ihnen wird nichts geschehen. Ich weiß es ganz genau. Seien Sie ganz ruhig." Und dann log Gaby das einzige Mal bewußt während der Entführung: „Ich habe gehört, daß morgen drei Leute entlassen werden, und Sie sind dabei." Lilo Cramer beruhigte sich.

Die Kleine kam, um eine andere Frau zu holen. Gaby Dillmann wurde mit ihr in die „First" gerufen, um zu übersetzen. Die Frau verstand kein Englisch. Mahmud sagte ihr: „Du bist jüdisch." Er schlug sie sofort. Sie flehte: „Bitte nein, ich bin evangelisch." Mahmud wiederholte stereotyp: „Du bist jüdisch, gestehe." Er fragte Gaby: „Kann man in dem Paß nicht sehen, welche Religion sie hat." Gaby antwortete: „Nein, das steht in deutschen Pässen nicht drin. Bei uns hält man die Religion nicht für so wichtig." Er sagte: „Für uns ist das sehr wichtig."

Gaby brauchte alle Willenskraft, um zu antworten. Sie spürte, daß ihr Schweiß aus den Poren schoß, sie sehr schwach wurde. Die Kleine lächelte für eine Sekunde ihr

Die Geschichte Palästinas über Bordmikrophon

anderes, sehr freundliches Lächeln. Sie legte Gaby eine Hand auf den Rücken und führte sie aus der 1.-Klasse-Kabine.

Gaby Dillmann hörte nicht, daß eine dritte Frau, die zu Mahmud geführt wurde, schrie. Zum erstenmal seit zwei Tagen war sie in schlafähnliche Trance gefallen. Lilo Cramer deckte sie zu und nahm ihre geschwollenen Füße in den Schoß.

Mahmuds krächzende Stimme aus dem Bordlautsprecher schreckte Gaby wieder auf: „Die drei jüdischen Hexen, die ich eben entlarvt habe, melden sich morgen früh um acht Uhr zur Exekution."

Die Ausbrüche des Kommando-Chefs waren schwer zu deuten. Es waren tatsächlich Passagiere jüdischen Glaubens an Bord. Ihre Namen hätten sie verraten können und vor allem ihre israelischen Visa im Paß. Doch Mahmud fand seine „Jüdinnen" wahllos. Der fehlerlos Englisch sprechende Palästinenser war sicher zu intelligent und erfahren, um im Markenzeichen von Montblanc ein jüdisches Symbol zu sehen. Aber er brauchte immer wieder irgendwelche Opfer. Wären seine Ausbrüche kalkuliert gewesen, hätten sie einen Zweck erfüllt: die meisten Geiseln wurden bis zur Lähmung eingeschüchtert.

Doch Mahmuds Aktionen und Reaktionen waren offensichtlich unkontrolliert. Er drehte auch dann durch, wenn ihn die Passagiere nicht sahen, etwa bei den Funkgesprächen. Vor allen die Besatzungsmitglieder erkannten immer klarer, daß der „Captain" die Szenen als Ventil für die eigene Spannung brauchte, daß er dem ihm aufgetragenen Unternehmen psychisch kaum gewachsen war.

Mahmud setzte sich auf den Kapitänssitz und schaltete die Bordsprechanlage ein: „Ich bitte um Ruhe. Ich habe etwas Wichtiges zu erklären." Er hielt einen Vortrag über die Geschichte des palästinensischen Volkes, voller Fakten und Jahreszahlen. Er redete fast eine Stunde lang. Gaby Dillmann übersetzte durch das Mikrophon an der Bug-Tür: daß die Palästinenser zwei Jahrtausende in ihrem Land am Jordan gelebt hätten, immer wieder von fremden Herrschern unterdrückt. Daß in ihrem Land drei Weltreligionen entstanden seien, deren Anhänger jahrhundertelang in Palästina friedlich nebeneinander gelebt hätten. Dann hätten die Engländer im Bündnis mit dem Weltimperialismus die Palästinenser betrogen und ihr Land den Zionisten gegeben.

Mahmud fragte: „Was würden die Deutschen machen, wenn in ihr Land Fremde aus der ganzen Welt kämen und behaupteten – wir haben ein Buch, da steht drin, daß das hier uns gehört? Die Deutschen würden kämpfen."

Mahmuds Stimme verriet wieder gefährliche Erregung, als er vom Kampf der Palästinenser um ihre Heimat sprach. Ein Schuß unterbrach ihn. Sekundenlang war es unheimlich still im Flugzeug. Dann hörte man Mahmuds Stimme leise: „Verzeihung – ich fahre jetzt mit meinen Ausführungen fort." Der Entführer, allein im Cockpit, hatte in der Erregung seine Pistole abgedrückt. Jürgen Vietor fand den Einschuß später im Kopiloten-Sitz.

Wie beruhigt von dem Schuß erklärte Mahmud, weshalb er als Palästinenser mit den deutschen Schleyer-Entführern zusammenarbeitet: „Das zionistische Re-

Flugkapitän Jürgen Schumann, links, und Kopilot Jürgen Vietor in Dubai – mit der Kamera einer Passagierin fotografiert vom Entführer-Chef Mahmud, dessen Launen ständig wechselten

gime in Israel ist die Fortführung des Nationalsozialismus. Der Zionismus ist die Speerspitze des Imperialismus in der arabischen Welt. Der Bonner Neo-Nazismus ist neben den USA sein wichtigster Verbündeter. Und Schleyer ist einer jener Typen, die erst Hitlers Nazismus gedient haben und heute die Geschäfte der Neo-Nazis in Bonn und Tel Aviv betreiben. Deswegen kämpfen wir zusammen mit den deutschen Genossen gegen den Weltimperialismus und werden die deutschen Gefangenen aus den Folter-Gefängnissen befreien. Oder wir sterben für die deutsche Sache, wie in Entebbe Deutsche für uns gefallen sind."

Einige Geiseln haben zugehört. Der Lehrer Hartwig Faby spürte so etwas wie ein schlechtes Gewissen. Er gestand sich ein, daß er fast nichts über das Schicksal der Palästinenser wußte. Er schwor sich, wenn er hier wieder herauskäme, dann wolle er nicht immer nur an den eigenen Mist denken, sondern sich zum Beispiel auch für das Problem der Palästinenser interessieren.

Jürgen Vietor ging es ähnlich. Er dachte: In unserem fetten Deutschland, da liest man was in den Zeitungen über PLO und Palästinenser und liest da so drüber weg. Mensch, jetzt ist mir zum erstenmal ein bißchen bewußt geworden, um was es hier geht.

Mahmud kam nach dem Vortrag in die Kabine, tänzelte durch den Gang und ging wieder ans Mikrophon: „Noch eine Mitteilung. Die drei Jüdinnen brauchen sich morgen früh nicht bei mir zu melden. Ich werde sie nicht exekutieren."

Birgit Röhll hatte kaum etwas von dem Vortrag verstanden. Sie hatte ans Sterben gedacht. Stefan streichelte die Mutter unentwegt und redete ruhig auf sie ein. Nun kam die Kleine. Sie gab Stefan einen Apfel und sagte: „Es gibt jetzt keinen Grund mehr, sich zu fürchten. Es ist ganz egal, ob Sie Jüdin sind oder nicht. Ihnen wird nichts geschehen." Später kam sie noch einmal zurück und schenkte dem Jungen einen Fächer mit Palmen und Stierkämpfern, ein Souvenir aus Mallorca: „Damit dir nicht mehr so heiß ist."

Die Temperaturen in der Kabine waren noch erträglich, kaum über 30 Grad. Die Klimaanlage lief. Doch das Kühlungssystem brauchte Strom. Den lieferte der Flugzeuggenerator – solange er Benzin bekam.

Kapitän Schumann hatte schon kurz nach der Landung ausgerechnet, wie lange der Sprit für den Generator reichen werde. Er war auf gut zwölf Stunden gekommen. Das hieß, irgendwann am Abend würde die „Landshut" ohne Strom sein, ohne kühlende Luft und Licht. Schumann befürchtete, das könne Mahmud wieder in Panik versetzen. Er erklärte dem Palästinenser vorsichtig und detailliert, was auf sie zukam.

Mahmud sagte: „Da müssen wir eben auftanken."

Schumann antwortete: „Sie wissen, daß uns der Scheich nur Sprit geben will, wenn Frauen und Kinder freigelassen werden."

Der Hijacker wurde wieder nervös. Der Kapitän riskierte, ihm zu zeigen, was passieren werde. Schumann schaltete den Generator für einige Sekunden aus. In die Dunkelheit sagte Mahmud: „Okay, okay, jetzt wissen wir Bescheid."

Knapp zwei Stunden später war der letzte Liter Benzin verbraucht. Die mittlerweile vertrauten Geräusche der Lichtmaschine und der Luftdüsen verstummten. Es war totenstill und undurchdringlich dunkel.

Die Terroristen hatten jetzt keine Kontrolle mehr über ihre Geiseln. Doch niemand dachte auch nur an die Möglichkeit, die Türen zu öffnen und zu fliehen. Keiner wagte auch nur zu sprechen.

Strom kam jetzt nur noch von einer 24-Volt-Batterie, mit der bei Ausfall des Generators in der Luft die Maschine noch eine halbe Stunde flugfähig ist. Schumann und Vietor liefen ins Cockpit. Mit Hilfe eines Handtuches zogen sie die Sicherungen aller Geräte heraus, die an der Batterie hingen, aber am Boden nicht gebraucht wurden. Sie hofften, so ein bißchen länger Strom für die Notleuchten und für eine Funksprechanlage zu haben. Verbindung nach draußen gab es jetzt nur noch über das „Nummer 1 Radio" am Kapitänssitz, das Schumann auf Stand-by-Power umschaltete.

Weder der Kapitän noch der Kopilot dachten darüber nach, weshalb sie alles taten, um die Lage der Entführer zu erleichtern.

Die Möglichkeit, die Hijacker mit Hitze und Dunkelheit weich zu machen, diskutierten flüsternd drei Männer, die unter dem Bug der „Landshut" hockten. Der Chefkapitän der Lufthansa, Martin Gäbel und sein Kollege Peter Heldt waren kurz zuvor mit einer Linienmaschine aus Ankara über Beirut in Dubai angekommen. Gemeinsam mit einem britischen Militärberater des Scheichtums, Major Temple, waren sie durch die Wüsten-Dünen bis unter das Flugzeug gerobbt.

Die Lufthansa-Leute erwogen, die Entführer mit technischen Problemen zu belasten. Sie bemerkten, daß aus dem Rumpf Benzin tropfte und hofften, die Maschine sei so defekt, daß sie nicht mehr starten könne.

Sie krochen zum linken Fahrwerkschacht. Dort ist ein Schalter, mit dem der Generator außer Betrieb gesetzt werden kann. Doch den Lufthansa-Leuten war es dann doch zu riskant, den Strom abzuschalten. Sie fürchteten, die höllische Hitze, die beim Ausfall der Klimaanlage entsteht, könnte bei Alten und Kranken zum tödlichen Kollaps führen. Als der Generator dann keinen Sprit mehr bekam, brauchten die Lufthansa-Männer keine Entscheidungen mehr zu treffen.

Die Temperatur in der Kabine stieg innerhalb von Minuten. Die Körperwärme der Menschen heizte die Kabine auf. Es waren bald 50 Grad Celsius.

Die jüngeren Frauen kippten zuerst um. Mahmud schien irritiert zu sein. Er befahl, die Türen zu öffnen. Die Stewardessen schleppten zwei ohnmächtige Frauen zum Heckeingang. Eine alte Frau protestierte: „Unglaublich, erst die jungen Dinger." Sie versuchte aufzustehen und stürzte in den Gang.

Im Flugzeug drohte Panik auszubrechen. Die Entführer vergaßen alle ihre Sicherheitsvorkehrungen. Sie halfen, Zusammengebrochene an die Türen zu tragen, zu beruhigen, sie schleppten Sauerstoffflaschen heran. In der 1. Klasse, die bis dahin für Passagiere unter Androhung sofortiger Exekution gesperrt war, lagen nun Frauen auf Handgepäck, Plastiksprengstoff und Zündschnüren. An der Hecktür drängelten sich rund ein Dutzend Menschen, zeitweise ohne Bewachung. In Sprunghöhe war die Rollbahn. Doch es gab niemanden, der auch nur an die Möglichkeit dachte, in das sichere Dunkel des Wüsten-Flugplatzes zu fliehen. Es war einer jener Momente, in denen das Gefühl der Gemeinsamkeit zwischen den Kidnappern und den Geiseln auf beiden Seiten stärker war als Angst und Vernunft zusammen.

Gaby Dillmann sagte den Passagieren: „Es ist jetzt nicht die Zeit für falsches Schamgefühl. Zieht aus, was ihr wollt."

Die meisten Männer saßen längst mit bloßem Oberkörper. Die Frauen hatten die Blusen aufgeknöpft, einige ihre Hosen aufgerissen. Doch erst als die Stewardeß sie dazu aufforderte, zogen sich viele bis auf das Unterzeug aus.

Auf dem Pilotensitz saß Mahmud vor dem Nummer-1-Radio und versuchte sich dem Tower verständlich zu machen. Das war nicht einfach, denn die Spannung der Notbatterie sank ständig. Mahmud forderte nicht mehr, er flehte: „Bringt uns Sprit, wenigstens ein paar hundert Liter. Wir brauchen Kühlung. Uns verrecken die Menschen hier."

Ein Tankwagen kam. Er fuhr an die rechte Seite der Maschine. Zwei Männer wollten den Schlauch an den Stutzen unter dem Flügel für eine Druckbetankung festmachen. Jürgen Vietor öffnete das Cockpit-Fenster und rief: „Was macht Ihr? Das geht nicht. Wir haben keinen Strom für eine Druckbetankung. Ihr müßt eine Overwing-Betankung machen, den Sprit von oben reinfüllen."

Die Arbeiter des Tankwagens verstanden. Einer sagte: „Ihr bekommt 800 Liter." Sie pumpten Benzin von oben in die rechte Tragfläche. Vietor fiel zu spät ein, daß ihm der Treibstoff auch dort nicht viel nützte, denn der Generator bekam das Benzin aus dem linken Tank. Und ohne Strom konnten sie nicht einen Tropfen aus der rechten Tragfläche in die linke pumpen. Es waren schon fast 800 Liter im Tank, als Vietor den Arbeitern zurief: „Halt, wir brauchen das gleiche nochmal auf der anderen Seite. Sonst geht gar nichts." Sie verstanden nicht oder wollten nicht verstehen und rollten die Schläuche ein. Vietor sah die roten Schlußleuchten des Tankwagens hinter einer Sanddüne verschwinden.

In der Kabine wurde mittlerweile der Zustand, vor allem der älteren Passagiere, bedenklich. Die Stewardessen meldeten im Cockpit Kreislaufkollapse, Herzattakken und Erstickungsanfälle.

Unbeeindruckt von Hitze und Sauerstoffmangel blieb nur der 82jährige Opa, der nie begriffen hatte oder begreifen wollte, was in der „Landshut" geschah. Gelegentlich hörten die Geiseln seine kräftige, sehr deutliche Stimme: „Oma, wo ist die Taschenlampe, ich will jetzt endlich Licht." Die Oma sagte: „Ich finde sie auch nicht." Der Opa befahl mit einer Stimmlage, die den ehemaligen Offizier verriet: „Dann geh rauf und hole die andere."

Die Oma stand auf. Sie wankte durch den Gang zur Hecktür. Dort fiel sie um. Der Junge lief zu ihr. Er stellte seine Taschenlampe auf den Boden, steckte die Pistole in die Gesäßtasche und legte die Handgranate neben sich. Er drehte die alte Frau vorsichtig auf den Rücken.

Der Lehrer Hartwig Faby sah, wie ein Mann aufsprang, ein Passagier, der offensichtlich durchgedreht hatte. Der Mann schrie: „So nicht." Hartwig Faby duckte sich in den Sitz. Er war sich sicher, daß der Mann nach den Waffen greifen und den Palästinenser attackieren würde. Faby war einer der wenigen an Bord, der immer wieder alle Möglichkeiten eines Angriffs auf die Entführer in Gedanken durchgespielt, aber alle Pläne wieder verworfen hatte, weil er sicher war, keiner der Passagiere werde mitmachen. Nun, als jemand anzugreifen schien, war Faby von panischem Schreck gelähmt.

Aber es blieb ruhig in der Kabine. Der Mann kniete neben dem Terroristen und zeigte ihm, wie man eine Ohnmächtige in eine stabile Seitenlage bringt.

Gaby Dillmann kam und hielt den Kopf der Alten, die allmählich wieder zu sich kam. „Ich will jetzt endlich ins Bett und schlafen," jammerte sie. Gaby antwortete: „Dies ist heute dein Bett, Omi. Mein Schoß ist dein Kopfkissen."

Die Alte greinte: „Ich kann aber nur auf dem Bauch schlafen." Gaby erklärte ihr, das gehe heute nicht, summte die Melodie vom „Maikäfer, flieg" und schaukelte den Kopf der Alten vorsichtig, bis sie einschlief.

Der Kleine blieb neben Gaby hocken. Er hatte die Pistole wieder in der Hand. Gaby fragte ihn leise: „Glaubst du, daß das alles sein muß?"

Er sagte: „Ja, es muß."

Gaby: „Ich bin Pazifistin. Ich glaube nicht, daß es gut sein kann, wenn Menschen sich gegenseitig umbringen. Kannst du jemanden töten?"

Der Kleine: „Ich habe bis vor ein paar Monaten im Libanon gekämpft. Ich habe da so viele Tote gesehen. Frauen und auch Babys. Die haben die libanesischen Faschisten mit Hilfe der Israelis ermordet. Ich war im Flüchtlingslager Tal al-Saatar, als sie es dem Erdboden gleich gemacht haben. Seit 30 Jahren lebt ein großer Teil der Palästinenser in Lagern. Sollen wir zulassen, daß sie alle ermordet werden?"

Gaby: „Krieg bringt Unglück für alle."

Der Kleine: „Wir müssen kämpfen und vielleicht sterben, damit Friede und Gerechtigkeit kommt."

Gaby: „Glaubst du nicht, es wäre besser für uns beide, wenn du jetzt bei deiner Freundin und ich bei meinem Freund im Bett läge?"

Gaby sah im Schein der Taschenlampe zum erstenmal, wie der Junge lächelte. Sie hatte zuvor oft gedacht, der ist einfach zu hübsch zum Töten und zum Sterben. Nun hob er wieder den Pistolenlauf an die Lippen und pustete hinein wie John Wayne. Er sagte nichts mehr. Fast eine halbe Stunde hockten sie schweigend nebeneinander auf dem Fußboden, während die Alte fest schlief.

Kapitän Schumann versuchte indes, mit der letzten Batterie-Spannung noch einmal Kontakt zum Tower zu bekommen. Er wiederholte immer wieder: „Schickt uns Groundpower" – ein fahrbares Notstromaggregat.

Mahmud lief rastlos vor dem Cockpit hin und her. Als Gaby ihm in den Weg kam sagte er: „Ich muß heute jemanden erschießen. Aber niemanden von euch."

Gaby dachte an die Journalisten, die sie am Tage auf der Terrasse eines Hauses rund 400 Meter vom Flugzeug entfernt gesehen hatte und fürchtete, einer der „blöden Reporter" könne ans Flugzeug kommen. Dann hätte Mahmud seine Leiche gehabt.

Der Palästinenser rief in die Kabine: „Gleich hört ihr einen Schuß. Ihr braucht aber keine Angst zu haben." Er ging an die offene Tür und schoß einmal in die Nacht.

Dann lösten sich zwei Lichter von dem Flughafengebäude. Schumann sagte zu Mahmud: „Alles okay, Captain, die Groundpower kommt." Zu Vietor flüsterte er: „Hoffentlich stimmt's."

Im Tower hatten die Lufthansa-Kapitäne Gäbel und Heldt gemeinsam mit Scheich Mohammed entschieden, das Notaggregat, das zur Standardausrüstung jedes Flugplatzes gehört, an die Maschine zu bringen. Gäbel und Heldt saßen mit einem Lufthansa-Techniker und einem einheimischen Fahrer auf der Maschine. Sie hofften, beim Anschließen des Generators einige Informationen über die Situation in der „Landshut" zu erhalten, vielleicht sogar mit den Piloten ein paar Worte wechseln zu können. Martin Gäbel sprach während der Fahrt über das Risiko: „Wenn die merken, daß wir Deutsche sind, wenn vielleicht einer von der Besatzung falsch reagiert, dann fühlen sich die Hijacker geleimt. Dann sieht es schlecht aus für uns. Wenn sie uns nicht erschießen, behalten sie uns zumindest als Geiseln und verhören uns."

70 Meter vor der Maschine ließen sie den Fahrer halten. Flugkapitän Heldt ging mit einem Handmegaphon einige Meter vor den Generator.

Mahmud schrie aus der geöffneten Tür: „Halt. Ich will euch sehen."

Die Deutschen leuchteten sich mit den Taschenlampen ins Gesicht. Heldt rief durchs Mikrophon: „Wir sind Freunde. Wir bringen die Groundpower und wollen sie anschließen."

Gaby Dillmann stand hinter Mahmud. Sie erkannte am Akzent, mit dem Heldt Englisch sprach, daß da Deutsche kamen. Sie dachte: „Die sind wahnsinnig geworden. Wieso stellen die sich als Freunde und nicht als Flughafentechniker vor. Wie soll der Mahmud denn glauben, daß er hier Freunde hat."

Heldt rief: „Wir fahren jetzt rechts an eure Maschine ran."

Mahmud antwortete: „Ihr kommt hier, nach links."

Heldt: „Das geht nicht, wir können die Groundpower nur rechts anschließen."

Mahmud drohte wieder durchzudrehen. Er schrie: „Links ran." Auf der linken Seite hätte er durch die offene Tür die Arbeiter besser kontrollieren können. Sein Grundwissen über Flugzeugtechnik schien er so gründlich vergessen zu haben, daß auch Schumann ihn nicht davon überzeugen konnte, das Aggregat sei nur rechts anzuschließen.

Als der Mann mit dem Megaphon noch einmal die Taschenlampe auf sein Gesicht richtete, erkannte Schumann Flugkapitän Heldt. Jürgen Schumann sagte zu Mahmud: „Das ist ein Deutscher, der da kommt."

Der Palästinenser schrie: „Woher wollen Sie wissen, daß das ein Deutscher ist?"

Schumann: „Ich kann es am Akzent erkennen, mit dem er Englisch spricht."

Der Pilot erklärte später seinem Kollegen, er wisse selber nicht, weshalb er die Lufthansa-Leute in diesem Moment verraten hat. War es das irrationale Gefühl der Gemeinsamkeit mit den Terroristen in bestimmten Situationen? War es die Angst, die Araber könnten die Deutschen entlarven und sich an den Geiseln rächen?

Mahmud sah Schumann voller Mißtrauen an, er begriff nicht, wieso der Deutsche seine Landsleute verriet. Der Hijacker lief ins Cockpit zu Jürgen Vietor. Der Kopilot hatte alles durch die halbgeöffnete Cockpit-Tür mitgehört. Mahmud fragte ihn: „Was sprechen die Leute da für

Truppen der Vereinigten Arabischen Emirate hielten auf dem Flughafen Dubai die gekidnappte „Landshut" ständig im Auge. Ihr Befehlshaber Scheich Mohammed erwog zeitweilig, die Maschine von ihnen stürmen zu lassen

einen Akzent." Vietor, der ebenfalls Heldt erkannt hatte, bestätigte: „Es könnten Deutsche sein."

Mahmud schrie: „Das sind Agenten, die wollen das Flugzeug stürmen." Er rannte zur offenen Tür und schoß sein Magazin leer.

Die Deutschen draußen suchten Dekkung hinter dem Generator. Heldt rief durch das Megaphon: „So nicht, Freunde. Ihr wolltet ja was von uns. Wir wollen nichts von euch. Nun helft euch selber." Die Deutschen und ihr Fahrer liefen im Zickzack hinter eine Sanddüne. Den Generator ließen sie mit laufendem Motor zurück.

Schumann sagte: „Das hat also nicht geklappt. Nun müssen wir es tatsächlich selber machen. Darf einer von uns runter?" Mahmud entschied zögernd, Vietor dürfe gehen.

Beiden Piloten kam gleichzeitig die Idee, wie sie einen neuen Start der Maschine verhindern könnten. Sie schlugen dem Entführer-Chef vor, die hintere Treppe auszufahren, denn bei einem Sprung aus dem Flugzeug auf die Betonbahn könne sich Vietor die Beine brechen. Der Palästinenser fragte, wie sie die Treppe ohne Strom ausfahren wollten. Schumann erklärte, es gäbe einen Nothebel, mit dem man einen vorgespannten Federstab auslösen könne. Die Treppe fiele dann runter.

Mahmud wollte wissen: „Und wie bekommt man sie dann wieder hoch?"

Die Piloten ahnten, daß der Palästinenser doch mehr über die Technik der Maschine wußte, als er vorgab. Vietor schaltete: „Wir sollten die Treppe nicht runter lassen, denn es wird zu kompliziert, sie später wieder hochzuholen. Ich schaffe es schon anders." Der Kopilot hangelte sich an einer Wolldecke aus der Bug-Tür. Mahmud rief ihm nach: „Versuchen Sie nicht wegzulaufen. Ich habe Sie immer im Visier."

Unter der Maschine fühlte sich Jürgen Vietor einen Moment frei. Es war beinahe kühl da unten. Die Kabine und das Gesicht des Palästinensers waren weit weg. Vietor hätte unter der Maschine nach hinten fortgehen können, ohne jedes Risiko. Der Entführer hätte ihn nicht einmal gesehen.

Der Kopilot verdrängte die Gedanken an Flucht sofort wieder. Er konnte Schumann und die anderen nicht allein lassen mit dem Wahnwitzigen, der sich an ihnen gerächt hätte. Er ging zu dem Notaggregat. Auf dem Flugplatz war es sehr dunkel und still. Nur vom fernen Flughafengebäude funkelten einige Lichter herüber. Noch einmal mußte er den Gedanken, abzuhauen, unterdrücken: Die Sache ist längst für dich gelaufen. Entweder gehen alle hoch, oder alle kommen raus.

Er stieg auf das Notaggregat, das immer noch lief. Nach einigen vergeblichen Versuchen brachte er es zum Fahren. Das Aggregat war gleichzeitig Antriebsmotor. Man mußte nur einkuppeln. Jürgen Vietor brachte die Groundpower auf die rechte Seite der „Landshut". Er wußte, um die schweren Kabel zur Maschine zu bringen, brauche es mindestens zwei Mann. Er schaffte es allein und wunderte sich über seine Kraft.

Dann merkte er auch, daß er nervös war und vor Anspannung zitterte. Er fand seine Taschenlampe nicht mehr und knipste im Dunkeln planlos an den Schaltern des Aggregats herum. Nach einer Weile stieß er wieder auf seine Lampe und entdeckte eine sehr genaue Bedienungsanweisung. Er folgte ihr Punkt für Punkt.

Im Cockpit starrte Jürgen Schumann auf eine dunkle Kontrollampe mit der Beschriftung „Groundpower available." Wenn sie aufleuchtete, mußte er nur noch einen Schalter umlegen, und die Maschine hätte wieder Strom gehabt. Vietor kam immer wieder zur geöffneten Tür auf der linken Seite und fragte, ob sich etwas täte. Er fürchtete, daß es für einige Passagiere um Minuten gehen könne, wenn sie in dem Brutofen überleben sollten. Doch Schumann antwortete jedesmal: „Nichts."

Der Kopilot sagte: „Holt mich rein. Ich schaffe es nicht." Der Kleine ließ eine Wolldecke runter. Doch sobald Vietor versuchte, an der Decke hochzuhangeln, lief sie dem Terroristen durch die Hände. Mahmud befahl dem Lehrer Hartwig Faby und einem anderen Passagier, zu helfen. Nach mehreren vergeblichen Versuchen gelang es Vietor, sich in die Maschine zu ziehen.

Er meldete sich bei Mahmud zurück: „Captain, ich habe den Auftrag nicht ausführen können." Der Kommando-Chef gab ihm Wasser und sagte, er solle sich hinlegen.

Jürgen Schumann erkannte, weshalb sie keine Elektrizität ins Flugzeug bekamen. Um die Maschine auf Groundpower umzustellen, mußte ein Relais schalten, das an der Batterie hing. Die Spannung der Batterie war längst zusammengebrochen. Statt 24 hatte sie nur noch zwischen 4 und 6 Volt. Das reichte nicht für das Relais, und das war auch zu wenig für das Funksprechgerät.

Der Kapitän erklärte Mahmud die Situation: „Jetzt wird es kritisch. Es dauert nicht mehr lange, bis die Sonne aufgeht. Wenn uns aber erst einmal die Sonne draufknallt, dann wird das Flugzeug zum

Massengrab. Dann braucht ihr es nicht mehr in die Luft zu sprengen."

Mahmud saß apathisch im Pilotensitz. Schumann fragte ihn, ob er mit der Taschenlampe SOS morsen dürfe. Der Palästinenser nickte. Weder von dem Haus mit den Journalisten noch vom Tower antwortete ein Lichtsignal.

Später versuchte es Jürgen Vietor mit dem Jet-Light, einem batteriebetriebenen Notscheinwerfer. Der ehemalige Marine-Funker morste: „SOS – wir brauchen dringend Verbindung. SOS." Er fragte vor jedem Wort, das er morste, um Erlaubnis. Doch Mahmud schien die Lichtsignale ohnehin nicht zu verstehen. Er nickte nur teilnahmslos.

Kurz vor Morgengrauen kam ein Auto auf Sprechkontakt an die Maschine. Wenig später brachten vier Männer eine Batterie. Die Entführer kümmerten sich kaum um sie. Vietor durfte noch einmal aus der Maschine, um beim Einbau der Batterie zu helfen. Er hoffte, es seien Deutsche unter den Männern. Aber es waren Araber, die nur einige Brocken Englisch sprachen.

Minuten, bevor die Sonne über der Wüste von Dubai aufging, brannte in der „Landshut" Licht, die Klimaanlage begann zu arbeiten. Die Passagiere hörten wieder die Stimme des Entführer-Chefs über die Bordlautsprecher: „Es besteht kein Grund mehr, sich zu entblößen. Bitte ziehen Sie sich wieder an wie zivilisierte Menschen."

In dieser Nacht zum Samstag war – von niemandem in der „Landshut" bemerkt – eine Boeing 707 der Lufthansa auf dem Flughafen von Dubai gelandet. Auf dem

Staatsminister Hans-Jürgen Wischnewski hoffte, in Dubai die GSG 9 einsetzen zu können. Doch die Araber verweigerten ihre Zustimmung

Kopilotensitz saß Rüdeger v. Lutzau, der Freund Gaby Dillmanns. Er hatte sich freiwillig für diesen Flug gemeldet.

Rüdeger v. Lutzau wurde damit beauftragt, den Funkverkehr zwischen der entführten Maschine und dem Tower abzuhören. Er hörte die heisere Stimme des Mannes, der über das Leben seiner Freundin entschied. Er sah die „Landshut", in der Gaby gefangen gehalten wurde. Er mußte auf seinem Platz bleiben und mitschreiben.

Passagier der gelandeten 707 war der Staatsminister im Bundeskanzleramt Hans-Jürgen Wischnewski mit einer kleinen Begleitergruppe. Unter ihnen war der

Psychologe Wolfgang Salewski, der Bundeskanzler Schmidt seit der Schleyer-Entführung im Umgang mit Terroristen beriet.

Wischnewski ließ sich sofort zu Scheich Mohammed auf den Tower führen. Der Verteidigungsminister empfing den Deutschen herzlich: „Sie sind meine Gäste. Sie können sich hier frei bewegen. Meine Mitarbeiter werden Ihnen jeden möglichen Wunsch erfüllen." Er fragte Wischnewski, ob er neue Nachrichten aus Bonn mitbringe. Der Staatsminister mußte verneinen. Die Bundesregierung sei nach wie vor nicht bereit, inhaftierte Terroristen freizulassen, und suche nach anderen Wegen, die Geiseln freizubekommen.

Der Arabien-Experte der deutschen Regierung hatte von Bundeskanzler Schmidt den Auftrag, von den Herrschern des Emirats die Erlaubnis zum Einsatz eines GSG-9-Kommandos zu erbitten. Mit vieljähriger Erfahrung in arabischer Diplomatie tastete sich Wischnewski an das heiße Thema heran.

Der Scheich blockte frühzeitig ab: „Alles, was hier geschieht, wird von uns getan. Ich führe im Auftrag meines Vaters die Verhandlungen und treffe die Entscheidungen. Wenn ein militärischer Einsatz notwendig wird, übernehmen das meine Soldaten. Seien Sie sicher, daß ich alles tun werde, um die Geiseln hier zu befreien." Wischnewski war beeindruckt von dem jungen Verteidigungsminister. Er versicherte ihm, daß er das volle Vertrauen der Bundesregierung habe.

Scheich Mohammed schilderte, was nach seinen Beobachtungen in den letzten Stunden an Bord der „Landshut" geschehen war. Der Psychologe Wolfgang Salewski sah seine Befürchtungen bestätigt: „Die Entführer sind am Durchdrehen. Ich glaube, man hat die Geiselnehmer bisher sehr schlecht behandelt." Salewski erläuterte: Bei allen vorhergehenden Flugzeugentführungen mit unblutigem Ausgang hatten die Terroristen Hoffnung, zum Erfolg zu kommen. Man verhandelte mit ihnen und bot ihnen etwas an. Der Mann, der sich Martyr Mahmud nannte, hörte aber von Scheich Mohammed immer nur das gleiche. Er solle die Geiseln freigeben, zumindest die Frauen und Kinder freilassen. Geboten wurde ihm nichts. Der Terrorist mußte die Situation als ausweglos ansehen und bei seinem offensichtlich labilen psychischen Zustand bestand die Gefahr zu Kurzschlußhandlungen.

Salewski bat den Scheich, ihn mit dem Entführer sprechen zu lassen. Der Verteidigungsminister wiederholte: „Nach der Entscheidung meines Vaters liegt die Verhandlungsführung bei mir."

Der Psychologe versuchte, dem Scheich mit wenigen Sätzen die von ihm entwickelte Konzeption für die Verhandlungen mit den Kidnappern zu erklären. Sie beruht auf den Erfahrungen der Gesprächstherapie und hat das Ziel, durch ständigen Kontakt mit den Entführern Aggressionen abzubauen.

Scheich Mohammed hörte aufmerksam zu. Dann sagte er: „Ich spreche die Sprache des Entführers. Und ich glaube, ein Araber kann sich besser in seine Mentalität hineinversetzen als ein Europäer."

Am Morgen des Samstags war eine beinahe aufgeräumte Stimmung an Bord der „Landshut". Die Temperatur war wieder

Die Stewardessen
Hannelore Piegler, Gaby Dillmann und –
weniger akkurat fotografiert –
Anna-Maria Staringer.
Auch diese Aufnahme schoß
„Captain Mahmud" in Dubai

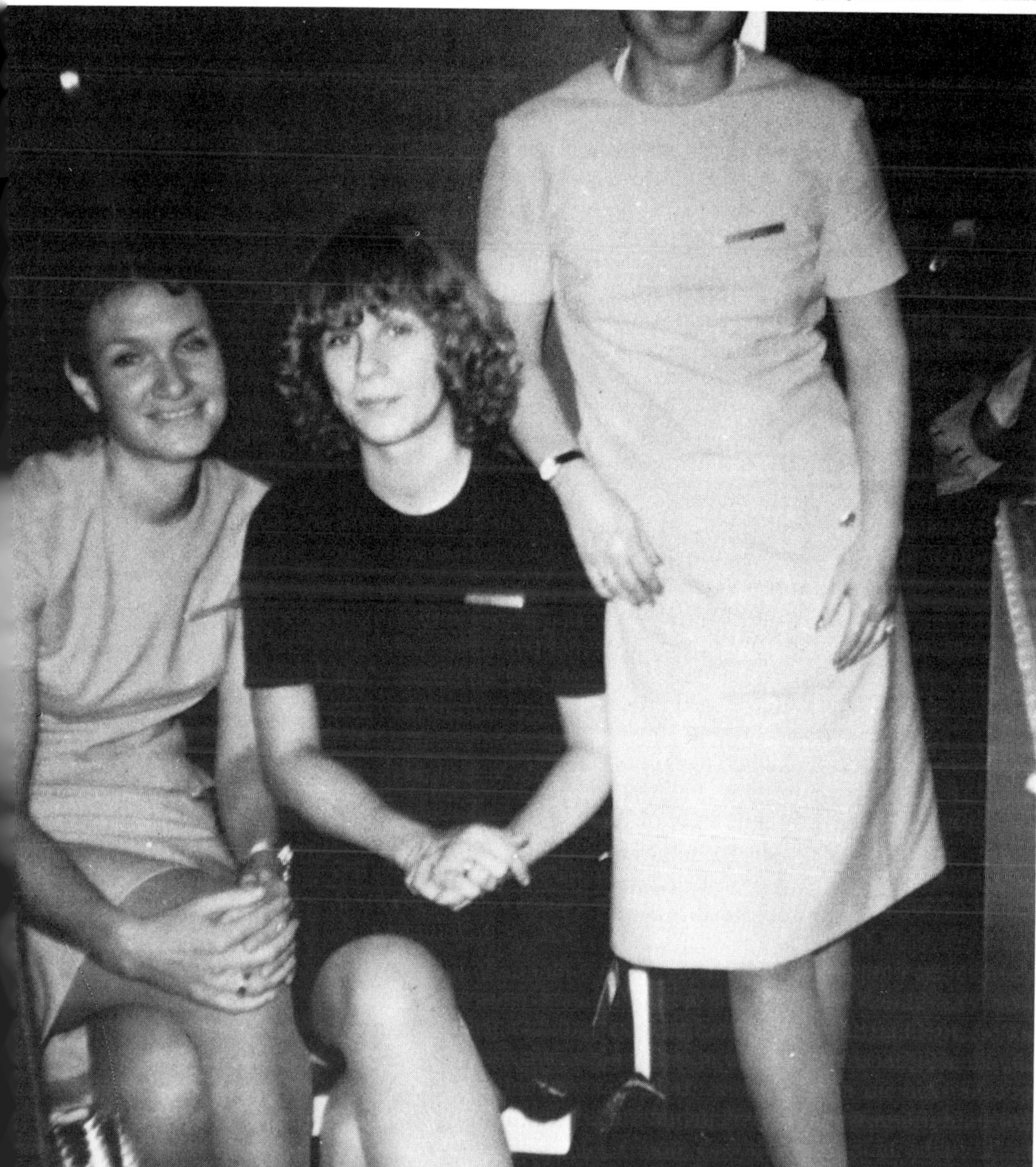

erträglich. Ein Catering-Wagen brachte Frühstück. Viele Geiseln aßen zum erstenmal mit etwas Appetit.

Die norwegische Stewardeß Anna-Maria Staringer verriet ihren Kolleginnen, daß heute ihr 28. Geburtstag sei. Anna-Maria Staringer hatte sehr verzweifelte Augen. Sie schien den Schock noch nicht überwunden zu haben. Sie redete selten. Wenn sie durch die Kabine ging, sah es aus, als brauche sie für jeden Schritt ihre ganze Willenskraft. Doch sie half wortlos, wann immer sie gebraucht wurde.

Mahmud kam dazu, als die Besatzungsmitglieder Anna-Maria Staringer beglückwünschten. Er schüttelte ihr die Hand und sagte: „Da müssen wir ja eine kleine Party feiern."

Jürgen Schumann schlug vor: „Können wir nicht versuchen, eine Geburtstagstorte ranzukriegen und ein bißchen Sekt? Das bringt die Leute in Schwung und ist mal eine Abwechslung."

Mahmud fand die Idee großartig. Der Kapitän gab seine Bestellung beim Tower auf, und Scheich Mohammed versprach prompte Bedienung.

Mahmud ging ins Cockpit und setzte sich auf seinen Platz, den First-Observer-Seat. Schräg vor ihm döste Jürgen Vietor auf dem Kopiloten-Sitz. Sie redeten entspannt einige Sätze Belangloses miteinander. Vietor hatte sich dabei halb umgedreht und einen Arm auf die Rücklehne gelegt. Er bemerkte, daß der Palästinenser auf sein Handgelenk starrte. Mahmuds Gesicht verzog sich wie im Zeitlupentempo zu der drohend-starren Grimasse.

Vietor hatte kaum Zeit, den Gedanken zu Ende zu bringen: Er wird doch jetzt nicht ausflippen, weil es ihm mit der Torte zu lange dauert. Mahmud schrie: „Was ist deine Religion?" In der Stimme war das Zittern, das seine sadistischen Ausbrüche ankündigte.

Jürgen Vietor hatte wieder die Drohung aus Bahrein im Ohr, er werde bei der geringsten Kleinigkeit erschossen. Der Kopilot wollte sagen, er sei evangelisch, aber ihm fiel das richtige englische Wort nicht ein. Er stammelte: „Evangelic" und wußte sofort, daß der Palästinenser das nicht verstehen werde. Der brüllte: „Was ist das? ‚Evangelic'?" Schumann erklärte: „Evangelic lutheric."

Mahmuds Gesicht hatte sich lila verfärbt. Er schrie: „Was, was, was?"

Im Cockpit-Eingang sah Vietor die erschrockenen Gesichter von zwei Stewardessen. Er rief: „Was heißt evangelisch auf englisch, schnell?" Sie sagten: „Protestant." Vietor wiederholte.

Mahmud: „Du bist ein Lügner. Du bist jüdisch. Ein Zionist."

Vietor: „Nein, bestimmt nicht, Captain."

Mahmud: „Sieh dir deine Uhr an. Was ist das für eine Uhr?"

Vietor: „Eine Junghans-Uhr."

Mahmud: „Und das hier?" Er zeigte auf ein stilisiertes Zahnrad im Zifferblatt, das Markenzeichen. „Das ist eine jüdische Uhr."

Der Hijacker hatte schon vor der Landung in Dubai den Geiseln befohlen, alle Sachen mit jüdischen Symbolen abzugeben und gedroht, wer später noch „zionistische Waren" bei sich habe, werde sofort erschossen. Mahmud setzte dem Kopiloten die Pistole an die Stirn und schrie mit sich überschlagender Stimme: „Nun werde ich dich umlegen. Dies ist dein zweiter Fehler. Jetzt wirst du exekutiert." Er trieb Vietor in die Economy-Kabine und stieß ihn auf einen freien Sitz. Dann lief er mit der Uhr durch das Flugzeug, blieb vor einzelnen Passagieren stehen und fragte: „Ist dies eine jüdische Uhr?" Die Mutigen schüttelten den Kopf, die anderen hoben die Schultern.

Jürgen Vietor mußte sich mit erhobenen Händen in den Gang zwischen 1. und 2. Klasse stellen. Jürgen Schumann redete auf Mahmud ein. In unzusammenhängenden Sätzen appellierte er an die Vernunft und das Mitgefühl des Palästinensers. Jürgen Vietor heulte, schrie, wimmerte, flehte um sein Leben.

Mahmud hob die Pistole an den Kopf des Kopiloten. Schumann rief: „Tun Sie es nicht, Captain." Mahmud fragte plötzlich leise: „Weißt du, daß dies ein jüdisches Zeichen ist?"

Jürgen Vietor gab in diesem Moment den Kampf um sein Leben auf. Er fühlte, daß er ganz ruhig wurde. Mit fester Stimme sagte er laut: „Ich weiß es wirklich nicht, Captain Mahmud."

Der Palästinenser ließ die Pistole sinken. Er warf die Uhr auf den Boden und befahl: „Zertritt dieses zionistische Ding."

Jürgen Vietor trat auf die Uhr, versuchte sie mit der Hacke zu treffen, sprang mit beiden Füßen auf das Gehäuse. Er dachte: „Entweder sie geht kaputt oder du." Auf dem weichen Teppichboden gelang es ihm aber nicht einmal, einen Sprung in das Glas zu treten.

Mahmud holte die Crash-Axt aus dem Cockpit, legte die Uhr auf eine Armlehne und zerschlug sie. Dann gab er Vietor die Fassung mit dem Armband: „Hier, ein Souvenir für dich."

Wenig später wurden sechs Flaschen Sekt durch die Bug-Tür gereicht, und dann die Torte. Es war eine Nußcremetorte mit 28 Kerzen, auf der in Zuckerguß stand: „Anna-Maria. Happy Birthday."

Besatzungsmitglieder und Entführer umringten Anna-Maria Staringer in der First und beglückwünschten sie noch einmal. Die Stewardessen entkorkten die Sektflaschen vorsichtig, um die Passagiere nicht zu erschrecken. Gaby Dillmann zündete die Kerzen an. Dabei weinte sie ein paar Tränen und verbrannte sich die Finger.

Mahmud inszenierte eine kleine Show. Er tänzelte vor den Vorhang zur Economy-Klasse und verkündete den ahnungslosen Passagieren: „Wir feiern heute den 28. Geburtstag unserer Air Hosteß Anna-Maria."

Dann hielt er den Vorhang auf für die Stewardeß, die den Kuchen mit den 28 brennenden Kerzen trug. Anna-Maria Staringer blies die Lichter aus.

Die Passagiere klatschten, einige jauchzten, andere versuchten kurze Jodler. Einige Momente war Bierzelt-Stimmung in der „Landshut". Mahmud sagte, alle seien zur Geburtstagsparty eingeladen, bis auf den Kopiloten. Gaby schnitt den Kuchen in kleine viereckige Stücke und servierte auf weißen Servietten. Erst den Kindern, dann den Frauen. Bis auf Vietor bekamen alle Erwachsenen einen Schluck Sekt. Alle warteten mit dem

Die norwegische Lufthansa-Stewardeß Anna-Maria Staringer wurde am 15. Oktober in Dubai 28 Jahre alt. In einem Anfall von Herzlichkeit organisierten die Kidnapper eine kleine Geburtstagsfeier und ließen sogar eine Torte mit 28 Kerzen kommen

Trinken, bis Mahmud seinen Plastikbecher hob und sagte: „Auf das Wohl von Anna-Maria."

Um Jürgen Vietor wurde zugeprostet und gelacht. Er registrierte es kaum. Schließlich brachte ein Passagier auch dem Kopiloten einen Becher Sekt. Vietor lehnte ab: „Ich darf nicht." Der Mann sagte: „Doch, natürlich. Captain Mahmud hat mich beauftragt, Ihnen das zu geben." Vietor kippte den Sekt runter.

Während in der „Landshut" die Geburtstagsfeier begann, landete auf dem Dubaier Flugplatz wieder eine deutsche Maschine. Aus einer zweistrahligen Hawker Siddeley der Frankfurter Bundesanstalt für Flugsicherung stieg der GSG-9-Chef Ulrich Wegener mit einer kleinen Crew von Sicherheitsexperten. Er hatte seine Leute in Ankara zurücklassen müssen. Über die internationalen Nachrichtenagenturen liefen bereits Meldungen über die „deutschen Spezialisten", die der gekaperten „Landshut" folgten. Staatsminister Wischnewski hatte an diesem Morgen Mühe gehabt, Scheich Mohammed davon zu überzeugen, daß Bonn kein zweites Entebbe in Dubai plane.

Wegener traf Wischnewski im VIP-Raum des Dubaier Flughafens. Der Staatsminister raunte dem Polizeidirektor zu: „Sagen Sie den Arabern um Gottes willen nicht, wer Sie sind." Er erklärte: „Ich habe hier einen hervorragenden Kontakt zu Scheich Mohammed. Er ist sehr freundlich. Aber eins ist sicher – die sehen das hier als arabisches Problem an, das auch von Arabern gelöst werden muß."

Wegener hatte bereits während der Landung die Möglichkeit für einen Sturm auf die „Landshut" begutachtet. Er war zu einem positiven Ergebnis gekommen. Hinter der Maschine waren Sanddünen, die seinen Leuten als Deckung dienen konnten. Für Wischnewski faßte er seine Beobachtungen in einem Satz zusammen: „Hier ist was zu machen." Dann fuhr er mit seinen Begleitern in das Hotel Dubai Interconti. Auf seinem Zimmer hatte die deutsche Botschaft Sekt kaltstellen lassen. Draußen waren es 38 Grad im Schatten. Schatten war nirgends. Wegener nahm einen tiefen Zug aus der Flasche. Es war gegen 1 Uhr mittags, gerade die Zeit, in der auch die Geiseln einen mundvoll Sekt bekamen.

Wegener ging unter die Dusche. Dann wusch er seine Socken, denn er hatte nur ein paar zum Wechseln aus Hangelar mitgenommen.

Wieder auf dem Flugplatz traf er zwei alte Bekannte aus England. Den Major Allistair Morrison und den Sergeant Barrie Davies. Das jedenfalls waren die Namen, mit denen sich die beiden außerhalb ihrer Kaserne im britischen Hereford vorstellten. Morrison und Davies gehören zu einem Sonderregiment der britischen Luftwaffe, der SAS. Die SAS wurde während des zweiten Weltkrieges gebildet, um Sabotageakte hinter den feindlichen Linien auszuführen. Mittlerweile wurde sie zu einer Antiterror-Truppe mit viel Erfahrung aus Nordirland.

Morrison und Davies hatten Polizeidirektor Wegener erst drei Wochen zuvor in dessen Standort in Hangelar bei Bonn besucht. Sie führten bei dieser Gelegenheit eine Neuheit aus dem Arsenal der Anti-Kidnapper-Waffen vor. Eine mit Magnesium gefüllte Blendgranate, die durch ihren grellen Blitz und die laute Detonation einen Gegner, der ihr unvorbereitet ausgesetzt ist, für wenigstens sechs Sekunden kampfunfähig macht.

Wegener hatte bei der Vorführung gehofft, die englischen „Banger" eines Tages gegen die Schleyer-Entführer einsetzen zu können. Die britischen Kollegen hatten ihn darauf hingewiesen, daß sich ihre Granate vor allem für einen Sturm auf gekaperte Flugzeuge eigne.

Morrison und Davies hatten sich in Dubai als Mitarbeiter der englischen Regierung ausgegeben, die sich um Landsleute in der „Landshut" ängstigten. Sie waren eine Leihgabe der Londoner Regierung an GSG-9, die Premierminister Callaghan in einem Telefongespräch Bundeskanzler Helmut Schmidt versprochen hatte: gleichsam als Symbol internationaler Terrorismusbekämpfung. Für Ulrich Wegener waren die Kollegen von sehr praktischem Wert. Denn sie hatten viel Übergepäck bei sich. In ihren Koffern war eine Kollektion ihrer Blendraketen und Zubehör verpackt. Der Deutsche versprach sich zudem viel von dem Einfluß der Engländer auf die Dubaier Militärs, die von Briten ausgebildet wurden.

Während Wegener mit seinen Bekannten über die Chancen eines gemeinsamen Einsatzes spekulierte, kam Staatsminister Wischnewski zu der Gruppe. Er brachte schlechte Botschaft: „Die Entscheidung ist endgültig gefallen. Die wollen es selbst machen. Für uns läuft hier nichts. Der Scheich will seine von den Briten ausgebildeten Fallschirmjäger einsetzen."

Morrison sagte: „Das geht doch gar nicht. Die haben so etwas noch nie geübt."

Wegener: „Da müssen wir eben sofort mit dem Üben anfangen. Auf jeden Fall muß die Maschine hier festgehalten werden."

Wischnewski: „Der Kanzler möchte das am liebsten auch hier erledigt haben. Ich werde versuchen, was ich kann."

Die Geiseln in der „Landshut" hatten eine relativ ruhige Nacht. Mahmud schlief wieder keine Minute. Zu jeder vollen Stunde hielt er sein Kofferradio aus dem

Auf dem Flughafen Dubai wurden die Insassen der „Landshut" mit dem Nötigsten versorgt. Regelmäßig brachte der Catering-Wagen Lebensmittel, Getränke, Zigaretten, Toilettenpapier – argwöhnisch von den Terroristen beaufsichtigt

Cockpit-Fenster und hörte die Nachrichten arabischer Stationen. Sie berichteten über ein Interview, das der Verteidigungsminister, Scheich Mohammed, einem Journalisten gegeben hatte. Der Scheich hatte dabei viel Lobendes über Flugkapitän Schumann gesagt: Er sei ein großartiger Mann, der mit unglaublicher Geschicklichkeit viele wichtige Informationen aus dem Flugzeug geschmuggelt habe.

Nach so einer Nachrichtensendung tobte der Palästinenser wieder. Er drohte, wenn am Morgen Geiseln erschossen würden, dann sei der Kapitän der erste.

Mahmud beruhigte sich wieder und wurde erst im Morgengrauen erneut unruhig. Er befahl den Frauen, Strümpfe und Strumpfhosen abzuliefern. Die Stewardessen mußten sie einsammeln.

Dann erklärte der Kommando-Chef über Funk dem Tower: „Die Maschine wird bis 9 Uhr aufgetankt. Geschieht das nicht, werde ich von diesem Zeitpunkt an mit Erschießungen beginnen. Erst werden eine 19jährige, dann ein 23jähriger und dann weitere Personen im Abstand von 5 Minuten erschossen." Mahmud ging in die Kabine und kündigte auch dort die Geiselerschießungen an.

Gaby Dillmann wurde durch die Stimme des Palästinensers aus kurzem tiefen Schlaf geweckt. Sie begriff noch nicht, als Mahmud auf eine 19jährige Deutsche und einen jungen Holländer zeigte: „Ihr seid die ersten beiden. Ihr habt die Nummern 001 und 01." Er deutete auf Gaby: „Du bist Nummer 1." Wahllos suchte er andere Opfer: „2, 3, 4, 5, . . .".

Gaby Dillmann hatte das Gefühl, als liefe ein eiskalter Wasserstrahl ihren Rükken hinunter. Dann war es, als ziele der Strahl in den Bauch. Sie dachte: Ich will heiraten, ich will Rüdeger heiraten. Ich will Kinder haben. Ich will viele Kinder haben.

Die Frau neben ihr, Lilo Cramer, versuchte ihr Trost zuzureden und bat um ihren Schmuck. Gaby gab ihr das Päckchen mit dem Schmuck zurück.

Schumann und Vietor starrten zum Flughafengebäude. Doch dort tat sich nichts. Es war zehn Minuten vor neun. Die Deutsche und der Holländer mußten im Gang zwischen 1. und 2. Klasse niederknien. Mahmud hatte im Cockpit das Mikrophon in der Hand und beobachtete den Sekundenzeiger der Uhr. Bei jeder vollen Minute drückte er die Sprechtaste: „Noch 9 Minuten – noch 8 Minuten – noch 7 Minuten."

Dann rief Jürgen Schumann: „Captain, da kommt ein Wagen." Es war tatsächlich ein Tankwagen. Die „Landshut" wurde aufgetankt.

Scheich Mohammed fragte an: „Wollen Sie jetzt Frühstück haben?". Mahmud antwortete prompt: „Das ist eine gute Idee. Außerdem brauchen wir noch Kleenex-Tücher."

Die kalte Standard-Platte schmeckte an diesem Morgen niemandem. Die Verhältnisse an Bord wurden immer unerträglicher. Die 737, die nur kurze Strekken fliegt, hat nur zwei Toiletten. Beide waren verstopft und kaum noch zu betreten. Ein Absaugwagen kam. Jürgen Vietor stocherte mit Kleiderbügeln in den Klos herum. Alles ohne Erfolg. Der Gestank in der Kabine war bestialisch. Die meisten jüngeren Frauen hatten ihre Periode bekommen: durch die Aufregung, und weil die Antibaby-Pillen in den Taschen lagen, die von den Terroristen eingesammelt worden waren.

Mahmud befahl den Passagieren zu essen. Bei Gaby Dillmann erkundigte er sich, ob Kapitän Schumann aufgegessen habe. Der Pilot hatte seinen Teller gleich zurückgegeben.

Gaby Dillmann war nun froh, ihm den Befehl des Hijackers überbringen zu können, er habe zu essen. Sie meinte, Schumann werde noch Kraft brauchen. Sie ahnte nicht, daß es sein letztes Essen war.

An diesem Morgen sollte sich GSG-9-Chef Ulrich Wegener bei Scheich Mohammed auf dem Tower melden. Der Polizeidirektor hatte einige Mühe, die Leibwächter des Verteidigungsministers zu überlisten, die ihm zunächst den Zutritt zur Kommandozentrale verweigerten.

Staatsminister Wischnewski hatte den GSG-9-Mann als „deutschen Sicherheitsexperten" angekündigt. Wegener selbst stellte sich als „Oberst" vor, um für den

Scheich ein akzeptabler Gesprächspartner zu sein. Der Deutsche weihte den Verteidigungsminister kurz in die Technik des Knackens verschlossener Flugzeugtüren ein. Der Scheich war damit einverstanden, daß seine Fallschirmjäger von Wegener in einem Schnellkurs die Technik erlernten: „Ich wäre Ihnen dankbar, wenn Sie uns unterstützen."

Wegener ließ Leitern besorgen. Dann fuhr er zum Luftwaffen-Flugplatz, der drei Kilometer vom Tower entfernt lag und von der „Landshut" nicht zu sehen war. Dort stand eine Maschine der Gulf-Air vom „Landshut"-Typ 737. 20 Beduinen-Soldaten mit ihren englischen Ausbildern warteten bereits.

Wegener turnte vor. Mit einem Klimmzug schwang er sich auf die Tragflächen. Innerhalb von Sekunden stieß er die Tür des Notausgangs nach innen.

Das Metall der Maschine war unter den Strahlen der Wüstensonne so heiß geworden, daß Wegener sich die Hände verbrannte. Er wiederholte den schweißtreibenden und kraftraubenden Trick einige Male, bevor er es die Fallschirmjäger Mohammeds nachmachen ließ. Dann demonstrierte er das Knacken von Bug- und Hecktür. Stundenlang übten die kräftigen und gut ausgebildeten Beduinen, bis sie es kapiert hatten.

Zwei Generalproben wurden gemacht: anschleichen, Leitern in Stellung bringen, Türen öffnen, Sturm. Es klappte überraschend gut. Wegener sagte den britischen Offizieren: „Das ist zwar noch kein perfektes Team, aber es könnte gehen."

Wegener fuhr im Jeep zurück zum Tower. Es war inzwischen 15 Uhr. Die Zeit drängte. In einer Stunde lief das Ultimatum ab, das die Schleyer-Entführer und das Kommando Martyr Halimeh gestellt hatten. Dann sollte der deutsche Unternehmer erschossen und das Flugzeug in die Luft gesprengt werden.

In der Kommando-Zentrale las Wegener aus den Gesichtern von Staatsminister Wischnewski und Scheich Mohammed, daß es schlechte Neuigkeiten gab. Wischnewski begrüßte ihn: „Die haben voll getankt und wollen offensichtlich starten."

Der Scheich hatte mit seinem Vater telefoniert und dann über Sprechfunk noch einmal Martyr Mahmud verlangt. Sein Appell an den Palästinenser: „Im Namen des Präsidenten der Vereinigten Arabischen Emirate, Scheich Sajed, und im Namen aller Bewohner der Vereinigten Arabischen Emirate bitte ich Sie, alle Geiseln freizulassen – oder wenigstens die Frauen, Kinder und Kranken."

Mahmud antwortete: „Wir danken allen Regierungsvertretern der Vereinigten Arabischen Emirate für ihre Zusammenarbeit. Wir bedauern aufs tiefste, daß wir Ihre Bitten abschlagen müssen. Die Frist ist bekannt, nach diesem Ultimatum werden wir handeln."

Scheich Mohammed: „Im Namen Gottes, des Allbarmherzigen, und im Namen der Menschheit, laßt doch wenigstens die Kinder frei."

Mahmud: „Die deutschen und türkischen Behörden müssen erst unsere Freunde aus dem Gefängnis entlassen."

Scheich Mohammed: „Dies steht nicht in unserer Macht."

„Was machen wir denn jetzt? Wo wollen die bloß hin?"

Mahmud: „Wie können Sie dann von mir erwarten, daß ich die Geiseln freigebe?"

Der Verteidigungsminister hatte das Gegenteil von dem getan, was ihm der deutsche Psychologe Salewski geraten hatte. Salewski wollte „die Situation an Bord stabilisieren, Aggressionen abbauen". Scheich Mohammed erklärte sein Prinzip: „Die dürfen nicht zur Ruhe kommen, keine Minute schlafen. Wir müssen sie ständig mit irgend etwas beschäftigen und in Spannung halten." Er schien tatsächlich die Absicht zu haben, seine Fallschirmjäger das Flugzeug stürmen zu lassen. Der Anruf des Vaters beendete diese Pläne. Der Scheich zuckte die Schultern und sagte: „Ich habe getan, was in meiner Macht stand." Man sah ihm jetzt an, daß er zwei Nächte nicht geschlafen hatte. Er übernahm aber sofort die Begründung und Verantwortung für die Entscheidung seines Vaters: „Wären Landsleute von mir an Bord, oder auch Passagiere aus arabischen Ländern, hätte ich alles gewagt – weil es um Angehörige meines Volkes gegangen wäre. Aber im Flugzeug sind nur Ausländer. Ich wäre verantwortlich, wenn einer von ihnen getötet würde. Das ist eine Verantwortung, die ich nicht tragen kann."

Von der „Landshut" drang die heisere Stimme Mahmuds: „Nehmen Sie die Groundpower von der Maschine. Geben Sie uns den Botschafter der BRD!"

40 Minuten später war Botschafter Hansjoachim Neumann im Tower. Er nahm das Mikrophon: „Sie wollten mich sprechen."

Die Stimme des Hijackers versagte fast: „Die BRD hat jetzt 60 Stunden Zeit gehabt, etwas zu tun. Nun ist die Zeit fast um! Ich weise darauf hin, daß ich und meine Crew keine Verantwortung für die Opfer haben werden! Helmut Schmidt hat die Verantwortung für alles, was hier geschieht. Er hat noch nicht reagiert. Jetzt bleibt keine Sekunde mehr. Wir werden alle Passagiere und die Crew exekutieren. Wir haben Ihnen genug Zeit gegeben, aber Sie haben nicht reagiert! Wir werden ein Zeichen setzen für spätere Zeiten. Wir werden das Flugzeug in die Luft jagen, ehe wir den nächsten Flughafen erreichen. Hier spricht Captain Mahmud!"

Hans Jürgen Wischnewski verlor zum erstenmal die Ruhe. Wegener, noch immer schweißgebadet vom Vorturnen an der 737, begriff die Situation noch nicht ganz: „Das darf doch alles nicht wahr sein. Die Rollbahn muß sofort gesperrt werden. Die sollen die Panzerwagen rauffahren."

Hans-Jürgen Wischnewski zeigte aus dem Fenster: „Sehen Sie die Staubwolke? Die heben gleich ab." Hinter der „Landshut" wirbelte Wüstensand hoch. Die Düsen der Maschine liefen.

Wegener: „Was machen wir denn jetzt? Wo wollen die bloß hin?"

Wischnewski: „Vielleicht nach Oman." Der GSG-9-Chef witterte sofort eine neue Möglichkeit für Aktionen: „Oman? Mensch, da sitzen doch die Engländer. Nichts wie hinterher."

Schon am Morgen, gegen 10 Uhr, hatten die Piloten Schumann und Vietor von dem Hijacker den Befehl bekommen, die „Landshut" startklar zu machen. Schumann fragte: „Wohin soll es denn gehen, Captain Mahmud?" Der antwortete: „Sie bekommen weitere Informationen nach dem Start." Schumann blieb hartnäckig: „Ich brauche doch wenigstens das Wetter." Mahmud sagte nach einigem Zögern: „Dann holen Sie sich das Wetter in 2000 Meilen Umkreis von Dubai." Schumann bekam vom Tower den Wetterbericht für die Arabische Halbinsel.

Um 15.19 Uhr, 12.19 Uhr deutscher Zeit, hob die „Landshut" ab. Jürgen Vietor machte den Start. Er flog zunächst geradeaus und ging dann in eine Linkskurve auf den Radial 143. Mahmud gab Oman als Flugziel an. Schumann rechnete die optimale Flughöhe für die Entfernung aus: 25 000 Fuß (ca. 8200 Meter). Er bat die Flugkontrolle um Freigabe der Höhe und bekam sie. Es war alles wie auf einem Routineflug.

Das Funkfeuer von Oman arbeitete normal, und Schumann stellte auch Sprechfunkkontakt mit dem Tower her. Der Palästinenser übernahm das Mikrophon und sagte: „Hallo, wir landen." Er wiederholte das immer wieder mit einem singenden, beinahe feierlichen Ton.

Die Antwort war kurz und bestimmt: „Sie haben keine Landeerlaubnis. Der Flugplatz ist blockiert."

Mahmud sagte zu Vietor, der flog: „Okay, dann nach Aden." Schumann maß die Entfernung und rechnete aus, ob noch genügend Treibstoff für diese Strecke in den Tanks war. Er kam zu dem Ergebnis: „Mit dem letzten Tropfen Sprit schaffen wir es vielleicht." Er ließ sich die Freigabe für eine Höhe von 33 000 Fuß (fast 11 000 Meter) geben, auf der sie bei dieser Entfernung den geringsten Benzinverbrauch hatten.

Vietor ging auf 180 bis 190 Grad, um das Kap Ras al-Madrakah anzufliegen. Zwischen den Piloten kam es zu einem kurzen Disput. Schumann wollte den direkten Weg fliegen, der über eine „Air defence identification-Zone" führte, eine für Zivilflugzeuge strikt gesperrte Militärzone. Er meinte: „Da tut uns keiner was. Die wissen, wer wir sind."

Vietor weigerte sich: „Komm her, da werden wir abgeschossen. Laß uns die paar Meilen mehr fliegen und außen rumgehen." Schumann gab schließlich nach. Mahmud saß teilnahmslos auf dem Beobachtersitz.

Sie sahen eine Flugpiste in der Wüste, die auf ihrer Karte nicht eingezeichnet war. Schumann fragte: „Captain Mahmud, sollen wir nicht lieber hier runtergehen? Es wird sonst verdammt knapp mit dem Sprit." Der Palästinenser zögerte einige Sekunden. Dann entschied er: „Wir gehen nach Aden." Er schrak aus der Lethargie hoch und wirkte wieder nervös.

Er rief die Kleine ins Cockpit und gab ihr einen Befehl. Die Mädchen begannen darauf die Passagiere mit den Nylonstrümpfen zu fesseln, die sie in Dubai eingesammelt hatten. Der Junge befestigte an den Kabinenwänden vor der 1. Economy-Reihe Plastik-Sprengstoff. Er steckte Zünder in die Masse und legte sorgfältig Zündschnüre in die First class. Er befestigte den Draht hinter den hochgeklappten Eßtischen.

Die Geiseln hatten beim Start in Dubai Erleichterungen gefunden. Sie hatten Angst gehabt vor einer weiteren Nacht ohne Klimaanlage und meinten, es könne nur besser werden. Nun war da wieder die bedrohliche Ungewißheit und die Todesangst. Die Passagiere wußten nicht, wohin der Flug ging. Gaby Dillmann, die ihnen sonst bei jeder Gelegenheit Informationen aus dem Cockpit zuflüsterte, durfte ihren Platz nicht mehr verlassen.

Schumann und Vietor flogen nach dem Radarschirm. Die Küste und die Inseln waren klar zu erkennen, wie auf einer Landkarte. Es gab keine Navigationsschwierigkeiten. Schumann gelang es, Funkkontakt zum Flughafen Aden aufzunehmen. Er hörte vom Tower die Stimme des Fluglotsen, der einen mittlerweile gewohnten Spruch aufsagte: „Sie können nicht landen. Der Flughafen ist gesperrt."

Mahmud, der nun seit vier Tagen nicht geschlafen hatte, starrte mit fiebrigem Blick durch die Cockpit-Scheiben. Er sagte: „Es ist egal, was die sagen, es ist egal, was die machen, wir gehen in Aden runter, es ist mir vollständig gleich, was passiert."

Schumann sprach fast pausenlos ins Mikrophon: „Dies ist ein Notfall. Wir haben keinen Sprit mehr. Wir müssen sofort runter, wenn wir den Flugplatz erreichen. Bitte holen Sie jemanden Offizielles. Wir haben 91 Menschen an Bord. Wir stürzen ab, wenn wir nicht sofort Landeerlaubnis erhalten." Er bettelte, wurde energisch, schrie.

Der Fluglotse antwortete: „Stand by, stand by – please check. – Warten Sie, warten Sie, wir prüfen." Nach einigen Minuten meldete sich eine andere Stimme vom Tower: „Tut uns leid, die Landebahnen sind blockiert. Es gibt für Sie keine Möglichkeit, hier runterzugehen."

Schumann berechnete wieder den Treibstoffvorrat. Sie hatten noch für gut 25 Minuten in den Tanks. Er suchte auf der Karte den nächstliegenden Flugplatz. Er lag auf der anderen Seite der Meerenge, in Afrika – in der ehemaligen französischen Kolonie Dschibuti. Sie hatten keine Chance, ihn zu erreichen.

Die Maschine war knapp 60 km von Aden entfernt. Das Wetter war sehr klar, die Halbinsel schon zu erkennen. An ihrer Spitze, fast vollständig von Wasser umgeben, der Flugplatz. Vietor kannte Aden, er war dort während seiner Marinezeit gewesen, als es noch unter britischer Herrschaft stand.

Sie entdeckten noch zwei sich kreuzende Pisten im Wüstensand – auf der Karte als Scheich-Othmann-Flugfeld bezeichnet. Aber sie sahen nicht die geringsten Bodeneinrichtungen, und es war nicht auszumachen, was für einen Untergrund es dort gab.

Vietor ging runter auf 1000 Meter und flog in einer großen Schleife von Osten den Flugplatz an. Die Sonne stand schon sehr tief und schien den Männern ins Gesicht. Nur schemenhaft erkannten sie Hindernisse auf der Rollbahn. Schumann sagte: „Wir haben noch 700 kg Sprit." Er las die immer geringer werdenden Treibstoffvorräte von der Uhr ab, wie bei einem Countdown.

Vietor flog über dem Meer wieder eine Schleife. Er steuerte diesmal den Flugplatz mit der Sonne im Rücken an. Nun sahen sie, daß alle Betonwege, sogar die Fläche vor dem Flughafengebäude, mit Panzerfahrzeugen blockiert waren. Und immer noch fuhren Wagen auf den Platz. Schumann hatte bereits mehrfach angekündigt, daß sie nun landen müßten. Vom Tower kam keine Antwort mehr: die beiden Piloten hatten kaum noch Hoffnung, daß sich das Wunder von Dubai wiederholen würde, und die Fahrzeuge in letzter Sekunde die Pisten verließen.

Mahmud gab mit leiser, heiserer Stimme auf arabisch Anweisungen an seine Genossen. Schumann sagte den Stewardessen, sie sollten alles für eine Crash-Landung vorbereiten.

Die Hijacker-Mädchen hatten bislang nur knapp die Hälfte der Passagiere gefesselt. Nun begannen sie, die Knoten aufzuzerren und die Strumpffesseln zu zerschneiden. Geiseln durften helfen. Der Junge rollte die Zündschnüre ein und verpackte den Plastik-Sprengstoff in einer Tüte.

Die Chefstewardeß Hannelore Piegler suchte das Blatt mit den Anweisungen für eine Notlandung. Sie ging an das vordere Mikrophon in der Kabine und las vor: „Meine Damen und Herren . . . " Sie las stockend, mit tonloser Stimme, unterbrach und begann in der Kabine herumliegende Gegenstände zu verstauen, wie es auch in den Vorschriften steht. Aus dem Cockpit rief jemand, daß es gleich losgehe. Gaby Dillmann griff nach dem am Kabel baumelnden Mikrophon. Sie sagte: „Alles aufpassen . . ."

Hannelore Piegler verlangte das Mikrophon. Sie sagte, daß das ihre Aufgabe sei, und fragte, was Gaby Dillmann sich einbilde.

Das war nicht die erste Auseinandersetzung der beiden Stewardessen in dramatischen Situationen. Hannelore Piegler fühlte sich verantwortlich in der Kabine. Ihr unterstanden die anderen Stewardessen. Sie glaubte, daß die jüngere, sehr spontan und emotional reagierende Gaby falsch und vorschriftswidrig handelte.

Hannelore Piegler war, wie fast alle Geiseln, mit ihrer Nervenkraft am Ende. Gaby Dillmann meinte das zu spüren. Sie hatte bemerkt, daß die Passagiere auf die abgelesenen, umständlich und abstrakt formulierten Notlandungs-Vorschriften kaum reagiert hatten.

Sie gab das Mikrophon nicht wieder her. Jetzt war keine Zeit mehr, den umfangreichen Paragraphen-Katalog vorzutragen. Sie begann sehr unvorschriftsmäßig: „Hauptsache ist, ruhig bleiben. Ihr wißt ja mittlerweile, wie gut unsere Piloten sind. Ich bin sicher, es wird alles gut gehen." Und dann zählte sie die wichtigsten Vorschriftsmaßnahmen auf, wie sie ihr einfielen: „Gebt alles Spitze ab, Kugelschreiber, Kämme, Broschen und auch Ketten und die Brille. Und vor allem die Gebisse, die kann man nämlich verschlukken."

Anna-Maria Staringer ging mit einer Plastiktüte durch die Kabine. Die Passagiere warfen Gebisse in die Tüte, Schmuckstücke, Kugelschreiber. Gaby wies sie an, alles, was noch in der Mantelablage war, zur Auspolsterung des Cockpits zu benutzen. Dann fiel ihr ein, daß sie Wichtiges vergessen hatte. Auch aus den Jacken und Mänteln mußten alle spitzen Gegenstände entfernt werden. Anna-Maria Staringer ging noch einmal mit der Plastiktüte durch den Mittelgang. Sie ging wortlos, wie im Traum.

Gaby demonstrierte die Körperhaltung

bei der Notlandung: die Rückenlehne nach vorn drücken, Kopf auf die Knie, Hände im Genick falten, Muskeln anspannen. Sie erklärte: „Vor allem nach dem ersten Stoß bei der Landung nicht sofort aufrichten. Kopf unten behalten. Denn meistens folgen noch mehrere Stöße. Wenn ihr alles so macht, wie ich es gesagt habe, haut es schon hin."

Die beiden Hijacker-Mädchen hatten sich hingesetzt und angeschnallt. Sie zeigten ihr maskenhaftes Lächeln. Der Junge machte den Helden. Mit erhobener Pistole in der einen und der Handgranate in der anderen stand er im Mittelgang. Gaby Dillmann rief ihm sehr energisch zu: „Hinsetzen." Er sah erstaunt hoch, setzte sich aber widerspruchslos und sicherte die Handgranate.

Nach den Vorschriften hätte der Kapitän das Kommando geben müssen, wenn er zur Landung ansetzte. Gaby ahnte, wie es den Männern im Cockpit ging. Sie sah durch ein Fenster. Alle Jalousien waren hochgeschoben. Als sie zum Greifen nahe Wasser unter sich sah, rief sie: „Lehne nach vorne drücken, Kopf runter."

Im Cockpit sagte Jürgen Schumann: „Noch 400 kg Sprit." Das hieß, höchstens noch vier bis fünf Minuten Flugzeit. Vietor sagte: „Jetzt ist es eh zu spät; bevor wir ins Wasser fallen, machen wir es." Er vollendete die Schleife. Der Flughafen war vor ihnen. Dort fuhren immer noch Fahrzeuge auf eine Notlandebahn.

Die Maschine war jetzt rund 150 Meter über dem Wasser. Jürgen Vietor fuhr die Klappen und das Fahrgestell aus und begann mit dem Sinkflug. Er drehte sein Gesicht zu Schumann und sagte: „Es war doch ein schönes Leben, aber ein bißchen kurz. Also, mach's gut." Er sagte das ganz sachlich, als mache er eine technische Mitteilung. Er spürte keine Panik, nicht einmal richtige Angst.

Schumann sagte: „Naja, es ist halt vorbei." Sie gaben sich die Hand.

Jürgen Vietor drehte sich um zu Mahmud. Der saß, wie immer während des Flugs, auf dem Observer-seat hinter dem Kapitän. Seine Augen waren halb geschlossen, der Mund war geöffnet. Unter der braunen Haut war Leichenblässe. Schweiß lief über sein Gesicht. Seit Minuten hatte er kein Wort mehr gesprochen. Er bewegte sich nicht. Es war nicht auszumachen, ob ihn Todesangst lähmte, oder ob er ganz einfach auf das einkalkulierte tödliche Ende seiner Mission wartete.

Vietor streckte ihm die Hand entgegen. Er griff nach ihr. Vietor sagte: „Good-bye, Captain." Mahmud antwortete: „Goodbye."

In diesem Augenblick sah Vietor, daß der Palästinenser nicht angeschnallt war. Er riß das Flugzeug herum übers Wasser und rief: „Anschnallen."

Schumann schrie: „Bist du wahnsinnig. Wir haben keinen Sprit mehr." Vietor brüllte zurück: „Das ist mir scheißegal. Der muß sich anschnallen. Der fliegt sonst durch die Scheibe." Der Kopilot startete die Maschine durch. Der Höhenmesser war wie bei jeder normalen Landung auf 50 Fuß (ca. 165 Meter) eingestellt. Die „Landshut" war bereits tiefer. Sie flog kaum 100 Meter über dem Wasser. Schumann glaubte, sie würden ins Meer gehen. Vietor war sicher, daß er die Maschine wieder hochkriegte. Als ehemaliger Marine-Flieger war er das Fliegen dicht über den Wellenkämmen gewohnt. Er schaffte es und setzte zu einem neuen Vollkreis an.

Er konnte sich selbst nicht erklären, weshalb er alle Menschen in der „Landshut" zusätzlich gefährdete, nur um dem Entführer die letzte Chance zum Überleben zu sichern. Schon als er ihm die Hand gab, war der Palästinenser, der ihm mehrmals mit der Ermordung gedroht hatte, kein Gegner mehr gewesen. Er war einer von drei Männern, die zusammensaßen und mit dem Sterben rechneten.

Mahmud fingerte an den Gurten. Aber seine Arme und Hände gehorchten ihm offensichtlich nicht mehr. Er saß steif in seinem Sitz. Jürgen Schumann versuchte, ihm den Gurt umzulegen, und schaffte es nicht. Vietor mußte helfen. Die Maschine hatte inzwischen einen vollen Kreis geflogen. Vietor hielt auf eine freie Strecke im Sand zwischen den blockierten Rollbahnen zu. Er reagierte mechanisch, wie bei jeder Landung. Er stellte den Gashebel auf Null, zog den Speed weg, die Geschwindigkeitsbremse, zog die Klappen auf den Tragflächen, machte den Reverser auf. Er sah Sand und Steine unter sich. Es gab nur einen kräftigen Stoß. Das Fahrwerk vergrub sich nicht im Sand, wie die Piloten befürchtet hatten. Die Maschine machte einige kurze Sprünge, und in der Kabine riß sich ein Teil der Deckenverkleidung los.

Vietor ging voll in die Bremsen. Er rief Schumann zu: „Schieß die Feuerlöscher ab!" Der Kapitän zog drei rote Hebel. Dadurch wurde Benzinzufuhr, Hydraulik und Elektrizität automatisch abgestellt, und die Feuerlöschflaschen in den Triebwerken abgeschossen.

Schumann und Vietor sahen sich an. Stumm. Dann fiel dem Kopiloten ein: „Scheiß, Mensch, wir haben vergessen, die Triebwerke abzustellen." Er legte einen Hebel um, und es war ganz still in der Maschine. Es war 17.52 Uhr, 15.52 Uhr deutscher Zeit.

Die drei Männer starrten nach draußen. Keiner sagte etwas. Vietor riß die Arme nach oben, als wolle er jubeln. Er öffnete ein Fenster, um nachzusehen, ob an der Maschine noch alles dran war und ob es möglicherweise doch irgendwo brannte. Er sah die untergehende Sonne, die auf dem Flugfeld zu liegen schien. Dann kam eine undurchdringliche Staubwolke, die sie bei der Landung aufgewirbelt hatten, und die nun das Flugzeug einholte.

Die Sonne färbte den Staub leuchtend rot. Es war, als sei die Maschine in ein Feuermeer eingehüllt. Vietor schloß das Fenster sofort wieder.

Die Männer schnallten sich los. Als sich die Staubwolke verzogen hatte, vergewisserten sie sich, daß die „Landshut" die Landung offenbar ohne sichtbaren Schaden überstanden hatte. Mahmud griff nach Vietors Arm. Er sagte: „Bevor ich dich erschieße, töte ich mich selber."

Jürgen Schumann ging durch die Kabine. Die beiden Mädchen hielten sich an den Händen und redeten lachend, glücklich, aufgeregt wie Kinder aufeinander ein. Auch der Junge lachte.

Jürgen Schumann sagte nichts, als er lächelnd durch den Gang kam. Aber die Passagiere wußten, wenn der Kapitän sich sehen ließ, hieß das Entwarnung. Schumann hatte nie viel mit ihnen sprechen dürfen. Aber wenn er durch die Sitzreihen ging, scheinbar ruhig und selbstsicher, dann gab er auch den Passagieren ein Gefühl der Sicherheit.

Mahmud sagte, daß Vietor geflogen sei. Die Passagiere klatschten, riefen bravo, einige jauchzten sogar. Jürgen Vietor nahm das Stewardeß-Mikrophon und sagte: „Naja, es ist doch keine Crash-Landung geworden. Wir sind ja noch alle am Leben." Die Passagiere klatschten wieder.

Im letzten Licht der Dämmerung sah man aus der „Landshut", daß einige hundert Soldaten auf das Flugzeug zuliefen. Sie stellten sich rund 100 Meter vor der Maschine mit erhobenen Waffen im Kreis auf. Dahinter bildete sich noch ein zweiter und noch ein dritter Cordon, Panzerwagen fuhren dazwischen.

Die Stewardessen öffneten die Türen. Vietor nahm das Megaphon und rief: „Nicht schießen, wir sind friedliche Leute. Dies ist ein deutsches Flugzeug. Wir mußten eine Notlandung machen. Bitte, wir möchten mit einem deutschen Vertreter sprechen." Er lief zu allen drei Türen und rief den gleichen Text. Die Soldaten zielten schweigend mit ihren Waffen auf die Maschine.

Schumann versuchte pausenlos, über Funk Kontakt mit dem Tower zu bekommen. Aber auch von dort antwortete niemand.

Der Kopilot schrie auf englisch: „Schickt uns doch jemand Offizielles, einen Regierungsvertreter. Wir müssen mit jemandem sprechen."

Mahmud übernahm das Megaphon und redete arabisch auf die Soldaten ein, die in der Dunkelheit nur noch schemenhaft zu erkennen waren. Es blieb unheimlich still auf dem Flugplatz. Das einzige Geräusch war die Hilfsturbine der Maschine.

Gaby Dillmann holte die Tüte mit den vor der Notlandung eingesammelten Sachen aus der Toilette. Sie hielt die einzelnen Gegenstände hoch, beschrieb sie kurz, bis sich der jeweilige Besitzer meldete. Als die Gebisse dran waren, gab es ein wenig Verwirrung, bis für alle der richtige Gaumen gefunden war. Es lachten die, die noch eigene Zähne hatten.

Die Stewardessen verteilten Wasser. Vietor trug die Kunststoffplatte, die sich bei der Landung im hinteren Teil der Kabine von der Decke gelöst hatte und nun den Mittelgang blockierte, zur Hecktür. Er rief in die Dunkelheit: „Nicht schießen, ich werfe jetzt nur etwas aus der Maschine, das uns kaputt gegangen ist. Es ist ganz ungefährlich." Er warf die Platte nach draußen, die scheppernd auf Stein fiel. Er ging sofort in Deckung. Aber draußen blieb es still.

Nach mehr als einer halben Stunde sprach jemand aus der Dunkelheit über ein Megaphon arabisch. Mahmud antwortete. Es erfolgte eine immer erregter werdende Diskussion zwischen dem Entführer und dem in der Dunkelheit unsichtbaren Mann auf dem Flugplatz.

Als es draußen wieder still war, sagte Mahmud zu dem Piloten: „Es hilft nichts, wir müssen wieder los." Schumann und Vietor redeten zusammen auf ihn ein: „Das ist heller Wahnsinn ... Nach so einer Notlandung kann man unmöglich wieder starten . . . Das Fahrgestell hat bestimmt was abbekommen . . . Die Triebwerke sind voller Sand . . . Im Notfall haben wir keine Feuerlöscher mehr."

Mahmud brüllte wieder erregt in die Nacht. Er wiederholte offenbar auf arabisch die Gründe, die gegen einen erneuten Start sprachen. Er wußte genug über Flugzeugtechnik, um sie ernst zu nehmen. Es kamen einige Leute an die „Landshut", die sich als Mechaniker ausgaben. Sie gingen um die Maschine herum. Einer sagte in schlechtem Englisch: „Alles okay, wir können keinen Defekt feststellen. Sie können starten."

Schumann und Vietor wollten ihm nicht glauben. Der Kapitän sagte zu Mahmud: „Auf die können wir uns unmöglich verlassen. Ich muß einen outdoor check machen, selber runter und nachsehen." Der Palästinenser nickte.

Seit der Notlandung hatte sich das Verhältnis zwischen Entführern und der Besatzung verändert. Man redete wie gleichberechtigte Partner miteinander. Mahmud ließ vor allem Jürgen Vietor durch kleine Gesten und Andeutungen spüren, daß er für das Anschnallen vor der Notlandung dankbar war. Die Situation hatte sich verändert. Während der Landung waren es die Piloten, in deren Hand Tod oder Leben lag. Man hatte gemeinsam mit dem Leben abgeschlossen und war nun gemeinsam am Leben. Draußen waren die Jemeniten, die offensichtlich in ihrer Feindschaft keinen Unterschied zwischen Geiseln und Kidnappern machten. Die Palästinenser jedenfalls fühlten sich in der Hoffnung betrogen, den Hals riskiert zu haben, um bei Freunden zu landen.

So gab Mahmud ohne Zögern dem Piloten die Erlaubnis, das Flugzeug zu verlassen. Eine Notrutsche wurde ausgefahren, und Jürgen Schumann hangelte sich runter. Er ging mit der Taschenlampe um das Flugzeug herum. Nach einigen Minuten rief er hoch: „Die Fahrwerke sehen soweit noch ganz gut aus, ja wirklich, sie sind noch ganz passabel. Ich sehe keine Deformierungen. Ich kann überhaupt keine Schäden feststellen." Er sprach jetzt deutsch. Den Befehl, nur in englisch miteinander zu reden, hatten die Piloten schon seit der Notlandung ignoriert. Der Palästinenser hatte es geduldet.

Jürgen Vietor und Mahmud saßen nebeneinander in der Bug-Tür. Ihre Körper berührten sich. Sie ließen die Beine im Takt baumeln. Ab und zu tauchte Schumann bei seinem outdoor check auf der linken Seite der Maschine auf.

Dann sahen sie ihn einige Minuten nicht mehr. Vietor dachte, vielleicht hat er doch einen Schaden gefunden. Mahmud blieb zunächst ruhig. Als er plötzlich aufsprang und sich aus der Tür beugte, um den Kapitän zu suchen, rief Vietor: „Jürgen, wo bist du, melde dich mal wieder." Es kam keine Antwort.

Der Gesichtsausdruck Mahmuds verwandelte sich wieder. Er lief ins Cockpit und griff zum Mikrophon. Er hatte bereits kurz zuvor einmal Kontakt zum Tower gehabt. Nun schrie er mit sich überschlagender Stimme. Es antwortete auch jemand auf arabisch.

Der Palästinenser erklärte Vietor: „Ich habe den Jemeniten gesagt, wenn der Pilot nicht zurückkommt, sprenge ich das Flugzeug. Sie haben mir versprochen, ihn zu erschießen, wenn sie ihn finden und er nicht freiwillig in die Maschine kommt."

Jürgen Vietor suchte nach einer Erklärung für das Verschwinden Schumanns. Eine Möglichkeit schied für ihn aus: daß sein Kollege den Kopf verloren hatte und einfach weggelaufen war. Schumann war bisher in allen Situationen souverän gewesen, hatte mindestens ebenso gute Nerven bewiesen wie der Kopilot. Vietor nahm an, daß der Kapitän versuchte, Kontakt mit einem jemenitischen Offiziellen aufzunehmen, daß er hoffte, einen deutschen Repräsentanten zu finden, oder daß er glaubte, das Risiko eines neuen Starts nach der Notlandung sei zu groß und er könne seine Bedenken jemandem Kompetenten vortragen.

Jürgen Vietor ging zu Gaby Dillmann und flüsterte ihr zu: „Mensch, der Schumann ist abgehauen." Gaby hatte mit offenen Augen gedöst, nun schreckte sie hoch: „Ist der wahnsinnig geworden?" Sie fand aber ihren Optimismus sofort wieder: „Der nimmt bestimmt Kontakt auf zu deutschen Stellen und sorgt dafür, daß die endlich was tun." Vietor wirkte depremiert: „Jürgen wird erschossen. Entweder von den Jemeniten oder von Mahmud." Der Kopilot nahm die Drohungen des Hijackers ernst. Mit dem Megaphon rief er nacheinander durch alle drei geöffneten Türen: „Jürgen, wo bist du? Komm zurück. Die Jemeniten erschießen dich." Er wiederholte es in deutsch und in englisch. Er rief es noch einmal durch das Cockpit-Fenster. Aber auf dem Flugplatz blieb es still.

Die Passagiere hatten kaum etwas von dem Verschwinden Schumanns mitbekommen. Für einige war das, was sie erlebten, längst keine Wirklichkeit mehr, sondern ein schlechter Traum, ein böses Märchen, in das sie hineingeraten waren.

Unwirklich schien auch das, was sie durch die Fenster sahen. Schwaches Mondlicht färbte Sand und Steine schneeweiß. Die Stewardessen wurden gefragt, wo man sei, wieso es so heiß sei, wo doch draußen Schnee läge. Ob sie vielleicht auf Grönland gelandet waren?

Die Stimme Mahmuds weckte sie aus erschöpftem Halbschlaf und phantastischen Visionen. Er schrie jetzt wieder Arabisches durch das Megaphon nach draußen. Dann erklärte er den Geiseln auf englisch: „Wenn der Pilot nicht wiederkommt, jage ich das Flugzeug in die Luft. Wenn er zurückkommt, werde ich ihn exekutieren. Das sind die beiden Möglichkeiten, die es gibt."

Jürgen Vietor saß noch einige Minuten in der offenen Tür, wo ein schwacher Wind ein wenig Kühlung brachte. Dann holte ihn Mahmud in die Kabine. Vietor spürte, daß auch bei dem wieder unkontrollierbar herumtobenden Palästinenser ein Rest Respekt geblieben war. Mit einer Handbewegung, die wie entschuldigend aussah, befahl der Hijacker dem Kopiloten, sich zu den Passagieren zu setzen.

Alle an Bord hatten jedes Zeitgefühl verloren. Jürgen Vietor glaubte, daß sie fast eine Stunde auf den Kapitän warteten. Gaby Dillmann kam die Zeit kürzer vor, bis Mahmud ziemlich ruhig sagte: „Die Autoritäten haben den Piloten endlich gefangennehmen können. Sie werden ihn uns zur Exekution übergeben. Er hat mich verraten. Er hat euer Leben für sein lausiges Leben aufs Spiel gesetzt. Deswegen wird er sterben."

Gaby Dillmann übersetzte. Sie fügte der Übersetzung hinzu: „Wir können nur alle ganz inständig hoffen, daß es nicht zum Schlimmsten kommt."

Sie mußte auf ihren Platz in der dritten Reihe zurück und sich anschnallen.

Gaby Dillmann hatte bis dahin, wie immer in kritischen Situationen, die Hoffnung nicht aufgegeben. Obgleich Mahmud das übliche Theater mache, müsse er doch eigentlich froh sein, daß Schumann versuche, Kontakt mit den Deutschen aufzunehmen. Es müsse doch auch im Sinne der Entführer sein, daß Bonn endlich erführe, wie ernst die Situation war ...

Nun wurde ihr kalt, sie hatte panische Angst um Jürgen Schumann, zu dem sie durch die gemeinsamen Erinnerungen an dieselbe Stadt, dieselbe Schule, dieselben Lehrer schon vor der Entführung einen sehr persönlichen Kontakt gehabt hatte.

Gaby fand irgendein Jackett und zog es sich über den Kopf. Sie hatte keine Hoffnung mehr für Jürgen Schumann. Sie spürte im Unterbewußtsein, daß die Stimme Mahmuds einen anderen Klang hatte, als bei all seinen vorhergegangenen exhibitionistisch-sadistischen Auftritten. Alles was sie noch zu hoffen wagte, war: Hoffentlich erschießt er ihn ganz hinten. Und nicht vorn, vor all den Kindern.

Die meisten Passagiere orientierten sich in ihrer Stimmung an Gaby. Durch sie als Übersetzerin sprachen die Entführer. Sie schien immer informiert zu sein über das, was geschah, und gab als einzige ihre Informationen weiter. Sie war die Bezugsperson für die zur Passivität, zum Erduldden verurteilten Passagiere. Ein paar aufmunternde Worte, ein Lächeln von ihr machten in der Kabine immer wieder neuen Mut. Wenn sie verzweifelt erschien, brachen auch die Hoffnungen der Passagiere zusammen.

Aber in diesen Minuten war es anders. Gaby fürchtete den Moment, in dem Jürgen Schumann in die Maschine zurückkam. Viele Passagiere sehnten ihn herbei. Sie dachten an die brutale Alternative, vor die der Palästinenser sie gestellt hatte: Entweder alle sterben, oder nur einer, der Kapitän. Und sie versuchten gleichzeitig zu glauben, er werde den Kapitän nur mit einigen Fußtritten und Ohrfeigen bestrafen. Der Lehrer Hartwig Faby, der ständig versuchte, nicht nur die Situation, sondern auch die eigenen Gefühle so nüchtern und objektiv wie möglich zu analysieren, registrierte bei sich und anderen Widersprüchliches: Einerseits Angst vor dem, was Schumann geschehen konnte. Aber dann auch die Überlegung: Der Pilot wollte abhauen, er ist damit aus der Gemeinschaft ausgebrochen, die sich stillschweigend einig ist, den Terroristen bedingungslos zu gehorchen; damit gefährdete er alle. Das eigene Risiko hat er dann wenigstens selbst zu tragen. Jedenfalls gab es diesmal offensichtlich einen Grund für die Wut des Hijackers.

Mahmud sah durch die Bugtür auf den dunklen Flugplatz. Er rief: „Da kommt er! Ich werde jetzt ein Revolutionsgericht abhalten." Er befahl der Chefstewardeß Hannelore Piegler, die hintere Treppe runterzulassen.

Jürgen Schumann stand allein vor dem

Flugzeug. Fast 100 Meter hinter ihm die Schatten von Soldaten. Schumann ging die Treppe hinauf. Er sah starr geradeaus. Er ging ohne zu zögern durch den Gang nach vorn auf Mahmud zu, der im Durchgang zur Ersten Klasse stand.

Einige Sekunden sahen sich die Männer schweigend in die Augen. Dann brüllte Mahmud: „Runter, auf die Knie."

Hinter dem Kommando-Chef waren die drei anderen Terroristen. Die Kleine hatte sich trotz der Hitze einen Umhang über die Schultern gelegt. Sie saß auf einer Armlehne und biß in einen Apfel. Die Dicke hatte sich eine Brille aufgesetzt. Alle drei lächelten das ausdruckslose versteinerte Lächeln.

Jürgen Schumann kniete mit über dem Kopf gefalteten Händen. Mahmud stellte den rechten Fuß auf einen leeren Sitz und sagte: „Dies ist ein Revolutionstribunal. Du hast alle hier der Gefahr ausgesetzt, in die Luft gesprengt zu werden. Du hast mich bereits einmal verraten. Dieses zweite Mal verzeihe ich dir nicht. Bist du schuldig oder nicht schuldig?"

Jürgen Schumann sagte mit leiser, ruhiger Stimme „Captain, es gab Schwierigkeiten, zum Flugzeug zurückzukommen."

Mahmud schlug ihm mit der linken Hand ins Gesicht, mit der Rechten hielt er die Pistole. Er schrie „Schuldig oder nicht schuldig?"

Jürgen Schumann bat nicht um sein Leben. Er sagte: „Verzeihen Sie bitte, Sir, darf ich erklären, es gab Schwierigkeiten . . ."

Mahmud schlug ihm wieder ins Gesicht: „Bist du schuldig?"

Jürgen Schumann: „Sir, lassen Sie mich erklären, ich konnte nicht zur Maschine zurück."

Mahmud schlug so hart, daß der Kopf Jürgen Schumanns zur Seite flog. Dann schoß er. Jürgen Schumann fiel nach vorn.

Nach dem Knall war das einzige Geräusch in der Kabine das Brummen des Hilfsaggregats. Die Dicke schrie: „Wer spricht oder weint, wird sofort erschossen." Mahmud steckte sich eine Zigarette an. Dann hörte man eine Kinderstimme, die in der Stille sehr laut klang. Steffen Waida, der an diesem Tag drei geworden war und direkt neben dem erschossenen Kapitän saß, sagte: „Papi, es hat Bumm gemacht."

Der Lehrer Hartwig Faby hatte über die Lehne des Sitzes vor ihm nur das Gesicht Mahmuds sehen können. Es verzerrte sich plötzlich. Und dann kam der Knall. Faby dachte: „Das war kein richtiger Schuß." Er wußte nur, wie so etwas im Kino und Fernsehen klang. Dies war irgendwie trockener, lauter und hatte nicht gehallt. Faby dachte, vielleicht habe der Hijacker mit einer Platzpatrone geschossen. Zugleich hatte Faby aber im linken Fuß, den er auf den Gang hinaus gestellt hatte, das Vibrieren des Bodens gespürt, als der Körper des Kapitäns fiel. Und als es ganz still blieb, Mahmud sich mit der Zigarette zwischen den Lippen umdrehte, da wußte Faby, daß es doch passiert sein mußte.

Er blieb sehr ruhig wie fast alle Passagiere. Er ertappte sich bei egoistischen Gedanken: Nun würden sie die Leiche aus dem Flugzeug werfen. Dann wüßte alle Welt, vor allem Bonn, daß die Entführer es ernst meinten. Die Bundesregierung

**„Papi,
es hat Bumm gemacht",
rief der dreijährige Steffen,
als Kapitän Schumann
vor den Augen der Passagiere
von Mahmud ermordet wurde.
Auf dem Bild:
Steffen mit seinem Vater und seiner
Mutter nach der Befreiung**

müßte jetzt endlich nachgeben, sofort. Sie könnte nicht riskieren, daß noch mehr Menschen stürben.

Nur eine der Geiseln weinte. Gaby Dillmann hatte den Kopf unter einer Lufthansa-Decke. Bei einem Blick nach unten sah sie die Füße Jürgen Schumanns neben sich. Sie heulte laut. Die Dicke schrie wieder etwas von Erschießen. Gaby hörte sie kaum. Es war dunkel um sie. Aber sie sah das Gesicht des Kapitäns vor sich. Erst war es das des lebenden Jürgen Schumann, es wurde unscharf, und dann war da ein entstelltes, blutverschmiertes Gesicht mit geöffnetem Mund und weitaufgerissenen Augen.

Lilo Cramer legte den Arm um sie. Von hinten versuchte jemand, sie zu streicheln. Sie nahm die Decke vom Kopf, wagte aber nicht, die Augen zu öffnen, in der Angst, wirklich in das Gesicht des Toten zu sehen. Jemand gab ihr ein Glas Wasser in die Hand. Gaby hielt sich an dem Glas fest. Sie versuchte, nur daran zu denken, daß sie ein Glas in der Hand hatte. Sie trank einen Schluck und konzentrierte sich ganz auf das Wasser in ihrem Mund, auf das Wasser, das ihre Kehle hinunterlief. Dann dachte sie an den kleinen Steffen und das „Papi, es hat Bumm gemacht".

Das half. Sie konnte das Weinen unterdrücken. Sie flüsterte zu Lilo Cramer: „Wie liegt er da?" Die sagte: „Sie haben eine Decke drübergelegt." Gaby öffnete die Augen.

Mahmud rief aus der First, die Air-Hosteß solle zum Übersetzen kommen. Gemeint war wie immer Gaby Dillmann. Sie dachte: „Jetzt will er wieder das Austeilen von Wasser und Zigaretten ankündigen." Sie bewegte sich nicht.

Hinter ihr stand die Chefstewardeß Renate Piegler auf. In dem schmalen Gang gab es kaum eine Möglichkeit, an dem Körper Jürgen Schumanns vorbeizukommen, ohne ihn zu berühren. Renate Piegler stützte sich mit den Händen links und rechts auf die Armlehnen der Sitze, stemmte und hangelte sich langsam über die Leiche hinweg.

Drei der Terroristen waren im Cockpit. Von dort kam immer wieder lautes Lachen. Die Dicke stand mit einer Pistole vor den Passagieren. In der Kabine war Totenstille. Bis der Opa wieder anfing, laut zu reden. Erst stellte er einer Frau im Sitz vor ihm ein gefülltes Wasserglas auf den Kopf und lachte. Dann begann er wieder: „Ich will jetzt endlich nach Hause. Ich habe einen wichtigen Termin. Wir sind doch schon lange da. Ich steige jetzt aus." Seine Frau unterstützte ihn. Sie sagte die Sätze, die sie nun schon seit vier Tagen wiederholte: „Ich muß auch los. Ich bin um sechs Uhr beim Friseur angemeldet. Ich darf nicht zu spät kommen." Dabei fuhr sie sich mit einer Plastikgabel durch das Haar.

Der alte Mann stand auf. Die Dicke reagierte nicht. Die Terroristen ignorierten die beiden Alten schon lange. Aber die Passagiere wurden unruhig. Trotz des absoluten Sprechverbots hörte man erst erregtes Flüstern, dann laute Stimmen. Jemand rief: „Halt das Maul!" Ein anderer: „Wer haut dem endlich einen unters Kinn."

Angestaute Angst und Aggressionen entluden sich gegen den verwirrten Greis, über den vorher oft gelacht worden war, der in all dem Irrsinn manchmal der einzige Vernünftige zu sein schien.

Auch Hartwig Faby empfand diese Mischung aus Wut und Angst. Er fürchtete aber vor allem, daß die laute Aufregung unter den Passagieren Mahmud wieder aus dem Cockpit bringen könne. Mit Handzeichen signalisierte er den Terroristen, daß er sich um den Alten kümmern wollte. Mahmud nickte. Hartwig Faby schnallte sich los und ging zu dem Greis, der neben seinem Platz stand. Der Lehrer schlug ihm so hart vor die Brust, daß der Opa in den Sitz zurück stürzte. Der Alte war nun lange Zeit still.

Gaby Dillmann erinnerte sich an die letzten Tage mit Jürgen Schumann. Sie dachte: Er war ein Held.

Er war dazwischengetreten, als der Palästinenser den Kopiloten und die drei angeblich jüdischen Passagiere erschießen wollte und hatte sich dabei selbst in Lebensgefahr gebracht. Ohne Rücksicht auf das Risiko hatte er immer wieder Informationen rausgeschmuggelt. Mahmud muß das irgendwie erfahren haben. Entweder aus Nachrichtensendungen oder aber von einem Flughafenarbeiter in Dubai, mit dem er sich sehr lange auf arabisch unterhalten hatte. Als der Entführer den Kapitän im Cockpit zur Rede stellte, war Gaby in der Galley vor der angelehnten Cockpit-Tür gewesen. Sie hatte nur Satzfetzen verstanden. Offensichtlich hatte der Terrorist Schumann mit der Behauptung überrumpelt, er habe von vornherein jeden „Verrat" mitgekriegt. Schumann gestand jedenfalls. Mahmud hatte gesagt: „Hältst du mich eigentlich für blöd, wenn du hier den Helden spielst? Du warst ja Soldat, zeig mal, was du kannst."

Dann hatte er Schumann im Kabinengang exerzieren lassen, linksum, rechtsum, und nach jedem Befehl mußte der Kapitän sagen: „Jawohl, Captain Martyr Mahmud." Aber auch bei diesem entwürdigenden Schauspiel hatte Jürgen Schumann nie die Souveränität verloren.

Seit dieser Szene hatte Gaby den Haß in den Augen des Palästinensers gesehen, wenn er den Kapitän ansah. Schumann hatte lange Zeit allein in der Kabine sitzen müssen und durfte mit niemandem sprechen. Gaby hatte ihm einmal heimlich über den Kopf gestreichelt. Sie ahnte die Gefahr, in der er schwebte. Und auch Jürgen Schumann mußte gewußt haben, daß er der erste sein werde, wenn Mahmud ein Opfer brauche. Das mochte zu seinem Entschluß beigetragen haben, zunächst nicht in die Maschine zurückzugehen. Zweimal hatte er geholfen, Jürgen Vietor das Leben zu retten. Für jeden Passagier, der bedroht worden war, hatte er sich eingesetzt. Als es dann um sein Leben ging, hatte niemand gewagt, aufzustehen oder auch nur ein Wort zu sagen.

In der „Landshut" gingen wieder Licht und Klimaanlage aus. Das Hilfsaggregat hatte die letzten Liter Benzin verbraucht. Jürgen Vietor mußte ins Cockpit. Er stand auf. Auch die Notleuchten brannten nicht mehr. Vietor fürchtete, er werde im Dunkeln auf Schumanns Körper treten. Er rief zu den Terroristen: „Macht eine Taschenlampe an. Ich kann da sonst nicht rüber."

Sie fanden keine Taschenlampe, und der Kopilot mußte sich über die Leiche tasten. Er schaltete die Stromzufuhr von der Batterie ab, denn er wußte, daß wie schon in Dubai ohne ausreichende Batteriespannung nichts mehr ging. Er setzte sich zu den Entführern ins Cockpit. Die erzählten ein bißchen gequält Witze, lachten, und Vietor verbarg sein Entsetzen. Mahmud war freundlich.

Vietor durfte sich dann allein in die offene Tür setzen. Ein Offizier mit drei Sternen kam an die Maschine. Er sagte: „Sie müssen sobald wie möglich raus. Wir geben Ihnen technische Hilfe. Aber sobald Sie startklar sind, müssen Sie raus."

Die Eile der Jemeniten hatte seinen Grund. Sie erwarteten den DDR-Verteidigungsminister Hoffmann, einen wichtigen Gast, der dringend benötigte Militärhilfe versprechen sollte. Die Regierung in Aden wollte unter allen Umständen vermeiden, daß die gekaperte Maschine noch auf dem Flugplatz stand, wenn der wichtige Gast aus Ostberlin landete.

Vietor aber mußte versuchen, den Start bis zur Morgendämmerung herauszuschieben. Denn mit der vermutlich defekten Maschine in die Nacht zu starten war Selbstmord. Er legte sich eine Verzögerungstaktik zurecht. Er bestellte nur 200 Gallonen Benzin für jeden Tank, damit die Maschine möglichst leicht war, wenn er versuchte, sie aus dem Sand wieder herauszubringen.

Zunächst blieb der Tankwagen im Sand stecken. Das brachte einige Minuten. Dann sagte der Kopilot, eine Druckbetankung sei nicht möglich, da sie keinen Strom hätten. Tatsächlich hätte die Batterie ausgereicht. Aber die Jemeniten fielen auf den Trick herein. Sie brauchten einige Zeit, um einen Schlauch heranzuschaffen, der für die Betankung von oben über die Tragflächen reichte. Dann war ihre Leiter zu kurz, um auf die Tragflächen zu kommen. Sie mußten erst eine längere suchen.

In der Kabine wurde es inzwischen wieder unerträglich heiß. Aber die Türen waren geöffnet, und die Geiseln durften sich beinah frei bewegen. Von den Entführern trug nur noch Mahmud eine Waffe. Die anderen waren freundlich und halfen, wenn jemand zusammenbrach. Die Nummer 18, der Junge, die Nummer 33, die Dicke, sprachen zum erstenmal mit ihren Opfern. Die Dicke kam zu Gaby, die den Schock nach dem Mord noch nicht überwunden hatte, und sagte: „Captain Martyr Mahmud konnte nicht anders. Der Kapitän hat ihn zweimal verraten und sein Ehrenwort gebrochen. Aber der Kapitän hat bestimmt nichts gemerkt. Ich habe es genau gesehen. Captain Martyr Mahmud hat ihn geschlagen. Er hat gedacht, er werde nur geschlagen. Und als sein Kopf vom letzten Schlag herumgeflogen ist, da hat Captain Martyr Mahmud geschossen. Er hat nichts gesehen."

Gaby tröstete das tatsächlich irgendwie. Sie sah auch die Dicke, die fortwährend geschrien und gedroht hatte, plötzlich anders . . . Sie fühlte das Bedürfnis, mit ihr bei der nächsten Gelegenheit mehr zu reden.

Der Junge erzählte den Schönheitsköniginnen aus dem „Grafen Zeppelin", daß er gern Ingenieur geworden wäre. Die Terroristen sprachen von sich in der Vergangenheit. Wenn das Gespräch aufs Sterben kam, sagten sie: „Wir sind schon lange tot."

Mit den „Misses" versuchte der Junge deutsch zu reden, mit dem Boxpromoter Hans Hasse-Heyn unterhielt er sich auf französisch. Hasse-Heyn sagte, er solle bei seinem Captain doch mal fragen, ob die Leiche nicht fortgeschafft werden könne. Der Junge versprach, mit seinem Chef darüber zu reden.

Auch Gaby Dillmann stemmte sich jetzt, wenn sie nach vorn mußte, auf den Armlehnen über den Körper des toten Kapitäns hinweg. Der Teppich hatte sich mit Blut vollgesogen. Gaby trug Gummisandalen, die in Dubai an Bord gekommen waren. Sie spürte das Blut unter den Fußsohlen. Sie versuchte, nicht daran zu denken.

Bei der Temperatur von mehr als 50 Grad in der Kabine begann die Leiche bereits zu verwesen. Der Geruch des toten Körpers und der Gestank aus den Toiletten machte es schwer zu atmen.

Jürgen Vietor aber versuchte weiter, die jemenitischen Techniker bei ihrem Bemühen, die Maschine startklar zu machen, zu behindern. Denn es waren noch immer sechs Stunden bis zum Morgengrauen, als schließlich etwas Treibstoff in den Tanks war.

Der Kopilot schlug nun vor, erst einmal das Gepäck auszuladen, um die Maschine leichter zu machen. Mahmud beriet sich kurz mit seinen Komplicen und sagte dann, das käme nicht in Frage. Vietor vermutete, daß sie zusätzlichen Sprengstoff in den aufgegebenen Koffern hatten.

Er sagte den Jemeniten: „Ihr müßt uns hier rausschleppen. Hoffentlich habt ihr einen starken Schlepper."

Sie hatten einen Schlepper, aber keine Schleppstange für die Boeing 737. Vietor rief: „Dann muß ich das wohl mit den Triebwerken machen. Aber wenn wir die Triebwerke anlassen wollen, brauchen wir Ground Power (ein Hilfsaggregat), damit wir Strom haben." Ein Trick, denn die Batterie hätte dazu noch ausgereicht.

Mahmud hatte den Soldaten gesagt, er wolle eine Leiche aus dem Flugzeug werfen. Sie hatten ihm das drohend untersagt. Die Terroristen hatten offensichtlich großen Respekt vor den Jemeniten, die sie zunächst für Freunde gehalten hatten. Nun wurden die Befehle der Jemeniten unterstützt durch Geschützrohre, die auf die Maschine gerichtet waren.

Die Nummern 18, 32 und 33 banden dem toten Kapitän eine Decke um den Kopf. Sie trugen ihn zum hinteren Garderobenschrank. Gaby Dillmann mußte Koffer und Mäntel aus dem Schrank holen. Die Terroristen stellten die Leiche aufrecht in die schmale Garderobe und verschlossen die Tür. Dann wischten sie sich mit Lavex-Tüchern das Blut ab.

Die Kleine kam mit Kehrschaufel und Besen. Sie nahm Gehirnmasse auf, die noch auf dem Teppich lag. Dann wurde sie plötzlich sehr blaß. Sie setzte sich mit der Schaufel auf einen Platz in der First und lachte hysterisch.

Mahmud nahm ihr die Schaufel aus der Hand, ging damit zum geöffneten Cockpitfenster und warf sie hinaus.

Gaby Dillmann stand einige Sekunden mit gefalteten Händen vor dem großen Blutfleck. Sie nahm sich zusammen. Sie sagte dem Jungen: „Das Blut wird auch in Verwesung übergehen. Das muß irgendwie weg." Sie erschrak. Sie fürchtete, die Nummer 18 würde nun sagen, sie solle das machen. Aber der Junge goß eine Flasche Gin über die Blutlache und legte eine Decke drauf.

Die Jemeniten fuhren ein Hilfsaggregat an die Maschine. Es hatte 200 Volt. Vietor sagte: „Tut mir leid. Wir brauchen 115 Volt." Er war froh über die neue Verzögerung, die wieder fast eine Stunde brachte. Dann kam die richtige Ground Power. Jetzt ließ er die Triebwerke an. Das bordeigene Hilfsaggregat lief wieder und damit auch die Klimaanlage und das Licht. Die Türen wurden zugemacht.

Vietor sagte Mahmud, er müsse ihm jetzt helfen. Mahmud setzte sich auf Schumanns Platz. Vietor wies ihn an, die Checkliste vorzulesen – wie auf einem Routine-Flug. Der Palästinenser tat es sehr unkontrolliert und ließ Punkte aus. Vietor verbesserte ihn jedesmal, denn er kannte die Checkliste auswendig. Er machte jeden Handgriff nach der Checkliste.

Die Triebwerke sprangen an. Es schien

alles halbwegs in Ordnung zu sein. Nur die Abgastemperaturen lagen etwas zu hoch. Statt beim Minimum von 420 Grad lagen sie für beide Triebwerke bei 450 Grad. Das war noch nicht im kritischen Bereich. Doch Vietor wußte nun, daß eine Menge Sand in den Triebwerken war, die den Luftstrom behinderten und dadurch die Leistung herabsetzten.

Der Kopilot fuhr die Triebwerke hoch. Da hörte er Schreie aus der Kabine. Passagiere riefen: „Es brennt. Es kommt Rauch." Vietor stellte die Triebwerke sofort ab.

Eine Stewardeß kam in das Cockpit und sagte: „Falscher Alarm. Das ist Dampf." Die kalte Luft, die nun wieder aus den Düsen kam, hatte in der feuchten Hitze der Kabine Dampfschwaden entstehen lassen.

Vietor ließ die Triebwerke wieder an und schaltete die Scheinwerfer ein. Vor der Maschine blieb es dunkel. Von den fünf Landescheinwerfern brannte nur noch ein einziger. Die anderen waren durch die Erschütterungen bei der Landung beschädigt worden.

Ein Auto beleuchtete den Sand vor ihnen. Der Kopilot gab Gas, aber die Maschine, deren Reifen tief im Sand steckten, rührte sich zunächst nicht. Dann begann sie doch zu rollen.

Auf Anweisung des Towers fuhr Vietor bis zum Ende der Rollbahn. Eine Militär-Karawane folgte ihnen und umstellte sofort wieder das Flugzeug. Alle drei Tanks der „Landshut" wurden vollgetankt.

Noch immer waren es rund zwei Stunden bis zur Dämmerung. Vietor redete noch einmal auf seinen Gesprächspartner im Tower ein: „Wir können nicht bei Dunkelheit starten. Wir haben keine Scheinwerfer. Selbst wenn wir hochkommen, können wir ohne Tageslicht nirgends landen. Ich habe nicht einmal Navigationsunterlagen. Die Triebwerke sind voller Sand, ich weiß ja nicht einmal, wohin der Captain fliegen will."

Der Mann auf dem Tower blieb hart: „Sie müssen unverzüglich starten."

Der Kopilot fragte nach dem Wetter. Der Tower wollte wissen, für welches Gebiet. Doch Mahmud blieb stur und wollte nicht einmal die Himmelsrichtung angeben, in der das nächste Ziel lag.

Vietor an den Tower: „Wir fliegen etwa 1000 Meilen weit. Bitte geben Sie mir das Wetter in diesem Umkreis um Aden."

Der Tower: „Wir können Ihnen das Wetter nur für eine bestimmte Route geben."

Vietor: „Geben Sie uns wenigstens das grobe Wetter für eine Abflugsroute zum Süden, eine zum Südwesten und eine zum Norden."

Tower: „Sie bekommen die Informationen in der Luft. Starten Sie jetzt!"

Vietor war überzeugt, die Jemeniten würden schießen, wenn er nicht gehorche. Aber er hatte auch wenig Hoffnung, die vollgetankte, sehr schwere Maschine rechtzeitig hochzubekommen. Die Piste war sehr kurz, dahinter gleich das Meer. Das heiße Wetter und vor allem aber der Sand in den Triebwerken würde die Beschleunigung stark beeinträchtigen.

Seine Befürchtungen wurden bestätigt, nachdem er die Triebwerke wieder angelassen hatte. Es knallte. Es hatte einen

„stall", einen Strömungsabriß gegeben. Das war der Sand.

Vom Tower kam eine ultimative Warnung: „Sie haben jetzt zu starten. Das ist unsere letzte Aufforderung."

Vietor fragte noch einmal nach dem Wetter. Die Antwort war: „Das geben wir Ihnen oben. Gehen Sie jetzt."

Dem Kopiloten war jetzt alles egal. Ihm fiel nicht einmal ein, die Passagiere Schwimmwesten anlegen zu lassen. Er schob die Gase rein. Das Hilfsaggregat ließ er laufen. Normalerweise wird bei laufenden Motoren die Triebwerksluft für die Klimatisierung genutzt. Aber das kostet ein paar Kilogramm Leistung. Die „Landshut" brauchte zum Start jedes Kilogramm Antriebskraft.

Mahmud las wieder die Checkliste, stellte die Gase auf volle Leistung und trat in die Bremsen. Er saß ja nicht zum erstenmal in einem Cockpit. Als sich alles stabilisiert zu haben schien, löste Vietor die Bremsen. Die „Landshut" rollte. Die Beschleunigung war schlecht. Die Landebahnscheinwerfer waren angestellt, und das Ende der Piste war zu sehen. Knapp 100 Meter vor den roten Leuchten, hinter denen das Meer war, hob die „Landshut" ab. Der Temperaturanzeiger war im gelben Bereich. Das hatte der Kopilot selbst im Simulator noch nicht gesehen. Er machte den Steigflug. Es war 3.00 Uhr Ortszeit, 1.00 Uhr deutscher Zeit am Montag, dem 17. Oktober.

Plötzlich erinnerte sich Vietor: Natürlich, um Aden sind Berge, die haben wir ja auch beim Anflug gesehen. Er fragte den Tower: „Sind Berge in der Richtung, in der wir fliegen?"

Der Mann auf dem Tower antwortete trocken: „Minimum Sicherheitshöhe 2500 Fuß." – 820 Meter.

Sie hatten 2000 Fuß. Es hatte keinen Sinn mehr, eine Schleife zu fliegen. Vietor wußte nicht, wo die Berge waren. Er konnte nur versuchen, möglichst schnell Höhe zu gewinnen. Die „Landshut" stieg langsam auf 2500 Fuß. Der Kopilot hatte noch keine Möglichkeit, sich zu orientieren, denn das Funkfeuer von Aden arbeitete nicht. Erst auf mehrmaliges Bitten schalteten die Jemeniten es ein.

Endlich sagte Mahmud: „Wir fliegen nach Mogadischu."

Vietor fragte erstaunt, wo das sei. Der Palästinenser zeigte ihm die Hauptstadt von Somalia auf der Karte im Passagier-Informationsheft. Vietor fand Mogadischu dann auch auf der Funknavigationskarte Südwest-Asien, in der linken Ecke, zwei Millimeter über dem Kartenrand.

Er war in dieser Gegend der Erde noch nie in der Luft gewesen. Die 737 fliegt ja keine weiten Strecken. Doch das Funkfeuer von Djibouti an der Grenze zu Somalia war schon zu empfangen und der Tower in Aden half nun auch.

Die Jemeniten gaben das Wetter und Informationen über den Flugplatz in Mogadischu. An Bord gab es keine Unterlagen über den Platz. Über die internationale Notfrequenz 121/5 setzte Vietor laufend Notrufe ab. Er bat um Radar-Unterstützung. Er wußte nicht, daß es in dieser Gegend überhaupt kein Radar gab.

Die Steigleistung der Maschine war immer noch sehr schlecht. Die Außentemperatur lag 17 Grad über der, die Vietor aus Europa gewohnt war. Der Kopilot nahm die technischen Handbücher, die an Bord waren. Mit den Werten von Gewicht, Außentemperatur und Triebwerksanzeigen berechnete er, daß die Leistung des Flugzeuges in Ordnung sein mußte. Was ihn allerdings ständig beunruhigte, war die Tatsache, daß die Feuerlöschflaschen leer waren, daß es also im Falle eines Brandes unvermeidlich zur Explosion kommen mußte.

Gegen den klaren Sternenhimmel waren ab und zu Gewitterwolken zu sehen. Er hatte Angst vor Gewittern. Und die vergaß er auch in dieser Situation nicht.

Mahmud rauchte unentwegt. Er war sehr ruhig. Die Waffen hatte er weggesteckt. Er versuchte, die Funktion eines Kopiloten auszufüllen und störte Vietor nicht bei der Arbeit.

Die 737 konnte, zumindest in der Luft, von einem Piloten geflogen werden. Vietor erinnerte sich an seine Lehrjahre. Da hatte einmal auf einem Flug von Turin nach Frankfurt sein Kapitän gesagt: „Ich bin jetzt tot." Der hatte Zeitung gelesen und sich um nichts mehr gekümmert. In dieser Nacht, der vierten ohne Schlaf, irgendwo zwischen Arabien und Afrika, ohne ausreichende Navigationshilfe, war das nicht so einfach wie damals.

Sie überflogen Djibouti. Dann wurde die Ausstrahlung des Funkfeuers von Djibouti immer schwächer. Vietor stellte um auf ein Funkfeuer im Mittelwellenbereich, das „Hotel-Golf", das einzige, das es laut Karte in dieser Gegend gab. Es war ausgeschaltet. Er legte auf der Karte das Kurslineal an die Punkte von Djibouti und Mogadischu und zog eine Linie. Das waren 156 Grad. Die Wetterangaben waren ungenau und veraltet. Generell schien aber über Afrika eine Westwind-Wetterlage zu herrschen. Vietor peilte über den Daumen: „156 Grad, westliche Winde von vielleicht 40 Knoten, da halte ich einfach mal einen Schlag von fünf Knoten davor, also 161 Grad steuern. Egal wohin. Irgendwann wird ja wieder die Küste kommen."

Die anderen Terroristen kamen gelegentlich ins Cockpit. Sie hatten wieder in jeder Hand eine Handgranate und rauchten. Es war das gewohnte Bild. Der rausgezogene Sicherungsstift hing am Zeigefinger. Wenn ihnen eines dieser Dinger aus der Hand fiel, kam es unweigerlich zur Explosion.

Auf der Frequenz von 279 Kiloherz bekam Vietor das Funkfeuer von Belet Uen rein. Er stellte fest, daß der Wind doch stärker war und sie abgetrieben hatte. In einer Kurve flog er über das Funkfeuer, um die Navigation erst einmal wieder auf Null zu bringen. Als der Zeiger des Radiokompasses sich nach hinten drehte, wußte er, daß sie das Funkfeuer genau überflogen hatten.

Dann arbeitete auch das Funkfeuer von Mogadischu. Vietor flog darauf zu. Es dämmerte, und innerhalb von Minuten kam die Sonne aus dem Meer. Mahmud schob dem Kopiloten die Sonnenblenden vor die Scheiben.

Über die Frequenz 120,9 hörte Vietor, daß sich andere Maschinen bei Mogadischu-Information meldeten. Er hätte jetzt die Somalis ansprechen können. Aber er schlug dem Captain vor: „Wir melden uns lieber nicht, sonst sperren die uns wieder die Runway. Vielleicht hat man uns noch gar nicht bemerkt, weil es offensichtlich in dieser Gegend kein Radar und keine Luftverteidigung gibt."

Mahmud nickte nur. Er folgte mittlerweile allem, was der Kopilot sagte.

Es waren immer noch Wolken am Himmel. Vietor blieb über dem Wasser, weil er nicht wußte, ob es an der Küste Berge gab. Der barometrische Höhenmesser war nicht zu gebrauchen, weil sie keine Angaben über den Luftdruck hatten.

Vietor ging auf 2000 Fuß runter und flog parallel zum Strand. Dann kam Mogadischu. Der Kopilot sah die Landebahn direkt am Wasser. Sie war nicht blockiert. Es schien zu dieser frühen Morgenzeit überhaupt noch kein Betrieb auf dem Flugplatz zu sein. Eine aufgeregte, unverständliche Stimme versuchte sie über Funk anzusprechen. Sie reagierten nicht.

Die Kabine wurde zur Landung fertig gemacht. Mahmud las die „Approach-Checkliste" vor. Er übersprang in seiner Nervosität wieder einige Punkte. Möglicherweise hielt er die genaue Einhaltung aller Vorschriften auch für überflüssig. Der Kopilot flog einen letzten Vollkreis, fuhr das Fahrgestell und die Landeklappen aus. Mahmud las nun konzentrierter die „Final-Checkliste" vor. Vietor wies ihn an, aufzupassen, ob er irgendwelche Maschinen beim Starten oder beim Landeanflug sah, denn sie hatten ja noch immer keinen Kontakt zum Tower.

Die Landung war schulmäßig. Auf dem Flughafen rannten in totaler Verwirrung überall Menschen herum. Schließlich kam jemand, der sie einwinkte. Mahmud mußte das Bugfahrwerk bedienen – mit einem Halbrad auf der linken Seite. Die Steuerung reagiert sehr empfindlich, und selbst Kapitäne haben in der Anfangszeit Schwierigkeiten beim genauen Manövrieren.

Vietor gab die Anweisungen: „Vorwärts, vorwärts, halt, zurück, zurück." Die „Landshut" fuhr im Zickzack-Kurs über die Landebahn. Nach zwei mühevollen Wenden hatten sie den ihnen zugewiesenen Standplatz erreicht. Vietor ließ den Palästinenser die „Parking-Checkliste" vorlesen. Es hatte alles seine Lufthansa-Ordnung.

Sie bekamen keinen Sprechkontakt mit dem Tower. Vietor winkte durch das geöffnete Cockpitfenster einen Schwarzen heran, der aufgeregt um die Maschine lief. Der Kopilot fragte Mahmud: „Sprechen die hier eigentlich Englisch oder Französisch?"

Vietor versuchte es: „Parlez vouz française?" Der Schwarze schüttelte den Kopf. Aber er schien etwas Englisch zu verstehen. Vietor fragte ihn nach der Tower-Frequenz. Nach einiger Zeit schien der Mann zu begreifen. Er lief zum Flughafengebäude und kam nach fünf Minuten mit einem Zettel zurück, auf dem die Tower-Frequenz stand: 118,1.

Mahmud nahm wieder das Mikrophon und schrie wie gewohnt: „Ich bin Captain Martyr Mahmud von der Kofre-Kaddum-Operation des Martyr-Halimeh-Kommandos der Organisation Kampf dem Weltimperialismus." Der Mann auf dem Tower verstand nichts, obgleich der Palästinenser es mehrmals wiederholte.

Vietor übernahm das Mikrophon: „Ich

Vom Tower des Flughafens Mogadischu konnte die Entführung der „Landshut" genau verfolgt werden. Der Pfeil markiert den Standpunkt der Lufthansa-Maschine. Oberstleutnant Kreubel (rechts) war in der Nacht des Einsatzes als Verbindungsoffizier im Tower

bin der deutsche Kopilot. Es war nicht meine Absicht, hier zu landen. Wir stehen unter dem Kommando von Captain Martyr Mahmud."

Der Mann auf dem Tower war offensichtlich ahnungslos. Er sagte, er müsse erstmal mit einer offiziellen Stelle Kontakt aufnehmen.

Vietor ging in die Kabine und sagte den Geiseln über Mikrophon: „Wir sind wieder einmal gelandet. Ich darf Ihnen nicht sagen, wo. Ich weiß auch nicht, wie es weitergeht. Aber jedenfalls haben wir erst einmal wieder festen Boden unter der Maschine." Die Fenster mußten zugezogen bleiben. Einige junge, freundliche Soldaten kamen. Sie stellten sich in etwa 15 Meter Entfernung um die Maschine, richteten aber nicht wie auf den anderen Flughäfen ihre Waffen gegen das Flugzeug, sondern standen mit dem Rücken zur Maschine.

Mahmud sah den Kopiloten plötzlich sehr freundlich an und sagte: „Sie haben

Übermenschliches geleistet. Ich habe gesagt, daß ich Sie nicht töten würde. Sie können die Maschine jetzt verlassen."

Vietor war überrascht. Einige Sekunden schwieg er, bevor er antwortete: „Danke, Captain Mahmud. Ich bleibe in der Maschine." Das Angebot des Entführers erregte ihn. Irgendwie mußte er es weitersagen. Er ging an das Bordmikrophon und sagte – wie stets erst auf englisch und dann auf deutsch: „Captain Martyr Mahmud hat mir angeboten, das Flugzeug zu verlassen. Aber ich werde hier bleiben. Ich möchte nicht nachher neben dem Kapitän im Schrank stehen."

Gaby Dillmann und die Terroristen lachten. Die Stewardeß erschrak über ihr eigenes Lachen. Dann dachte sie: Das ist wohl Galgenhumor. Das ist genau das, was man unter Galgenhumor versteht.

Auch Vietor erschrak über seine Pointe. Nicht, weil sie vielleicht wenig taktvoll war. Taktgefühle beschäftigten ihn schon lange nicht mehr. Aber er hatte ja ziemlich unverbrämt gesagt, daß er dem Entführer nicht traue. Und der konnte sehr übelnehmerisch sein. Aber Mahmud, der im Cockpit geblieben war, reagierte nicht.

Als die „Landshut" um 6.45 Uhr Ortszeit, 4.45 Uhr deutscher Zeit, in Mogadischu landete, bereitete sich in der deutschen Botschaft der Wirtschaftsattaché Bernd Zeitler auf das Ende seines Nachtdienstes vor. Seit am Freitag, dem 14.10., der somalische Botschafter in Nairobi erklärt hatte, daß sein Land aus humanitären Gründen bereit sei, freigepreßte Terroristen aufzunehmen, gab es in der deutschen Botschaft 24-Stunden-Dienst.

Wirtschaftsattaché Bernd Zeitler informierte telefonisch sofort die anderen vier Angehörigen der kleinen Botschaft und die vier Militärberater. Der deutsche Geschäftsträger Dr. Michael Libal, 35 Jahre alt, schlief noch. Seine Sekretärin Heike Ravenschlag stand gerade unter der Dusche, Kanzler Ernst Fischer und Oberstleutnant Edgar Kreubel rasierten sich.

Michael Libal war der erste am Flughafen; unrasiert, im zerknitterten Hemd vom Vortag, die Krawatte lose um den Hals geknotet. Gemeinsam mit Oberstleutnant Kreubel stellte er Kontakte zum Führungsstab der Polizei her und ließ eine Direktleitung nach Bonn einrichten.

Die Somalis taten für die Deutschen, was sie konnten. Ein 16 Quadratmeter großer Büroraum, direkt unter dem Tower, wurde als Lagezentrum zur Verfügung gestellt. Als Dr. Libal hörte, der Entführer verlange einen Vertreter der „faschistischen deutschen Regierung" zu sprechen, ging er auf den Tower und meldete sich über Funk.

Mahmud machte zunächst seinen „Martyr Mahmud – Kofre-Kaddum"-Spruch, dann wiederholte er die Forderungen, die er schon in Dubai gestellt hatte: Freilassung von neun deutschen „antiimperialistischen Kämpfern" und zwei palästinensischen Genossen in der Türkei aus den Gefängnissen.

Es blieb unklar, weshalb die Hijacker nur neun und die Schleyer-Entführer elf RAF-Mitglieder freipressen wollten.

Der deutsche Botschafter konnte nur antworten, er habe noch keine Instruktionen seiner Regierung.

Mahmud sagte: „Ich werde nicht mehr verhandeln. Unsere Entscheidung steht fest. Wir werden um 14 Uhr GMT, 17 Uhr Ortszeit, die Maschine mit allen Insassen in die Luft sprengen, wenn bis dahin unsere Genossen nicht hier sind."

Gaby Dillmann bekam mit, was über Funk gesprochen wurde. Sie bat den Palästinenser, sie an das Mikrophon zu lassen. Sie müsse dem Deutschen die Situation klarmachen. Die glaubten offenbar nicht, daß es ernst sei. Mahmud stimmte zu.

Gaby sprach ohne Vorbereitung. Sie schilderte, was in den vergangenen Tagen in der Maschine geschehen war, sie bettelte und schimpfte: „Wir haben Todkranke an Bord. Eine Frau ist krebskrank. Ein Mann ist Diabetiker. Die Kinder können nicht mehr. Sie und die Alten werden bald sterben. Wir halten nicht noch einen Tag in dieser Hitze durch. Wir sind überzeugt, daß Captain Martyr Mahmud tut, was er gesagt hat. Unser Kapitän ist tot. Sein Leichnam verwest in der Kabine. Wir können es nicht mehr aushalten. Wie kann da die deutsche Regierung noch zögern? Ich verstehe sie nicht. Ich verstehe die Welt nicht mehr. Bitte leiten Sie das alles wortwörtlich dem Bundeskanzler zu, den ich einmal verehrt habe."

Dr. Michael Libal konnte nur sagen, er habe verstanden. Er mußte sich beherrschen, um sich seine Erregung nicht anmerken zu lassen. Er war eigentlich froh, daß dann gleich wieder Mahmud sprach.

Gaby Dillmann durfte nach ihrem Appell von Reihe zu Reihe durch die Kabine gehen. Leise gab sie die Informationen wider, die sie hatte, und laut sagte sie bei jedem kurzen Gespräch mit einzelnen Passagieren: „Jetzt weiß die Regierung alles. Der Botschafter hat verstanden. Ich habe das sichere Gefühl, daß wir in ein paar Stunden frei sein werden."

Gabys Optimismus übertrug sich wieder auf die Passagiere, offenbar auch auf die Terroristen. Sie waren wieder freundlich und großzügiger. Die Geiseln durften miteinander reden, machten allerdings wenig Gebrauch davon. Noch immer vermieden die meisten alles, wodurch sie möglicherweise hätten auffallen können. Es schien, als sei jeder allein mit seiner Angst und dem Funken Hoffnung, daß vielleicht gerade er irgendwie entkommen werde.

Ein Phänomen waren die Kinder. Junge Passagiere können auf längeren Strecken zum Alptraum von Stewardessen und Mitreisenden werden, vor allem, weil sie in ihrem Bewegungsdrang behindert sind. Seit dem Überfall hatte sich auch keines der Kinder vom Platz bewegen dürfen, es sei denn, um zur Toilette zu gehen. Mit Ausnahme der ersten bedrohlichen Minuten hatte jedoch keines der Kinder geweint oder auch nur gequängelt.

Die zehn Drei- bis 14jährigen schienen die Gefahr instinktiv zu erfassen. Sie zeigten aber keine große Angst. Sie richteten sich besser als alle Erwachsenen auf die Situation ein. Sie beobachteten genau, teilten die Entführer in Gute und Böse auf. Die älteren Kinder trösteten bisweilen ihre Eltern, wenn sie spürten, daß es denen schlecht ging. Mahmud hatte für die Kleineren in Dubai batteriegetriebene Spielsachen bestellt. Mit lärmenden Robotern und pfeifenden Lokomotiven spielten sie auf ihren Plätzen.

Schumanns Leiche wird von Bord gebracht

Die Entführer ließen sie auch in bedrohlichen Situationen gewähren. Der dreijährige Steffen Waida zwang sogar Mahmud gelegentlich ein Lächeln ab. Die einzige menschliche Geste, die sich der Hijacker-Chef gestattete, war, daß er Steffen Waida einige Male über den Kopf streichelte.

Es gab noch eine 88. Geisel an Bord; einen sehr kleinen Hund, einen Yorkshire. Er verhielt sich wie die Kinder. Er kläffte und er jaulte nicht. Er saß still unter dem Sitz oder auf dem Schoß seiner Besitzerin.

Widerborstig wurde er nur, als Gaby Dillmann einmal versuchte, ihn in die stinkende Toilette zu setzen, weil sie meinte, auch er müsse eine volle Blase haben. Später trippelte er ein einziges Mal in den Gang. Zum Pinkeln.

Unter den Erwachsenen gab es schwierige Passagiere. Gerade dann, wenn die Situation entspannt war. Da gab es einige, die beim Austeilen von Getränken Extrawünsche äußerten: „Ich mag keine Cola. Können Sie mir nicht bitte einen Saft bringen, Fräulein." Gaby Dillmann wurde gelegentlich sehr heftig zu ihnen. Besonders schwer hatten es diejenigen, die regelmäßig und viel Alkohol tranken. Dem Boxpromoter Hans Hasse-Heyn gingen die Flaschen nicht aus dem Kopf, die ihm die Terroristen abgenommen hatten, und die nun in der First lagen. Er hätte alles für sie gegeben. Die Entzugserscheinungen machten ihm bisweilen mehr zu schaffen als alles, was in der „Landshut" geschah. Ein anderer Passagier forderte immer wieder „Bier und Korn".

Auch in dramatischen Situationen vergaßen die Chefstewardeß Hannelore Piegler und Gaby Dillmann ihre Privatfehden nicht. Die Chefstewardeß mahnte Gaby Dillmann mehrfach, ihre Kompetenzen nicht zu überschreiten. Sie war dagegen, daß Gaby versuchte, die Passagiere über alles zu informieren, und dabei nicht immer nur beruhigte. Sie meinte, es sei besser, „die Leute im Tran zu lassen". Gaby beendete eine der leisen, aber heftigen Auseinandersetzungen: „Wenn wir in Frankfurt sind, schreib doch eine Beschwerde."

Nach dem Appell Gabys in Mogadischu wurde Frühstück an das Flugzeug gebracht: Brot, Äpfel, säuerliche Milch und einige Schüsseln mit Joghurtähnlichem. Kaum jemand hatte Appetit. Der Geruch aus dem Schrank, in dem die Leiche Jürgen Schumanns lag, wurde immer unerträglicher.

Vietor bat Mahmud auf Drängen der Stewardessen, etwas zu tun. Er durfte dem Tower durchgeben, man solle eine Ambulanz schicken, um einen Toten abzuholen.

Die Stewardessen mußten die hintere Notrutsche rauslassen. Mahmud blieb im Cockpit. Die anderen drei Entführer gingen an den Schrank. Sie schafften es nicht sofort, den starr gewordenen Körper aus dem Schrank zu ziehen.

Der Kleine kam zu dem Lehrer Hartwig Faby, tippte ihm auf die Schulter und sagte – wie immer – höflich: „Können Sie bitte mal." Hartwig Faby ging mit zum Schrank. Er sah den zusammengesunkenen Körper stehen und dann zwei gelbe, verkrampfte Hände. Um den Kopf war noch die Wolldecke.

Der 26jährige Hartwig Faby hatte noch nie einen toten Menschen gesehen. Er faßte die Wolldecke und das Hemd an. Er tat, als zöge er mit. Er versuchte, nichts Blutiges anzufassen, und hatte Angst, den kalten Körper zu berühren. Die Leiche fiel aus dem Schrank. Die Füße hatten sich aber in der schmalen Garderobe verklemmt. Die Terroristen zogen am Oberkörper, konnten den Leichnam aber nicht bewegen.

Hartwig Faby sagte sich: „Du mußt jetzt." Es war, als schalteten sich in ihm alle Gefühle ab. Er griff nach den Beinen und zog sie aus dem Schrank heraus. Die Decke rutschte vom Kopf und Faby sah das blutige Gesicht. Er spürte nichts. Sie trugen den Toten auf die Rutsche. Unten brachten ihn zwei Somalis in die Ambulanz.

Als Hartwig Faby wieder auf seinem Platz war, brach ihm Schweiß aus, er fror und zitterte.

Vietor bekam vom Tower die Anweisung, auf einen anderen Platz in Höhe des Towers zu fahren. Ein Feuerwehrwagen lotste ihn von der asphaltierten Bahn runter. Der Kopilot hatte Bedenken, daß der Untergrund zu weich war.

Lehrer Hartwig Faby, 26, mußte mit den Terroristen den ermordeten Kapitän aus der Maschine schleppen

Er fragte den Tower: „Ist die Bahn auch fest genug?"

Der Tower: „Ich glaube schon."

Vietor: „Wissen Sie das oder glauben Sie das?" Er fuhr dann doch dem Wagen nach.

Zu dieser Stunde nahm eine Lufthansa-Boeing 707 mit Staatsminister Hans-Jürgen Wischnewski, dem GSG-9-Chef Ulrich Wegener und dem Psychologen Wolfgang Salewski an Bord, Kurs auf Mogadischu. Sie waren in Dubai gestartet, nachdem die „Landshut" Aden erreicht hatte. Pilot war Flugkapitän Rogowski, Kopilot Rüdeger v. Lutzau, der Freund von Gaby Dillmann. Rogowski flog, v. Lutzau machte den Funkverkehr. Er hielt die Verbindung mit der Einsatzzentrale in Frankfurt und bemühte sich um Landeerlaubnis in Aden. Er bekam von dort eine ähnliche Antwort wie einige Stunden zuvor die „Landshut": „Der Flughafen von Aden ist gesperrt. Ihnen ist nicht gestattet, den Luftraum von Aden zu überfliegen."

Die Lufthansa-Zentrale in Frankfurt meldete sich: „Dringende Botschaft von Bundeskanzler an Staatsminister Wischnewski. Staatsminister Wischnewski ist zu Verhandlungen mit jemenitischer Regierung bevollmächtigt ohne Einschränkungen." Einige Zeit später wurde die Botschaft ergänzt: „Die Verhandlungsvollmacht bezieht sich auch auf Gespräche über Entwicklungshilfe für Südjemen."

Hans-Jürgen Wischnewski konzipierte eine Botschaft an den jemenitischen Außenminister. Er bat um Landeerlaubnis und bot „fruchtbare Verhandlungen".

Der Mann im Tower von Aden wiederholte stereotyp: „Keine Landeerlaubnis."

Die Boeing 707 kreiste über der Arabischen Wüste, und v. Lutzau bekam neue Landeverbote. Auch im saudiarabischen Djidda wollte man die Maschine mit einer „hochgestellten deutschen Persönlichkeit" nicht haben.

Aus Bonn kam der Vorschlag, im Nordjemen zu landen: „Es liegt Genehmigung vor, morgen früh auf dem Landweg von dort nach Aden zu fahren. Für vier Personen. Fahrzeit nicht unter neun Stunden."

Hans-Jürgen Wischnewski ahnte, daß er durch eine solche Expedition aus dem Verkehr gezogen werden könnte. Er ordnete an, in Djidda runterzugehen, nachdem von dort endlich eine Landegenehmigung gekommen war. Bis auf Wischnewski blieben alle Passagiere an Bord.

Am Morgen kam die Nachricht, daß die „Landshut" mittlerweile in Mogadischu gelandet sei. Wischnewski meinte: „Ich glaube, da läßt sich eher etwas erreichen."

GSG-9-Chef Wegener war pessimistisch, als sie vormittags ohne Überflug- und Landeerlaubnis in Richtung Somalia starteten. Er hatte beim Entebbe-Unternehmen von den Israelis gehört, daß die Palästinenser damals in Somalia einen Kommandostand gehabt hatten. Seine Laune wurde erst besser, als er erfuhr, daß seine Leute, die aus der Türkei nach Deutschland hatten zurückfliegen müssen, nun wieder über dem Mittelmeer unterwegs waren.

Überraschend kam in sehr freundlichem Ton vom Tower in Mogadischu zu-

Voller Optimismus
landete Staatsminister
Hans-Jürgen Wischnewski in Mogadischu.
„Hier läßt sich eher
etwas erreichen", meinte er.
Von den qualvollen Todesängsten
der Passagiere in der „Landshut"
ahnte er nichts

Nach einem einstündigen Telefongespräch mit Bundeskanzler Helmut Schmidt gibt Somalias Präsident Siad Barre nicht nur seine Zustimmung zum Unternehmen „Feuerzauber", er ist auch bereit, mit seinen Soldaten die Deutschen dabei zu unterstützen

nächst die Überflug- und dann auch die Landeerlaubnis. Bundeskanzler Schmidt hatte inzwischen eine Stunde mit dem somalischen Staatspräsidenten Barre gesprochen.

Wegener ließ die Waffen, die an Bord waren, in Speisecontainern verstecken. Er hatte die Befürchtung, daß die Entführer die Lufthansa-Maschine erkennen und sie möglicherweise beschießen würden.

Kapitän Rogowski machte um 13.50 Uhr Ortszeit eine sehr kurze Landung und bog mit qualmenden Reifen noch vor der gekaperten Maschine auf einen Stellplatz vor dem Flughafengebäude ein.

Wischnewski wurde sofort zu Staatspräsident Barre gefahren, Wegener und seine Begleiter brachte man ins Hotel Curuba. Nach einer Stunde kam Wischnewski mit dem somalischen Protokollchef in das Hotel. Er sagte, der Chef der somalischen Polizei wolle Wegener und dessen Kollegen vom BKA, Gerhard Boeden sprechen.

Sie trafen den Polizeigeneral im Flughafengebäude. Der Somali war erregt: „Sie wollen um 17 Uhr die Maschine sprengen. Was können wir tun?"

Wegener antwortete: „Auf keinen Fall darf die Maschine hier weg. Wir müssen stürmen." Auf einem Blatt Papier skizzierte der GSG-9-Mann, wie er sich den Sturm vorstellte.

Der Polizeigeneral entschied: „Das müssen Sie sofort mit meinen Leuten üben."

Wegener fragte: „Haben Sie denn wenigstens eine Maschine zum Üben da?"

Es gab nur eine Boeing 707, die auf dem Hangar hinter dem Flughafengebäude von den Entführern nicht gesehen werden konnte. Wischnewski ermunterte Wegener: „Junge, mach mal, bild' die mal aus. Wir müssen die Terroristen inzwischen über das Ultimatum wegbringen."

Wegeners Ausbildungsversuche waren wenig hoffnungsvoll. Die einzige Leiter, die aufzutreiben war, hatte nur noch wenige heile Sprossen. Sie wurde mit Holzplatten notdürftig repariert. Wegener machte wieder vor. Doch die Somalis kamen zu langsam auf die Tragflächen. Vor allem aber waren sie zu schwach, die Türen zu öffnen. Sie schafften es nicht einmal zu zweit.

Boeden kommentierte: „Das kriegst du mit denen nie hin." Wegener ging zum Flughafengebäude zurück und meldete Wischnewski: „Das wird hier nichts, es klappt einfach nicht."

Wischnewski entgegnete: „Dann müssen wir eben weiterverhandeln und erreichen, daß unsere Jungens hier landen dürfen."

Die Entführer hatten die Landung der Lufthansa-Maschine bemerkt. Mahmud fragte den Tower: „Was sind das für Leute?"

Er bekam die Antwort: „Ein Vertreter der deutschen Bundesregierung ist soeben gelandet."

Mahmud war noch immer heiser, aber er schrie nicht mehr, er schien sehr ruhig: „Sagen Sie dem deutschen Vertreter, daß es zwischen uns nichts zu verhandeln gibt. Ich will ihn nur sprechen, wenn er mir mitteilen kann, daß die Gefangenen in Deutschland freigelassen worden sind."

Der Tower fragte, ob man Mittagessen haben wolle. Mahmud antwortete: „Wir brauchen nichts mehr zu essen. In drei Stunden läuft unser Ultimatum ab. Dann sind alle in der Maschine entweder tot oder frei."

Gaby Dillmann hatte ihre letzte Kraft gebraucht, um mit dem deutschen Botschafter zu sprechen und dann den Passagieren noch einmal Mut zu machen. Sie selbst hatte plötzlich kaum noch Hoffnung. Sie fühlte sich elend. Sie bat die Entführer, sich auf einen Crew-Platz im Bug der Maschine setzen zu dürfen. Sie wollte sich in ihrem miesen Zustand nicht den Passagieren zeigen, unter denen sie gerade noch Optimismus verbreitet hatte.

Als sie allein war, nahm sie zwei Beruhigungstabletten. Sie dachte, das Sterben werde ihr dann leichter. Sie würgte. Sie kämpfte mit einem Weinkrampf und bemerkte kaum, daß sich die Nummer 33, die Dicke, neben sie setzte. Die Entführerin fragte: „Was hast du? Ich finde, du warst bisher phantastisch. Du hast dich großartig gehalten." Sie bot Gaby eine Zigarette an.

Gaby Dillmann nahm sie. Eigentlich war sie überzeugte Nichtraucherin, und wenn sie rauchte, dann nur, um Rauchkringel zu blasen. Sie stieß aus Gewohnheit Kringel in die Luft. Die Palästinenserin wollte wissen, wie sie das mache. Gaby sagte: „Einfach so. Eigentlich rauche ich gar nicht."

Die Dicke lachte: „Und ich qualme 40 Stück am Tag und schaffe das nicht."

Gaby mußte mitlachen. Sie erzählte plötzlich von sich. Von ihrer Großmutter, die einen Herzschrittmacher trage und für die die Aufregung tödlich sein könne. Auch ihre Mutter werde sich jetzt bestimmt wahnsinnige Sorgen machen.

Die Dicke sagte: „du kannst mir glauben, daß meine Mutter jetzt genausoviel Angst um mich hat wie deine um dich."

Gaby wollte wissen, ob sie denn keine Angst vor dem Sterben habe.

Die Dicke sagte wieder: „Nein, wir sind längst für Palästina gestorben."

Gaby mußte wieder die Tränen runterkämpfen: „Ich möchte gerne leben. Ich möchte Kinder haben. Ich möchte viele Kinder haben. Ich habe Angst, daß die Kinder ungeboren bleiben. Willst du keine Kinder?"

Die Nummer 33 antwortete: „Unter anderen Umständen vielleicht. Aber ich bin Kämpferin. Da kann man nicht an Kinder denken. Ich muß dafür kämpfen, daß die palästinensischen Kinder aus den Flüchtlingslagern in ihre Heimat können."

Gaby sagte: „Ich habe gerade einen Mann kennengelernt, den ich unheimlich gern habe. Ich möchte ihn heiraten."

Die Dicke sagte, Captain Martyr Mahmud und die Nummer 32 seien verlobt. Sie habe auch einen Freund, einen Genossen, den sie sehr bewundere.

Die beiden Mädchen sprachen über Männer. Gaby sagte: „Ich mag diese harten Kerle nicht, die gut aussehen, unheimlich stark sind, die sich immer an die eigene Brust trommeln. Ich mag Männer, die weinen können."

Die Terroristin sagte, das verstehe sie nicht. Sie könne Weichlinge nicht ausstehen. Ihrer sei sehr stark. Sie bewundere ihn.

Gaby antwortete: „Gott sei Dank haben wir nicht alle den gleichen Geschmack. Sonst würden wir uns ja immer wegen ein paar Männern in den Haaren liegen." Sie lachten beide. Gaby erzählte von ihrem Freund: „Meiner ist unheimlich lieb, sehr zärtlich und schmusig. Aber ein Held wie deiner ist er sicherlich nicht."

Die Dicke wurde zu Mahmud in das Cockpit gerufen. Als sie wieder rauskam, ging sie an Gaby vorbei, ohne sie anzusehen. Mahmud sagte über den Lautsprecher, wer noch auf die Toilette wolle, solle das sofort tun. In einer Viertelstunde sei das nicht mehr erlaubt.

Kurz nach vier Uhr, eine knappe Stunde vor Ablauf des Ultimatums, fragte Mahmud noch einmal beim Tower an, ob die Deutschen ihm mittlerweile eine positive Mitteilung machen könnten.

Der somalische Verkehrsminister antwortete ihm: „Nein, wir haben keine neue Nachricht der deutschen Regierung. Aber im Namen von Staatspräsident Barre möchte ich Sie bitten, aus humanitären Gründen die Geiseln freizulassen. Der Staatspräsident verspricht Ihnen dann freies Geleit."

Mahmud bat, dem Staatspräsidenten die besten Wünsche zu übermitteln und für seine Gastfreundschaft zu danken. Er fuhr fort: „Wir können sein Angebot nicht annehmen. Die faschistische deutsche Regierung kennt auch keine Humanität bei der Behandlung unserer gefangenen Genossen. Was nun geschehen wird, ist allein die Schuld der faschistischen deutschen Regierung und von Helmut Schmidt."

Mahmud teilte den Passagieren mit, daß ihre Regierung sie sterben lassen wolle. Gaby Dillmann lief zu ihm und bat, noch einmal mit dem deutschen Botschafter sprechen zu dürfen. Der Palästinenser gab ihr das Mikrophon.

Im Cockpit der Wischnewski-Maschine saß Rüdeger v. Lutzau, der Freund Gaby

Dillmanns. Er hatte die Aufgabe, den Sprechfunkverkehr zwischen der „Landshut" und dem Tower mitzuhören und aufzuschreiben. Die Stimmen kamen über Sprechfunk stark verzerrt. Rüdeger v. Lutzau erkannte die Stimme seiner Freundin nicht, als er anfing mitzuschreiben:

„Wir wissen jetzt, daß dies das Ende ist. Wir wissen, daß wir sterben müssen. Es wird sehr schwer für uns sein, aber wir werden so tapfer wie möglich sterben. Wir sind alle zu jung zum Sterben, auch die Alten unter uns sind zu jung dazu. Wir hoffen nur eins, daß es schnell geht, daß wir nicht zu große Schmerzen haben werden. Aber vielleicht ist es besser zu sterben, als in einer Welt zu leben, in der Menschenleben so wenig zählen. In einer Welt, wo so etwas möglich ist. In der es wichtiger ist, neun Menschen im Gefängnis zu halten, als 91 Menschen das Leben zu retten. Bitte sagen Sie meiner Familie, daß es gar nicht so schlimm war. Und bitte, sagen Sie meinem Freund, sein Name ist Rüdeger v. Lutzau, daß ich ihn sehr geliebt habe."

Gaby Dillmann versagte die Stimme, aber dann drückte sie noch einmal die Sprechtaste: „Ich habe nicht gewußt, daß es Menschen wie in der deutschen Regierung gibt, die verantwortlich für unseren Tod sind. Ich hoffe, sie können mit dieser Schuld auf ihrem Gewissen leben."

Rüdeger v. Lutzau hatte auch noch diesen letzten Satz mitgeschrieben. Dann wankte er aus dem Cockpit in die Kabine. Ein Lufthansa-Arzt, der an Bord war, kümmerte sich um ihn und gab ihm Beruhigungstabletten.

Gaby sprach über das Mikrophon noch kurz zu den Passagieren. Sie sagte, die Bundesregierung habe endgültig abgelehnt. „Auch ich habe jetzt keine Hoffnung mehr. Wir können jetzt nur noch beten. Betet, betet, betet."

Die Nr. 18, der Junge, stand im Gang und rief: „Betet zu Gott." Er hatte die zerschnittenen Damenstrümpfe in der Hand, mit denen die männlichen Passagiere schon auf dem Flug nach Aden gefesselt worden waren.

Mahmud kam in die Kabine und sagte, er hasse das, was er jetzt tun müsse. Aber die deutsche Regierung lasse ihm keine andere Wahl. Er wirkte sehr ruhig und hatte eine beinah sanfte Stimme.

An den Wänden vor der ersten Reihe klebte wieder der Plastik-Sprengstoff. Der Junge befahl den Männern, einzeln auf den Gang zu gehen und die Hände auf dem Rücken zu kreuzen. Er fesselte einen nach dem anderen mit den Strümpfen und schnallte sie dann an. Er zog die Knoten so fest, daß die Kunstfaser in die Haut schnitt.

Gaby Dillmann stand noch in der ersten Klasse. Die Dicke kam mit der Pistole in der Hand auf sie zu und schrie: „Los, beweg dich."

Gaby sagte: „Nein, ich gehe nicht." Sie erinnerte sich, daß die Palästinenserin gesagt hatte, den Kleinen, den Steffen, werde sie erschießen, bevor es losgeht, damit er nicht leiden müsse. Nun wartete Gaby darauf, daß die Dicke auch sie erschießen würde.

Die Palästinenserin stieß sie mit der Pistole zum Platz. Gaby legte resigniert die Hände auf den Rücken. Die Dicke flüsterte in diesem Moment: „Es tut mir leid. Ich mache es nicht sehr fest." Sie band den Knoten so locker, daß sich Gaby selber hätte befreien können.

Auch die anderen Frauen wurden gefesselt. Die Terroristen hatten es jetzt sehr eilig. Sie holten die Spirituosen-Flaschen, die sie den Passagieren abgenommen hatten. Sie schlugen die Flaschenhälse an den Sitzlehnen ab und schütteten Whisky und spanischen Cognac zunächst über den Teppich, dann auch über die Passagiere. Zum Schluß gossen sie noch Parfümflaschen über den Geiseln aus.

Gaby Dillmann versuchte zu beten. „Lieber Gott, wenn es dich gibt, verlaß uns nicht." Sie versuchte, das Vaterunser zusammenzubringen, und schaffte es schließlich. Sie dachte an die Kinder, die sie haben wollte, und an Rüdeger. Sie betete immer wieder das Vaterunser, so schnell es ging. Einmal dachte sie nach, wann sie das letztemal gebetet hatte. Sie erinnerte sich, das war so mit acht Jahren. Da hatte sie den Hausschlüssel verloren und fürchtete, ihre Oma werde sie verhauen.

Als der Junge sah, daß sie betete, lächelte er einen Moment und rief noch einmal: „Betet alle zu eurem Gott." Fast alle beteten.

Der Lehrer Hartwig Faby versuchte noch immer zu beobachten, die Situation zu analysieren. Er hatte von Gaby gehört, daß die Dicke den Sohn seines Freundes Rhett Waida erschießen wolle, bevor sie die Maschine in die Luft jagten. Er ließ den Platz, wo Steffen Waida saß, nicht aus den Augen. Er dachte an seine Frau und dachte sehr Banales: an die Lebensversicherung, daß er kein Testament gemacht habe. Er hätte vielleicht vorher etwas aufschreiben sollen. Aber das wäre dann ja auch verbrannt. Hartwig Faby dachte, daß in seinem Leben bisher noch nicht viel passiert sei, daß er die bisherigen 26 Jahre eigentlich vertan habe, daß er sich nie genug um die Freunde gekümmert habe. Daß Gott ihn eigentlich nicht schon jetzt aus diesem Leben rausnehmen könne. Er wollte nicht beten, denn er war nicht religiös. Aber er ertappte sich bei einem billigen Handel mit Gott. Er versprach ihm, mit dem Rauchen aufzuhören und nie wieder in seiner Ehe eine Freundin zu haben.

Jürgen Vietor konnte sich nicht auf das Beten konzentrieren. Er zählte die Minuten bis zum Ablauf des Ultimatums. Seine Armbanduhr hatte Mahmud in Dubai zerschlagen. Aber schräg vor ihm im Netz an der Rückenlehne lag eine Uhr. Er verfolgte den Sekundenzeiger.

Lilo Cramer betete den einen Satz: „Stammutter Rachel, Lea und Sarah, nehmt mich in euren Bund auf und empfangt mich im Himmel gnädig."

Zehn Minuten vor Ablauf des Ultimatums ging Mahmud wieder in das Cockpit und rief den Tower an. Er sagte mit ruhiger, fast feierlicher Stimme: „Wir, das Kommando Halimeh, kämpfen zusammen mit dem somalischen Volk gegen die faschistischen Regierungen der Welt. Wir kämpfen Schulter an Schulter mit dem somalischen Volk gegen das faschistische Äthiopien. Wir wollen nicht, daß somalisches Blut auf somalischem Boden vergossen wird. Bitte ziehen Sie alle Soldaten und Fahrzeuge zurück, weil wir gleich sprengen werden.”

Der Mann auf dem Tower antwortete: „Ja, wir werden die Soldaten abziehen, wir bedanken uns, daß Sie daran gedacht haben. Aber wir brauchen etwas Zeit dazu.”

Drei Minuten vor Ablauf des Ultimatums meldete sich Mahmud wieder: „Sind die somalischen Soldaten jetzt abgezogen?” Die Antwort vom Tower: „Nein, das ist noch nicht möglich gewesen. Der Verkehrsminister möchte Sie gern sprechen.”

Mahmud: „Bitte, Herr Minister, sprechen Sie.”

Der somalische Verkehrsminister: „Es ist nicht möglich, die Soldaten so schnell abzuziehen. Die Verbindung zu ihnen ist gestört. Können Sie uns noch etwas Zeit geben?”

Mahmud: „Das Ultimatum läuft in wenigen Sekunden ab. Ich kann das nicht allein entscheiden. Wir sind ein Kommando. Wir müssen erst abstimmen.” Kurze Zeit später: „Wir haben mit drei zu eins beschlossen, daß das Ultimatum um eine halbe Stunde verlängert wird. Wir wollen nicht, daß auch nur ein Angehöriger des somalischen Volkes getötet wird. Bitte sagen Sie Staatspräsident Barre noch einmal unseren Dank.”

Im Flughafengebäude brachte Frau Dr. Gisela Libal ihrem Mann, dem deutschen Geschäftsträger, Unterwäsche und ein frisch gebügeltes Hemd. Staatsminister Wischnewski, trotz der tropischen Hitze im dunklen Anzug und mit fest geknoteter Krawatte, verbreitete Ruhe. Er glaubte nicht, daß die Entführer ihre Drohungen wahrmachen würden: „Die haben ja schon einige Ultimaten verstreichen lassen.” Er sah sich durch die Fristverlängerung von einer halben Stunde bestätigt. Dann kam Polizeigeneral Abdulahi Mahmud Hassan zu ihm. Er war erregt. Er fragte: „Wer übernimmt denn die Verantwortung, wenn die Maschine explodiert? Ich kann das nicht.”

Nun wurde auch Wischnewski unruhig. Er flüsterte seinen Begleitern zu: „Wenn die bloß nichts Handgestricktes machen.” Er fürchtete, die Somalis könnten versuchen, die Maschine anzugreifen. Er wies den Tower an, den Entführern zu sagen, der Vertreter der deutschen Regierung habe in Kürze eine wichtige Mitteilung für sie.

Wischnewski hatte bereits gemeinsam mit dem Psychologen Wolfgang Salewski ein Konzept ausgearbeitet, um die Terroristen im entscheidenden Moment hinzuhalten. Dr. Michael Libal und Salewski gingen auf den Tower. Libal rief die „Landshut” und sagte, er habe eine wichtige Mitteilung der Bundesregierung.

Mahmud meldete sich: „Um was geht es? Ich habe schon gesagt, daß ich nicht verhandele. Mich interessiert nur, ob unsere Genossen freigelassen worden sind.”

Libal sagte: „Wir haben Ihren Forderungen zugestimmt. Die Gefangenen können jetzt freigelassen werden und müßten dann auf dem Frankfurter Flughafen zusammengeführt werden.” Mahmud: „Also endlich. Endlich. Haben Sie endlich kapiert? Aber es ist schon fast zu spät.

Angehörige der in der „Landshut" entführten Geiseln versuchen in Bonn mit einer Demonstration vor dem Kanzleramt die Regierung zum Nachgeben zu bewegen

Libal: „Wir sind bereit, Ihren Forderungen nachzugeben. Aber das ist eine weite Strecke von hier nach Deutschland. Wir brauchen Zeit."

Mahmud: „Sagen Sie mir die Entfernung von Deutschland nach Mogadischu."

Libal: „Moment bitte, da muß ich mich erkundigen."

Mahmud: „Ja, sehen Sie mal nach. Aber beeilen Sie sich." In die folgende Funkpause fragte der Palästinenser: „Was macht der Abzug der Soldaten? Wo bleibt der Deutsche?"

Ein Somali auf dem Tower beruhigte: „Moment, Moment. Ja, jetzt kommt er schon zurück." Libal teilte mit, die Entfernung betrage rund 7000 Kilometer. Mahmud sagte, er werde sich wieder melden.

Die Nr. 33, die Dicke, kam in die Kabine der „Landshut". Sie ging auf Gaby zu und löste ihr die Fesseln. Gaby Dillmann riß die Arme hoch und schrie: „Wir sind frei! Wir sind frei!"

Die Nr. 18, der Junge, riß den dreijährigen Steffen Waida an sich und drückte ihn. Die Terroristen entfesselten zunächst die Stewardessen und den Kopiloten. Die Passagiere schrien – aus Freude und nun auch vor Schmerz. Die Fesseln hatten das Blut gestaut. Die Hände waren angeschwollen. Die Geiseln versuchten durch Schreie auf sich aufmerksam zu machen, um möglichst schnell losgebunden zu werden.

Mahmud lachte und sagte: „Endlich hat es eure Regierung kapiert. Nun kommt die Dame, die den Termin beim Friseur hat, auch zum Haarschneiden." Er holte Vietor in das Cockpit und wurde wieder ernst und konzentriert. Er fragte den Kopiloten, wie weit es von Deutschland bis Mogadischu sei.

Vietor nahm das für die Passagiere bestimmte Bordbuch, schlug die Seite mit der Afrika-Karte auf und maß mit seinem

Kugelschreiber. Es waren anderthalb Kugelschreiberlängen. Er erklärte Mahmud: „Frankfurt liegt bei 50 Grad Nord, Mogadischu liegt bei ungefähr 0 Grad, fast genau auf dem Äquator. Die Entfernung zwischen zwei Breitengraden beträgt 60 Meilen. Das sind also 50 Grad mal 60 Meilen, also 3000 Meilen oder rund 7000 Kilometer." Mahmud wollte wissen, wie lange die Maschine für diese Entfernung brauchen würde.

Vietor antwortete: „Wenn es eine 707 ist, fliegt sie so 400 Knoten. Das gibt ungefähr acht Stunden plus minus Wind."

Der Palästinenser ließ wieder Dr. Michael Libal ans Mikrophon holen. Er fragte: „Wann werden die Gefangenen hier sein? Wir werden nicht bis morgen früh warten."

Libal: „Morgen früh wäre eine gute Verhandlungsbasis."

Mahmud: „So nicht. Das ist mir zu lange. Die Flugzeit beträgt sieben Stunden. Ich gebe Ihnen noch drei drauf. Das macht zehn."

Libal: „Das ist ein vernünftiger Vorschlag. Das schaffen wir."

Mahmud machte die schnelle Kompromißbereitschaft des Deutschen offenbar stutzig. Er wurde wieder lauter: „Wir geben übrigens nicht auf. Wir sind nach wie vor vorbereitet zu sprengen. Wenn ihr glaubt, daß es ein zweites Entebbe geben wird, dann irrt ihr euch."

Die deutsche Gruppe im Flughafengebäude wußte zu diesem Zeitpunkt bereits, daß die Maschine mit den GSG-9-Einheiten über Djibouti kreiste und voraussichtlich von den Somalis Landeerlaubnis erhalten werde.

Nach der Rückkehr des ersten GSG-9-Kommandos aus der Türkei hatte in der Kaserne von Hangelar wieder der normale Dienst begonnen. Auf dem Programm standen Schießausbildung und Sport. Niemand glaubte in Hangelar mehr an den Einsatz der Grenzschutzgruppe.

Am Sonntag kam dann ein neuer Einsatzbefehl aus Bonn. Zwei Einheiten sollten sich bereit machen, um in Richtung Südosten zu fliegen. Sie sollten so nah wie möglich an einem eventuellen Einsatzort sein.

Die Maschine startete am Montag ohne festgelegtes Ziel. Auf Kreta wurde sie aufgetankt. Die Passagiere dachten eher an einen längeren Betriebsausflug als an einen lebensgefährlichen Einsatz. Sie bekamen die Anweisung, nach Djibouti zu fliegen. Dort kreisten sie an der somalischen Grenze und warteten auf die Landeerlaubnis für Mogadischu. Als das Benzin knapp wurde und auch in Bonn kaum noch Hoffnung bestand, daß die Somalis den Einsatz der deutschen Truppe auf ihrem Boden erlauben würden, ging die Maschine in den Sinkflug, um in Djibouti erst einmal aufzutanken.

Der Befehl aus Bonn, sofort nach Mogadischu weiterzufliegen, erreichte die Maschine während des Landeanfluges. Die Piloten rissen das Flugzeug wieder nach oben. Sie berechneten die Benzinvorräte. Sie kamen zu dem Ergebnis, daß sie es zur Not schafften, wenn sie die direkte Route über das gesperrte äthiopische Kriegsgebiet flogen.

Um 20 Uhr Ortszeit landete die 707, entgegen allen fliegerischen Regeln mit den letzten paar hundert Litern Benzin, den Wind im Rücken, auf dem Flughafen von Mogadischu. Alle Lichter waren ausgeschaltet. Die Maschine rollte mit hoher Geschwindigkeit auf den militärischen Teil des Flughafens. Die Entführer hatten sie nicht bemerkt.

Ulrich Wegener begrüßte seinen Stellvertreter Klaus Blätte, der mit der Truppe aus Hangelar gekommen war. Er sagte: „Jetzt wird es ernst. Packt euer Zeug aus. Ich seh mir das Gelände noch mal ein bißchen an."

Zwei Stunden dauerte es, bis das umfangreiche Reisegepäck der GSG-9 aus der Boeing geschafft war. Zwei Stunden brauchte auch Wegener für seinen Erkundungsausflug. Er kam im Schutz einer flachen Sanddüne bis auf wenige Meter an die „Landshut" heran. Anschließend meldete er sich bei Staatsminister Wischnewski: „Das Unternehmen wird erfolgreich sein, aber verlangen Sie jetzt bitte keine Einzelheiten."

Wischnewski sagte: „Das ist Expertensache. Ich möchte nur kurz vor dem Angriff noch einmal informiert werden." Den somalischen Polizeichef weihte Wegener kurz in seine Planung ein, denn der wollte mit seinen Leuten wenigstens am Rande beteiligt sein. Man einigte sich darauf, die bevorstehende Aktion als gemeinsame somalisch-deutsche Operation zu deklarieren.

In der „Landshut" hatte Mahmud selber geholfen, die letzten Passagiere zu entfesseln. Er fragte, wer Schmerzen habe. Viele Geiseln meldeten sich. Der Palästinenser sagte, er bedaure das ehrlich. Er habe den Moment verflucht, als er sie fesseln lassen mußte. „Aber eure Regierung . . . sie hätte uns getötet. Wir wären gemeinsam gestorben wie eine Familie."

Mahmud massierte einigen Passagieren die Hände, reckte die Arme hoch und zeigte, wie man die Durchblutung fördert. Der Terrorist und die Geiseln machten gemeinsam Freiübungen.

Die Passagiere schienen Angst und Haß gegenüber den Entführern zu verlieren. Mahmud bekam laute Zustimmung, als er immer wieder die Bundesregierung für das Leiden der vergangenen fünf Tage verantwortlich machte.

Gaby Dillmann gab die Stichworte. Sie hielt noch eine improvisierte Rede, lachend und zornig zugleich: „Was haben sich die Leute da in Bonn eigentlich gedacht, als sie mit ihren dicken Hintern in den Sesseln saßen und mit unseren Leben gepokert haben. Ich muß euch was Schreckliches sagen – ich bin Mitglied der SPD. Ich habe den Schmidt verehrt. Ich werde aus dieser Partei austreten, sobald ich wieder zu Hause bin. Wir werden einen Riesen-Skandal machen. Wir werden die Presse mobilisieren." Die Passagiere und die Terroristen applaudierten gemeinsam.

Auch Jürgen Vietor empfand keine Haßgefühle mehr gegenüber Mahmud, der ihm einige Male mit Erschießen gedroht und seinen Kollegen ermordet hatte. Vietor dachte: Das ist kein Killer. Der wollte nicht töten. Der ist jetzt glücklich, daß er uns nicht töten mußte.

In der Wischnewski-Gruppe wußte man nichts von der Stimmung in der „Landshut". Das Konzept des Psychologen Salewski sah vor, die Terroristen ständig zu beschäftigen und ihnen dabei immer wieder neue konkrete Hoffnung zu machen. Salewski und Dr. Libal wechselten sich am Mikrophon ab. Sie sagten, sie wollten den türkischen Botschafter holen, damit auch die in der Türkei inhaftierten Palästinenser freikämen. Später teilten sie mit, was sie längst gewußt hatten: daß es in Somalia keine türkische Botschaft gebe. Sie verwirrten Mahmud mit den verschiedenen Ortszeiten, ließen ihn um- und nachrechnen. Von der Lufthansa hatten sie einen genauen Flugplan für die Strecke Frankfurt-Mogadischu mit Funkfeuern und Zeitangaben. So konnten sie dem Hijacker stets sagen, wo sich die fiktive Maschine mit den Freigelassenen gerade befinde oder befinden müßte. Die Deutschen versuchten, nie ganz deutlich werden zu lassen, ob sie von Tatsachen oder Annahmen sprachen. Mahmud überhörte die gelegentlichen Konjunktive.

Der Kommando-Chef und die Nummer 32, die Kleine, machten Vietor zwei Plätze in der First frei und sagten, er solle ein wenig schlafen. Als der Kopilot sich hingelegt hatte, brachten sie ihm eine Decke und Kissen.

Die beiden gingen in das Cockpit. Durch die geöffnete Tür sah Vietor, der nicht schlafen konnte, daß Mahmud die Kleine streichelte und flüsterte. Das Mädchen schlief an seiner Brust ein.

In der kroatischen Stadt Osijek dachte an diesem 17. Oktober die 23jährige Branka Ninkovic an Zohair Yussif Akache, der sich nun Martyr Mahmud nannte. Die Englisch-Studentin hatte von der Flugzeugentführung gehört und einen Moment gefürchtet, Zohair könne dabei sein. Sie hatte den Gedanken gleich wieder verdrängt.

Einige Monate zuvor war Polizei bei ihr gewesen und hatte sie nach dem Palästinenser gefragt. Er sollte in London drei Menschen erschossen haben. Sie sagte, das glaube sie nicht. Der Zohair Yussif Akache, den sie meine, sei der „zärtlichste, gefühlvollste und romantischste Mann", den sie je getroffen habe.

Branka Ninkovic hatte ihn kennengelernt, als sie in London arbeitete und Englisch lernte. Ein halbes Jahr lebte sie mit ihm in seinem kleinen Zimmer, umgeben von der palästinensischen Fahne, palästinensischen Posters, Bildern von Arafat, Habach, Nasser, Che Guevara und gefallenen Palästinensern. Doch den nationalistischen Idealisten und Fanatiker lernte Branka nur kennen, wenn er am Sonnabend im Hyde Park auf einer Kiste stand und Reden hielt oder Pfundnoten mit palästinensischen Parolen stempelte. Seinen jüdischen Vermieter mochte er. Er erklärte Branka: „Warum sollte ich etwas gegen Juden in England, Spanien oder Jugoslawien haben. Ich hasse nur die Juden, die mir meine Heimat Palästina geraubt haben."

Zohair ging Stunden mit seiner Freundin im Londoner Regen spazieren. Er mochte Tiere, was ungewöhnlich für einen Araber ist. Am meisten Hunde und Mäuse. Er hatte in seinem Zimmer zwei zahme Mäuse, die er Jim und Jack nannte. Als Jim starb und Branka ihn in den Mülleimer werfen wollte, wurde er wütend. Er

Lange bevor er in London und in der „Landshut" kaltblütig Menschen erschoß, lernte Mahmud in England die Kroatin Branka Ninkowic kennen. Die leidenschaftliche Liebe dauerte ein halbes Jahr. Die letzten „Heldentaten" ihres damaligen Freundes verfolgte Branka durch das Fernsehen in ihrem Heimatort Orijek (Jugoslawien). Mahmud ist nicht der Vater ihres Kindes – was er bis zuletzt nicht wahrhaben wollte

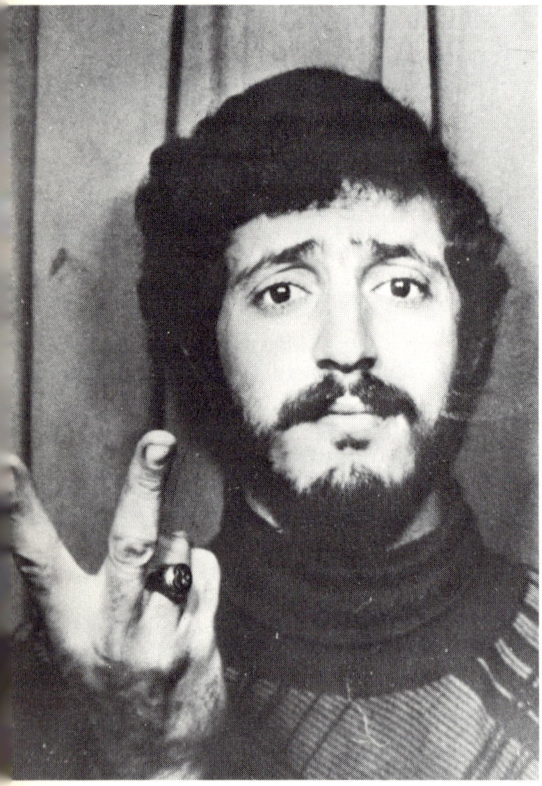

wickelte die Maus in ein Stück Papier und legte sie auf eine Wiese im Hyde Park.

Er war nicht eifersüchtig wie andere Araber, aber eitel. Er liebte dunkle Farben und haßte enge Hosen, weil „er nicht aussehen wollte wie einer von den englischen Homos", von denen es in seinem Viertel so viele gab.

Er hatte einen Reinlichkeitsfimmel, badete oft zweimal am Tag, wechselte alle zwei Tage die Bettwäsche und wurde wild, wenn Branka sein Handtuch benutzte.

Er war einer der besten Schüler seines Colleges, obwohl er nachts meistens noch Geld verdiente.

Branka wurde schwanger, kurz nachdem sie den Palästinenser kennengelernt hatte. Sie wollte das Kind abtreiben lassen, aber er bestand darauf, daß sie heirateten. Sie fürchtete, daß das Kind von einem Engländer sei, zudem sie erst nach Beginn ihres Verhältnisses mit Zohair die Beziehung abgebrochen hatte.

Als der Palästinenser auf Heirat

drängte und sie mit in den Libanon nehmen wollte, floh Branka vor der Entbindung aus Angst vor einem blonden Kind zurück nach Jugoslawien. Das Kind war blond.

Zohair schickte ihr zärtliche Liebesbriefe. Er schrieb: „Durch unser Kind sind wir auf ewig aneinander gebunden."

Branka wagte nicht, ihm die Wahrheit zu schreiben. Vom 10. bis 14. August 1977 war Zohair in der slowenischen Hauptstadt Ljubljana. Er rief Branka an und wollte sie und das Kind sehen. Sie erfand Ausflüchte.

Am 23. August, zwei Monate vor seinem Überfall auf die Lufthansa-Maschine, rief er aus Bagdad an. Branka versuchte, ihm endlich die Wahrheit zu sagen. Er unterbrach sie und sagte: „Manchmal, zwischen den Kugeln, denke ich, daß es bei dir das Herz eines unschuldigen Kindes gibt, das mich mehr braucht als die Revolution." Dann legte er auf.

Auf dem Flughafen von Mogadischu schwärmte gegen Mitternacht ein Aufklärungstrupp der GSG 9 aus. Im Bonner Bundeskanzleramt spielte Helmut Schmidt Schach. Beim Krisenmanagement in der Bundeshauptstadt herrschte Nervosität. Die Direktleitung nach Mogadischu war unterbrochen. Sie lief über ein Amt in Rom. Und dort hatte man Feierabend gemacht oder ein diensthabender Palästinenser-Freund hatte die Gespräche unterbrochen.

Im Lageraum der Wischnewski-Gruppe wirkte die Funkstille aus Bonn eher beruhigend. Einer der Berater des Staatsministers sagte: „Hoffentlich kommen die nicht so schnell wieder und der (Innenminister) Maihofer, dieser Segler, fragt nicht alle zehn Minuten nach der Windrichtung hier."

Die Aufklärer unter Führung von Klaus Blätte kamen bis auf 30 Meter an die „Landshut" heran. Hinter einer Sanddüne beobachteten sie die Maschine mit Nachtsicht-Ferngläsern und gaben ihre Erkenntnisse über Sprechfunkgerät an Wegener. Sie stellten fest, daß vermutlich zwei Entführer im Cockpit saßen. Sie sahen Mahmud und die Nummer 32.

Um 1.15 Uhr gingen Spezialisten mit Spezial-Granatwerfern in Stellung. Die Präzisionsschützen waren bereits auf ihren Positionen. Die beiden Engländer von der SAS, Major Allister Morrison und Sergeant Berry Davies, die Wegener von Dubai aus begleitet hatten, bereiteten ihr Feuerwerk vor. Die schwierigste Phase des Unternehmens „Feuerzauber" begann: das Anpirschen der Sturmtrupps an die Maschine.

Polizeidirektor Wegener gab letzte Instruktionen. Nach dem Kommando „Köpfe runter" sollte auf alle in der Maschine geschossen werden, die noch standen. Er ging davon aus oder hoffte doch, daß sich die Geiseln instinktiv hinwerfen oder abducken würden. Er wußte allerdings auch, daß diese Rechnung in Entebbe nicht ganz aufgegangen war. Im übrigen ging Wegener davon aus, daß Araber im allgemeinen nicht sehr mutig seien und bei einem gelungenen Überraschungsangriff kaum Widerstand leisten würden.

In der „Landshut" borgte sich Gaby Dillmann von Mahmud den Kamm, den der Entführer stets so griffbereit trug wie die Pistole. Sie kämmte einem kleinen Mädchen die verfilzten Haare, flocht ihr Rattenschwänze und zeigte ihr die Frisur in ihrem kleinen Taschenspiegel. Den Spiegel schenkte sie der Nummer 33, der Dicken. Wenn man ihn richtig drehte, erschien auf dem Glas ein Gesicht mit einem großen lachenden Mund. Die Dicke zeigte es ihren Genossen. Alle lachten.

Mahmud wurde noch einmal der alte: Er befahl den Passagieren drohend, keine Informationen über ihn und die anderen Kommando-Mitglieder weiterzugeben. Er verteilte Lufthansa-Umschläge, auf die jede Geisel ihren Namen und ihre Adresse schreiben mußte. Er sammelte die Umschläge wieder ein und steckte sie in eine Tasche. Dann hielt er noch einmal eine kurze Rede: „Wir sind Friedenskämpfer und keine Terroristen oder Räuber. Wir wollen weder Ihr Geld, noch Ihre Wertsachen." Er sagte, wer Wert darauf lege, könne nach vorn kommen und das Handgepäck untersuchen, ob Geld oder Schmuck oder sonst etwas fehle.

Von den Passagieren, die eben noch mit dem Leben abgeschlossen hatten, kamen tatsächlich etwa 15 nacheinander in die First Class. Sie suchten ihre Börsen aus den Taschen und zählten ihr Geld.

Eine ältere Frau, die ihr Geld unberührt gefunden hatte, wandte sich an Gaby Dillmann: „Meine Handtasche mit den Wertsachen ist ja da. Aber ich hatte noch eine Strohtasche mit Gemüse aus Mallorca. Die habe ich nicht gesehen. Ich meine, es macht ja nichts. Aber ich wüßte doch ganz gerne, wo sie ist."

Mahmud brach die Geldzähl-Aktion ab, als ihm gesagt wurde, in einiger Entfernung vor der Maschine brenne ein Feuer.

Rüdeger v. Lutzau saß in der Boeing 707 auf seinem Kopiloten-Sitz. Er mußte wieder die Funkgespräche mitschreiben. Von seinem Platz auf der rechten Seite konnte er die „Landshut" gut sehen. Als das Feuer aufflammte, wußte er, das ist ein Täuschungsmanöver der Somalis. Sie wollten möglichst viele Terroristen ins Cockpit locken. Er wußte, daß in einigen Minuten seine Freundin Gaby entweder frei oder tot sei.

Im Cockpit der „Landshut" hatte Mahmud kaum Zeit, sich Gedanken über das Feuer zu machen. Vom Tower wurde ihm mitgeteilt, daß die Maschine mit den freigelassenen Häftlingen nach einer Zwischenlandung in Kairo wieder gestartet sei. Man wolle jetzt die Übergabebedingungen von ihm haben. Mahmud las von einem vorbereiteten Zettel: „Das Flugzeug, das kommen wird, soll mit dem Ausgang so gestellt werden, daß wir alles übersehen können. Es wird dann von somalischen Soldaten umstellt. Der Verkehrsminister soll die Übergabe leiten. Die freigelassenen Genossen müssen einzeln aus dem Flugzeug kommen. Für jeden Genossen werden wir dann eine

---

Das Protokoll des Funksprechverkehrs zwischen dem Tower des Flughafens Mogadischu und der gekaperten „Landshut" finden Sie am Ende des Buches

Gruppe der Passagiere aus dem Flugzeug lassen . . ."

In diesem Moment detonierten die Blitz-Granaten der Engländer. Die GSG-9-Männer hatten sich auf Kommando für Sekunden die Augen zugehalten, um nicht geblendet zu werden.

Wegener öffnete an der Spitze einer Gruppe die vordere Tür. Über die Tragflächen stürzten zwei andere Gruppen mit den Notausgangs-Luken in die Kabine. Fast gleichzeitig waren im Heck der Maschine Männer mit geschwärzten Gesichtern. Wer keinen Entführer als Ziel vor sich hatte, schoß mit Platzpatronen, um Verwirrung und Einschüchterung des Gegners noch zu steigern.

Die Kleine war sofort tot. Mahmud warf, von zwei 9-Millimeter-Kugeln getroffen, noch zwei Handgranaten. Die selbstgebastelten Plastik-Granaten verpufften, ohne jemanden ernsthaft zu verletzen. Nummer 33, die Dicke, floh in die Toilette und schoß einmal durch die geschlossene Tür. Die Grenzschützer durchsiebten die Tür.

Der Junge schoß mit der Pistole, bis er bewußtlos war. Er und die Nummer 33 lebten noch.

Die Passagiere waren durch die Detonationen aus dem entspannten Dämmerzustand gerissen worden. Sie hörten deutsche Stimmen: „Köppe runter! Wo sind die Schweine?" Und dann Schüsse. Niemand begriff, was passierte. Viele dachten, jetzt sei es doch zu Ende. Sie drückten sich in die Sessel, versuchten zwischen den Sitzen auf den Boden zu kommen.

Jürgen Vietor dachte beim ersten Krachen nur: Jetzt ist das Leben doch noch vorbei. Er zwängte sich auf den Boden und versuchte den Kopf unter einen Sitz zu schieben. Der nächste Gedanke war: Ich habe meine Haare verloren. Er sah sein Toupet, das er die fünf Tage auf dem Kopf behalten hatte, vor sich auf dem Boden.

Gaby Dillmann kam nicht auf den Boden, weil neben ihr eine korpulente Frau saß. Ihre Beine lagen im Gang. Als die erste Handgranate neben ihr explodierte, spürte sie nur einen Schlag und etwas sehr Heißes. Sie dachte: Das Bein ist ab, macht nichts. Es tat nicht sehr weh. Als sie dann versuchte, die Zehen zu bewegen, tat es weh. Sie wußte: Das Bein ist dran.

Jemand rief: „Los, raus hier, husch husch." Gaby Dillmann lief geduckt zum Notausgang, stieg auf die Tragflächen und wurde an eine Leiter geführt. Auf den letzten Sprossen versagten ihr die Beine. Jemand fing sie auf. Es war der GSG-9-Chef Wegener. Gaby weinte. Wegener sagte, während er sie zu einer Ambulanz trug: „Jetzt ist ja alles gut Mädchen, jetzt kann ja nichts mehr passieren." Gaby schluchzte: „Nein, es ist ja noch alles dran, das Bein und auch alle Zehen. Es brennt nur ein bißchen."

Rüdeger v. Lutzau hörte nur, daß der Angriff begann. Gelegentlich beugte er sich vor, um etwas zu sehen. Dann verließ er sich auf den Bericht seines Kollegen, der rechts neben ihm saß: „Jetzt steigen die ersten Passagiere über die Hintertreppe aus. Nun sehe ich auch Bewegung an den Notfenstern. Sie kommen über die Tragflächen und laufen weg."

Rüdeger v. Lutzau glaubte, jeden Moment müsse die „Landshut" explodieren.

4
Entführer-Chef Mahmud und eine der Terroristinnen werden im Cockpit getötet. Die zweite Terroristin schießt aus der Bugtoilette, ehe sie schwer verletzt wird. Ihr Komplice im Erster-Klasse-Abteil stirbt unter den Kugeln der Scharfschützen
5
Während im Vorderteil der Kabine noch geschossen wird, haben GSG-Männer die Notausstiege der »Landshut« eingedrückt und zerren die ersten Passagiere auf die Tragfläche ins Freie
Landshut
City Jet 737
3
In der gleichen Sekunde, in der die Feuerwerker Blendgranaten zünden, um die Terroristen im Cockpit abzulenken, knackt der Sturmtrupp die Flugzeugtüren und dringt über Enterleitern in die Kabine ein
2
Dreißig Minuten vor Mitternacht hat der Trupp Posten unter dem Rumpf des Flugzeugs bezogen. Elektronik-Experten bringen Lauschgeräte an, die jede Bewegung im Innern der Maschine registrieren

Sieben Minuten nach dem ersten Schuß ist die Aktion „Feuerzauber" vorbei

Der Terroristen-Chef, der sich Mahmud nannte, warf, von zwei 9-Millimeter-Kugeln tödlich getroffen, noch zwei Handgranaten. Sein Name: Zohair Youssif Akache

Er sah sie immer wieder in einem roten Feuerball verschwinden.

Dann kam sein Kapitän an die Maschine gelaufen und rief: „Komm los, die Gaby lebt. Sie ist nur leicht verletzt." Rüdeger v. Lutzau lief über den Flugplatz. Er sah sie auf einer Decke sitzen. Er kniete sich neben sie und konnte endlich losheulen.

Gaby legte den Arm um ihn und sagte: „Es ist doch alles gar nicht so schlimm. Bei mir ist noch alles dran." Rüdeger hörte einen Moment auf zu weinen und flüsterte: „Wir heiraten noch vor Weihnachten."

Gaby sagte: „Ja. Aber in der Kirche. Das habe ich nämlich dem lieben Gott versprochen. Da müssen wir wieder in die Kirche eintreten."

Erst später fiel ihr ein, daß Rüdeger genauso um ihre Hand angehalten hatte, wie sie sich das immer vorgestellt hatte: auf den Knien. Nur die Blumen und die Krawatte fehlten.

Um 2.07 Uhr Ortszeit hatte die „Aktion Feuerzauber" begonnen. Um 2.12 Uhr meldete die Sturmtruppe per Funk an die Einsatzleitung: „Springtime." Das war das Codewort für das Ende der Operation. Wenig später ging ein Funkspruch nach Bonn: „Vier Gegner niedergekämpft, Geiseln befreit. Vier leicht verletzte Geiseln, ein leicht verletzter Angehöriger des Sturmtrupps."

Die Nr. 18, der Junge, wurde aus dem Flugzeug getragen. Er atmete noch. Auf den oberen Stufen der Treppe rutschte er von der Bahre und fiel beinah zwei Meter tief. Wenig später war er tot.

Die Nr. 33, die Dicke, spreizte auf der Trage zwei Finger zum Victory-Zeichen:

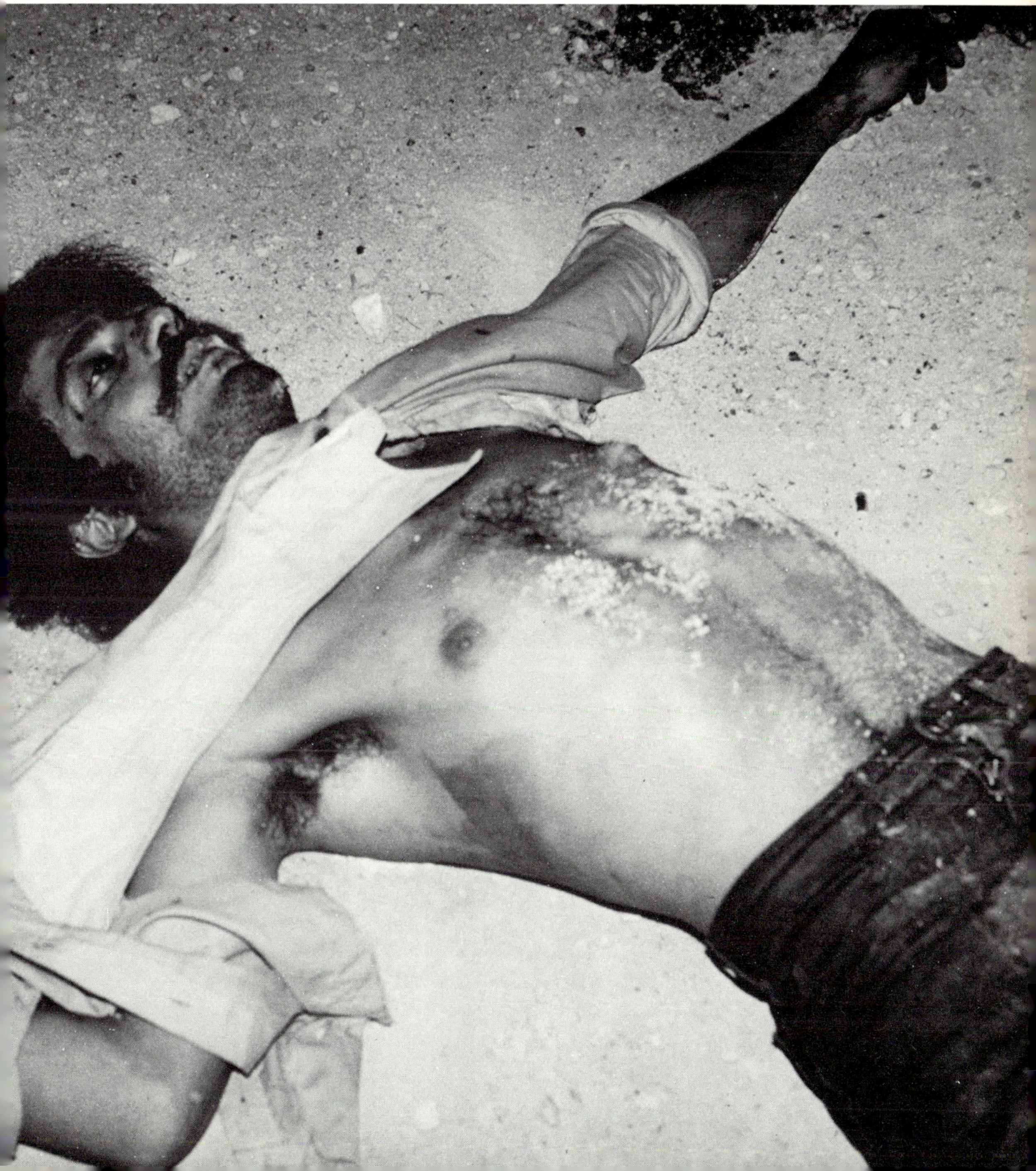

Sie rief auf englisch: „Tötet mich, tötet mich bitte." Und auf arabisch: „Es lebe das freie Palästina".

Der zehnjährige Stefan Röhll sah die Leiche von Nr. 18. Er rief: „Sieh mal Mutti, da ist der Nette. Er ist tot."

Birgit Röhll antwortete: „Das kann man doch gar nicht erkennen."

Stefan war sich sicher: „Doch, doch, den erkenne ich an den schönen Stiefeln."

Der Boxpromoter Hasse-Heyn irrte durch das Flughafengebäude. Er fand endlich, was er suchte: einen Deutschen, der eine Whiskyflasche neben sich stehen hatte. Er bat um einen kräftigen Schluck. Der Deutsche war überrascht. Er gab ihm schließlich etwas Whisky in einen Pappbecher.

Jürgen Vietor sprach in der Flughafenhalle einen somalischen Offizier an: „Ich bin der Pilot. Ich muß dringend noch mal zur Maschine." Der Offizier besorgte einen Wagen. Er warnte: „Da ist alles abgesperrt. Die Deutschen haben eine Zeitbombe im Flugzeug ticken hören."

Der Wagen hielt 50 Meter vor der Maschine. Vietor sagte: „Ich bin in fünf Minuten zurück." Er ging zur „Landshut" und stieg die Gangway hoch. Niemand war auch nur in der Nähe der Maschine. Schon im Eingang merkte er, wie ungeheuerlich es in der Kabine stank. Das Licht brannte, das Hilfsaggregat lief noch. Vietor dachte: Das muß aus. Und dann: Das ist jetzt nicht mehr dein Bier.

Er ging durch die Reihen, kniete nieder und suchte den Boden ab. Er fand sein Haarteil sofort. Er setzte es noch in der Maschine auf und ging zurück zum Wagen.

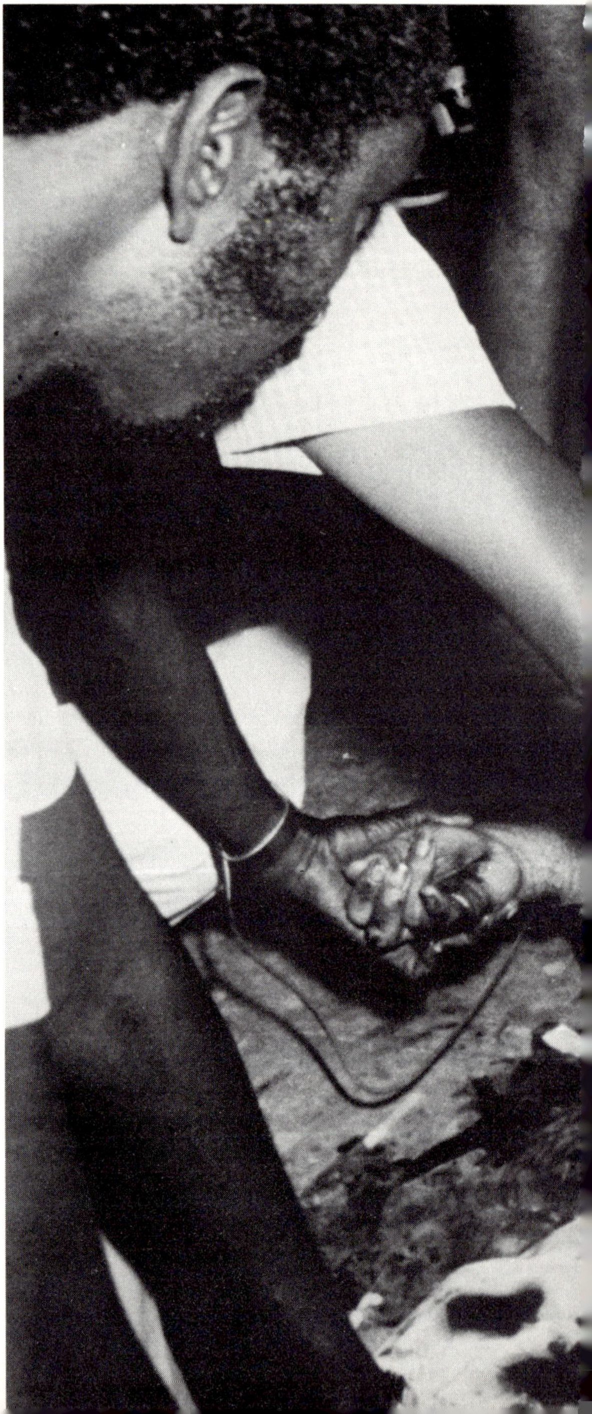

Die Geiseln
nannten ihn „der Junge".
Er lebte noch,
als er bewußtlos aus
dem Flugzeug getragen wurde
und erlag erst Stunden
später seinen Verletzungen.
Sein Name: Wabil Harb

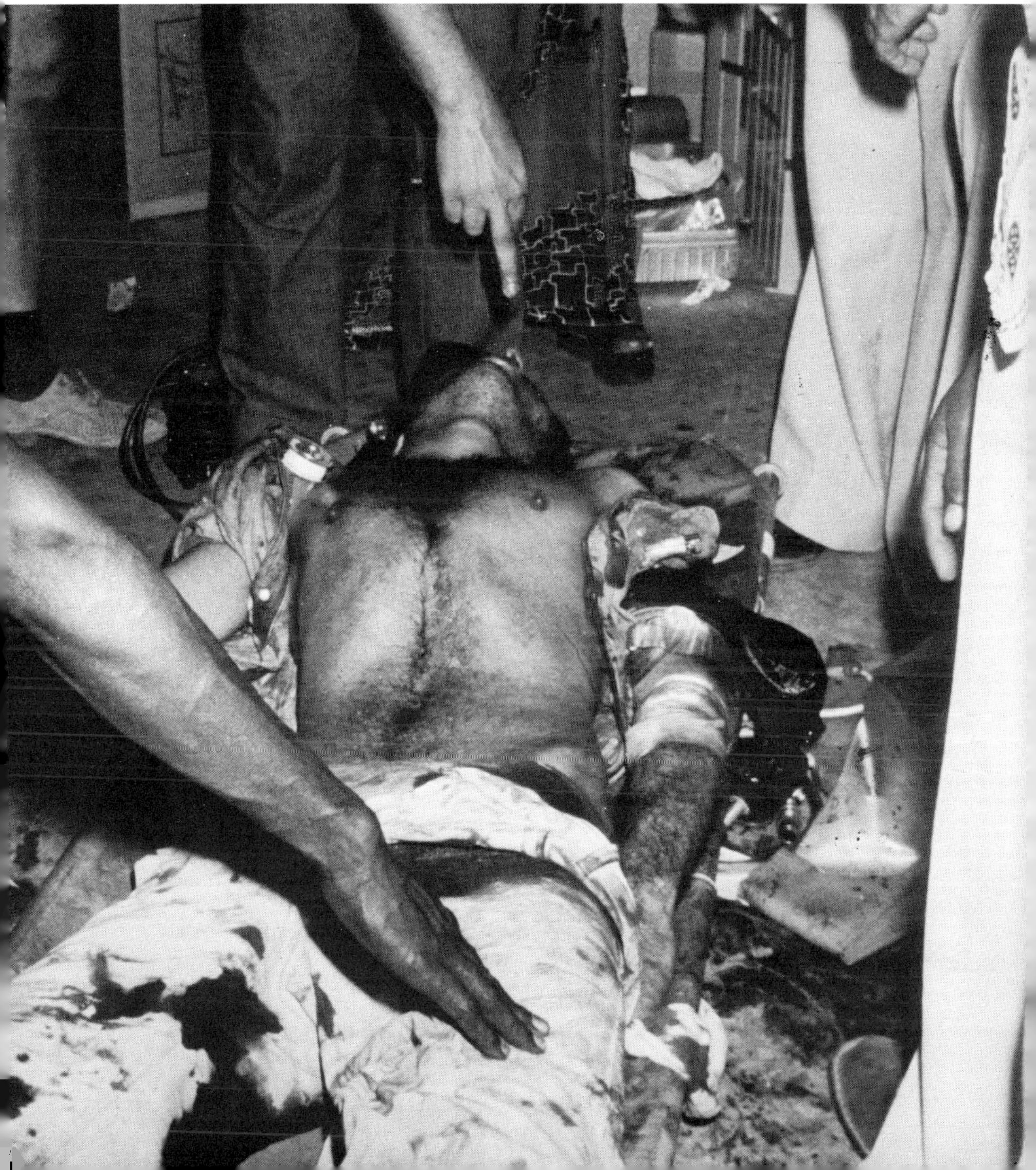

Die „Dicke" wird schwerverletzt auf einer Trage durchs Flughafengebäude getragen. Sie hebt die Hand und spreizt die Finger zum Zeichen des Sieges. Ihr Name: Suhaila Sayeh

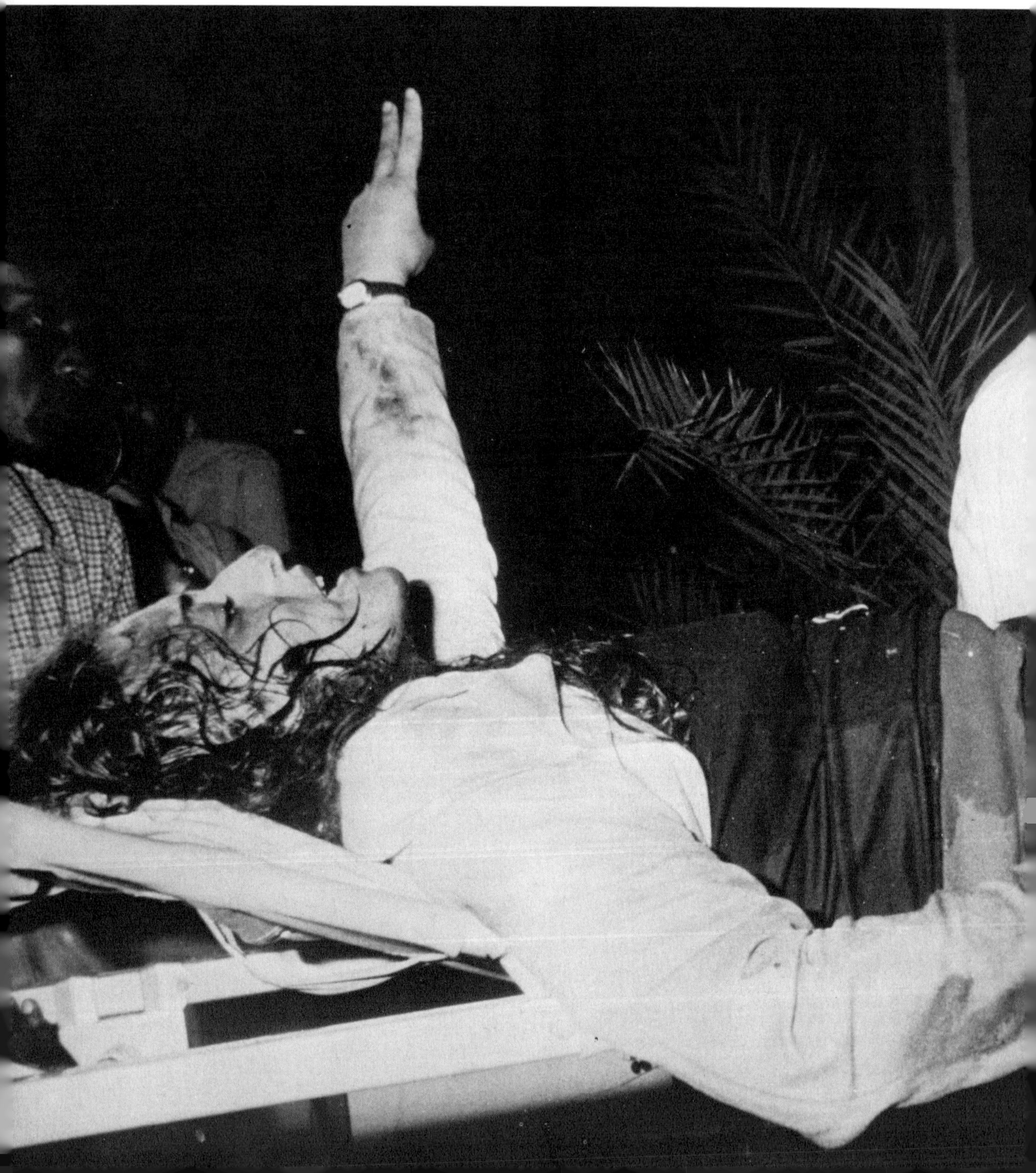

Die „Kleine"
war sofort tot.
Mahmud war ihr Freund,
sie liebte und bewunderte ihn.
Ihr Name: Hind Alameh

Kopilot Jürgen Vietor kann mit sich zufrieden sein. Seinem fliegerischen Können, das er bei der Notlandung in Aden bewies, verdanken Passagiere und Besatzung ihr Leben

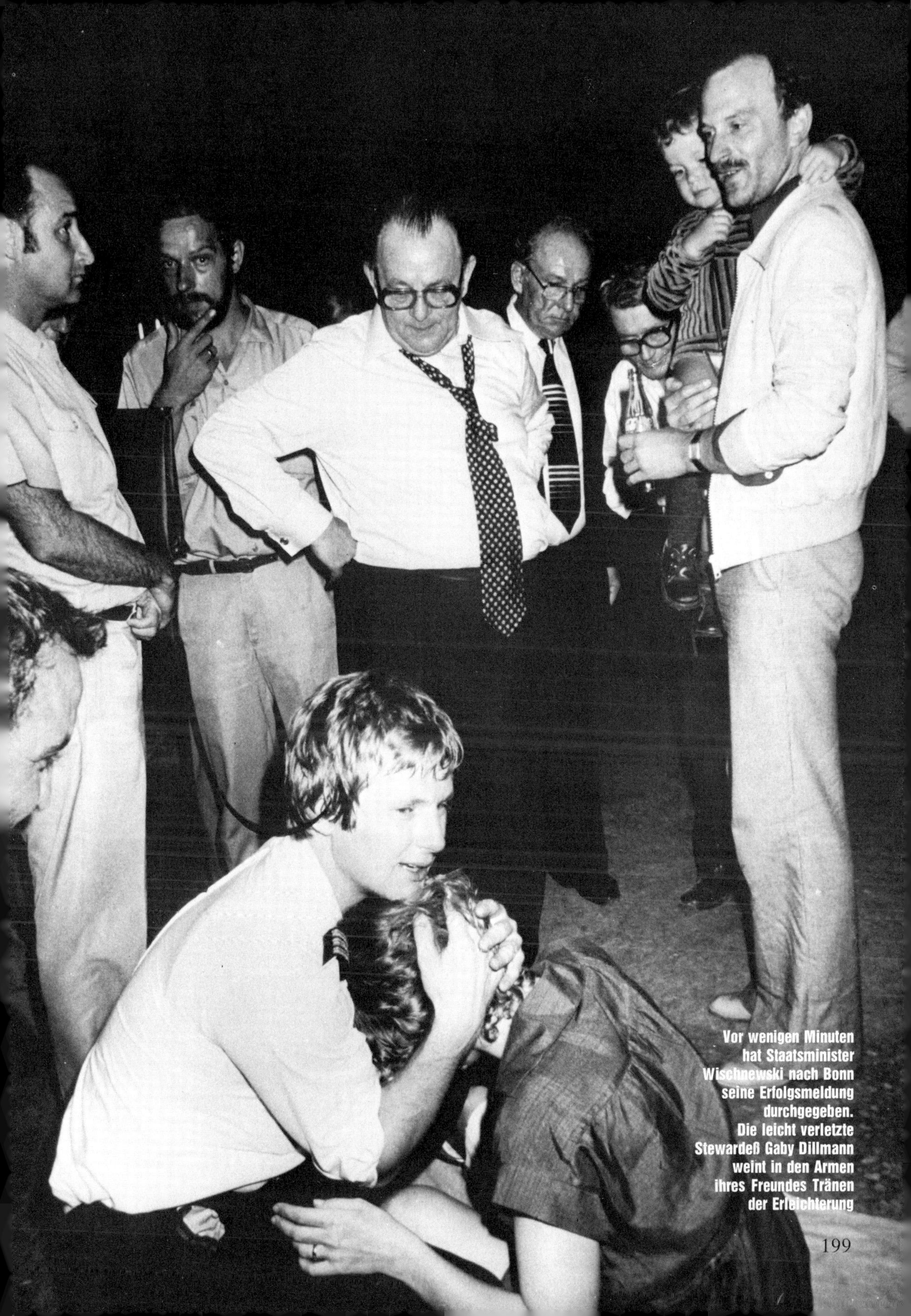

Vor wenigen Minuten hat Staatsminister Wischnewski nach Bonn seine Erfolgsmeldung durchgegeben. Die leicht verletzte Stewardeß Gaby Dillmann weint in den Armen ihres Freundes Tränen der Erleichterung

Mit Blumen und Freudentränen werden die befreiten Geiseln am 18. Oktober 1977 auf dem Flughafen Frankfurt/Main empfangen. Fünf Tage dauerte ihr abenteuerlicher Irrflug

Trauerfeier für
Flugkapitän Jürgen Schumann,
der an Bord seiner „Landshut"
erschossen wurde.
Neben der Witwe Monika Schumann
der Bundesminister Kurt Gscheidle (l.)
und Hessens Ministerpräsident
Holger Börner

GSG-9-Kommandant
Ulrich Wegener meldet dem
Bundeskanzler.
Bundesverdienstkreuze
werden verliehen: an die
Befreier und an die
Besatzungsmitglieder der „Landshut".
Sitzend die leicht-verletzte
Stewardeß Gaby Dillmann

„Vielleicht ist es besser zu sterben, als in einer Welt zu leben, in der Menschenleben so wenig zählen", hatte Gaby Dillmann in der „Landshut" den Passagieren empört und verzweifelt zugerufen. Jetzt, bei der Verleihung des Bundesverdienstkreuzes, kann sie den Kanzler glücklich umarmen

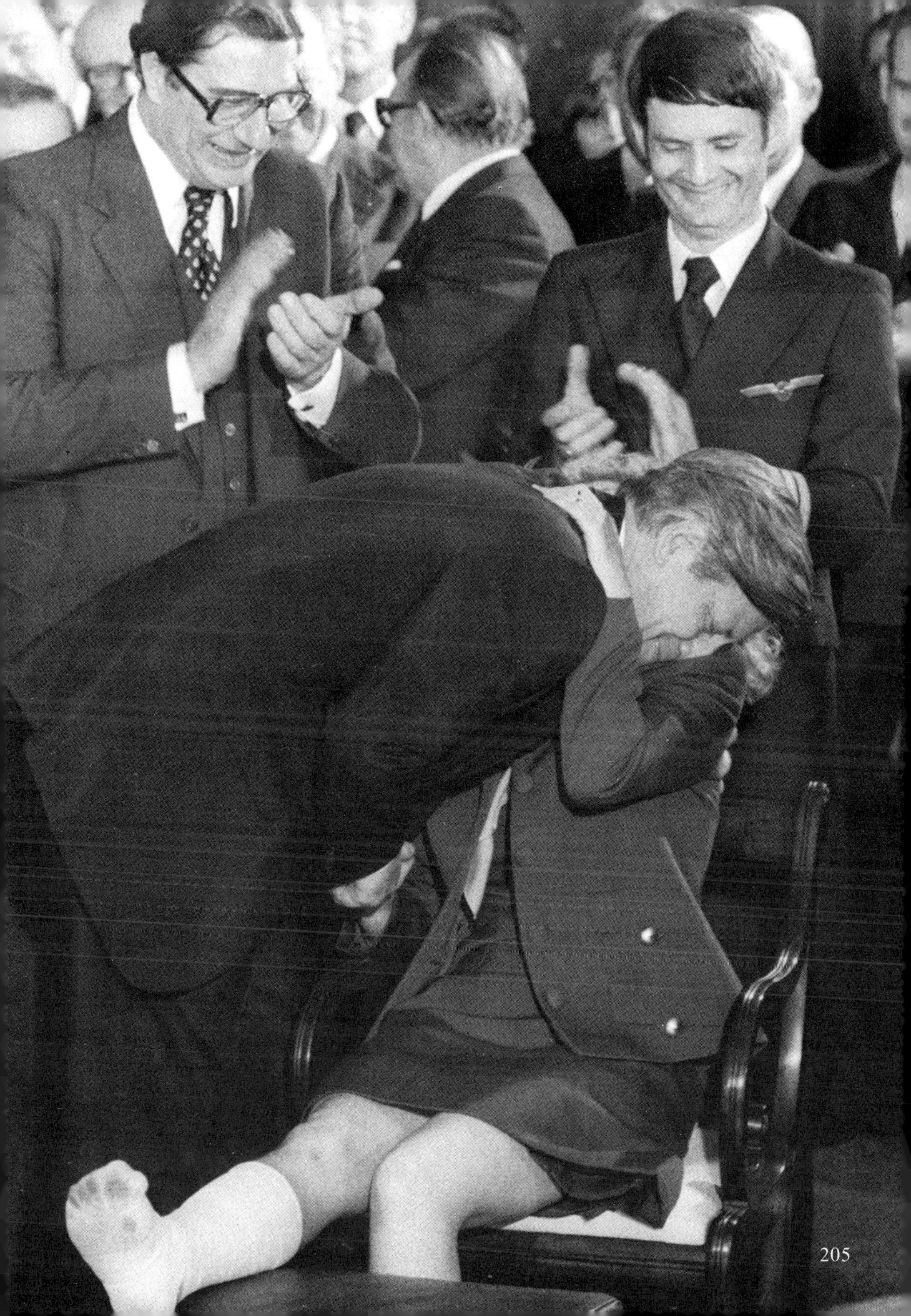

Gaby Dillmann umringt von GSG-9-Kommandant Wegener, Kopilot Vietor, Staatsminister Wischnewski, Innenminister Maihofer, Bundeskanzler Schmidt, Chefstewardeß Piegler

Mord und Selbstmord

Während in Mogadischu der Sturm auf die „Landshut" vorbereitet wurde, bewachten acht Männer und eine Frau die 800 Häftlinge von Stammheim. Hauptsekretär Horst Gellert saß als Diensthabender in der Torwache, dem Nervenzentrum für die Sicherheit der Anstalt. Dort laufen die Alarmsysteme zusammen, dort stehen die Fernsehmonitoren, auf denen man die fünf Meter hohe Außenmauer genauso beobachten kann wie die III. Abteilung, wo die Zellen der Baader-Meinhof-Häftlinge liegen.

Kurz vor 23 Uhr war der Sanitäter Wilhelm Kölz auf dem Weg dorthin, um noch ein paar Pillen auszugeben – ein komplizierter Vorgang:

Der Nachtdienstler im siebten Stock, Assistent zur Anstellung Hans Springer, telefoniert runter in die Torwache, damit die Alarmanlage vor der III. Abteilung ausgeschaltet wird. Danach fährt Sani Kölz mit seinem Medikamentenwagen, begleitet von vier Vollzugsbeamten, darunter einer Frau, durch vier Türen, die einzeln aufgeschlossen werden müssen. Eine Fernsehkamera erfaßt automatisch den Geleitzug.

Der Wagen hält vor der Zelle 716. Die Beamtin tritt in eine Kabine aus schußsicherem Glas und legt ihre Hand auf ein Alarmtelefon. Die zwei Spezialschlösser der Zellentür werden geöffnet und dann stehen die drei Beamten wachsam hinter dem Sani. Der gibt dem Insassen von Zelle 716 eine Beruhigungstablette „Adalin" und eine „Dolviran". Jan Carl Raspe sagt leise: „Danke schön". Dann fällt die Tür mit den zwei Schlössern wieder zu, und zwei Beamte stellten wieder eine schalldämpfende Matratze davor.

Dann war die Zelle 719 an der Reihe: ebenfalls mit einer „Adalin" und einer „Dolviran". Andreas Baader saß am Boden und kaute an einem Stück Schwarzbrot. Er kam hoch und schluckte die Tabletten nach Vorschrift – vor dem Sani stehend; zum erstenmal seit Wochen ohne die Beamten zu beschimpfen.

Zelle 720 hatte nichts verlangt, und so öffnete auch niemand die Essensklappe, um hineinzusehen. Hatte doch Gudrun Ensslin erst letzthin der kontrollierenden Beamtin kaltes Wasser ins Gesicht geschüttet.

Für Zelle 725, Irmgard Möller, hatte der Anstaltsarzt ebenfalls nichts verordnet, und so marschierten der Sani und die Bewacher aus dem Trakt. Die Alarmanlage wurde eingeschaltet, und damit waren die vier Baader-Meinhof-Häftlinge wieder allein im sogenannten kurzen Trakt im siebten Stock der Justizvollzugsanstalt Stuttgart-Stammheim.

Ruhig war es trotzdem nicht, konnte es gar nicht sein, in diesem hellhörigen Betonbau mit über 800 Häftlingen. Wohl war der zentrale Anstaltsrundfunk, den jeder Häftling über Ohrhörer aus der Steckdose empfangen kann, abgeschaltet worden, wie immer montags um 23.30 Uhr. Aber viele Gefangene ließen weiter ihre Kofferradios laufen und hielten sie an die Zellenfenster, damit andere „Knakkis" mithören konnten – denn schließlich war es die Nacht von Mogadischu. Das quadratische Verwaltungsgebäude gegenüber warf den Schall so stark zurück, daß jeder, der etwas hören wollte, etwas

Eine Minox-Kamera in Baaders Zelle

Jan Carl Raspe

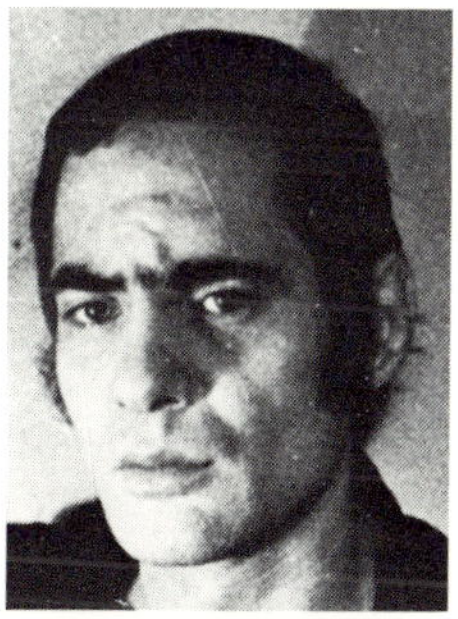

Andreas Baader

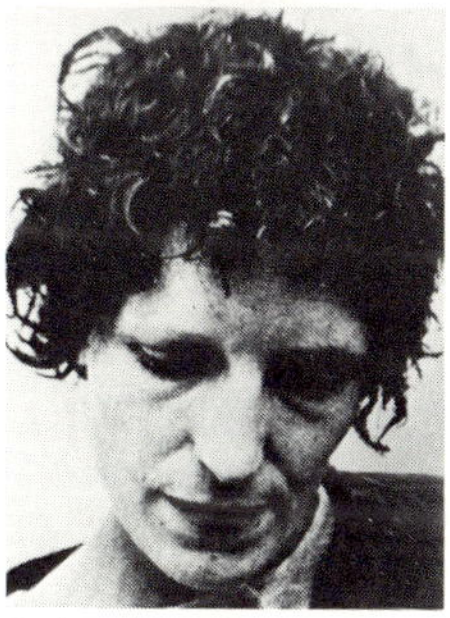

Gudrun Ensslin

Irmgard Möller

hören konnte – auch die Baader-Meinhof-Häftlinge oben im siebten Stock.

Das wußte die Wachmannschaft, aber es störte sie ebensowenig wie die Tatsache, daß sich die Häftlinge trotz abgepolsterter Zellentüren durch Zurufe einigermaßen verständigen konnten – machte man doch Dienst im „sichersten Gefängnis der Welt" (so der Stuttgarter Justizminister Traugott Bender).

Und zwar unter schärfsten Bedingungen: Denn nach der Entführung Hanns Martin Schleyers am 5. September waren zunächst die Profis vom Landeskriminalamt in Stuttgart gekommen, hatten die Vollzugsbeamten weggeschickt und die B & M-Zellen eigenhändig durchsucht, und sie kamen noch einmal, nachdem in einer Kaffeefilter-Tüte Baaders am 14. September eine Minox-Kamera gefunden worden war. Gleichzeitig wurden den Häftlingen auf Weisung des Stuttgarter Justizministeriums die Radio- und Fernsehgeräte weggenommen. Der Empfang von Briefen, Zeitungen und Besuchen war ebenfalls untersagt. Alle, außer Gudrun Ensslin, wurden zwischendurch in andere Zellen verlegt. Leere Zellen dazwischen machten Klopfkontakte unmöglich.

Nach dem Inkrafttreten des Kontaktsperre-Gesetzes am 2. Oktober durften auch keine Anwälte mehr zu den B & M-Häftlingen. Baader, Raspe, Ensslin und Möller durften einander nicht mehr auf dem Flur begegnen, sie durften keine Wäschepakete mehr empfangen, keine Bücher aus der Anstaltsbibliothek entleihen und keine zusätzlichen Nahrungsmittel in der Anstalt einkaufen.

So hatte alles seine Sicherheit und Ordnung in Stammheim, als die Nacht von Mogadischu zu Ende ging.

Es war am Dienstag, dem 18. Oktober, 7.41 Uhr. Obersekretär Gerhard Stoll von der Frühschicht öffnete die Zelle 716. Neben ihm stand der Hauptsekretär Willi Stapf. Die beiden Beamten hatten den Frühstückswagen mit dem speziellen Vorhängeschloß dabei, das eine Vergiftung des B & M-Frühstücksbrots über Nacht verhindern sollte.

Sie wurden das Frühstück – Kaffee, Graubrot, gekochtes Ei – nicht los, denn auf der Liege röchelte, schräg an die

Stammheim – das angeblich sicherste und modernste Gefängnis Deutschlands. In der siebenten Etage sollten nach Schleyers Entführung die Mitglieder der Baader-Meinhof-Bande von der Außenwelt völlig isoliert werden

Wand gelehnt, der Häftling Jan Carl Raspe.

Die beiden Vollzugsbeamten schlagen die Türe zu, alarmieren das Krankenrevier, der Sanitätsbeamte Edgar Jost ruft um 7.46 Uhr einen Notarztwagen, und irgendwer holt auch den Amtsinspektor Erich Götz, der an diesem Morgen der oberste Vollzugsbeamte ist.

Der saust mit dem obersten Sanitäter, Christoph Listner, in die Zelle und findet in der halbgeöffneten, rechten Hand von Jan Carl Raspe eine schwerkalibrige Pistole. Amtsinspektor Götz faßt die Waffe am Lauf an, legt sie in ein großkariertes Geschirrtuch, das ihm der Hauptsekretär Klaus Miesterfeld auf Anweisung hinhält.

Um 7.53 Uhr trifft der Notarztwagen RK 91 aus Stuttgart ein.

Der Sanitäter Adolf Soukop hat unterdessen Jan Carl Raspe den Puls gefühlt („ganz leicht spürbar") und rennt dann zur Zelle 719 von Andreas Baader. Dieser liegt im Halbdunkel, rund einen Meter von der Tür entfernt, auf dem Rücken. Soukop fühlt auch ihm den Puls, erkennt sofort: „Der Mann ist tot", und sagt, „gehen wir rüber zur Ensslin."

Auch die Zelle 720 wird ihm von Beamten geöffnet. Auch sie ist dunkel, und der Sani Soukop ruft hinein. Er hat Angst, „denn vielleicht hat sie auch eine Pistole und lebt". Soukop bekommt keine Antwort. Da sieht er hinter einem Vorhang am Fenster die Füße der Gudrun Ensslin baumeln, gut 20 Zentimeter über dem Boden.

Der Sani stellt gar nicht erst fest, ob Gudrun Ensslin tot ist, denn in dem Augenblick läuft der stellvertretende Ge-

Stahlnetze und
Eisendorne sollen
das Dach gegen
Befreiungsversuche
aus der Luft sichern

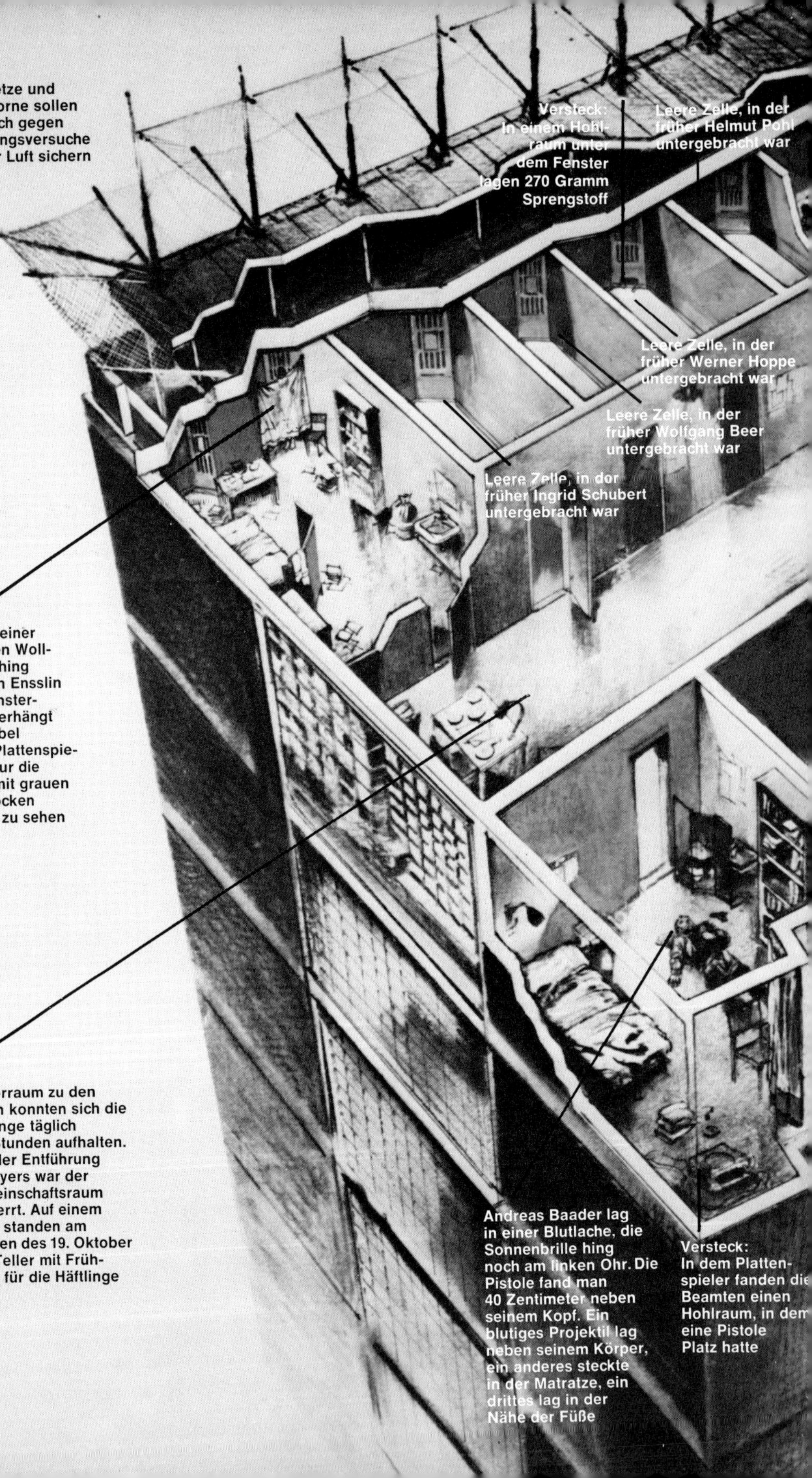

Hinter einer
braunen Woll-
decke hing
Gudrun Ensslin
am Fenster-
gitter, erhängt
am Kabel
ihres Plattenspie-
lers. Nur die
Füße mit grauen
Wollsocken
waren zu sehen

Im Vorraum zu den
Zellen konnten sich die
Häftlinge täglich
vier Stunden aufhalten.
Seit der Entführung
Schleyers war der
Gemeinschaftsraum
gesperrt. Auf einem
Tisch standen am
Morgen des 19. Oktober
vier Teller mit Früh-
stück für die Häftlinge

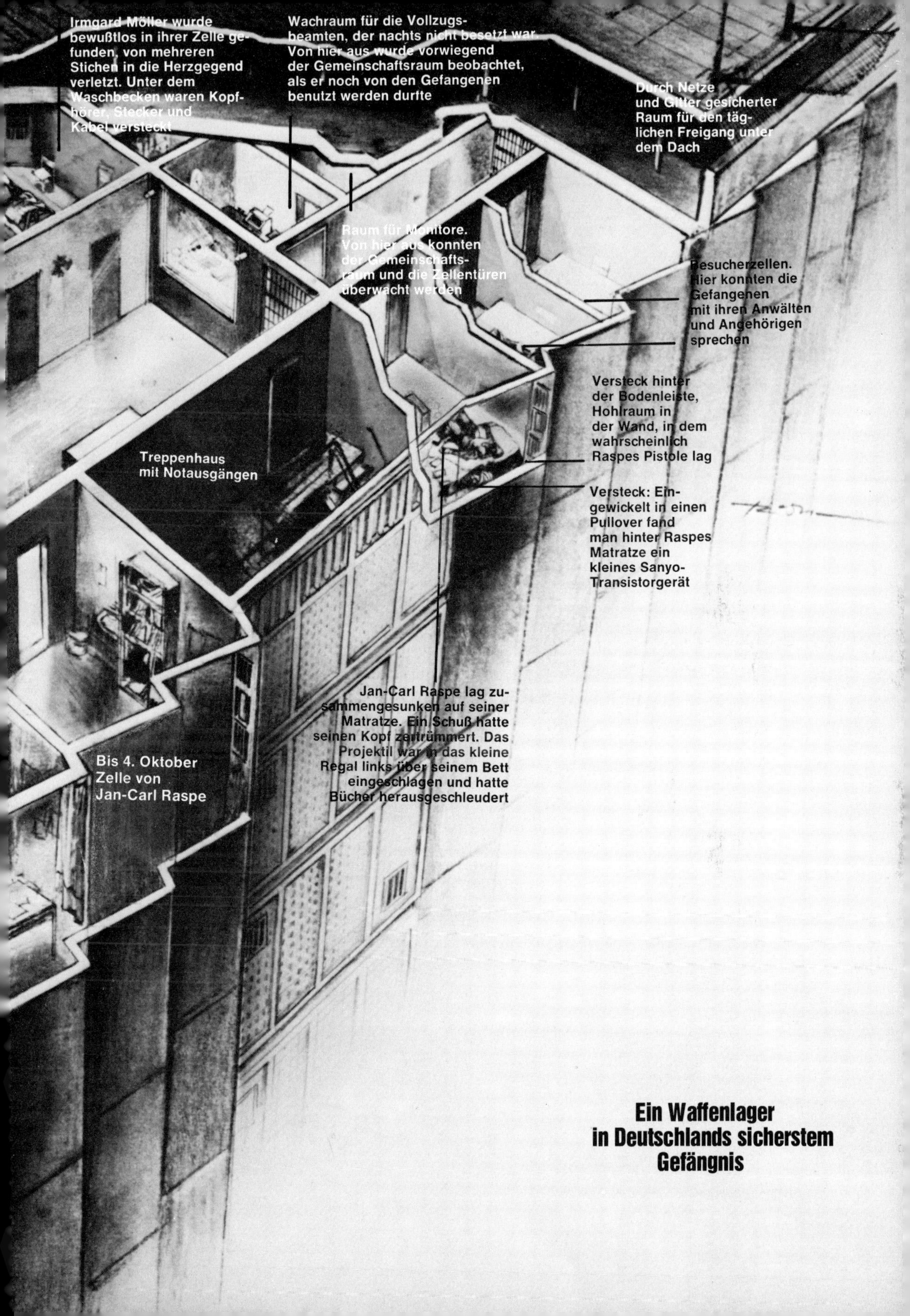

Ein Waffenlager in Deutschlands sicherstem Gefängnis

Jan Carl Raspes Zelle 716 nach seinem Selbstmord

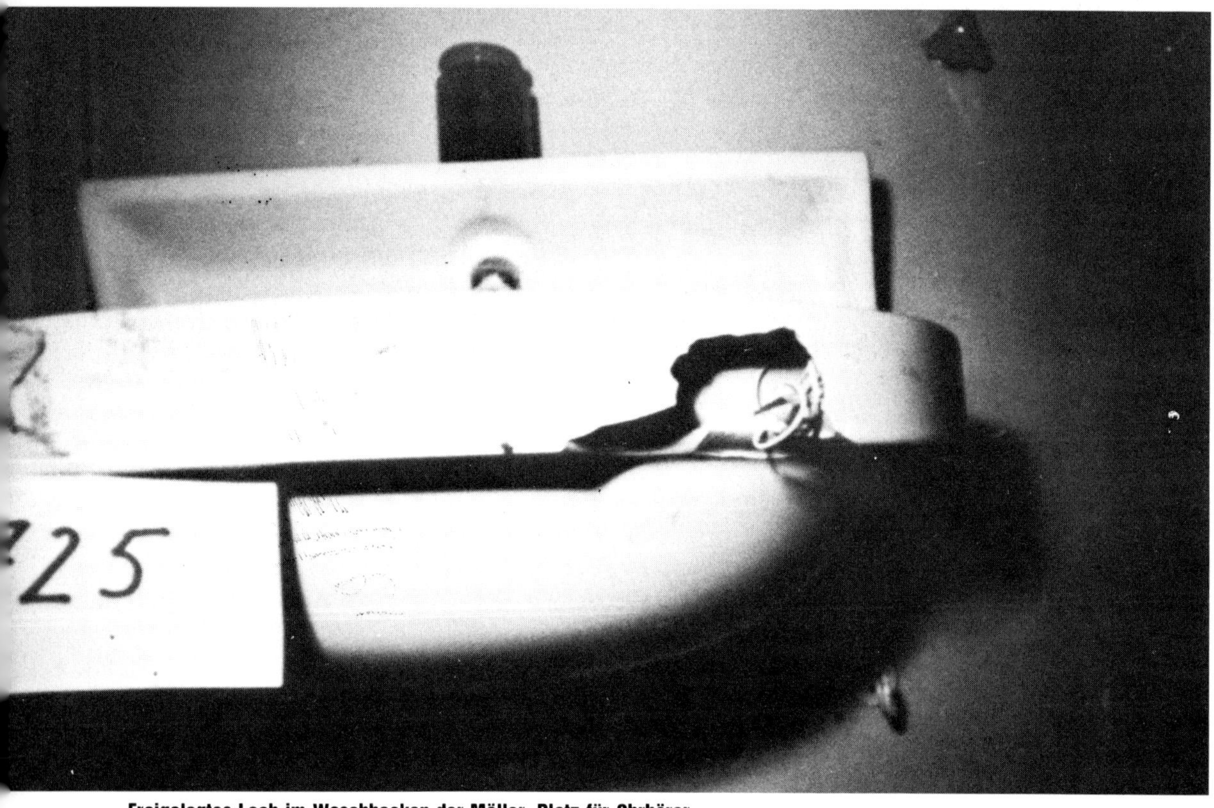

Freigelegtes Loch im Waschbecken der Möller. Platz für Ohrhörer

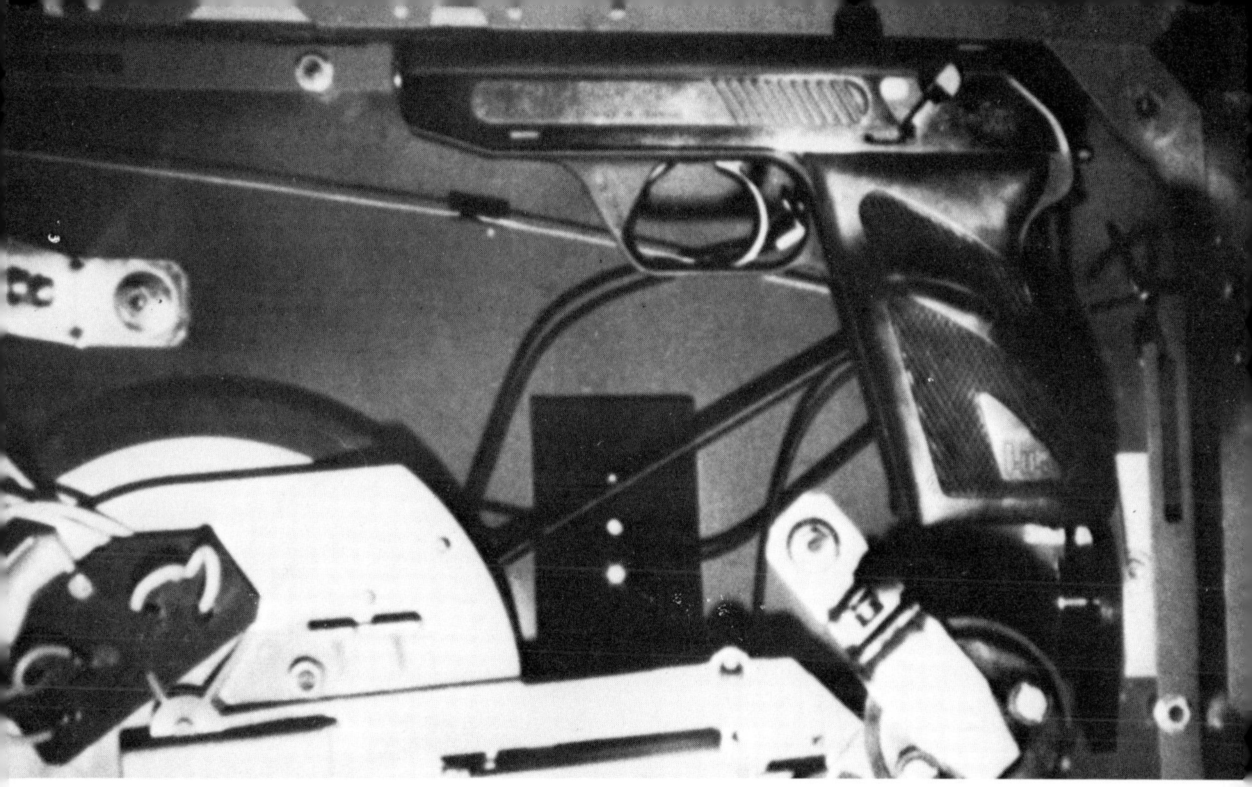

Baaders Plattenspieler von innen. Versteck für Pistole

Das Bett der Ensslin, daneben Steckerkabel und Lautsprecher („2" u. „3")

fängnisarzt, Dr. Wladislaw Majerowicz, in die Zelle.

Soukop hetzt weiter und läßt die Zelle 725 aufschließen, die von Irmgard Möller. Sie liegt gekrümmt auf der Matratze, mit dem Gesicht zur Wand, die Decke bis zum Kinn hochgezogen.

Soukop: „Ich hab die Decke weggezogen und hab' dann beide Hände voller Blut gehabt ... Ich hab' das T-Shirt hochgezogen, und dann hab' ich also in der Herzgegend mehrere Einstiche festgestellt ... Ich hab' gleich den Puls gefühlt. Puls war 80, ganz normal. Der Kollege Jost hat Blutdruck gemessen, der war auch gut. Wir haben dann noch eine fahrbare Liege abgerufen und die Möller darauf gebettet, die Wunde steril abgedeckt, die hat kaum geblutet. Da ist dann der Dr. Majerowicz gekommen."

Der Polen-Aussiedler, seit 1973 in Stammheim: „Ich habe die Herztätigkeit untersucht, die Wunden, Blutdruck, erste Maßnahmen zur Orientierung, was los ist. Der Zustand war nicht lebensbedrohlich ... Dann habe ich ihr gleich Injektionen verabreicht, Herzkreislaufmittel. Es war kein großer Blutverlust."

Und weiter: „Frau Möller war bei vollem Bewußtsein, sie hat reagiert. Sie hat ein bißchen, man kann sagen, nicht gestöhnt, aber sie hat von Zeit zu Zeit ,Oi, oi, oi' gesagt."

Um 8.09 Uhr verließ der Notarztwagen RK 91, von drei Polizeifahrzeugen eskortiert, in rasender Fahrt Stammheim und trifft um 8.21 Uhr vor der Neurochirurgischen Abteilung des Katharinen-Hospitals in Stuttgart ein. Der schwer verletzte

Der stellvertretende Gefängnisarzt Dr. Wladislaw Majerowicz war als erster in der Zelle Gudrun Ensslins: „Sie war kalt wie ein Stein"

Raspe wird geröntgt und dann in den Operationssaal gerollt.

Um 8.27 Uhr schrillte erneut die Notrufnummer 28 02 11 in Stuttgart. Die Haftanstalt Stammheim verlangte wiederum einen Notarztwagen. Diesmal für Irmgard Möller. Der Wagen RK 92 kommt und bringt sie zunächst ins Stuttgarter Robert-Bosch-Krankenhaus. Wenig später fliegt ein Polizeihubschrauber die Möller in die Chirurgische Abteilung der Tübinger Universitätsklinik. Da ist Jan Carl Raspe bereits tot: Um 9.40 Uhr war der Hirnstrommesser auf Null gefallen.

Die erste Bilanz aus dem Musterland des CDU-Ministerpräsidenten Dr. Hans Filbinger, bei der Staatsanwaltschaft Stuttgart geführt unter dem Aktenzeichen 9 Js 3627/77: drei tote Häftlinge, eine Schwerverletzte, ein blutiges Messer und zwei Pistolen im sichersten Knast der Welt – und zwar keine kleinen: bei Andreas Baader ein Browning des Kalibers 7,65 Millimeter der ungarischen Marke FEG. Bei Jan Carl Raspe eine Pistole vom Typ Heckler & Koch HK 4, Schwerkaliber neun Millimeter. (Trotzdem – so stellte sich später bei Versuchen heraus – konnten die Nachtbeamten die Schüsse nicht hören).

Bundeskanzler Helmut Schmidt erfuhr die bösen Nachrichten aus Stammheim vor Beginn einer Sondersitzung des Bundeskabinetts um 9.06 Uhr. Seine Reaktion: „Ich war wie von einer Keule getroffen, empört, entsetzt. Jetzt hatten wir gerade einen großen Erfolg errungen, und nun dieser Tritt in den Unterleib. Wir waren völlig von den Socken. Nach Mitternacht war ja kein großer Jubel gewesen, mehr ein tiefes Durchatmen. Die Entspannung hatte sich auf die verschiedenste Weise entladen, bei so manchen mit ein paar Tränen – und sieben Stunden später nun das."

Der Kanzler weiter: „Es war ja sofort klar, daß das eine politische Reaktion in der Welt geben werde." Eine Stunde später tobte Franz Josef Strauß im großen Krisenstab: Die „Sauerei von Stammheim" müsse „personelle Konsequenzen" haben.

Der CSU-Vorsitzende hatte ähnlich schnell wie Helmut Schmidt erkannt, daß das Ansehen der Bundesrepublik möglicherweise jahrelang unter dem Skandal von Stammheim leiden werde, daß da unaufhaltsam eine Legende aufzog, die den Mord an den B & M-Häftlingen zum Inhalt hatte.

Und wenige Stunden später war die politische Reaktion da, brannten die ersten deutschen Industrievertretungen, brannten die ersten deutschen Fahnen im Ausland. Wenige Tage später glaubten bereits (laut Blitzumfragen) Millionen Bürger in befreundeten Ländern Westeuropas, die Terroristen seien in Stammheim ermordet worden.

Bundesjustizminister Hans-Jochen Vogel empfahl sofort, internationale Gutachter zur Obduktion der B & M-Häftlinge einzuladen. Das Justizministerium in Stuttgart stimmte zu. Es dauerte jedoch, bis die Kapazitäten aus dem Ausland kamen: Professor Wilhelm Holczabek von der Universität Wien, Professor Hans-Peter Hartmann von der Universität Zürich und Professor Armand André von der Universität Lüttich.

Kriminalrat Gosbert Müller von der Stuttgarter Landeskriminaldirektion II war der erste Polizeibeamte, der in Stammheim eintraf. Er verfügte, knapp nach halb neun Uhr: Niemand darf dort bis zum Eintreffen der internationalen Gutachter in den Zellen etwas verändern.

So blieb Gudrun Ensslin an einem zweiadrigen Kabel ihres Plattenspielers am Fensterkreuz hängen, nachdem Dr. Majerowicz festgestellt hatte: „Sie war kalt wie ein Stein." So blieb Andreas Baader auf dem Rücken liegen: „Die Pupillen waren schon ein bißchen so mit einem Film bedeckt, sie waren starr."

Majerowicz legt sich bei Andreas Baader und Gudrun Ensslin („Ich war Militärarzt im Krieg") auf eine Todeszeit zwischen sechs und sieben Uhr morgens fest.

Die Gerichtsmediziner Professor Joachim Rauschke, Stuttgart, und Professor Hans-Joachim Mallach, Tübingen, sind da vorsichtiger. Auch sie durften zunächst nicht an die Leichen ran.

Professor Mallach führt deswegen erregte Auseinandersetzungen mit Justiz- und Polizeibeamten – ohne Erfolg. Um 13.20 Uhr kommt der Züricher Gerichtsmediziner Hartmann mit dem Hubschrauber, 14.30 Uhr der Wiener Professor Holczabek, der Lütticher Professor André ist erst für 18 Uhr angesagt.

Mittlerweile treffen auch die B & M-Vertrauensanwälte ein, und so beginnt um 16 Uhr die richterlich angeordnete Leichenschau im Gefängnis.

Sie dauert bis gegen 21 Uhr. Die Gerichtsmediziner Rauschke und Mallach sichern wichtige Spuren für die anschließende Obduktion.

Auf der rechten Hand von Andreas Baader finden sie Blutspritzer in so typischer Anordnung, daß sie aus einem kriminologischen Lehrbuch über Schußwaffen-Selbstmörder hätten stammen können. Gleichzeitig entdecken sie an der rechten Hand Pulverschmauchspuren, wie sie ebenfalls bei Selbstmördern typisch sind.

Und auch bei Gudrun Ensslin, die immer noch am Fenster hing, hatten die Professoren bereits vor der Obduktion starke Anhaltspunkte für Selbstmord gefunden – gestützt auf das Erscheinungsbild der Totenflecken. Professor Rauschke: „Wenn ein Körper hängt, folgt das Blut zwangsläufig der Schwerkraft und siedelt sich als Totenflecke an den unteren Körperpartien an. Das sind beim Hängenden die Beine und die Arme und natürlich auch das Kinn . . . So wie man das bei Erhängten gewohnt ist, waren also im gegenwärtigen Fall die Totenflecke angeordnet."

Beobachtet von den drei ausländischen Professoren, den vier Vertrauensanwälten der Baader-Meinhof-Häftlinge, umdrängt von Juristen und Polizisten, obduzieren die beiden deutschen Professoren ab 22 Uhr im Sektionsraum der Leichenhalle des Bergfriedhofs Tübingen die Toten Ensslin, Baader und Raspe.

Die Präparate von Jan Carl Raspes Schußwunde hatten sich die beiden Gerichtsmediziner schon knapp nach dessen Tod im Katharinen-Hospital besorgt. Der Schußkanal verlief von rechts nach links und war einfach zu erklären. Der Test auf Schmauchspuren an Raspes rechter Hand verlief ebenso positiv wie bei Andreas Baader.

Schwieriger war schon Baaders Schußverletzung zu beurteilen. Denn knapp über dem Haaransatz am Hinterkopf fanden die Professoren eine Einschußwunde, und vorn an der Stirn, ebenfalls am Haaransatz, war das Projektil wieder ausgetreten. Also mußte sich Baader durch einen Schuß in den Hinterkopf getötet haben. Das war nicht unmöglich, aber es geschieht außerordentlich selten.

In Österreich beispielsweise nur zweimal in den letzten zehn Jahren. Der letzte vergleichbare Fall in Deutschland wird in der kriminologischen Literatur aus dem Jahre 1931 beschrieben.

Dies führte bei Professor Rauschke zwangsläufig zu der Überlegung, ob im

Baden-Württembergs
Ministerpräsident Filbinger
kann es nicht fassen:
Skandal in seinem
„Musterländle"

Falle Baader ein Selbstmord vorgetäuscht worden sein könnte – eine Frage, die er und seine Kollegen nach reiflicher Überlegung verneinten.

Ein Fremder hätte Andreas Baader die Waffe samt dessen rechter Hand so an den Hinterkopf halten müssen, daß auf Baaders Hand die für Selbstmörder typischen Blutspritzer und Schmauchspuren entstanden. Mit Sicherheit hätte Baader sich dabei gewehrt. Jedoch: Betäubungsschläge, Würgen oder Fesselung hätten bei Baader für jeden Gerichtsmediziner eindeutige Spuren zur Folge gehabt. Und auch eine Betäubung durch Gas, Tabletten oder Injektionen hätte nicht zu übersehende Ablagerungen in den Organen hinterlassen.

Auch die Leiche von Gudrun Ensslin wurde an Armen und Beinen auf Druckspuren untersucht, die entstehen müssen, wenn ein Mensch – bewußtlos oder bei Bewußtsein – gegen seinen Willen aufgehängt wird. Es gab sie nicht. Die Wissenschaftler erbrachten dazu den eindeutigen Beweis, daß Gudrun Ensslin noch gelebt hatte, als sich das Kabel ihres Plattenspielers mit dem Knoten vorn um ihren Hals schloß.

Woher aber kamen ein Kratzer im Bereich der linken Brust, blaue Flecken am Rande des linken Daumens sowie an beiden Kniescheiben und ein Bluterguß am linken Mittelfinger?

Der Gerichtsmediziner Rauschke beantwortete diese Fragen so: „Die Erstikkung eines Menschen vollzieht sich in mehreren Stadien. Nach rund acht Sekunden tritt Bewußtlosigkeit ein. Im zweiten Stadium, das bis zu einer Minute dauern kann, vollführt der Sterbende Zukkungen, die einem epileptischen Anfall sehr ähnlich sind. Die Krämpfe können eine gewaltige Kraft erreichen." Bei eben diesen Zuckungen seien die Blutergüsse und Hautverletzungen entstanden. Auch bei Jan Carl Raspe schlossen die Gerichtsmediziner Fremdeinwirkung aus – schon aus räumlichen Gründen, denn zwischen der Zellenwand und dem sterbenden Häftling war kein Platz mehr, auch nicht für den schlanksten Mann, der ihm hätte die Hand führen können.

Die beiden deutschen Professoren obduzierten bis gegen vier Uhr morgens – ohne Widerspruch von seiten der Anwälte Otto Schily (Ensslin), Karl-Heinz Weidenhammer (Raspe), Jutta Bahr-Jendges (Möller) und Hans-Heinz Heldmann (Baader).

Isoliert und angefeindet standen die vier im Hintergrund der Leichenhalle des Bergfriedhofs, auf Schritt und Tritt bewacht. Als Baader-Anwalt Heldmann im Morgengrauen in einen Nebenraum, wo alle Anwesenden etwas zu trinken bekamen, um eine Coca Cola bat, wurde er von einem Staatsanwalt des Raumes verwiesen – so eiskalt war die Stimmung: Denn aus der Sicht der Polizisten, der Kriminalisten und der Staatsanwälte konnten doch nur die Anwälte die Pistolen ins Gefängnis geschmuggelt haben.

Die vier Anwälte blieben ihren Gegnern nichts schuldig. Sie fuhren nach Bonn und gaben dort im Hotel „Tulpenfeld" eine Pressekonferenz, auf der sie durch geschickte Formulierungen, ohne das Wort Mord in den Mund zu nehmen, vor der versammelten Weltpresse den

Otto Schily

Karl-Heinz Weidenhammer

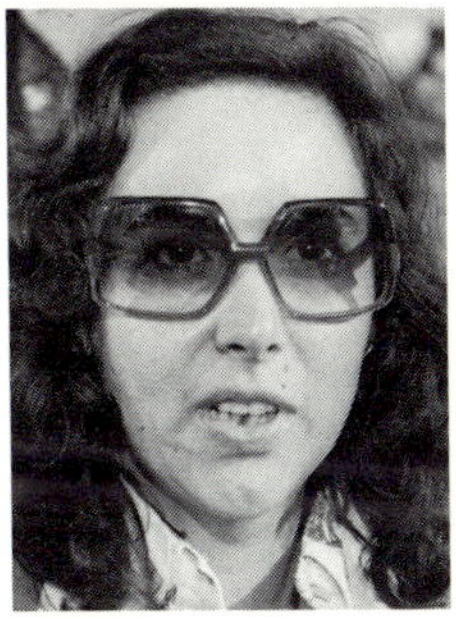

Jutta Bahr-Jendges

Hans-Heinz Heldmann

Eindruck erweckten: Von Selbstmord könne in Stammheim nicht die Rede sein.

Sie hatten damit keinen geringen Erfolg: Zu unglaublich erschien vielen ausländischen Journalisten die Geschichte von den zwei Pistolen – eine Geschichte, die von Stunde zu Stunde noch unglaublicher wurde.

Zunächst sickerte durch, daß man in Raspes Zelle ein handtellergroßes Transistorradio der Marke „Sanyo" gefunden habe, eingestellt auf das Erste Programm des Süddeutschen Rundfunks. Es lag eingewickelt in einen Pullover hinter Raspes Liege.

Daß da aber noch mehr sein mußte, merkte man schon am Abend, als Justizminister Traugott Bender den Anstaltsleiter Hans Nusser und dessen Stellvertreter Ulrich Schreitmüller vom Dienst enthob. Bender, der selbst noch nicht an Rücktritt denken mochte, warf Schreitmüller vor, als Sicherheitsbeauftragter von Stammheim schwer versagt zu haben. Schreitmüller schlug – zunächst nicht öffentlich – zurück und erklärte, niemals Sicherheitsbeauftragter der Anstalt gewesen zu sein.

Wie es um die Sicherheit im siebten Stock wirklich gestanden hatte, fanden allmählich Experten des Landeskriminalamtes Stuttgart, des Bundeskriminalamtes und der Oberpostdirektion Stuttgart heraus. Sie rissen Böden, Wände und Waschbecken überall dort auf, wo es ihnen notwendig erschien. Ihre ersten Entdeckungen zwangen auch Justizminister Bender aus dem Sessel.

Jan Carl Raspe wurde immer mehr zur Schlüsselfigur. Er hatte im Knast nicht nur Russisch gelernt, sondern sich auch jahrelang auf Computer- und Elektrotechnik spezialisiert. Er bezog über ein Dutzend Fachzeitschriften, um sich weiterzubilden – offensichtlich mit Erfolg.

Zwischen allen vier Zellen der Häftlinge bestand ein erstklassiges Kommunikationssystem, das weder durch die Kontaktsperre, noch durch die angeblich gründlichen Tageskontrollen der Vollzugsbeamten unterbrochen worden war.

Justizminister Bender stolperte über seinen zweiten Gefängnisskandal. 1973 hatten Wärter in der Vollzugsanstalt Mannheim einen Häftling erschlagen, waren ein rundes Dutzend Beamte in Ermitt-

Baden-Württembergs Justizminister Traugott Bender (l.) tritt zurück und wünscht seinem Nachfolger Guntram Palm viel Glück

lungsverfahren wegen Körperverletzung, Korruption und Begünstigung verwickelt worden. Um den Skandal Stammheim zu überstehen, der weltweite Dimensionen angenommen hatte, war selbst der robuste Bender nicht stark genug, zumal CDU-Chef Helmut Kohl bei Ministerpräsident Hans Filbinger auf die Entlassung Benders drängte.

Auf Antrag der Fraktionen von SPD und FDP wurde zwei Tage nach den Schüssen von Stammheim ein parlamentarischer Untersuchungsausschuß eingesetzt, der ehemalige SPD-Justizminister Dr. Rudolf Schieler zum Vorsitzenden gewählt.

Der Ausschuß lud auch Experten als Zeugen, die immer noch dabei waren, die III. Abteilung im siebten Stock auf den Kopf zu stellen. Und das alles fanden sie:

Jan Carl Raspe war am 4. Oktober aus seiner Stammzelle 718 in die Zelle 716 verlegt worden. Sie war zwar kleiner, aber gelb gestrichen wie die anderen und hatte ebensolche grauen PVC-Bodenleisten. Als die Experten die Leiste ablösten, fanden sie in der Ecke zur Außenwand einen Hohlraum, in den Raspes Pistole ohne Griffschalen exakt hineinpaßte. Der Hohlraum war mit Gips ausgekleidet und einer Leiste aus Sperrholz so verschlossen, daß das Versteck beim Abklopfen nicht hohl klang. Die PVC-Leiste war – wahrscheinlich mit einem selbstgemachten Klebemittel aus Zucker und Mehl – draufgeklebt worden.

Ein ebenso gebautes Versteck fand man in der Zelle 715, in der Andreas Baader bis zum 4. Oktober gelegen hatte. Es mußte ihm also, als er danach in seine alte Zelle 719 zurückgebracht wurde, gelungen sein, die Waffe wieder mitzunehmen. Dort verbarg er sie in seinem Plattenspieler. Dabei war die Halterung für die Pistole so geschickt angebracht, daß der Plattenspieler funktionierte. Das jedenfalls stellten Beamte des Landeskriminalamtes fest, als sie nach der Schleyer-Entführung am 5./6. September Baaders Plattenspieler untersuchten und ihm diesen auch wieder zurückgaben.

Warum auch nicht? Die Radios hatte man ihnen ja weggenommen, und Plattenhören war vom Richter nicht verboten worden. Doch als sich ein Schwachstromexperte der Oberpostdirektion Stuttgart die zugehörigen Lautsprecherboxen genauer ansah, fand er heraus: Die Lautsprecher waren in Mikrophone umgebaut worden.

Die Häftlinge schlossen die Apparate an die Leitungen des zentralen Rundfunknetzes, die in jede Zelle münden, und konnten sich so in der sendefreien Zeit zwischen Mitternacht und 5.30 Uhr morgens ungestört unterhalten. Die Rundfunkleitung diente als Träger, über die Verstärker der Plattenspieleranlagen konnten sie mit Hilfe der Kopfhörer jedes Wort, das in einer anderen Zelle in ein Mikrophon gesprochen wurde, mithören. Als Kraftquelle benutzten sie entweder Strom aus der Steckdose oder aus 6-Volt-Batterien, die jeder Häftling für Transistorradios und Kassettenrecorder in unbegrenzter Anzahl kaufen darf. Der Experte schrieb in seinem Bericht: „Die Verständigung war außergewöhnlich gut."

Da Raspes Zelle 716 durch ein Treppenhaus von der sogenannten Leitungsschleife der übrigen Zellen getrennt war, konnte er an den Gesprächen über die Rundfunkleitung zwischen Baader, Ensslin und Möller nicht teilnehmen. Raspe verständigte sich mit Baader über die Leitung für Elektrorasierer, die nur zweimal täglich eine Stunde unter Strom steht und in der stromlosen Zeit ebenfalls als guter Träger funktionierte.

Die nächste Panne fanden die Experten in der Zelle von Irmgard Möller. Sie hatte wie jede Zelle eine Steckdose, aus der mit Ohrhörern der Anstaltsrundfunk gehört werden konnte. Nur: Die Steckdose im Haftraum 725 war eine besondere, denn über sie führten auch die Leitungen für die Rundfunksteckdosen in die Zellen von Gudrun Ensslin und Andreas Baader.

Diese Steckdose nun koppelte nach der Schleyer-Entführung der gemütliche Anstaltselektriker Franz Halouska auf Anweisung der Anstaltsleitung ab. Kaum war er draußen, koppelte Irmgard Möller die Steckdose wieder an. Und schon konnten sie, Gudrun Ensslin und Andreas Baader all die Wochen – auch nach der Kontaktsperre – ab 5.30 Uhr den anstaltseigenen Rundfunk hören. Mittwochs mit Wunschkonzert bis 24 Uhr – sonst bis 23.30 Uhr.

Für den Rest der Nacht lieferte Jan Carl Raspe die Informationen, denn er konnte zwar seine Rundfunksteckdose nicht in Gang setzen, dafür hatte er aber sein Transistorradio.

Um nicht aufzufallen, hielten die Häftlinge ihre Ohrhörer versteckt. Irmgard Möller zum Beispiel in einem Hohlraum, den jedes Waschbecken hat. Das ist einer der ältesten Knasttricks, aber die Beamten fielen auch auf den herein. In der Zelle der mittlerweile nach Bayern verlegten Ingrid Schubert fand man Rasierklingen, die offensichtlich dazu benutzt worden waren, in den Linoleum-Boden des Flurs eine hauchdünne Schwachstromleitung unsichtbar im Boden zu versenken, die von der Zelle 718 zur Zelle 716 führte.

Im Irrtum war, wer glaubte, das sei alles. Als sich die Experten am 20. Oktober die Zelle 723 (bis Mitte August von dem B & M-Häftling Helmut Pohl belegt) vornahmen, fanden sie hinter der Sockelleiste ein vier Zentimeter breites und 21 Zentimeter langes Paket. Es enthielt 270 Gramm Sprengstoff des Typs Amongelit 3, genug um bei richtiger Dämmung ein Loch in die Wand zu sprengen oder zwei hochbrisante Handgranaten zu bauen. Sprengkapseln wurden keine gefunden.

Die fand man dann aber, als ein Maurer-Kommando die Wand in der Zelle 721 (Ingrid Schubert) aufschlug. Sie lagen fein säuberlich abgepackt neben einigen Zündschnüren und 400 Gramm Sprengstoff. Daraufhin befahl der neue CDU-Justizminister Guntram Palm, vor drei Jahren noch Mitglied der FDP, alle nichttragenden Wände in der III. Abteilung niederzureißen. Erster Erfolg: In der Wand fand man eine zweite Pistole.

Gegen wen der Sprengstoff eingesetzt werden sollte, blieb rätselhaft. War er für Staatsminister Hans-Jürgen Wischnewski bestimmt oder für den Staatssekretär im Bundeskanzleramt Manfred Schüler? Andreas Baader und Gudrun Ensslin hatten mit beiden zu sprechen verlangt. Und zwar in Gesprächen mit Beamten des Bundeskriminalamtes, die immer kamen, wenn einer der Häftlinge rief: zu Baader am 13. September, zu Raspe am 27. September, zu Baader am 8. Oktober, zu Ensslin, Raspe und Möller am 9. Oktober, zu Ensslin am 13. Oktober und zu Ensslin, Baader, Raspe und Möller am 15. Oktober.

Die Beamten hofften dabei immer wieder, Hinweise auf die Schleyer-Entführer zu bekommen. Die B & M-Leute wollten jedoch stets nur über ihren Austausch verhandeln, und so forderte Baader am 15. Oktober wiederum ein Gespräch mit Staatssekretär Schüler „um die politische Dimension des Austausches zu erörtern".

Ein Staatssekretär schien Bundeskanzler Helmut Schmidt eine Etage zu hoch für ein Gespräch mit Baader, und so schickte er am Montag, dem 17. Oktober, den Ministerialdirigenten im Bundeskanzleramt Dr. Hans Hegelau. Der hatte Baader vorher noch nie gesehen und wurde erst auf der Fahrt von einem Beamten des Bundeskriminalamtes gründlich über den Buhmann der Nation instruiert.

Das Gespräch mit Baader begann um 14 Uhr. Ministerialdirigent Hegelau war dabei flankiert von einem Kriminalbeamten und dem Amtsinspektor Horst Bubeck, der für die Sicherheit des B & M-Trakts zuständig war. Hegelau schrieb in einer Aktennotiz nach dem 70minütigem Gespräch:

„Er (Baader) schien mir innerlich erregt, nervös und war akustisch zum Teil schlecht zu verstehen, weil er nach meinem Eindruck physische Artikulationsschwierigkeiten hatte . . . Ich hatte während des Gesprächs den persönlichen Eindruck, daß ihm vor allem die wochenlange Ungewißheit über seine Freilassung und der Wechsel der Hoffnung und Enttäuschung innerlich sehr zu schaffen machte . . . Alle seine Ausführungen kreisten letztlich immer wieder um seine Freilassung." Das Gespräch hatte nach Hegelau folgenden Inhalt:

Die RAF-Leute in Stammheim seien gegen Aktionen bei denen, wie jetzt bei der Flugzeugentführung, unbeteiligte Zivilisten betroffen seien. Die zweite und dritte Generation der RAF werde jedoch die Brutalität weiter verschärfen.

Er und seine Mitgefangenen trauten sich aber noch genügend ideologischen Einfluß zu, um die jetzigen Terroristen von dem falschen Weg abzubringen.

Die RAF-Leute von Stammheim würden nach ihrer Freilassung nie wieder in die Bundesrepublik zurückkehren.

Zur Möglichkeit, daß die Häftlinge in Stammheim sterben könnten, äußerte sich Baader ebenfalls – wenn auch nicht so konkret wie beispielsweise am 9. Oktober, als er einem Kriminalbeamten (laut Protokoll) erklärte:

„Wenn das jämmerliche Spiel nicht bald ein Ende findet, dann werden die Gefangenen entscheiden. Die Sicherheitsorgane werden dann mit einer Dialektik der politischen Entwicklung konfrontiert, die sie zu betrogenen Betrügern macht. Die Gefangenen beabsichtigen nicht, die gegenwärtige Situation länger hinzunehmen. Die Bundesregierung wird künftig nicht mehr über die Gefangenen verfügen können."

Während Andreas Baader sich an jenem Montag auf das Gespräch mit dem Ministerialdirigenten Hegelau fertig machte, verlangte plötzlich Gudrun Ensslin die beiden Anstaltsgeistlichen zu sprechen: den katholischen Pfarrer Hans-Peter Rieder und den evangelischen Pastor Erwin Kurmann. Die beiden hatten bereits in der Vorwoche von sich aus den B & M-Häftlingen Gespräche angeboten, da im Gefangenen-Rat darüber gesprochen worden war, daß Baader und Co. nach über fünf Wochen isolierter Haft starke Wirkung zeigten.

Solche Gespräche hatten bisher sowohl Baader, der „psychisch angeschlagen" wirkte, ebenso abgelehnt, wie Jan Carl Raspe, „der Nervöseste von allen" – von Gudrun Ensslin ganz zu schweigen. Das militanteste Mitglied der vier im siebten Stock traf die beiden Geistlichen um 15.30 Uhr, schüttelte beiden die Hand und wirkte weder nervös noch „sichtbar depressiv".

Frau Ensslin erklärte den beiden Männern, in ihrer Zelle liege eine rote Mappe mit drei Briefen, die keinesfalls der Bundesanwaltschaft in Karlsruhe in die Hände fallen dürften.

Die Geistlichen sollten von der Existenz dieser Briefe entweder ihren Anwalt Otto Schily oder ihre Eltern unterrichten. Dies deswegen, weil sie (Ensslin) und die anderen Mitgefangenen hier in der Anstalt von der Bundesanwaltschaft vernichtet, weil sie hingerichtet werden sollten.

Als ihr die beiden Geistlichen die Vorstellung von der „Hinrichtung" auszureden versuchten, erklärte Gudrun Ensslin: „Sie wissen ja gar nicht, was da alles läuft. Die hier machen das nicht. Da kommen Leute von draußen."

Danach habe Gudrun Ensslin in langen Monologen über ihre politischen Ansichten und die Befreiungskämpfe in aller Welt gesprochen und dabei den Eindruck einer Idealistin vermittelt, die völlig von ihrer Sache überzeugt sei.

Zum Abschied sagte Pastor Erwin Kurmann, er hoffe auf eine Fortsetzung des Gesprächs. Da lächelte Gudrun Ensslin und sagte: „Ach ja, Theologen hoffen halt." Drehte sich um und ging.

Die drei Briefe gab es nicht, und die beiden Geistlichen erkannten das Gespräch später als „gezielten Baustein für die Mordthese".

Die nächsten Bausteine lieferte Andreas Baader, als er – wohl nach einer letzten Verständigung mit den anderen über die abgeschalteten Leitungen – seine ungarische FEG-Pistole aus dem Versteck im Plattenspieler holte. Er schoß zweimal in die Zellenwände – und lud zweimal das achtschüssige Magazin wieder auf.

Das war eine ungewöhnliche Leistung. Ungewöhnlicher jedoch war noch, daß der Linkshänder Baader die Pistole mit der rechten Hand, den Kolben nach oben gedreht, am Hinterkopf ansetzte und abdrückte. Ein Selbstmörder, der also zweimal nachlud, der sich beim dritten Schuß mit der falschen Hand einen Genickschuß beibrachte? Es war so, und er war so geplant – dieser unheimlich starke Abgang.

Bei dem Gefolgsmann Jan Carl Raspe, der ohne den zerstörerischen Einfluß von Andreas Baader ganz sicher noch leben würde, lief es weniger spektakulär ab und hätte ja beinahe auch nicht geklappt. Raspe holte die schwere Ordonanz-Pistole mit der Nummer 106985 am Lauf, registriert beim Beschußamt Ulm, aus dem Versteck. Dann setzte er sich auf seine Liege, lehnte sich an die Wand und schoß sich eine Kugel von rechts nach links durch den Kopf. Er starb wahrscheinlich nur wegen des überschweren Kalibers.

Irmgard Möller nahm ein stumpfes Anstaltsmesser mit Wellenschliff und versuchte, sich damit ins Herz zu stechen. Sie verletzte den linken Herzbeutel, überlebte aber nach einer undramatischen Operation.

Gudrun Ensslin stieg auf einen Stuhl und sprang.

Für seine Familie dauerte das Sterben Hanns Martin Schleyers drei lange Tage. Am Sonntag, dem 16. Oktober, lief um 9.00 Uhr das Ultimatum ab, das die Kidnapper für die Freisetzung der RAF-Häftlinge gesetzt hatten. In den vergangenen Wochen waren schon viele Ultimaten verstrichen, ohne daß die Entführer ihre Drohung wahrgemacht hätten, ihre Geiseln zu ermorden. Das jetzige Ultimatum, es war das siebte, hatte aber eine andere Qualität. Mit der Entführung des Lufthansa-Jets „Landshut" und der gleichzeitig erkennbar gewordenen Entschlossenheit der Bundesregierung, die gekaperte Maschine durch ein Grenzschutzkommando gewaltsam zu befreien, hatte im Bewußtsein der Angehörigen Hanns Martin Schleyers ein tödlicher Countdown begonnen.

Verflogen war der erste vorsichtige Optimismus, mit dem die Schleyers, versammelt um das Radiogerät im Wohnzimmer ihres Hauses am Stuttgarter Ginsterweg 17, die Meldungen über den Irrflug der Lufthansa-Boeing 737 verfolgten. Sie hatten zunächst nicht glauben wollen, daß die Bundesregierung auch das Leben der 87 Flugzeuggeiseln – darunter Frauen, Kinder, Kranke und alte Leute – aufs Spiel setzen könnte. Jörg Schleyer, der jüngste Sohn, erzählte Freunden am Tag der Flugzeugentführung: „Wir sind jetzt wieder etwas hoffnungsvoller".

Am Nachmittag des Sonntags ist diese

Hoffnung endgültig verflogen. Das Radio meldet die Ermordung des Lufthansa-Kapitäns Schumann in Aden. Bitter kommentiert Ehefrau Waltrude Schleyer: „Das ist jetzt der scheinbare Erfolg der Regierung".

Am Abend dieses Sonntags wird im engsten Familienkreis der Geburtstag von Arnd Schleyer nachgefeiert. Der zweitälteste Sohn ist am 14. September 29 Jahre alt geworden. Bei einem Glas Wein fällt die Entscheidung, noch einen letzten Versuch zur Rettung des Vaters zu unternehmen. Die Familie will mit den Entführern direkt in Kontakt kommen. Hanns Eberhard Schleyer, der Rechtsanwalt, ruft den Vermittler-Anwalt Denis Payot an und bittet ihn, den Entführern eine Nachricht zu übermitteln, wenn sie noch einmal anrufen sollten. Payot schreibt sorgfältig Wort für Wort mit, was ihm Hanns Eberhard Schleyer diktiert: „Ich möchte dem Kommando Siegfried Hausner einen Vorschlag meiner Familie unterbreiten, dessen Abwicklung ohne jegliche staatliche Einflußnahme vonstatten gehen soll. Ich möchte Sie deshalb bitten, daß das Kommando umgehend mit mir Kontakt aufnimmt." Hanns Eberhard Schleyer teilte dem Genfer Anwalt nicht die Einzelheiten dieses Vorschlags mit, der darauf hinausläuft, den Vater mit mehreren Millionen Mark Lösegeld freizukaufen, das die Firma Daimler-Benz und Industriefreunde der Familie zur Verfügung gestellt hatten.

In der Nacht zum Dienstag, als sich der Sturm auf die inzwischen in Mogadischu gelandete Maschine abzeichnet, verläßt Jörg Schleyer das Elternhaus, um sich bei befreundeten Journalisten direkt aus dem Ticker über den weiteren Ablauf der Ereignisse zu informieren. Gegen Mitternacht ist er beim Süddeutschen Rundfunk. Dort erhält er die Nachricht von der geglückten Befreiung der Geiseln in Mogadischu. Er freut sich gemeinsam mit den Rundfunkredakteuren über das glückliche Ende der Entführung. Dann wird Jörg plötzlich still. „Mir wurde bewußt, daß dies ja wohl auch das Todesurteil für meinen Vater bedeutete." Erst gegen Morgen geht der Junge in dieser Nacht zu Bett. Er kann nur wenige Stunden schlafen. Um 8.30 Uhr klopft seine Mutter an die Zimmertür. Sie berichtet von den Selbstmorden in Stammheim. Beide sehen nun keine Hoffnung mehr für den Vater. Der Sohn tröstet die Mutter.

Am Nachmittag dieses Dienstags, des 18. Oktober, fährt eine Wagenkolonne mit Bonner Kennzeichen in Stuttgart vor dem Ginsterweg 17 vor, Bundesjustizminister Vogel versucht, den verzweifelten Familienangehörigen Hanns Martin Schleyers zu erklären, daß die Bundesregierung sich auf einen Austausch der elf Häftlinge nicht hätte einlassen dürfen, weil sie sonst weiter gemordet hätten. Schon jetzt würden diesen Gefangenen 15 Morde und 43 weitere Mordversuche zur Last gelegt. Trost hat der Justizminister allerdings nicht parat. Im Gegenteil, in vorsichtigen Wendungen bereitet er die Familie auf das Ende vor: Nach Mogadischu und Stammheim sei nun eine „noch höhere Gefährdung anzunehmen".

Vogels Ahnung bestätigt sich am nächsten Tag. Am Abend kurz nach 18 Uhr ruft der Justizminister Frau Waltrude

Schleyer von Bonn aus an. Er sagt ihr, es müsse mit dem Schlimmsten gerechnet werden. Bei der Zeitung „Liberation" in Paris sei ein Kommuniqué des Kommandos Siegfried Hausner eingegangen. Daraus gehe hervor, daß die Entführer ihre Geisel ermordet hätten. Minister Vogel tut sich mit dem Anruf schwer. Als er zwei Stunden später Hanns Eberhard Schleyer die endgültige Todesnachricht durchgeben will, rettet er sich in einen geschäftsmäßigen Kommuniquéstil: „Ich muß Ihnen leider mitteilen, daß die Befürchtung, die ich bereits um 18.25 Uhr gegenüber Ihrer Mutter ausgesprochen habe, sich nun bestätigt hat." Immerhin, ein paar persönliche Worte des Beileids fügt er noch hinzu.

„Liberation" hat inzwischen den Text der RAF-Mitteilung nach Bonn übermittelt. Darin heißt es:

Wir haben nach 43 Tagen Hanns Martin Schleyers klägliche und korrupte Existenz beendet. Herr Schmidt, der in seinem Machtkalkül von Anfang an mit Schleyers Tod spekulierte, kann ihn in der Rue Charles Péguy in Mülhausen in einem grünen Audi 100 mit Bad Homburger Kennzeichen abholen.

Der Anruf bei „Liberation" war genau um 16.22 Uhr eingegangen. Um 17.05 Uhr findet die alarmierte Polizei von Mülhausen in der Straße Charles Péguy den grünen Audi mit dem Kennzeichen „HG-AN 460". Er steht 50 Meter entfernt von dem „Hasenrain"-Spital. Die Polizei sperrt sämtliche Zufahrtsstraßen ab. Eine Spezialtruppe der „Identité judiciaire", der Spurensicherung, trifft um 17.20 Uhr ein, doch keiner der Männer

Der grüne Audi 100 mit Bad Homburger Nummer wird in Mülhausen unter schärfsten Sicherheitsmaßnahmen der französischen Polizei abgeschleppt: im Kofferraum liegt noch der ermordete Hanns Martin Schleyer

wagt den Wagen zu öffnen. Nicht nur, weil sie glauben, daß der Audi möglicherweise mit einem Sprengsatz versehen ist. Es gibt auch einen Kompetenzstreit zwischen dem französischen Staatsanwalt Jean Reynaud und dem Mülhausener Untersuchungsrichter Claude Meyer. Beide beanspruchen das alleinige Recht zur Spurensicherung und Identifizierung der Leiche. Reynaud obsiegt. Der Staatsanwalt fordert von der Feuerwehr ein Sprengstoffkommando an. Doch das nächstgelegene Kommando aus Colmar ist auf Übung. In Mülhausen stationierte französische Soldaten bieten ihre Hilfe an, aber der Staatsanwalt lehnt ab. Er lehnt auch ab, als Beamte des Bundeskriminalamts und Bundesanwaltschaft in Mülhausen eintreffen und ihm anbieten, deutsche Experten per Hubschrauber einfliegen zu lassen. So vergehen zwei Stunden. Um 20.00 Uhr schließlich werden die sechs umliegenden Häuser geräumt, darunter auch ein Asozialenheim für „Clochards".

Ein Beamter der „Sécurité civile" schlägt die Scheibe der linken Autotür ein. Anschließend öffnet er die Motorhaube, dann die vier Türen. Er untersucht das Handschuhfach und findet 200 französische Franc. Um 20.40 Uhr wird der Kofferraum geöffnet, die Leiche von Hanns Martin Schleyer entdeckt. Sein Gesicht ist entstellt, die grauen Haare sind kurzgeschoren. Er trägt ein weißschwarz gestreiftes Hemd und eine grauschwarze Hose. Ein Citroën-Kombi bringt die Leiche ins nahe „Hasenrain"-Spital. Professor Chaumont vom Institut für Rechtsmedizin in Straßburg und der Arzt Dr. Priot von der Mülhausener Rechtsmedizin

Überführung
Hanns Martin Schleyers
nach der Autopsie

nehmen die Autopsie vor. Schleyer ist durch drei Kopfschüsse ermordet worden.

In einer BKA-Akte ist das amtliche Obduktionsergebnis der Leiche vermerkt:

a) Todesursache:

Der Tod des Dr. Hanns Martin Schleyer ist eingetreten durch eine zentrale Atem- und Kreislauflähmung. Als Ursache hierfür sind drei Kopfschüsse anzusehen. Es handelt sich um einen Durchschuß und zwei Steckschüsse. Die beiden Steckschüsse setzten praktisch unmittelbare tödliche Verletzungen.

Einerseits wurde die sogenannte „Gehirnbrücke" vom Hirnstamm abgerissen, andererseits sind auch die großen Hirnblutleiter zerstört worden (zwei). Durch letztere Verletzung kam es zusätzlich noch zu einer sog. Luftembolie des rechten Herzens.

b) Todeszeit:

Nach den bisher bekannten Tatsachen und vorbehaltlich der weiteren Auswertungen kann die Todeszeit vermutlich auf 12.00 bis 24.00 Uhr am 18.10.77 geschätzt werden. Hierbei wurde davon ausgegangen, daß der Tod ca. 24 bis 36 Stunden vor der ersten Untersuchung der Leiche am 20.10.77, gegen 01.20 Uhr, eingetreten ist.

c) Tatmittel:

Bei der Obduktion wurden im rechten Felsenbein in der Schädelbasis ein deformiertes Projektil vorgefunden, von dem der Bodenteil noch gut erhalten ist. Bei diesem Projektil wurde eine Kalibermessung durchgeführt. Offensichtlich handelt es sich um ein Kaliber von 9 mm. Nach dem äußeren Anschein handelt es sich um ein Projektil aus Kupfer und Blei.

Des weiteren wurde in der hinteren linken Schädelgrube auf dem Gehirn liegend ein Projektil vorgefunden, bei dem der Kupfermantel vollständig von dem Bleikern getrennt war.

Im Mund des Toten fanden die Ärzte Grasreste. Außerdem hingen an den Kleidungsstücken der Leiche Tannennadeln. Die Ermittler gehen deshalb davon aus, daß Schleyer im Freien ermordet wurde. Er mußte niederknieen und fiel nach den tödlichen Schüssen vornüber.

Für die französische Polizei steht fest, daß die Mörder den Audi bewußt in der Rue Charles Péguy abstellten. Péguy, ein Dichter und Kantor der Mülhausener Kirche Jeanne d'Arc, hatte um die Jahrhundertwende versucht, eine sozialistische Revolution in Gang zu setzen. Er scheiterte, und bevor er sich am 5. September 1914 durch Kopfschuß umbrachte, schrieb er die Worte: „. . . und so wird man unschuldig zum Verbrecher".

Weil Schleyers Hals durch die Todesschüsse zerfetzt wurde, taucht das Gerücht auf, die Entführer hätten ihrer Geisel die Kehle durchgeschnitten. Auch das deutsche Fernsehen verbreitet diese Meldung. Ein Beamter des Bundeskriminalamtes ruft Hanns Eberhard Schleyer an und teilt ihm mit, daß diese Darstellung falsch sei.

Bei „Liberation" geht an diesem Tag noch ein letztes Videoband ein. Ein neues Gerücht taucht auf: daß die Hinrichtung gefilmt worden sei. Aber das Band enthält kein laufendes Bild, keinen Ton. Es sind nur vier Standbilder. Darauf sind einzelne Wörter zu erkennen, zu-

Der Bundeskanzler
kondoliert der Witwe
des Ermordeten,
Frau Waltrude Schleyer

sammengesetzt aus fertigen Plastik-Schriftzeichen. Die Wörter ergeben die Kurzmitteilung, daß Schleyer wegen des Verlaufs der Flugzeugentführung getötet worden sei.

Den Angehörigen von Hanns Martin Schleyer bleibt jetzt nur noch ein stummer Protest. Als Beerdigung und Staatsakt in der Stuttgarter Stiftskirche vorbereitet werden, erklärt die Familie, sie wünsche nicht, daß an der Beisetzung auch Mitglieder des großen Krisenstabes teilnähmen. Der große Krisenstab hatte auf seiner letzten Sitzung am Samstag noch einmal den Durchhaltekurs von Kanzler Helmut Schmidt gebilligt. Als Mitglied des großen Krisenstabes befürwortete auch der CDU-Vorsitzende Helmut Kohl diesen Beschluß. Helmut Kohl, ein enger persönlicher Freund von Hanns Martin Schleyer, wurde nun von der Familie von der Teilnahme an der Beerdigung ausgeschlossen.

Im Namen der Familie erklärte Hanns Eberhard Schleyer, der älteste Sohn, gegenüber einem Protokollbeamten des Bundeskanzleramtes außerdem, der Bundeskanzler möge bitte davon absehen, auf dem Staatsakt in der Stiftskirche eine Ansprache zu halten. Die gleiche Auflage machte die Familie auch gegenüber dem baden-württembergischen Ministerpräsidenten Filbinger.

So ergreift denn am 25. Oktober als einziger Offizieller Bundespräsident Walter Scheel in der Stiftskirche das Wort: „Im Namen aller deutschen Bürger bitte ich Sie, die Angehörigen von Hanns Martin Schleyer, um Vergebung."

Nur die Angehörigen
und engsten Freunde,
darunter Ministerpräsident Filbinger,
nehmen teil an der Beisetzung
Hanns Martin Schleyers
auf dem Friedhof in Stuttgart-
Sillenbuch. Mitglieder des
Krisenstabes sind auf Wunsch der
Familie nicht erschienen

Vermummte Gestalten auf dem Stuttgarter Dornhalden-friedhof bei der Beerdigung der Selbstmörder Baader, Raspe und Ensslin

Im Ausland, insbesondere in Frankreich und Italien, haben die Stammheimer Selbstmorde antideutsche Demonstrationen der Linksextremisten ausgelöst. In Mailand wird eine deutsche Fahne mit einem Hakenkreuz beschmiert und durch die Straßen geschleift

Die Chronik

5. 9. Montag

17.25	Entführung Schleyers in einem VW-Bus und Ermordung seiner vier Begleiter
17.33	Alarmierung der Polizei
17.35	Eintreffen der Polizei am Tatort. Fahndung beginnt
18.03	BKA und Bundesregierung werden informiert
18.11	Erste Agenturmeldung (AP)
19.47	Auffinden des VW-Busses in einer Tiefgarage
19.55	Entdeckung einer Täterwohnung im gleichen Haus. Mieterin: Lisa Ries alias Friederike Krabbe
21.00	Helmut Kohl verliest eine Stellungnahme im Fernsehen
21.30	Der Bundeskanzler verliest eine Erklärung im Fernsehen
21.40	Auffinden der 1. Entführernachricht im VW-Bus: Forderung nach sofortiger Einstellung der Fahndung
23.00	Bundesregierung beschließt: Fahndung wird fortgesetzt

6. 9. Dienstag (2. Tag)

nachts	Durchsuchung von Terroristenzellen und der Anwaltskanzlei Croissant
15.40	Ein Wiesbadener Dekan erhält das 1. Ultimatum des „Kommando Siegfried Hausner“: 1. Einstellung der Fahndung 2. Entlassung von 11 namentlich genannten Terroristen und deren Zusammenführen in Frankfurt bis Mittwoch 8 Uhr 3. Bestätigung der Abwicklung über Fernsehen um 10 Uhr 4. Vorschlag als Begleiter: Pastor Niemöller und Anwalt Payot 5. Geldforderung von 100 000 DM pro Häftling 6. Veröffentlichung eines beiliegenden Schleyer-Schreibens in der 20-Uhr-Tagesschau Dem Ultimatum liegt ein Foto bei: Schleyer mit einem Schild um den Hals „Gefangener der RAF“
19.13	Treffen Schmidt und Kohl unter vier Augen
20.00	Tagesschau: BKA bestätigt den Erhalt des Ultimatums; Erfüllung der Forderung 6 (Veröffentlichung des Schleyer-Schreibens) zeitlich nicht möglich
23.33	Zusammentritt des großen Krisenstabs. Schmidt formuliert drei Ziele: ● Befreiung der Geisel ● Ergreifung der Täter ● Nichtfreigabe der Terroristen
20.44	Auffinden der 4. Entführer-Nachricht nach telefonischem Hinweis bei einem Mainzer Weihbischof
21.00	ZDF-heute: BKA bestätigt Erhalt der 3. Entführer-Nachricht
21.15	BKA erhält Kenntnis vom Inhalt der 4. Entführer-Nachricht: Schleyer beantwortet auf einem Tonband die um 14 Uhr gestellten Fragen
23.15	ZDF-heute: BKA bestätigt Erhalt der 4. Entführer-Nachricht; Abspielen des Video-Bands zeitlich nicht möglich – weitere Nachricht in Kürze
23.55	ZDF: BKA-Nachricht; Vorschlag Benennung eines Vermittlers, Ankündigung der Veröffentlichung des 1. Ultimatums

7. 9. Mittwoch (3. Tag)

morgens	Justizminister Vogel bittet seine Länderkollegen, gegen inhaftierte Terroristen eine Kontaktsperre zu verhängen
8.00	Forderung 2 (Zusammenführung der Terroristen in Frankfurt) wird nicht erfüllt
10.00	Forderung 3 (Fernsehübertragung) wird nicht erfüllt 2. BKA-Nachricht (über Rundfunk): Aufforderung, ein untrügliches Lebenszeichen Schleyers zu senden; Näheres am Nachmittag
14.00	3. BKA-Nachricht (über Rundfunk): Entführer sollen den Kosenamen Edgar Obrechts, Namen und Aufenthalt der Euler-Enkelin nennen
17.25	Auffinden der 3. Entführer-Nachricht nach telefonischem Hinweis bei einem Mainzer Pfarrer: ● Erklärung, die Fragen zu beantworten ● Wiederholung der Forderung nach sofortiger Freilassung der Terroristen ● Video-Band, auf dem Schleyer eine Erklärung verliest, soll um 18 Uhr im Fernsehen gezeigt werden

8. 9. Donnerstag (4. Tag)

10.00	BKA veröffentlicht das 1. Ultimatum – Erfüllung der Forderung 6 nach 38 Stunden
13.20	BKA-Nachricht: Erneute Aufforderung, einen Vermittler zu benennen
17.00	Appell des Deutschen Presserats, Zurückhaltung bei der Berichterstattung zu üben
20.00	Erster Termin eines 2. Ultimatums verstreicht – das Ultimatum wird erst am Freitag bekannt
nachts	Verdächtige Wohnungen werden im Raum Köln unter Einsatz der GSG 9 überprüft

9. 9. Freitag (5. Tag)

7.05	Nachrichtenagentur AFP in Bonn erhält das 2. Ultimatum: 1. Entscheidung der Regierung bis Donnerstag 20 Uhr 2. Bestätigung der Abflugbereitschaft durch einen Gefangenen bis Freitag 10 Uhr 3. Fernsehübertragung des Abflugs der Lufthansa-Maschine bis 12 Uhr Dem Ultimatum liegt ein weiteres Schleyer-Foto bei. Ein gleichlautendes Schreiben erhält die „Frankfurter Rundschau“
10.00	Forderung 2 des 2. Ultimatums wird nicht erfüllt
12.00	Forderung 3 des 2. Ultimatums wird nicht erfüllt
13.57	Entführer-Nachricht an Eberhard von Brauchitsch wird beim Pförtner der Flick KG in Düsseldorf abgegeben
15.00	BKA-Nachricht (über Rundfunk): 2. Ultimatum ist zu spät eingetroffen; Anwalt Payot wird als Vermittler vorgeschlagen
15.30	BKA erhält Kenntnis vom Brief an Brauchitsch: Schleyer bekundet die Entschlossenheit der Entführer und die Ablehnung eines Vermittlers
nachts	Formulierung des Briefs an Brauchitsch deutet die Polizei als Hinweis auf Schleyers Aufenthaltsort. Ab sofort wird das Drei-Länder-Eck Deutschland-Holland-Frankreich, insbesondere die Westwallbunker, unter Mithilfe der Feuerwehren durchsucht

10. 9. Sonnabend (6. Tag)

mittags	Eberhard von Brauchitsch nimmt im Namen des „Freundeskreises Hanns-Martin Schleyer“ Kontakt mit Payot auf
16.07	Anruf bei dpa in Köln: Forderung nach Veröffentlichung des Video-Bandes um 19 Uhr im ZDF
22.10	BKA nimmt telefonisch Kontakt mit Payot auf
23.25	Payot erhält telefonisch das 3. Ultimatum: 1. Erklärung eines Gefangenen im Fernsehen bis Sonntag 18 Uhr über die Abflugvorbereitungen 2. Abflug 6 Stunden später (24 Uhr)

11. 9. Sonntag (7. Tag)

morgens	Bild am Sonntag veröffentlicht eine Erklärung Frau Schleyers
16.45	Zusammentritt des Großen Krisenstabs: An den am 6. 9. formulierten Zielen wird festgehalten
17.59	BKA-Nachricht (über ZDF): Mitteilung bei Payot hinterlegt
18.00	Forderung 1 des 3. Ultimatums wird nicht erfüllt
18.30	BKA-Nachricht an Payot: 1. Schleyers Lebenszeichen im Zusammenhang mit dem 3. Ultimatum ist nicht ausreichend 2. Ausflug kann nur nach Angabe des Ziellands erfolgen 3. Festlegung des Austauschverfahrens ist notwendig
20.50	BKA protestiert gegen die Weitergabe der letzten Nachricht an die Presse durch Payot
22.10	Payot erklärt, weitere Nachrichten des BKA müssen mit einer französischen Übersetzung vom deutschen UN-Botschafter übergeben werden
24.00	Forderung 2 des 3. Ultimatums wird nicht erfüllt

12. 9. Montag (8. Tag)

morgens	Bild veröffentlicht einen Appell Frau Schleyers, ihren Mann auszutauschen
11.00	Zwei Briefe an von Brauchitsch werden in Düsseldorfer Hotels hinterlegt
11.54	Anruf der RAF im Sekretariat Brauchitsch, einen Brief abzuholen
12.10	BKA holt das 4. Ultimatum im Hotel Breidenbacher Hof ab: 1. Entscheidung über

	den Austausch bis 24 Uhr
	2. Zielländer sollen bei den Häftlingen selbst erfragt werden
	Dem Ultimatum liegt ein neuer Lebensbeweis und ein Tonband bei, auf dem Schleyer die Regierung zur Entscheidung drängt
13.00	Mitteilung an Brauchitschs Sekretärin, einen Brief im Parkhotel abzuholen. Der Umschlag enthält einen Brief Schleyers mit der Bitte, das beiliegende Tonband an Helmut Kohl weiterzuleiten. Auf dem Tonband äußert Schleyer schwere Vorwürfe über seinen mangelhaften Schutz und die Hinhalte-Taktik des BKA
14.38	Nachrichtenagentur AFP informiert die Öffentlichkeit über das 4. Ultimatum
nachmittags	BKA erhält einen Brief Schleyers an seinen Sohn, der vom 8. 9. 77 datiert ist und eine persönliche Wertung der Entführung beinhaltet
	In mehreren Anrufen an Familie Schleyer, Prof. Zahn (Daimler-Benz), Anwalt Payot, Erdmann (BdA) und Mann (BdI) wiederholen die Entführer das 4. Ultimatum
17.35	BKA warnt Payot vor weiteren Presseveröffentlichungen
21.00	BKA-Nachricht (über Rundfunk): Neue Mitteilung bei Payot hinterlegt – Inhalt: BKA wird die Gefangenen nach den Zielländern befragen
23.30	Anruf bei Payot: Entführer wollen die Mitteilung abrufen, Payot fordert erst eine Legitimation
24.00	Forderung des 4. Ultimatums wird nicht erfüllt

13. 9. Dienstag (9. Tag)

0.03	Anruf bei Payot: Trotz Legitimation gibt Payot die Mitteilung nicht weiter, da sie erst überprüft werden muß
6.45	Familie Schleyer erhält einen Brief mit der Abschrift des Tonbands an Kohl
7.45	Besuch eines BKA-Beamten in Stammheim. Er erfährt, daß Baader bereits am Vorabend das BKA sprechen wollte. Im Gespräch deutet er die Möglichkeit eines Selbstmords an. Beim Austausch werden die Stammheimer Häftlinge nicht in die Bundesrepublik zurückkehren
9.10	Payot erklärt, die BKA-Nachricht von 21 Uhr ist abgerufen
11.30	Entführer stellen über Payot das 5. Ultimatum, das um 24 Uhr abläuft
12.20	Nachrichtenagentur AFP erhält das gleiche Ultimatum
15.00	BKA kündigt Payot die Übersendung der Befragungsunterlagen über die Flugziele (Algerien, Libyen, Irak, VR Jemen, Vietnam) an
17.10	Tagung des Großen Krisenstabs. Entscheidung, den Entführern ein positives Zeichen zu senden
18.00	Kanzler Schmidt telefoniert mit Giscard d'Estaing
21.00	Nachrichtensendung WDR II unterrichtet die Öffentlichkeit über das 5. Ultimatum
21.50	BKA an Payot: Berechtigung zur Weitergabe der Befragungsunterlagen; Zielländer sollen nach Aufnahmebereitschaft befragt werden
23.40	Tagesschau: BKA-Nachricht kann bei Payot abgerufen werden
24.00	Forderung des 5. Ultimatums wird nicht erfüllt

14. 9. Mittwoch (10. Tag)

1.56	Anruf bei Payot: Entführer fragen nach den Originalen der Befragungsprotokolle
8.00	Staatsminister Wischnewski fliegt nach Algerien und Libyen
vormittags	BKA läßt Fahndungsblätter mit Bildern von Friederike Krabbe und Willy Peter Stoll drukken
12.58	Anruf bei Payot – 6. Ultimatum: Abflug der Gefangenen soll 2 Stunden nach Programmschluß im Fernsehen übertragen werden
14.30	Pressekonferenz: Regierungssprecher Bölling weist mit Nachdruck auf die Nachrichtensperre hin
15.30	Entführer-Nachricht wird in Bonn im Hotel Bristol hinterlegt
16.27	Nachrichtenagentur AFP erhält telefonisch Hinweis auf das Hotel Bristol. BKA holt dort ein Video-Band ab, auf dem Schleyer wünscht, ausgetauscht zu werden
17.30	Hanns-Eberhard Schleyer erhält ein neues Schreiben seines Vaters
19.22	Anwalt Payot bekräftigt auf einer Pressekonferenz seine strikte Neutralität

20.02 Anruf bei Payot: Entführer rufen nochmals BKA-Nachricht vom Dienstag 21.50 Uhr ab

22.35 Anruf bei Payot: Entführer schlagen eine Flugroute vor
Anläßlich einer Zellenverlegung wird bei Baader eine Minox-Kamera entdeckt

15. 9. Donnerstag (11. Tag)

1.29 Payot gibt die Nachricht von 22.55 Uhr ans BKA weiter

nachts Peilwagen ermitteln im Kölner Stadtgebiet sechs Fernsehgeräte, die noch nach Programmschluß laufen. Eines dieser Geräte befindet sich in einer Wohnanlage, in dessen Tiefgarage ein Mercedes mit falschen Kennzeichen steht. Der Wagen wird bis zum 23. 9. beobachtet.

2.00 Forderung des 6. Ultimatums wird nicht erfüllt

9.00 Regierungserklärung des Bundeskanzlers und Erklärungen von Vertretern der Fraktionen im Bundestag

15.00 Staatsminister Wischnewski kehrt zurück

19.42 BKA hinterlegt bei Payot neue Nachricht: Befragung der Zielländer erfolgt; es bedarf einer neuen Legitimation bei Kontakten BKA–Entführer

16. 9. Freitag (12. Tag)

9.30 BKA an Payot: bei Kontakt mit den Entführern neuen Lebensbeweis fordern

10.17 Entführer rufen bei Payot die BKA-Nachricht ab

14.24 Präsident Carter telefoniert mit Kanzler Schmidt

15.00 BKA-Nachricht bei Payot hinterlegt; neuer Lebensbeweis ist dringend notwendig; Austauschbedingungen sollen festgelegt werden

17.10 Anruf bei Payot: Entführer schlagen vor, BKA soll Schleyer Fragen stellen, die telefonisch beantwortet werden

21.10 BKA hinterlegt die Fragen bei Payot

22.03 Entführer übermitteln Payot die Austauschbedingungen

17. 9. Sonnabend (13. Tag)

11.30 Entführer übermitteln Payot Antworten auf die BKA-Fragen an Schleyer

17.00 Wischnewski fliegt nach dem Jemen und in den Irak

22.00 BKA teilt den Entführern über Payot mit: Austausbedingungen unzumutbar

18. 9. Sonntag (14. Tag)

keine Ereignisse

19. 9. Montag (15. Tag)

11.38 Payot teilt dem BKA mit, daß die letzte Nachricht abgerufen worden ist. Er lehnt es ab, die elf Terroristen zu begleiten

abends Den Haag: Ein Autovermieter hatte den Führerschein seiner deutschen Kundin Ursula Dietrich überprüfen lassen, der gefälscht war. Als sie den Laden betritt, kommt es zu einer Schießerei, bei der ein Polizist schwer verletzt wird. Die Täterin kann fliehen

20. 9. Dienstag (16. Tag)

3.48 Payot erhält einen Anruf mit der Mitteilung, daß Schleyer tot ist. Der Anrufer benutzt eine alte Identifikation

8.00 Wischnewski kehrt zurück

10.30 Konferenz der Justizminister: Beibehaltung der Kontaktsperre wird beschlossen
BKA beschließt den Druck von Fahndungsblättern mit 16 gesuchten Terroristen

21.55 BKA hinterlegt Mitteilung bei Payot: neuer Lebensbeweis Schleyers dringend notwendig; neue Fragen werden gestellt

21. 9. Mittwoch (17. Tag)

9.05 Kabinettsitzung: Beschluß, ein beschleunigtes Verfahren zur Verabschiedung des Kontaktsperregesetzes einzuleiten
Das Bundesjustizministerium erfährt aus einer Veröffentlichung der „Welt“ von dem Kamera-Fund in Baaders Zelle

22. 9. Donnerstag (18. Tag)

Der Sonderbotschafter des französischen Präsidenten Poniatowski trifft zu Gesprächen mit Innenminister Maihofer und Kanzler Schmidt in Bonn ein

14.35 Gespräch Payot–BKA. BKA will u. a. wissen,

ob Zitate aus dem STERN-Artikel (Nr. 40/ 1977) „Nachts, wenn der Anwalt verschwindet" stimmen

15.55 Innenminister Maihofer stimmt telefonisch die Fahndung mit seinem niederländischen Kollegen ab

16.20 Anruf bei Payot: Entführer fragen nach dem Ergebnis der Befragung der Zielländer

nachmittags Utrecht: Bei einer Schießerei in einer Autovermietung wird der Polizist Kranenburg erschossen, ein weiterer schwer verletzt. Der mutmaßliche Buback-Attentäter Knut Folkerts wird verhaftet. Seine Begleiterin Ursula Dietrich, alias Brigitte Mohnhaupt, kann entkommen

21.12 BKA hinterlegt bei Payot die Mitteilung, daß das Befragungsergebnis der Zielländer übermittelt wird

Der Aufenthaltsort Schleyers wird im Drei-Länder-Eck Deutschland-Frankreich-Schweiz vermutet. Die Telefonanrufe bei Payot sollen aus Grenoble kommen

23. 9. Freitag (19. Tag)

Bundesgerichtshof bestätigt Rechtmäßigkeit der Kontaktsperre

Suche nach Schleyer in den Niederlanden

Bundesjustizministerium fordert das baden-württembergische Justizministerium auf, die Stammheimer Zellen gründlicher zu durchsuchen

Der am 15. 9. in Köln aufgefundene Mercedes wird durchsucht: Schleyers Manschettenknopf, eine bei der Entführung benutzte Maschinenpistole wird gefunden

24. 9. Sonnabend (20. Tag)

12.05 Anruf bei Payot: BKA-Fragen vom 20. 9. werden beantwortet; Abruf der BKA-Nachricht vom 22. 9.

Knut Folkerts Verteidiger Pieter Bakker-Schut erklärt, daß das BKA seinem Mandanten einen Paß und 1 Million DM für eine Zusammenarbeit geboten hat

25. 9. Sonntag (21. Tag)

0.06 BKA hinterlegt Mitteilung bei Payot: Ergebnis der Befragung (Libyen und VR Jemen lehnen ab – Algerien und Irak noch unentschieden – Vietnam wird noch befragt)

22.45 Staatsminister Wischnewski fliegt nach Vietnam

26. 9. Montag (22. Tag)

Eine niederländische Zeitung berichtet über Durchsuchung von holländischen Schiffen

27. 9. Dienstag (23. Tag)

vormittags Entführer-Mitteilung an Nachrichtenagentur afp in Paris: Forderung nach Einstellung der Fahndung auch im Ausland; Warnung vor Fangschaltungen bei Anwalt Payot; weitere Lebensbeweise nur nach konkreten Maßnahmen der Regierung. Das Schreiben und ein Foto erhalten noch 11 Adressaten

14.45 Anruf bei Payot: Entführer rufen BKA-Nachricht vom 25. 9. ab

19.10 Besuch eines BKA-Beamten bei Jan-Carl Raspe in Stammheim. Er nennt weitere Zielländer (Angola, Moçambique, Guinea-Bissau, Äthiopien) und droht bei Nicht-Austausch mit „toten Gefangenen"

22.41 BKA hinterlegt Mitteilung bei Payot: Ablehnung der Fahndungseinstellung im Ausland; Rückkehr Minister Wischnewskis Mittwochabend

28. 9. Mittwoch (24. Tag)

2.45 Entführung eines Flugzeugs durch japanische Terroristen

9.00 Beratung des Kontaktsperregesetzes im Rechtsausschuß des Bundestages

13.00 1. Lesung des Gesetzes im Bundestag

17.00 Payot an BKA: Eingang eines Briefes und eines Schleyer-Fotos – Weitergabe macht Payot vom Einverständnis der Entführer abhängig

29. 9. Donnerstag (25. Tag)

3.00 Staatsminister Wischnewski kehrt aus Vietnam zurück

15.30 Verabschiedung des Kontaktsperregesetzes im Bundestag

30. 9. Freitag (26. Tag)

9.00 BKA hinterlegt Mitteilung bei Payot: Kontakte nur über das Payot-Büro; Vietnam und Algerien lehnen Terroristen-Aufnahme ab
Bundesrat verabschiedet Kontaktsperregesetz

11.00 Bundespräsident unterzeichnet das Gesetz

16.22 Klaus Croissant in Paris verhaftet

1. 10. Sonnabend (27. Tag)

9.20 Anruf bei Payot: Abruf der letzten BKA-Mitteilung; Entführer untersagen Weitergabe ihres Schreibens vom 28. 9.

10.45 Anruf bei Payot: Weigerung ein weiteres Lebenszeichen zu senden, da keine Forderung erfüllt ist

17.37 Anwalt Arndt Müller wird verhaftet

2. 10. Sonntag (28. Tag)

0.00 Kontaktsperregesetz tritt in Kraft

9.55 BKA-Mitteilung bei Payot hinterlegt: Entführer sollen aufnahmebereites Zielland nennen; Zusammenlegung der 11 Terroristen wird beim gegenwärtigen Verhandlungsstand abgelehnt; als neuer Lebensbeweis wird ein Schleyer-Foto mit einer aktuellen Zeitung verlangt

abends Croissant-Mitarbeiter Volker Speitel und Rosemarie Priess werden verhaftet

3. 10. Montag (29. Tag)

keine Ereignisse

4. 10. Dienstag (30. Tag)

Bundesverfassungsgericht lehnt einstweilige Anordnung gegen Kontaktsperregesetz ab

5. 10. Mittwoch (31. Tag)

keine Ereignisse

6. 10. Donnerstag (32. Tag)

keine Ereignisse

7. 10. Freitag (33. Tag)

Im Kölner Uni-Center entdeckt die Polizei eine von einer Barbara Marquardt, alias Adelheid Schulz, angemietete Wohnung der Entführer

8. 10. Sonnabend (34. Tag)

10.00 Payot an BKA: Neuer Schleyer-Brief an seine Frau wird übermittelt

14.00 Andreas Baader verlangt in Stammheim einen BKA-Beamten zu sprechen

17.45 Gespräch BKA-Beamter/Baader. Er droht bei Nicht-Austausch mit „irreversiblen Entscheidungen" der Gefangenen
Erster Teil des Kölner Uni-Centers wird erfolglos durchsucht

9. 10. Sonntag (35. Tag)

7.55 Gudrun Ensslin fordert Gespräch mit BKA-Mitarbeiter

14.30 Gudrun Ensslin erklärt dem Beamten u. a., daß bei Nicht-Austausch die Gefangenen Schmidt die Entscheidung aus der Hand nehmen

15.15 Jan-Carl Raspe wiederholt gegenüber dem Beamten seine Drohung vom 27. 9. Irmgard Möller beklagt sich über ihre Haftbedingungen

23.30 BKA hinterlegt Mitteilung bei Payot: Wiederholung der Forderung nach Nennung eines aufnahmebereiten Ziellandes

10. 10. Montag (36. Tag)

Zweiter Teil des Kölner Uni-Centers wird durchsucht. Auffindung eines Alfa-Romeos, den ein Konrad Binder, alias Rolf Heissler, gekauft hat

11. 10. Dienstag (37. Tag)

keine Ereignisse

12. 10. Mittwoch (38. Tag)

9.00 Gespräch BKA-Beamter/Gudrun Ensslin: Forderung eines Gesprächs mit Staatssekretär Schüler

13. 10. Donnerstag (39. Tag)

9.00 Gespräch BKA-Beamter/Gudrun Ensslin: Staats-

	sekretär Schüler nur unter vorheriger Angabe des Gesprächsgegenstands bereit
14.38	Flugsicherung Aix-en-Provence meldet Routenabweichung der Lufthansa-Boeing 737 „Landshut“ auf Flug Mallorca-Frankfurt
15.45	Landshut landet in Rom
10.20	Telefongespräch BKA/Gudrun Ensslin: Erläuterung des Zwecks eines Gesprächs mit Staatssekretär Schüler; Andeutung über Selbstmord Ulrike Meinhof
17.42	Landshut verläßt Rom. Kapitän erklärt, Maschine befindet sich in der Hand zweier Männer und zweier Frauen
20.28	Landshut landet auf Zypern GSG 9 fliegt von Köln aus Richtung Zypern
22.50	Landshut verläßt Zypern
nachts	Zufällig erfährt ein Österreicher vom geplanten Einsatz der GSG 9 und informiert die Presse

14. 10. Freitag (40. Tag)

1.10	Anruf bei Payot: Übermittlung des Ultimatums der Flugzeug-Entführer. Zu den Forderungen der Schleyer-Entführer wird die Freilassung zweier Palästinenser in der Türkei verlangt und 15 Millionen $ Lösegeld, das Hanns Eberhard Schleyer am Samstag übergeben soll. Zusätzlich eine politische Erklärung der „Martyr Halimeh Kommando-Einheit“. Auch die Schleyer-Entführer stellen ein neues Ultimatum, das am Sonntag 9 Uhr abläuft
1.52	Landshut landet in Bahrein
3.24	Landshut verläßt Bahrein
5.51	Landshut landet in Dubai
tagsüber	Im Verlauf des Freitags erhalten 23 Adressaten Briefe der Entführer
9.30	Der Verteidigungsminister der Vereinigten Arabischen Emirate übernimmt die Verhandlungen mit den Entführern und fordert vergeblich die Entlassung der Kinder
vormittags	Payot informiert die Presse über das Ultimatum
11.30	Regierungssprecher Klaus Bölling gibt vor der Presse das Ziel der Regierung bekannt: Rettung des Lebens der Geiseln
14.15	Kanzler Schmidt bespricht sich mit Premierminister Callaghan und Staatspräsident Giscard d'Estaing
15.50	Staatsminister Wischnewski fliegt in Begleitung von GSG-9-Angehörigen nach Dubai
16.50	BKA-Mitteilungen vom 2. und 3. 10. werden bei Payot abgerufen
20.20	Payot meldet dem BKA neue Mitteilungen der Entführer
20.45	Hanns Eberhard Schleyer erklärt sich bereit, das Lösegeld zu übergeben
23.35	Staatsminister Wischnewski landet in Dubai
nachmittags	Nachrichtenagentur dpa erhält Anruf, in dem die Geldübergabemodalitäten weitergegeben werden

15. 10. Sonnabend (41. Tag)

0.40	Payot übermittelt BKA den Wortlaut einer Erklärung Schleyers, die er auf einem Videoband verliest
7.50	Telegramm des Flugkapitäns an Kanzler Schmidt
9.20	Tagung Großer Krisenstab. Ergebnis: notfalls gewaltsame Lösung einleiten
9.30	Hanns Eberhard Schleyer wird vom Bundesjustizminister unterrichtet, daß die Übergabe bekannt geworden ist
9.40	Nachrichtenagentur dpa meldet Einzelheiten der geplanten Übergabe
10.15	BKA hinterlegt Mitteilung bei Payot: Angabe neuer Geldübergabebedingungen notwendig
12.00	Geldübergabe scheitert
12.04	BKA-Mitarbeiter landen in Dubai
13.00	Hanns Eberhard Schleyer beantragt eine Einstweilige Anordnung beim Bundesverfassungsgericht
13.30	BKA hinterlegt bei Payot neue Mitteilung: Neues Zielland Somalia muß erst befragt werden
14.00	Bundeskabinett beschließt notfalls gewaltsame Geiselbefreiung
17.30	Hanns Eberhard Schleyer erhält Anruf der Entführer. Er soll um 21.05 Uhr in Frankfurt eine Maschine buchen
18.15	Gefangene werden vom BKA über das Zielland Somalia befragt. Stammheimer Häftlinge sind trotz Kontaktsperre informiert

21.30	Beginn der Verhandlung vor dem Bundesverfassungsgericht
23.00	Hanns Eberhard Schleyer erhält Anruf der Entführer über Änderung der Geldübergabebedingungen

16. 10. Sonntag (42. Tag)

5.30	Flugzeugentführer erzwingen das Auftanken der Landshut
5.45	Bundesverfassungsgericht lehnt Erlaß einer Einstweiligen Anordnung ab
9.00	Forderungen des 7. Ultimatums der Schleyer-Entführer werden nicht erfüllt
vormittags	Kanzler Schmidt telefoniert mit dem Verteidigungsminister, dem Präsidenten, dem Vizepräsidenten der Vereinigten Arabischen Emirate
12.19	Entführer erpressen den Abflug der Landshut
15.55	Landshut landet in Aden. Flugkapitän Schumann wird erschossen
16.21	Staatsminister Wischnewski startet in Dubai, erhält keine Landeerlaubnis in Aden und weicht nach Djidda aus
18.40	Kanzler Schmidt telegrafiert dem König von Saudi-Arabien
abends	Bundesregierung unterhält Kontakte zur Sowjetunion und der DDR

17. 10. Montag (43. Tag)

1.05	Payot-Mitteilung aus Frankreich an BKA: Hanns Eberhard Schleyer hat Payot aufgefordert, für die Familie unter Umgehung staatlicher Stellen tätig zu werden
1.25	BKA bekundet Einverständnis für Vermittlerrolle Payots
2.02	Landshut startet in Aden
4.34	Landshut landet in Mogadischu. Flugkapitän Schumann wird aus der Maschine entfernt
7.09	Staatsminister Wischnewski startet in Djidda
8.10	Kontakte Bundesregierung/somalische Regierung laufen an
10.20	Kabinettsbeschluß: gewaltsame Befreiung der Geiseln
11.44	Staatsminister Wischnewski landet in Mogadischu. Verhandlungen mit den Entführern. Verlängerung des Ultimatums auf 1.30 Uhr
14.00	Gespräch Mitarbeiter des Bundeskanzleramts mit Andreas Baader: Distanzierung von der Brutalität der neuen RAF; erneute Zusage, nicht in die Bundesrepublik zurückzukommen
15.40	Gespräch Stammheimer Anstaltsgeistlichen mit Gudrun Ensslin: Hinweis auf die Existenz dreier Briefe an Staatssekretär Schüler (sie wurden nie gefunden)
17.30	Lufthansa-Maschine mit GSG-9-Mitarbeitern landet in Mogadischu
19.18	Nachrichtenagentur afp verbreitet Meldung aus dem israelischen Fernsehen über den bevorstehenden Einsatz

18. 10. Dienstag (44. Tag)

0.05	GSG-9-Mitarbeiter befreien die Geiseln. Drei Terroristen werden getötet, eine verletzt
0.38	Deutschlandfunk verbreitet die Nachricht in der Bundesrepublik
2.10	Regierungssprecher Bölling verliest eine gemeinsame Erklärung des Krisenstabs
4.50	Abflug der Geiseln und Staatsminister Wischnewskis aus Mogadischu
7.41	Jan-Carl Raspe wird schwerverletzt in seiner Zelle gefunden
8.00	Andreas Baader wird erschossen und Gudrun Ensslin erhängt aufgefunden, Irmgard Möller mit schweren Stichverletzungen ins Krankenhaus gebracht
9.06	Kabinettsitzung
9.50	Jan-Carl Raspe ist tot
13.58	Ankunft der Geiseln in Frankfurt
15.20	Ankunft der GSG-9-Mitarbeiter in Köln
20.15	Bundespräsident Scheel appelliert im Fernsehen an die Entführer

19. 10. Mittwoch (45. Tag)

14.30	Bundespressekonferenz: Staatsminister Wischnewski berichtet über dle Gelselbefrelung
16.12	Anruf der Schleyer-Entführer bei dpa in Stuttgart: Schleyer ist tot. Seine Leiche befindet sich in einem Pkw in Mülhausen
18.00	BKA-Mitarbeiter fliegen nach Mülhausen
21.11	Schleyers Leiche wird gefunden
23.10	Regierungssprecher Bölling gibt über Fernsehen eine Erklärung ab

Bildquellennachweis

AP	36/37, 38/39, 42/43, 48/49, 72/73, 80/81, 82/83, 96/97, 100/101, 134/135, 174/175, 200/201, 204/205, 222/223, 234/235
Al Manar	194/195
Bayer	12/13
Bild am Sonntag	24/25
Reinald Blank	66/67, 112/113
Axel Carp	220/221
Ernst Dankert	36/37
Darchinger	118/119, 218/219
d-e-w-foto	30/31
Klaus Drinkwitz	118/119, 230/231
DPA	36/37, 62/63, 88/89, 94/95, 136/137, 200/201, 232/233
Werner Ebeler	84/85, 86/87, 122/123, 210/211, 216/217, 220/221
Frei	228/229
Gamma	88/89
Dr. Gebhardt	202/203, 206/207
Giancarlo de bellis	238/239
Gerd Heidemann	22/23, 72/73
Volker Hinz	8/9, 12/13, 18/19, 50/51
Burghard Hüdig	220/221
Fred Ihrt	84/85. 86/87, 166/167
Jacobi	100/101
Kraufmann + Kraufmann	22/23
Volker Krämer	36/37
Max Kirchbauer	68/69
Catherine Leroy (Gamma)	188/189, 192/193, 194/195, 214/215
Lux-Pressefoto	66/67
NTB	100/101
Peter Olive	Umschlagfoto, 144/145
Wolf P. Prange	14/15, 24/25
Quintin	102/103
Günther Radtke	188/189, 212/213
Roma's Press Photo	62/63
Peter Rondholz	126/127
Franz Ruch	56/57
Sipa / action press	172/173
Uwe Schaffrath	170/171
G. Schönfeld	158/159
Stass	22/23
Brigitte Stachowski	28/29
Steche	38/39, 180/181
Tillmann	22/23
UPI	100/101, 142/143
Werek	204/205, 220/221, 236/237

Das Protokoll des Funksprechverkehrs zwischen Mogadischu-Tower und dem Terroristenchef „Captain Martyr Mahmud" im Cockpit der gekaperten „Landshut" LH 181

Als die erste Auflage dieses Buches bereits gedruckt war, gelang es den Autoren, die Aufzeichnung des Funksprechverkehrs zwischen den somalischen sowie den deutschen Verhandlern und dem Terroristenchef „Captain Martyr Mahmud" in die Hand zu bekommen. Vom Turm des Flughafens Mogadischu sprachen auf deutscher Seite der Psychologe Wolfgang Salewski und der deutsche Geschäftsträger bei der Regierung von Somalia, Michael Libal. Als Vertreter des Bundeskanzlers fungierte Staatsminister Hans-Jürgen Wischnewski. Alle Gespräche wurden in englischer Sprache geführt.

TOWER: ... Hier spricht General Abdullahi, Polizeichef. Bitte hören Sie genau zu. Ende.

„LANDSHUT": Sprechen Sie, General.

TOWER (General A.): Die deutsche Regierung wird Ihre Bedingungen nicht annehmen. Bis jetzt haben wir keine Bestätigung bekommen, daß die deutsche Regierung Ihre Forderungen erfüllen wird. Die somalische Regierung ersucht Sie, die Passagiere und Besatzung freizulassen. Wir versprechen Ihnen sicheres Geleit. Wir fordern, daß die unschuldigen Passagiere nicht unter etwas leiden, das sie nichts angeht. Ende.

„LANDSHUT": Hier spricht Captain Martyr Mahmud. Ich habe Ihre Nachricht verstanden, General, und daß die deutsche Regierung unsere Forderungen ablehnt. Es ändert sich nichts. Wir werden das Flugzeug genau bei Ablauf des Ultimatums in die Luft sprengen. Ich wiederhole: Wir werden das Flugzeug um drei Uhr MEZ sprengen, das heißt, genau in einer Stunde und 34 Minuten. Wir danken Ihnen für Ihre Bemühungen bisher. Wir danken der somalischen Regierung für ihr Angebot, aber wir werden nicht zögern, das Flugzeug um drei Uhr zu sprengen. Es wird keine Verlängerung des Ultimatums um auch nur eine Sekunde geben. Das habe ich dem Vertreter Deutschlands vorher gesagt, und das sage ich jetzt. Es wird keine Verlängerung des Ultimatums geben. Das Flugzeug wird in einer Stunde und 33 Minuten gesprengt. Haben Sie meine Nachricht deutlich empfangen?

TOWER: Ja, ich verstehe, aber wir haben Ihnen erlaubt, zu landen. Sie sind in unserem Land. Sie sollten an die Gastfreundschaft denken, die wir Ihnen gegeben haben. Deshalb fordern wir Sie noch einmal auf, aus humanitären Gründen die Passagiere und die Mannschaft freizugeben. Diese Menschen haben kein Unrecht getan. Sie sollten nicht für etwas leiden, das mit ihnen nichts zu tun hat. Sie haben nicht die Macht, die Leute freizubekommen, die Sie freigelassen haben möchten. Ich meine, es ist menschlich, daß Sie an die Gastfreundschaft des Landes, in dem Sie sich befinden, denken. Wir bieten Ihnen freies Geleit. Sie sollten diese Punkte bitte überdenken.

„LANDSHUT": Hier spricht Captain Martyr Mahmud. Meine Einheit und ich denken an Ihre Gastfreundschaft und Ihre Erlaubnis, hier zu landen. Wir danken für die Unterstützung und die Hilfe, die Sie den Passagieren angeboten haben. Wir danken dem Präsidenten und der somalischen Regierung. Ich möchte Präsident Genossen Siad Barre die Grüße von Captain Martyr Mahmud und seiner Einheit senden. Wir möchten ihm noch einmal danken für alles, was er getan hat. Aber jetzt wird es die Lage nicht mehr ändern. Wir werden das Flugzeug in eineinhalb Stunden sprengen.

Und noch etwas: Sie sprachen über Menschlichkeit und humanitäre Gründe, General. Menschlichkeit fühlen wir, denn wir sind Menschen. Wir stammen aus der proletarischen Klasse, Proletarier aus ganz Europa. Wir geben der deutschen Regierung jede Chance, ich sage, jede Chance, zu beweisen, daß sie auch nur ein Fünkchen Menschlichkeit hat.

Sie sind schlimme Lügner, sie sind die Betrüger . . . Scheiße, aber wir haben keine andere Wahl. Ich will den Vertreter Deutschlands am Morgen sprechen, ich werde das Flugzeug sprengen und ich werde es tun.

Die deutsche Regierung kann ihrem Volk beweisen, daß sie sich um ihr Volk sorgt und daß sie ihrem Volk beistehen will. Dieses imperialistische Land Westdeutschland . . . Wir fordern die Freilassung unserer Genossen aus humanitären Gründen, denn sie leben unter unglaublichen und unfaßbaren Bedingungen. Wir wollen sie befreien und auch alle die Genossen der PFLP, die für die Befreiung Palästinas kämpfen und in türkischen Gefängnissen sitzen.

Besonders Westdeutschland hat jede Gelegenheit gehabt zu beweisen, daß es kein Gegner der Menschlichkeit ist . . . Aber da die Regierung unsere Forderungen abgelehnt hat, werden wir das Flugzeug genau um zwei Uhr in die Luft sprengen, das ist genau in einer Stunde und siebenundzwanzig Minuten. Danke, General.

TOWER (General A.): Bitte überlegen Sie sich meine Bitte. Ich werde später wieder Kontakt mit Ihnen aufnehmen.

„LANDSHUT": Ich überdenke Ihre Bitte, aber wir können nichts mehr ändern. Wir danken Ihnen für Ihr menschliches Gefühl, aber aus eben diesem Grund können wir nichts machen, denn alles liegt in den Händen der Westdeutschen . . . Ich wiederhole, wir werden das Flugzeug in einer Stunde und 26 Minuten sprengen. Wenn Sie dann zufällig im Tower sind, werden Sie das Flugzeug in tausend Stücke fliegen sehen. Danke, General, danke. (Pause)

„LANDSHUT": Dies ist eine Forderung.

TOWER: Verstanden. Wir haben Ihre Botschaft empfangen.

TOWER (Verkehrsminister): Captain Martyr Mahmud, hier spricht der Verkehrsminister der Republik Somalia. Ich möchte mit Ihnen sprechen. Bitte übernehmen Sie.

Ich bin der Verkehrsminister und auch für diesen Flughafen verantwortlich. Sie sind bereits von unserem Polizeichef über die Reaktion der deutschen Regierung informiert worden. Ich wiederhole, was der General Ihnen bereits gesagt hat. Im Namen des Präsidenten der Somalischen Demokratischen Republik – diese Botschaft vom Präsidenten: Wir, unsere Regierung, unser Land haben keine schlechten Absichten mit Ihnen. Wir möchten nicht, daß irgend jemand hier getötet wird, noch möchten wir, daß die Menschen im Flugzeug getötet werden. Wir wollen kein Blutvergießen auf unserem Territorium. Wir möchten, daß Sie die Geiseln freigeben, und wir werden versuchen, Sie zu retten. Dies ist die Botschaft.

„LANDSHUT": Okay. Ich habe Ihre Botschaft empfangen, aber ich werde keine der Geiseln aus dem Flugzeug freilassen, das in genau einer Stunde und zehn Minuten gesprengt wird.

TOWER (Verkehrsminister): Ich habe Sie gehört. Aber was genau soll ich dem Präsidenten sagen? Er wartet auf mich, auf eine Botschaft von Ihnen. Ende.

„LANDSHUT": Ich gebe Ihnen diese Botschaft. Ich werde keine der Geiseln an Bord des Flugzeugs freilassen. Ich werde das Flugzeug genau zum Ende des Ultimatums sprengen, das heißt in einer Stunde und sechs Minuten. Haben Sie meine Nachricht empfangen?

TOWER (Verkehrsminister): Ich habe Ihre Nachricht empfangen. Aber wir bitten Sie, Ihren Entschluß noch einmal zu überdenken, denn Sie befinden sich auf somalischem Boden, auf unserem Territorium, und Sie sind hier unsere Gäste. Wir möchten, daß Sie noch einmal überdenken, was Sie gesagt haben.

„LANDSHUT": Ich danke der Somalischen Demokratischen Republik, aber das ändert nichts an der Entscheidung, das Flugzeug zu sprengen. Wir werden das Flugzeug in einer Stunde und fünf Minuten sprengen. Ende.

„LANDSHUT": Bitte ziehen Sie alle Soldaten an der linken Seite des Flugzeuges ab, denn wir wollen der großen somalischen Regierung keinen Schaden zufügen. Danke.

TOWER: Verstanden, Sir. Wir werden übergeordnete Stellen informieren . . .

„LANDSHUT": Noch 31 Minuten bis zum Ende des Ultimatums. Ich hoffe, daß Sie die Tür öffnen und in Deckung gehen, wenn es soweit ist. Es ist ziemlich weit von hier zu Ihnen; wir möchten nicht, daß Sie verletzt werden. Haben Sie vielen Dank.

TOWER: Verstanden, Captain Mahmud. Wir werden übergeordnete Stellen informieren. Hier sind der Informationsminister und der Verkehrsminister. Sie möchten mit Ihnen sprechen.

„LANDSHUT": Bitte sprechen Sie.

TOWER: Mister Martyr Mahmud, hier spricht der Informationsminister der Somalischen Demokratischen Republik. Sie verstehen sicherlich die Situation, in der diese Regierung jetzt ist. Sie verstehen auch, daß wir nicht möchten, daß weder Sie noch die Passagiere auf somalischem Boden sterben. Unsere Regierung versucht laufend, mit der deutschen Regierung zu sprechen. Wir haben Ihnen bereits deren Position mitgeteilt, aber wir versuchen es immer weiter. Jetzt und in dieser Lage möchte meine Regierung Sie bitten, das Ultimatum um mindestens 24 Stunden zu verlängern, um es der somalischen Regierung zu ermöglichen, die Gespräche mit der deutschen Regierung fortzusetzen. Wir haben keine andere Wahl, als Sie zu bitten, diese Verzögerung zu akzeptieren, um Ihr und der Passagiere Leben zu retten. Ende.

„LANDSHUT": Hier spricht Captain Martyr Mahmud. Leider – ich weiß zu schätzen, was Sie gesagt haben, und ich schätze die Absichten der somalischen Regierung, aber wir haben nicht die Absicht, das Ultimatum zu verlängern, das in 27 Minuten auslaufen wird. Haben Sie Dank für Ihr Mitgefühl mit uns und den Passagieren. Ich wiederhole: Wir wollten kein Blut vergießen, wir wollten kein Blut vergießen, wir wollten wirklich kein Blut vergießen – aber das imperialistische faschistische westdeutsche Regime lehnte unsere Forderungen ab.

Deshalb bleibt uns keine Wahl. Sie kümmerte sich nicht um ihre Menschen, deshalb müssen wir das Flugzeug mit allen Menschen an Bord in die Luft sprengen. Haben Sie vielen Dank für Ihre Worte; hier sprach Captain Martyr Mahmud, Kommandeur der Einheit Martyr Halimeh des Kampfes gegen den Weltimperialismus.

Da ist noch etwas. Bitte teilen Sie Präsident Siad Barre und der somalischen Regierung mit, daß wir Mitgefühl mit Ihnen haben über das, was an Ihren Grenzen zu den faschistischen Imperialisten des Regimes von Addis Abeba vorfällt.

Wir fühlen mit Ihnen, denn unser eigenes Regime kämpft gegen den Imperialismus, das heißt wir müssen zusammenhalten, Seite an Seite den Imperialismus und die Reaktion bekämpfen, und die Zionisten, die mit ihnen gemeinsame Sache machen.

TOWER: Martyr Mahmud, hier spricht noch einmal der Informationsminister. Ich verstehe, was Sie uns und dem Präsidenten sagen wollen. Können Sie uns bitte irgendwelche Vorschläge machen oder Alternativ-Vorschläge, damit wir in unserer Kabinettssitzung alle Möglichkeiten, andere als das Ultimatum, beraten können. Bitte geben Sie uns Ihre Vorschläge.

„LANDSHUT": Herr Informationsminister, leider gibt es keine Alternative, außer, daß das Flugzeug in genau 23 Minuten gesprengt wird.

TOWER (Informationsminister): Sollten Sie und Ihre Freunde neue Vorschläge haben, werden wir zur Stelle sein. Sie verstehen doch, daß Ihre Forderungen außerhalb unserer Macht liegen. Wir können nur ein Mittler zwischen Ihnen und der deutschen Republik sein, deshalb bedenken Sie bitte in aller Ernsthaftigkeit, was wir Ihnen gesagt haben, und geben Sie uns eine Antwort. Aber vergewissern Sie sich bitte, daß alle Ihre Freunde der gleichen Meinung sind. Wir möchten, daß in diesem Land kein Blut vergossen wird.

„LANDSHUT": Eine Verlängerung des Ultimatums ist nicht meine Entscheidung, nicht die Entscheidung eines einzelnen, nicht die eines Mannes, der alles befehligt – nein, wir glauben an gemeinsame Führung. Wir haben gemeinsam die Entscheidung getroffen, das Flugzeug um zwei Uhr GMT zu sprengen. Ich weiß, daß es nicht in der Hand der somalischen Regierung liegt. Aber wir haben der deutschen Regierung genügend Zeit für eine Entscheidung gelassen. Aber der Vampir Helmut Schmidt lehnte unsere Forderungen ab; doch da wir ihm genügend Zeit gegeben haben, werden wir das Flugzeug in 20 Minuten sprengen.

Es gibt jetzt keine Alternative mehr. Ich danke Ihnen für Ihr Mitgefühl mit der Besatzung und den Passagieren, aber die einzige Seite, die jetzt Verantwortung trägt, ist das westdeutsche imperialistische Regime. Haben Sie vielen Dank, Herr Minister. (Pause)

TOWER: Hier spricht Mogadischu-Tower. Verstehen Sie uns?

„LANDSHUT": Hier spricht Captain Martyr Mahmud.

TOWER: Verstanden. Da uns nur noch 15 oder 16 Minuten verbleiben, möchten wir Sie höflich bitten, uns noch 30 Minuten zu geben, um das Gebiet zu räumen, um von der anderen Seite des Flugzeuges alle Sachen und Menschen wegzubringen, Bitte, geben Sie uns diese Zeit.

„LANDSHUT": Da Sie das Gebiet nicht in einer Viertelstunde räumen können, akzeptiere ich, nur für den Herrn Präsidenten Siad Barre und die somalische Regierung und das somalische Volk, eine Verlängerung des Ultimatums um 30 Minuten. Haben Sie vielen Dank, Herr Tower. Wenn Sie das Gelände nicht in 15 Minuten geräumt haben, sagen Sie es mir bitte, damit ich die Gruppe fragen kann, ob die Möglichkeit besteht, das Ultimatum um noch einmal 30 Minuten zu verlängern.

TOWER: Martyr Mahmud, Botschaft empfangen. Nun möchte der Chargé d'affaires der Deutschen mit Ihnen sprechen. Würden Sie freundlicherweise übernehmen, Sir.

„LANDSHUT": Nur für die somalische Regierung und das somalische Volk und für Herrn Präsidenten Siad Barre bin ich bereit, mit dem Vertreter des imperialistischen Regimes von Westdeutschland zu reden. Vertreter, sprechen Sie.

*

TOWER (deutscher Vertreter): Ich habe eine wichtige Nachricht für Sie. Ich werde sie sehr langsam durchgeben.

„LANDSHUT": Ich höre, Herr Vertreter des faschistischen imperialistischen Westdeutschland. Sprechen Sie und lesen Sie Ihre Botschaft vor.

TOWER (deutscher Vertreter): Wie Sie wissen, haben wir eine hohe Delegation meiner Regierung hier. Diese Delegation wird von einem Staatsminister geführt, der ein Vertrauter unseres Bundeskanzlers Helmut Schmidt ist. Dieser Staatsminister hat sich mit Präsident Siad Barre eingehend über die gegenwärtige Situation unterhalten. Haben Sie mich bis hierher gut verstanden? Ende.

„LANDSHUT": Die Botschaft ist sehr deutlich.

TOWER (deutscher Vertreter): Aufgrund dieser Unterhaltung ist es notwendig geworden, ein Telephongespräch mit dem Bundeskanzler der Bundesrepublik Deutschland direkt zu führen. Haben Sie mich verstanden? Ende.

„LANDSHUT": Ich habe Sie bis jetzt sehr deutlich verstanden.

TOWER (deutscher Vertreter): Dieses direkte Gespräch mit dem Bundeskanzler ist nun technisch möglich. Aber Sie müssen bitte verstehen, daß dies wegen technischer Kommunikationsschwierigkeiten nicht so schnell geht. Haben Sie verstanden?

„LANDSHUT": Habe verstanden.

TOWER (deutscher Vertreter): Sobald dieses Gespräch zwischen dem Staatsminister und dem Bundeskanzler (zustandegekommen ist?), werden wir Ihnen mit Sicherheit eine neue und wichtige Nachricht geben. Haben Sie das verstanden?

„LANDSHUT": Ich habe verstanden. Aber Sie hatten für all das fast 96 Stunden Zeit. Sie geben in den letzten zehn Minuten nach – wie soll ich das von dem Vertreter des faschistischen imperialistischen westdeutschen Regimes akzeptieren?

TOWER (deutscher Vertreter): Sie wissen, daß unsere Regierung in engem Kontakt mit seiner Exzellenz, Präsident Siad Barre, bleiben muß und daß der Vertreter meines Landes auch mit der Regierung zu Hause in engem Kontakt bleiben muß. Verstehen Sie also bitte, daß diese Verbindung aus technischen Gründen noch hergestellt werden muß. Wir ... werden Sie bestimmt kontaktieren, sobald die Verbindung hergestellt ist. Ende.

„LANDSHUT": Wann, glauben Sie, wird die Verbindung hergestellt sein?

TOWER (deutscher Vertreter): Das kann ich jetzt noch nicht sagen. Ich hoffe, es wird sobald wie möglich sein.

„LANDSHUT": Wenn es länger als bis zum Ende des Ultimatums dauert, wäre das bedauerlich.

TOWER (deutscher Vertreter): Das ist alles, was ich Ihnen derzeit sagen kann. Bitte warten Sie. Ende.

*

„LANDSHUT": Ich warte. Mogadischu-Tower, Mogadischu-Tower ... Haben die Soldaten das Gelände geräumt? Haben Sie Flugzeuge oder alles, was der somalischen Regierung und dem somalischen Volk gehört, geräumt?

TOWER: Antwort negativ, Sir. Wir möchten das Gelände räumen. Wie Sie vorher sagten, möchten wir Sie noch einmal bitten, uns 30 Minuten zur Räumung des Geländes zu geben. Ende.

„LANDSHUT": Bitte tun Sie es so schnell wie möglich, denn ich wiederhole: Wir möchten dem somalischen Volk oder der somalischen Regierung keinen Schaden zufügen.

TOWER: Wir bitten Sie noch einmal höflich, Sir, uns 30 Minuten zum Räumen des Geländes zu geben.

„LANDSHUT": Ich werde dazu meine Gruppe, meine Einheit befragen.

TOWER: Tun Sie das, Sir.

„LANDSHUT": Seit Ende des Ultimatums sind nun fünf Minuten vergangen. Mit dem neuen Ultimatum bleiben noch 25 Minuten. Danke.

TOWER: Martyr Mahmud, haben Sie empfangen und werden übergeordnete Stellen unterrichten. Haben Sie vielen Dank für Ihre Kooperation, Martyr Mahmud.

„LANDSHUT": Hier spricht Mahmud. Das neue Ultimatum ist vor zwölf Minuten abgelaufen. Haben Sie alle Rollbahnen geschlossen?

TOWER: Nein, noch nicht. Wir werden räumen. Warten Sie, Sir.

„LANDSHUT": Versuchen Sie es bitte so schnell wie möglich.

TOWER: Ja, Sir. Wir danken Ihnen sehr für Ihre Kooperation. (Pause)

*

TOWER: Würden Sie bitte den deutschen Chargé d'affaires noch einmal mit Ihnen sprechen lassen? Neueste Nachrichten.

„LANDSHUT": Das tue ich nur Ihretwegen, wegen Ihres Volkes, der somalischen Regierung und Herrn Siad Barre. Reden Sie, Vertreter des westdeutschen faschistischen Regimes.

TOWER (deutscher Vertreter): Herr Martyr Mahmud, hören Sie mich? Hier spricht der deutsche Chargé d'affaires.

„LANDSHUT": Ich höre Sie sehr deutlich, denn mein Gehör ist sehr gut, Vertreter des westdeutschen faschistischen Regimes.

TOWER (deutscher Vertreter): Ich habe eine wichtige Nachricht für Sie. Wir haben gerade die Nachricht bekommen, daß die Häftlinge in den deutschen Gefängnissen, die Sie freigelassen haben möchten, hier nach Mogadischu geflogen werden sollen. Aber wegen der großen Entfernung zwischen der Bundesrepublik und Mogadischu können sie nicht vor dem Morgen hier sein. Außerdem sollten Sie einige Vorschläge machen, wie man mit der türkischen Regierung Kontakt aufnehmen könnte, da wir das nicht von hier aus machen können. Überdies: Wenn Sie Nahrung oder Getränke wünschen, lassen Sie es uns bitte wissen. Ende.

„LANDSHUT": Hier spricht Captain Martyr Mahmud. Ich spreche Sie an, Vertreter des faschistischen, imperialistischen westdeutschen Regimes. Sie wagten, mich um eine Verlängerung des Ultimatums bis zum Morgen zu fragen – stimmt das, Herr Vertreter des deutschen Regimes?

TOWER (deutscher Vertreter): Im Prinzip stimmt das, da die Häftlinge, die hierher geflogen werden sollen, wegen der Entfernung zwischen der Bundesrepublik und Mogadischu nicht früher hier eintreffen können.

„LANDSHUT": Wie groß ist die Entfernung zwischen der Bundesrepublik und Mogadischu, Herr Vertreter des westdeutschen Regimes?

TOWER (deutscher Vertreter): Ich weiß es nicht genau, mehrere tausend Meilen, oder mehr.

„LANDSHUT": Genaue Antwort, denn ich kenne die Entfernung genau.

TOWER (deutscher Vertreter): Wiederholen Sie das bitte.

„LANDSHUT": Ich möchte eine präzise Antwort: Wie groß ist die Entfernung zwischen Mogadischu und Westdeutschland, denn ich kenne die Entfernung zwischen Mogadischu und der Bundesrepublik in Bonn genau.

TOWER (deutscher Vertreter): In Ordnung. Wir werden nachprüfen, wie groß die Entfernung ist. Ich werde es Sie wissen lassen. Ende. (Pause)

„LANDSHUT": Ich will mit dem Vertreter des imperialistischen westdeutschen Regimes sprechen.

TOWER: Warten Sie, Sir. Ich schicke jemanden, ihn zu suchen. Jetzt kommt er.

„LANDSHUT": Ich möchte eine Botschaft abgeben, damit ich die Entscheidung meiner Einheit in weniger als siebeneinhalb Minuten treffen kann, denn wir haben bis zum Ablauf des Ultimatums siebeneinhalb Minuten. Okay, Vertreter des westdeutschen Regimes.

TOWER (deutscher Vertreter): Wiederholen Sie, denn ich habe das nicht ganz verstanden.

„LANDSHUT": Reinigen Sie Ihre Ohren, und hören Sie genau zu. Hier spricht Captain Martyr Mahmud. Sie sollen Ihre Botschaft in diesen siebeneinhalb Minuten durchgeben, damit ich entscheiden kann, ob ich warten will, bis meine Genossen hierherkommen, oder ob ich dieses Ultimatum aufrechterhalten will. Okay, wir haben nur noch siebeneinhalb Minuten.

TOWER (deutscher Vertreter): Ja, das ist okay. Bitte warten Sie. Herr Martyr Mahmud, hören Sie mich noch?

„LANDSHUT": Ich bin nicht Herr Martyr Mahmud, ich bin Captain Martyr Mahmud.

TOWER (deutscher Vertreter): Bitte, ich werde die Nachricht wiederholen, die ich vor zehn Minuten für Sie hatte. Die Häftlinge aus den deutschen Gefängnissen, deren Freilassung Sie forderten, sind an Bord, und die letzten technischen Vorbereitungen werden getroffen, sie hier nach Mogadischu zu fliegen. Diese technischen Vorbereitungen und der Flug nehmen Zeit in Anspruch. Wir prüfen gerade, wie Sie verlangt haben, die genaue Entfernung zwischen der Bundesrepublik und Mogadischu. Wir rechnen aber damit, daß der Flug mit den Häftlingen nicht vor dem Morgen eintreffen wird.

„LANDSHUT": Ich verstehe Sie, aber ich glaube nicht, daß es so lange dauert, bis sie hier sind. Wir geben die Zeit hier in Ortszeit an. Wie spät ist es hier?

TOWER (deutscher Vertreter): Die Ortszeit hier ist jetzt 5.25 Uhr.

„LANDSHUT": Das stimmt, Vertreter des faschistischen imperialistischen westdeutschen Regimes. Und Sie bitten mich, das Ultimatum bis sechs Uhr morgen früh zu verlängern? Glauben Sie, es dauert 13 Stunden von Westdeutschland hierher? Das ist die Flugzeit von New York. Sie fliegen nur von Westdeutschland nach Mogadischu, und das dauert nicht so lange. Sie versuchen, mich zu betrügen.

TOWER (deutscher Vertreter): Ich habe nicht gesagt, daß Sie das Ultimatum bis sechs Uhr verlängern sollten. Ich sage nur, daß die Vorbereitungen, die Häftlinge zusammenzuführen, sie in ein Flugzeug zu bringen und sie nach Mogadischu zu fliegen, alles in allem bis zum Morgen dauern. Wenn es schneller geht, um so besser. Aber wir können nicht genau sagen, wie lange es dauern wird. Ende.

„LANDSHUT": Okay, noch vier Minuten bis zum Ende des Ultimatums. Wenn Sie uns täuschen wollen oder Spiele mit uns spielen wollen, ich ziehe es vor, mit Sprengstoff zu spielen. Aber wenn Sie es ernst meinen und sich um die Menschen an Bord dieses Flugzeuges sorgen, sind wir bereit zu verhandeln.

TOWER (deutscher Vertreter): Natürlich sorgen wir uns sehr um die Menschen in unserem Flugzeug. Wie Sie aus meiner Nachricht erfahren haben müssen, sind wir nun bereit, die Häftlinge hier nach Mogadischu zu fliegen. Ende.

„LANDSHUT": Okay, Sie sorgen sich, aber nicht Ihre Regierung. Sie wissen auch warum: Denn sie hatte 74 Stunden Zeit, und sie kümmerte sich nicht um die Lage der Gefangenen. Und Sie sorgen sich jetzt, weil Sie glauben, daß wir etwas zu tun versprochen haben und es auch tun werden. Und wenn Ihre Regierung des westdeutschen Regimes glaubt, es werde hier ein zweites Entebbe geben, dann träumen Sie. Sie wissen, was in Entebbe passierte, nicht wahr?

TOWER (deutscher Vertreter): Natürlich weiß ich, was in Entebbe geschah. Aufgrund der Information, die ich Ihnen gegeben habe, sollten Sie sicher sein, daß wir Sie sehr, sehr ernst nehmen.

„LANDSHUT": Okay, okay. Was schlagen Sie als nächsten Termin vor?

TOWER (deutscher Vertreter): Sie selbst haben sechs Uhr morgens erwähnt. Das wäre uns recht.

„LANDSHUT": Machen wir, machen wir. Hier spricht Captain Martyr Mahmud, okay, sechs Uhr. Sie kriegen die Verlängerung, aber nicht über sechs Uhr. Warten Sie . . . Geben Sie diese Nachricht dem Vertreter des imperialistischen westdeutschen Regimes, daß das derzeitige Ultimatum in einer Minute ausläuft und ich Sie später informieren werde über ein neues Ultimatum. Zuerst will ich mit meiner Einheit verhandeln. (Pause)

Warten Sie, Vertreter des westdeutschen faschistischen imperialistischen Regimes. Wenn wir uns einig geworden sind, was wir meinen, werde ich Ihnen das neue Ultimatum sofort mitteilen. . . . Verbinden Sie mich noch einmal mit dem Vertreter des imperialistischen deutschen Regimes.

TOWER: Verstanden. Captain Martyr Mahmud, hier spricht der Chargé d'affaires der Bundesrepublik Deutschland, hören Sie mich? Ende.

„LANDSHUT": Warten Sie bitte. Wir verhandeln gerade. Wir kennen nun die Entfernung zwischen Frankfurt und hier, das sind 3200 nautische Meilen. Soweit wir wissen, dauert es etwa sieben Stunden von Frankfurt hierher, deshalb geben wir Ihnen noch einmal zehn Stunden, gerechnet ab 2.30 Uhr GMT. Haben Sie meine Entscheidung gehört, Vertreter des faschistischen imperialistischen deutschen Regimes?

TOWER (deutscher Vertreter): Soweit ich Sie verstanden habe, geben Sie uns alles in allem sieben, nicht zehn Stunden. Können Sie mir sagen, um wieviel Uhr das sein wird.

„LANDSHUT": Es wird nach zehn Stunden 0.30 Uhr sein.

TOWER (deutscher Vertreter): Ich verstehe, was Sie sagen, ich verstehe was Sie meinen. Wir sorgen uns sehr um die Passagiere und die Mannschaft dieses Flugzeugs, und deshalb frage ich Sie nun, ob wir für das Flugzeug irgend etwas tun können, sei es Nahrung, Getränke, Medizin oder Säuberung oder dergleichen. Sagen Sie uns bitte, welche Hilfe Sie im Flugzeug brauchen. Ende.

„LANDSHUT": Wir haben schon die Sprengsätze überall im Flugzeug angebracht und alle Sitze und den Boden des Flugzeuges mit Alkohol getränkt. Deshalb brauchen wir nichts. Wenn nur jemand in der Maschine eine Zigarette anzündet, wird alles vorbei sein; sie wird in tausend Stücke explodieren.

TOWER (deutscher Vertreter): Ich habe verstanden. 3.30 Uhr Ortszeit, nicht wahr?

„LANDSHUT": Es ist ein Zeitunterschied von drei Stunden, deshalb wird es genau 3.30 Uhr sein.

TOWER (deutscher Vertreter): Captain Martyr Mahmud, ich kann Ihnen im Namen der Regierung der Bundesrepublik Deutschland mitteilen, daß wir diese Verlängerung Ihres Ultimatums mit Dankbarkeit annehmen. Ende. (Pause)

*

TOWER: Im Namen der Luftfahrtbehörde und des Towers danken wir Ihnen sehr, daß Sie Ihr Ultimatum verlängert haben, und wir werden Ihnen jede gewünschte Hilfe und Unterstützung zukommen lassen.

„LANDSHUT": Wir danken der somalischen Regierung Siad Barre, und wir haben in unserem Herzen tiefstes Mitgefühl. Wir haben das Ultimatum aus zwei Gründen verlängert. Zum Wohle der Menschen an Bord und für Ihre Regierung, das Volk und den Präsidenten. Danke, Mogadischu Tower, danke.

Alle Menschen an Bord danken dem Volk und der Regierung und dem Präsidenten für ihre Bemühungen, sie mit allen in ihrer Macht Stehendem zu retten. Denn sie sagen, daß ihr eigenes Volk und ihre eigene Regierung sich einen Dreck um sie kümmert und die somalische Regierung alles in ihrer Macht Stehende getan hat.

TOWER: Okay, okay. Ich werde Ihren Dank, den der Passagiere und Ihrer Einheit dem Präsidenten Siad Barre und dem somalischen Volk weiterleiten. Und wir werden, möglichst vor Einbruch der Dunkelheit oder morgen früh, jemanden schicken, die Toilette zu säubern. Wir versuchen sehr, es vor Einbruch der Dunkelheit zu schaffen.

„LANDSHUT": Versuchen Sie es bitte vor morgen. Denn morgen früh läuft unser Ultimatum aus, und da braucht man keine Toilette mehr zu reinigen.

TOWER (deutscher Vertreter): Hier spricht Michael Libal, Chargé d'affaires. Können Sie mich hören?

„LANDSHUT": Ich höre.

TOWER (deutscher Vertreter): Captain, ich habe Ihnen eine Mitteilung zu machen bezüglich der Häftlinge in den türkischen Gefängnissen. Die Bundesrepublik Deutschland ist nicht in der Lage, über die Befreiung von Häftlingen ausländischer Gefängnisse zu entscheiden. Das Ultimatum bis 0.30 Uhr GMT ist zu kurz, als daß es einen Flug über Istanbul erlauben würden. Sie können die Bundesregierung und die unschuldigen Passagiere an Bord des Flugzeuges nicht für das Problem der Freilassung von Häftlingen, die nicht in deutschen Gefängnissen sind, verantwortlich machen. Ende. Haben Sie verstanden? Dies ist, was ich Ihnen mitzuteilen hatte. Die Bundesrepublik Deutschland kann nicht über die Freilassung von Häftlingen aus ausländischen Gefängnissen entscheiden.

„LANDSHUT": Ich verstehe, aber mir gefällt nicht die Art, in der Sie mit mir sprechen. Okay?

TOWER (deutscher Vertreter): Wiederholen Sie bitte, ich habe Sie nicht verstanden.

„LANDSHUT": Ich habe Ihnen eine Frage gestellt. Beantworten Sie die Frage, fragen Sie mich nichts anderes.

TOWER (deutscher Vertreter): Wie war bitte Ihre Frage?

*

„LANDSHUT": Ist ein türkischer Botschafter erreichbar? Ich möchte den türkischen Botschafter in Mogadischu sprechen.

TOWER: Bitte warten Sie, bleiben Sie in der Leitung . . . Möchten Sie mit dem deutschen Chargé d'affaires sprechen?

*

„LANDSHUT": Welche Entscheidung hat Ihre Regierung getroffen? Sie sollen mir endgültig sagen, wo unsere Genossen jetzt sind.

TOWER (deutscher Vertreter): Wir haben Ihnen die letzte Entscheidung meiner Regierung mitgeteilt. Das heißt, die Häftlinge werden nach Mogadischu gebracht; die technischen Vorbereitungen dazu sind fast abgeschlossen. Wir werden sehr bald einen Flugplan bekommen, den wir Ihnen später, wenn Sie interessiert sind, mitteilen werden.

„LANDSHUT": Natürlich möchte ich die jüngste Lage kennen.

TOWER (deutscher Vertreter): Okay, ich habe Ihnen etwas über die türkische Frage zu sagen. Möchten Sie diese Nachricht hören?

„LANDSHUT": Natürlich, reden Sie.

TOWER (deutscher Vertreter): Wie ich schon sagte, gibt es keine offizielle Vertretung der Türkei in Mogadischu. Der in Somalia akkreditierte Vertreter der Türkei hat seine Residenz in Jedda. Wir versuchen, ihn zu erreichen. Ende.

„LANDSHUT": Okay, danke, okay. Sie sprechen mich wieder an, wenn Sie neue Nachrichten über die Position der Genossen in Deutschland und Istanbul haben. Ende. (Pause)

TOWER (deutscher Vertreter): Ende. Ich werde Sie sofort kontaktieren, sobald ich Nachrichten über den Flug der Häftlinge nach Mogadischu habe. Ende.

*

„LANDSHUT": Verbinden Sie mich bitte mit dem Vertreter des faschistischen deutschen Regimes.

TOWER: Wir werden ihn rufen. Er ist unten. Warten Sie, Sir.

„LANDSHUT": Danke, Mogadischu-Tower.

*

TOWER (deutscher Vertreter): Haben Sie Fragen an mich?

„LANDSHUT": Was ist Ihre letzte Position, wir haben nur noch vier Stunden Zeit.

TOWER (deutscher Vertreter): Ja, Captain Mahmud, mir ist gerade gesagt worden, daß wir Verbindung mit der Regierung der Bundesrepublik Deutschland haben. Ich kann Ihnen folgende Nachricht übermitteln: Nach unserer Information ist die Lufthansa-Maschine um 19.20 Uhr GMT in Deutschland gestartet. Die Maschine sollte nach unseren Berechnungen um 4.08 Uhr GMT in Mogadischu landen. Wir erwarten nun von Ihnen konkrete Vorschläge über den Austausch der Geiseln. Ende.

„LANDSHUT": Das ist nach Ablauf des Ultimatums.

TOWER (deutscher Vertreter): Das verstehen wir, aber Sie wissen, daß es technische Schwierigkeiten gibt, die Häftlinge, die in ganz Deutschland in verschiedenen Gefängnissen einsaßen, zusammenzuführen. Dies ist die jüngste Meldung. Ich wiederhole: 4.08 Uhr GMT. Nun möchten wir von Ihnen hören, wie Sie sich den Austausch der Gefangenen und der Geiseln vorstellen. Ende.

„LANDSHUT": Ja, dazu muß ich etwas sagen. Vertreter des imperialistischen deutschen Regimes – die erste Auskunft, die Sie mir gaben, war völlig falsch? Haben Sie mich verstanden?

TOWER (deutscher Vertreter): Ich weiß nicht, was Sie meinen. Was war an meiner Auskunft falsch?

„LANDSHUT": Das Kommuniqué, das Sie uns heute nachmittag gegen zehn vor zwei GMT gaben, war falsch, weil Sie mir sagten, die Häftlinge, unsere Genossen, würden zusammengeholt, um nach Mogadischu geflogen zu werden. War das eine Täuschung oder nicht?

TOWER (deutscher Vertreter): Ich sagte nicht, daß die Häftlinge zusammengeführt worden wären; ich sagte, sie würden zusammengeführt, um nach Mogadischu geflogen zu werden. Wir können Ihnen hier nur das weitergeben, was wir von der Regierung in Deutschland hören. Wir haben selbst hier keine Vorstellung davon, welche Schwierigkeiten und Notwendigkeiten in Deutschland bestehen, alle zusammen hier nach Mogadischu zu fliegen. Ende.

„LANDSHUT": Damit hatten Sie gerechnet. Sie sollen die Zeit wiederholen, wann das Flugzeug in Mogadischu landen wird.

TOWER (deutscher Vertreter): Ich wiederhole: Wir erwarten, daß das Flugzeug um 4.08 GMT hier in Mogadischu landet. Ende.

„LANDSHUT": Okay, habe Ihre Meldung gehört, Vertreter des imperialistischen faschistischen deutschen Regimes. Warten Sie. Ich spreche Sie wieder an wegen des Austauschs der Geiseln. Aber es sollte ein somalischer Beamter dabei sein.

*

TOWER: Martyr Mahmud, hier spricht der Tower, hören Sie mich?

„LANDSHUT": Ja, ich höre Sie.

TOWER: Hier spricht General Abdullahi.

„LANDSHUT": Hier spricht Captain Martyr Mahmud, Commander of operation, bitte machen Sie Ihren Vorschlag über den Austausch der Geiseln und unserer Genossen, denn wir trauen dem imperialistischen Regime nicht. Aber wir trauen Ihnen, weil Sie die somalische Regierung und die Somalische Demokratische Republik sind. Der westdeutsche Vertreter sagt, daß alle Genossen in westdeutschen Gefängnissen gesammelt werden und daß sie um 0.14 Uhr Ortszeit hiersein werden, das heißt um

4.20 Uhr britische Zeit. Ich möchte wissen, ob Sie und die somalische Regierung das versprechen können.

TOWER: Der Botschafter hat uns gesagt, daß das Flugzeug Deutschland um 19.20 Uhr GMT verlassen hat und daß es um 4.08 Uhr in Mogadischu sein wird. (Pause)

TOWER: Es gibt immer, was wir force majeure nennen, etwas, das wir nicht ändern können. Deshalb glaube ich, es ist vertretbar, eine Stunde Verzögerung hinzunehmen. Okay?

„LANDSHUT": Okay, okay. Ich akzeptiere das. Wenn Sie, General, und die somalische Regierung garantieren können, was der Vertreter des imperialistischen faschistischen deutschen Regimes mir gesagt hat.

TOWER: Der Botschafter sagte uns, daß es keinen Grund gäbe, seine Worte anzuzweifeln. Ende.

„LANDSHUT": Wir mißtrauen dem imperialistischen Regime, denn wir haben damit Erfahrung.

TOWER: Ich meine, es ist richtig, wir sollten warten. Ende.

„LANDSHUT": Ist der deutsche Vertreter da?

TOWER: Er ist nicht hier. Wir rufen ihn, warten Sie, Sir . . . Der deutsche Vertreter ist bereit, wie Sie verlangten . . .

TOWER (deutscher Vertreter): Hier spricht Michael Libal. Captain Mahmud, haben Sie eine neue Nachricht für mich? Ende.

„LANDSHUT": Ich möchte mich über die Position erkundigen, die wir mit der türkischen Botschaft in Jedda besprachen. Würden Sie mich bitte informieren?

TOWER (deutscher Vertreter): Captain Mahmud, wir haben versucht, die türkische Botschaft in Jedda zu erreichen, aber wegen Leitungsschwierigkeiten ist uns das bisher nicht gelungen. Ende.

„LANDSHUT": Okay. Versucht, sie zu erreichen. Inzwischen werde ich alles für den Austausch vorbereiten und, wie der General der somalischen Regierung sagte, nach dem Start des Flugzeuges von Kairo neue Anweisungen geben. Haben Sie mich verstanden, Vertreter?

TOWER (deutscher Vertreter): Ich habe Sie verstanden. Nach dem take off in Kairo werden wir Ihre Vorschläge besprechen.

„LANDSHUT": Jawoll, jawoll, Vertreter des imperialistischen faschistischen westdeutschen Regimes. Bitte, nehmen Sie Kontakt auf mit der türkischen Botschaft in Jedda.

TOWER (deutscher Vertreter): Ja, wir versuchen es. Ende.

„LANDSHUT": Jawoll. Haben Sie mir etwas zu sagen, Vertreter?

TOWER (deutscher Vertreter): Nein, im Moment keine weiteren Informationen für Sie. Sobald etwas kommt, werde ich Sie ansprechen. Ende . . . (Pause)

TOWER (deutscher Vertreter): Captain Martyr Mahmud, hier spricht Michael Libal, Vertreter der Bundesrepublik Deutschland, hören Sie mich? Captain Mahmud, ich habe eine Meldung für Sie. Das Flugzeug wird Kairo um 23.15 Uhr GMT verlassen. Nun möchte ich Sie fragen, Captain, ob Sie konkrete Vorschläge für den Austausch der Geiseln – wie vorher besprochen – haben. Ende.

„LANDSHUT": Okay, aber warten Sie. Es soll ein somalischer Beamter bei Ihnen sein.

TOWER: Warten Sie, der übergeordnete somalische General kommt jetzt . . .

„LANDSHUT": Erstens: Wir wollen keine Presse oder Fernsehkameras beim Austausch. Zweitens: Was ist mit den Genossen, die aus Deutschland kommen? Drittens: Wir wünschen, daß der Vertreter Somalias das Flugzeug, das jetzt auf dem Rollfeld in Mogadischu steht, untersucht und sicherstellt, daß dort niemand an Bord ist.

TOWER: Welches Flugzeug bitte?

„LANDSHUT": Das die Delegation gestern brachte. Weiter fordern wir, daß die somalischen Streitkräfte das Lufthansa-Flugzeug auf dem Rollfeld umzingeln.

TOWER: Die Maschine, von der Sie gerade sprachen?

„LANDSHUT": Nein, ich spreche von der, die gerade ankommt. Drittens: Niemand darf die beiden Lufthansa-Maschinen verlassen.

TOWER: Verstanden, verstanden.

„LANDSHUT": Niemand darf der von der Halimeh-Einheit befehligten Lufthansa-Maschine nahekommen – es sei denn mit vorheriger Erlaubnis.

TOWER: Verstanden.

„LANDSHUT": Wenn die deutschen, zweitens, landen, um unsere Genossen zu bringen, müssen Sie uns darüber vorher informieren.

TOWER: Ja, verstanden.

„LANDSHUT": Also los. Sie sollen einzeln auf das Flugzeug zugehen, sie sollen von somalischen Vertretern durchsucht werden.

TOWER: Verstanden.

„LANDSHUT": Weiterhin soll das Flugzeug, das die Genossen bringt, den Flugplatz sofort nach unserer Aufforderung verlassen, hier abhauen . . . Der Befehlshaber der Einheit Martyr Halimeh wird einen der Genossen auffordern, an unser Flugzeug zu kommen zur Identifizierung, um damit der anderen Genossen sicher zu sein.

TOWER: Verstanden.

„LANDSHUT": Nach dieser Untersuchung wird der Genosse zu den somalischen Stellen zurückgehen auf den Flughafen.

TOWER: Verstanden.

„LANDSHUT": Drittens werden wir weitere Vorkehrungen treffen mit den Genossen, die aus der Türkei kommen.

TOWER: Wiederholen Sie das.

„LANDSHUT": (Wiederholt.)

TOWER: Verstanden, wenn die kommen . . .

In diesem Augenblick stürmte das GSG-9-Kommando die gekaperte „Landshut".